“曲阜师范大学东亚易学研究中心”揭牌

“东亚易学研讨会”参会人员合影

文明互鉴视域下东亚易学研究

——东亚易学研讨会论文集

（上）

林忠军　刘彬　编

山东大学出版社
SHANDONG UNIVERSITY PRESS
·济南·

图书在版编目(CIP)数据

文明互鉴视域下东亚易学研究 ：东亚易学研讨会论文集 / 林忠军，刘彬编. -- 济南 ：山东大学出版社，2025. 6. -- ISBN 978-7-5607-8839-5

Ⅰ. B221. 5

中国国家版本馆 CIP 数据核字第 2025J6K588 号

责任编辑 肖世伟
文案编辑 张天鸽 董 偲
封面设计 蓝海文化

文明互鉴视域下东亚易学研究

WENMING HUJIAN SHIYU XIA DONGYA YIXUE YANJIU

——东亚易学研讨会论文集

出版发行 山东大学出版社
社 址 山东省济南市山大南路 20 号
邮政编码 250100
发行热线 (0531)88363008
经 销 新华书店
印 刷 山东蓝海文化科技有限公司
规 格 787 毫米×1092 毫米 1/16
41 印张 725 千字
版 次 2025 年 6 月第 1 版
印 次 2025 年 6 月第 1 次印刷
定 价 168.00 元(全两册)

序

2023年9月22—24日，曲阜师范大学在孔子故里曲阜，举办了“东亚易学研究中心揭牌仪式暨东亚易学研讨会”。来自海峡两岸暨香港以及韩国、日本、越南等国家的数十所高校、科研院所的近百名专家学者参会，围绕“儒家易学与东亚易学互鉴”主题，提交七十余篇高水平学术论文。会后在征求与会学者意见基础上，选取其中六十三篇论文，以“文明互鉴视域下东亚易学研究——东亚易学研讨会论文集”（以下简称《论文集》）为题，汇编为上下两册，由山东大学出版社出版。

《论文集》论文分四类。第一类为“东亚易学通论”有关论文。该类中的一些论文对东亚易学基本内涵和特色展开阐释，着重论述“东亚易学的基本面貌”，具体涉及“东亚易学的概念”“东亚易学的形成、特征与发展趋向”“东亚易学研究的必要性”等诸方面。学者认为东亚易学是指东亚区域涵盖今天的中、朝、韩、日、越等国研究《周易》的学问，是东亚各国文化交流互鉴的产物，具有一体化与多元化并存等诸特征，并对东亚易学研究未来发展趋向做出前瞻性研判。另外一些论文探究“东亚易学的世界价值”“易学共同体的发展”以及“易学国际化的历史轨迹与全球构想”，认为东亚易学是全人类的共同智慧和宝贵的精神财富，能为认识和改造世界提供启迪；要着力加强“构建世界易学研究的学术共同体”，积极推动易学研究国际化、全球化。还有一些论文对“东亚易学的现代化”问题进行探讨，强调要以文明交流互鉴为视角，注重发掘东亚易学的现代价值及其对东亚乃至全人类的未来意义。

《论文集》第二类为中国传统“儒家易学”研究有关论文，其议题包括“《周易》经传研究”“易学史研究”“易图学研究”“出土易类材料研究”等。其中既有对《周易》经传文的一般性再诠释，也有对卦爻辞义理的新开拓；既有对易学史展开的区域性或断代性探究，也有立足于易学人物与典籍的专题性研究；既有以宋元明易图为专题的辨析，也有重点以《周易》溯源为视角的出土易类文献材料考察。

《论文集》第三类为“东亚诸国易学”论文，展示韩、日、越等国易学研究的最新成果，内容关涉“韩国易学研讨”“日本易学研讨”“越南易学研讨”等几方面，计有“中韩易学比较研究”“中国学者的韩国易学研究”“日本学者的易学研究”“中国学者的日本易学研究”“越南《周易》节要研究”及“国文《周易》演解”等专题，在重点对丁若镛、李衡祥、伊藤东涯、栗谷李珥等人的易学著述和思想展开解说的同时，也对韩、日、越等国的易学传布、演绎、现状、瞻望等问题进行研讨。

令人颇为欣喜的是，本次研讨会吸引众多青年学者，发表几十篇东亚易学研究论文。

为奖掖后学，积极培育易学研究青年人才，《论文集》在下册也汇编了这些论文，从而构成第四类。该类论文内容广泛，不仅涉及传统的象数、义理易学研究，而且囊括出土易学文献、易图学、区域易学、卦爻辞辨析、日本易学、韩国易学以及易学与政治、哲学、文献、历史等学科的交叉研究等领域。

《论文集》汇聚了当前东亚易学研究的前沿成果，视野开阔，内容丰富，对加强东亚易学界的交流互鉴，推动东亚易学研究的发展，提升东亚易学研究的水平，都起到良好的作用。

最后，感谢山东大学出版社的编辑人员。正是由于他们的严谨和辛勤的工作，本《论文集》才得以顺利付梓。

编　者

2025 年 3 月

目　录

上册

下册

论东亚易学：源起、特征及发展趋向

林忠军*

当今东亚易学研究大部分停留在基础研究层次，如东亚易学断代史个案和易学人物或著作个案研究，如中国古代易学断代史研究、象数或义理史研究、中国台湾易学史研究、日本易学断代史研究、韩国易学断代史研究等，成果丰硕。而宏观研究东亚易学的成果寥寥无几。在中国大陆较早研究东亚易学的是杨宏声，他曾撰《本土与域外——超越的周易文化》，以日本、朝鲜传统易学为视角，首论东亚易学的传播与发展，但论之比较简略。台湾学者陈威瑨博士，较早地将日本江户儒家易学研究视角"置于东亚儒学的框架下，将《周易》视为中日两国的共同经典"，以期"提供与中国《易》学对话的空间"，展开日本儒家易学研究，是"作为东亚研究之一环"。① 他是最早以东亚为视角研究日本易学的学者，为研究东亚其他国家易学提供了典范。香港中文大学吴伟明教授近期撰写的《东亚易学史论：〈周易〉在日韩琉越的传播与影响》，是当今海内外学界研究东亚易学的新作。吴伟明教授在该作中以国际化的视域和客观理性的态度，通过比较，系统地探讨了东亚诸国易学的发展历程及特征，提出了"东亚易学圈"概念，是真正宏观研究东亚易学的先行者，对于东亚易学研究有重要的意义。然而仍有许多的问题有待深入的思考和探讨，如现有研究更多着眼于东亚诸国易学比较，而对东亚易学宏观问题的研究过于简略。基于此，笔者就东亚易学宏观问题进行探讨，以就教于学界。

一、何为东亚易学？

东亚，原本是日语翻译出的词语，本指亚洲东部或亚洲，是地域性概念，但它又是一个地缘政治和文化的概念。这里所说"'东亚'一词，既不能将其归入纯粹的地理概念，也不能将其理解为政治学概念。而是将东亚视作一个'文化东亚'的概念"②。作为文化概念，它是通过反思和批判日本"东亚"地缘政治概念而形成的，它以中华文明为轴心辐射周边地域，形成了具有普遍意义而又多元化的亚洲文化共同体，"它涵指以中国为起源的

---

* 作者简介：林忠军，山东大学易学与中国古代哲学研究中心教授、曲阜师范大学东亚易学研究中心主任，主要研究方向：周易经传研究、易学史、易学哲学、出土文献与易学等。

① 陈威瑨：《日本江户时代儒家〈易〉学研究》，政大出版社（台北）2015 年版，第 443 页。

② 吴震：《东亚儒学问题新探自序》，《东亚儒学问题新探》，北京大学出版社 2018 年版，第 8 页。

文明这一广泛地域的'共通性'的地域内部所存在的多元文化形态"[①]。其中,汉语是东亚文化形成的最基本的要素,用汉语写成的著作是东亚文化最基本的典籍。通过理解和解释用汉语写成的经典,而形成的东亚共同的思维方式、思想意识、价值观、心理结构等,是为东亚文化。东亚文化起源于中国,历史上由于地域相邻,日本、琉球、韩国、朝鲜和越南等国家接受了汉语言,源源不断传播中国文化,曾以相同的语言和诠释方法探讨中国文化典籍,从而形成了东亚共同文化。东亚主流文化是儒学,即东亚儒学,"所谓'东亚儒学'这个研究领域,既是一个空间的概念,也是一个时间的概念。作为空间概念的'东亚儒学',指儒学思想及其价值理念在东亚地区的发展及其内涵。……作为时间概念的'东亚儒学',在东亚各国儒者的思想互动之中应时而变、与时俱进,而不是一个抽离于各国儒学传统之上的一套僵硬不变的意识形态"[②]。"它并不是(或不只是)以上各地域儒学传统的机械性组合而已,它既展现'发展的连续性',又呈现'结构的整体性'。"[③]东亚儒学,作为一个整体,不仅是"发展的连续性""结构的整体性"的问题,除此之外,还有一个共同诠释的儒家经典、一致不二的经典解释方法和共同关心的价值之问题,这是东亚儒学之所以称为东亚儒学之关键。

在东亚文化圈中,《周易》是儒家文化中最为重要的典籍,备受东亚学者关注和推崇。经过东亚学者对于《周易》文本的解释,易学成为东亚文化中的显学,构成了东亚共同探讨的学问,而被称为东亚易学,或称为东亚儒学圈中的层次分明的"东亚易学圈":"《周易》是汉字文化圈的共同智慧及文化遗产,从古至今在东亚文化的发展上均扮演重要角色。从易学在域外的流布与影响,我们可以构思亚洲曾出现一个以中国文献为中心的'易学文化圈'。这个文化圈共分四层:第一层是在中心的中国易学,是域外易学的基础。第二层是最接近中心的一层,日本及韩国易学在其中。它们不但易学水准甚高,而且发展出颇具自己特色的解说及应用,对中国及其东亚其他国家的易学带来一定的冲击。此外,日韩易学均反映本地化和本土意识,不应将它们看作中国易学的海外分支。第三层次是越南。易学早已离开初阶,但未能全面开花结果。专家及著作不算多,多是发扬朱子学,创意及影响有限。第四层最外层,例子是琉球。虽然《周易》已算普及,但其学习仍未脱离初阶,没有成为一门学问。"[④]这种易学文化圈划分,合理解释了东亚易学内在结构、比重及其一体多样性,但是无法呈现东亚易学连续性发展的特征。

东亚易学,自古迄今,不是中国易学的复制翻版和东亚诸国易学之简单组合,而是起源于中国,在他国传播之后,不断展现其发展的同步性与连续性、思想与方法的相似性及思想本土化的易学。因此,东亚易学研究是以东亚易学为研究对象,以整体反思东亚诸国的易学所取得的成就,探讨东亚易学的形成原因、内在逻辑关系、解释方法与思想的一致性、本土化过程、东亚易学发展趋向和价值等问题,为其研究内容。由于东亚易学发展过程中,各地本土化易学形成而出现易学多元化的趋向,故而东亚易学研究也包括东亚

---

① 吴震:《代前言:关于东亚儒学问题的一些思考》,《东亚儒学问题新探》,第3页。

② 黄俊杰:《自序》,《东亚儒学:经典与诠释的辩证》,华东师范大学出版社2011年版,第1页。

③ 黄俊杰:《"东亚儒学"如何可能》,《山东大学学报(哲学社会科学版)》2005年第6期。

④ 吴伟明:《东亚易学史论:〈周易〉在日韩琉越的传播与影响》,台大出版中心2017年版,第8—9页。

各国易学比较研究,通过比较研究不同国别易学家的易学和同一国别易学家的易学,显现出东亚诸国易学的特色,即呈现在共同观念前提下的差别性和个性,因而东亚易学互动对话成为东亚易学研究的重要形式。基于此,东亚易学研究不是以中国的易学研究取代东亚其他国家的易学研究,更不是以东亚其他国家的易学研究取代中国的易学研究,而是以中国易学为线索旁及东亚诸国的易学研究。

东亚易学研究与东亚人的易学研究有着本质区别。就其研究对象而言,东亚易学研究是以东亚整体以及东亚各国的易学为研究对象,其范围是东亚过去和现在的易学,是对东亚人的易学反思;东亚人的易学研究,是东亚学者以易学为研究对象进行的研究,其研究对象范围比较广,可以是东亚易学,也可以是东亚以外的易学,如欧洲易学、北美易学等。如果东亚人研究的是东亚易学,则属于东亚易学研究。如果研究东亚易学以外的易学,则不属于东亚易学。就研究者而言,东亚易学研究者不局限于东亚,可以是东亚以外世界其他地方的学者。不管是世界上哪个国家的学者,凡是以东亚易学为研究对象,所取得的研究成果,皆可称为东亚易学。而东亚人的易学研究,研究者是东亚人,不包括东亚以外学者。总之,东亚易学研究是以东亚人的易学研究为对象。凡是研究东亚人的易学研究成果,其内容不管是东亚易学研究,还是东亚以外的易学研究,皆属于东亚易学研究。

二、中国易学在东亚的传承、发展及东亚易学的形成

易学起源于中国。《周易》是迎合殷周之际神秘卜筮文化而成书,本为卜筮之书,经过孔子的整理和解释,成为"后其卜筮,观其德义"的儒家经典。自汉代始,易学一直是中国古代官学。汉武帝"罢黜百家,独尊儒术",《周易》因为孔子的整理与解释,而为五经之首,大道之原。南北朝时期,南朝以王弼易学为官学,北朝以郑玄易为官学。隋唐北学并入南学,王弼易学一统天下。唐朝孔颖达奉诏撰修《周易正义》,取王弼、韩康伯注为之疏,成为唐宋时期科举考试的教材。宋以后,程朱易学被确立为官学,元代科举以朱子易学著作为教材,明代胡广修《周易大全》和清代李光地修《周易折中》皆取朱熹《周易本义》、程颐《程氏易传》,旨在继承和解释程朱易学著作,确立朱子易学合法的学术和政治地位。在官方倡导和功利驱使下,以探寻圣贤之意为导向、理解与诠释《周易》文本的治学方式成为中国古代学术研究中的显学。在与道学、佛学及历代科技的互动中,中国古代易学历经汉代象数易、魏唐玄学易、宋明儒理易、清代考据易、现代易学之发展与演变。从方法言之,中国古代易学分象数训诂法和义理法,由于治易方法不同,易学分为象数、义理两派和占验宗、禨祥宗、造化宗和老庄宗、儒理宗、史事宗之六宗。由于解《易》理路、方法之不同,形成了五彩缤纷、形态各异的易学思想,最终汇成博大精深、源远流长的大易文化之流。近现代随着西学东渐,又出现了以科学治易和以易治科学,形成了新话语下的象数之学,即所谓的"科学易"。同时,以西方哲学、政治学、逻辑学、诠释学、心理学等解释《周易》,形成了新话语下的义理之学。新的易学文献出土,为解读《周易》经传和研究易学史提供了珍贵的资料,出土易学文献研究、易学史研究和文献整理研究,是中国

易学的亮点。[①]

固然，易学发源地在中国，易学研究的主流和易学解释的话语权也在中国，然而当易学源源不断地传入东亚诸国，并且各国几乎保持了与中国同步的演进和按照自身话语系统的探索时，易学和整个儒学成为全体东亚人的精神家园，易学理解和解释不再是中国学者独有的文化，而是东亚诸国学者共同的学问。易学不再是中国独有的精神财富，而是东亚诸国共同的精神财富。自中国易学在东亚传播，到东亚易学形成，经历了漫长的时间。易学很早就在朝鲜、日本、越南等地传播。

自公元前 1 世纪中叶始，《周易》作为儒家典籍开始在朝鲜半岛传播开来。高句丽、百济、新罗先后设立太学，讲习包括《周易》在内的五经。其中百济还模仿汉朝设立了五经博士，接受了中国易学。新罗接受易学晚于高句丽和百济，在唐代曾派留学生到中国留学，学习易学和儒学。新罗统一了朝鲜半岛后，效仿唐代建立国学（后改太学监），从唐代引进《周易正义》作为学子学习和考试的教材。在儒家经典“三品”之外又设《周易》为“特品科”考试科目。受道学和佛学影响，新罗易学带有宗教色彩。此时，薛聪创立“吏读法”，以朝鲜语解读《周易》，在朝鲜易学史上占有重要地位。

高丽取代新罗(918)，继承了前代儒学传统，高丽王实行了选拔人才的科举制度，将包括《周易》在内的儒家经典作为考试的基本内容，使易学成为“六斋”儒学之一。并设国子监，广建书斋、学社，置经学博士（包括易学博士）。此时私学兴起，传授“九经”（包括《周易》）。高丽末期，易学发展进入新的时期。从元代引进以朱子学为首的理学，朱熹、程颐易学成为当时的显学之一，其国学改称成均馆，成为讲《易》的重要场所。朱子学的传播始于李珠（颐正）。他在元代学朱子学，回国后几经传授，推动了高丽朱子学中的易学派的形成。此外，以四书和《春秋》注《易》在当时流行，图书之学和易学中的心性之学成为易学研究重点。在朱子易学派中，形成了郑梦周(1337—1392)的重义理不废象数的易学和以郑道传(1342—1398)为首的重变化的“勋旧派”。权近(1352—1409)以图解《易》、辨儒佛之易学，在朱子易学研究中独树一帜。这为朝鲜王朝确立朱子易学为官学奠定了基础。[②]

朝鲜王朝时期(1392—1910)，易学得到了空前发展，朝廷一改崇佛尊儒的政策，独尊儒术，《周易》在科举考试中的地位进一步提高，学习《周易》者众多，朱子学被确立为正统的思想。朱熹《周易本义》和《易学启蒙》成为此时最为重要的易学典籍。有“海东尧舜”之称的世宗，集合名儒二十人讲论《周易》，定《周易》为廷试科目之一。世宗还作《训民正音》，依照易学原理和《河图》创制新文字。此时期朝鲜本土化易学也已形成。退溪李滉(1501—1570)作《启蒙传疑》，通过解释朱熹易学思想，创立“理数之学”。栗谷李珥(1536—1584)作《易数策》提出的理体气用思想，将“穷其理而尽其变”作为治《易》宗旨。之后，朝鲜学术界出现了以李瀷、慎后聃、丁若镛为代表的实学派和尹镌为代表的古学派。实学派注重考证方法和经世致用，接受了西学，将传统儒学与西学相结合形成新的

① 参见林忠军：《中国当代易学反思与重建》，《学术月刊》2023 年第 1 期。

② 参见杨宏声：《易经在朝鲜的传播与朝鲜易学》，《本土与域外——超越的周易文化》，上海社会科学院出版社 1995 年版，第 127—135 页。

思想。如金锡文作《易学二十图解》试图以易图象数解释西方天文学。李瀷（1682—1764）作《星湖僿说》重历史和考辨，除了探讨朱子易学外，他还善于以西方科学知识解释易学，创立了星湖派。其弟子尹东奎、慎后聃继承和发展了星湖思想。丁若镛（1762—1836）作《周易四笺》《易学绪论》，秉承星湖学风，尊重西学，崇尚象数，发明读《易》四法，成为当时最有影响力的易学家和思想家。尹镌（1617—1680）作《周易说》，重视文本和传统注易的方法。

由于受日本殖民和朝鲜战争影响，韩国近现代的易学一度几乎中断，研究者屈指可数。易学研究由对易学本身的研究转入易学与政治变革关系的研究，此时的易学带有强烈的民族主义和实用主义。20 世纪中后期，韩国易学研究开始复兴。自 21 世纪始，韩国进入了易学研究的一个深化时期。仅从 2001 到 2015 年，学术论文约有 450 篇，著作包括翻译书和专著，出版了 150 多种。当今的易学研究内容无论是深度还是广度，都远远超过古代，不仅涉及《周易》经传研究、《周易》哲学研究、中国古代易学、韩国古代易学、中韩易学比较研究、韩国易学史、易学断代史研究、出土文献研究，还涉及《周易》与管理学、精神分析学、符号学、政治哲学、书法美学、遗传信息等多元文化易学研究。[①] 综上，韩国易学偏重宋易，尤其是对于朱子图书之学研究，成果丰硕。除此之外，其实学易也多有创新，呈现出朝鲜半岛的易学特色。

《周易》在日本的传播晚于朝鲜半岛。《周易》早期在日本传播是通过百济完成的。据《日本书纪》载，继体天皇时期，百济贡五经博士段杨尔和贡五经博士汉高安茂，先后渡日，传《周易》；钦明天皇时百济五经博士王柳贵、易学博士王道良东渡传播经学和易学。据此推知，大约在中国南北朝时期，《周易》文化经朝鲜半岛传入日本。另外，也有来自中国本土的《周易》文化在日本传播。大化改新（645）以后，日本派到中国的僧侣、使者、留学生带回许多《周易》注释著作。尤其是日本僧侣，对《周易》书籍和文化在日本的保存与传播起到了积极作用，并成为当时易学研究的中坚力量。他们坚信佛易相通，易理可助修行，形成了以佛解《易》之风。如留学僧旻是史料记载中较早传播《周易》的日本僧人之一。他在中国留学 24 年，除了学习佛教，还钻研儒家经典《周易》。回国后担任天皇顾问，常为他人讲解《周易》，他与高向玄理一同被任命为国学博士。[②]

天智天皇时，日本设立大学寮，大学寮皆以儒家九经为教材，其中易学取《周易》郑玄注、王弼注。奈良、平安时代，仿唐朝学制，所有当政者皆学习《周易》，天皇也从博士学《周易》。平安后期，藤原成传、藤原赖长为诸生讲解《周易正义》。

江户德川时期，日本易学得到了空前的发展。朱子学成为日本的官学，朱熹的《周易本义》也受到日本官方的高度重视，日本江户时代宫内讲学，多次采用了朱熹的《周易本义》。根据学者统计，此时期的易学著作 1082 种，出自 413 名学者之手。[③] 重版的 69 种中国易学著作，包括了所有中国重要的易学注释，其中 39 种重版两次及以上，朱熹《周易本义》重印达 11 次之多，重印的易学著作多不因循中国原版，而是经由德川学者标点、注

① 参见郑炳硕：《近五十年韩国易学发展史之成果及述评》，《哲学与文化》（台北）2015 年第 12 期。

② 参见王静：《〈周易〉在日本的早期传播与影响》，《中国社会科学报》2023 年 3 月 13 日。

③ 参见吴伟明：《易学对德川日本的影响》，香港中文大学出版社 2009 年版，第 19 页。

释、重编或校订。[①] 此时日本形成了朱子学、阳明学、古学派、折中派、国学派等儒学派。

其中朱子学派主要通过传播和注解朱子易学，阐发易学思想。该派主要有两大系，一是藤原惺窝(1561—1619)与他的学生林罗山(1583—1657)及其后代一系。他们主要依据合并的《程传》和《本义》理解、解释程朱易学。林罗山与其子林鹅峰、其孙林凤冈三代习《易》，有多部著作出版。林罗山父子点校的《周易本义》成为此时官方的教材。二是山崎闇斋(1618—1682)一系，他反对将《程传》与《本义》合并，力图恢复朱子易学本义，其所编撰的《朱易衍义》被选为官方教材，他弟子众多，创立了“崎门学派”，成为易学研究重镇。其中佐藤直方、浅见絅斋和三宅尚斋为崎门三杰，易学研究最为出色。当然，此派易学也有怀疑精神，如中井履轩对《易传》作者的质疑和对《系辞》错简的论证等。

阳明学派以中江藤树(1608—1648)和熊泽番山(1619—1691)为代表，与朱子派比较，治易折中，新旧注兼采。中江藤树以《易》解释《中庸》《大学》和《孝经》。熊泽番山常用日本历史和政治解释《周易》，进而批评当时流弊。其易学有本土化的倾向。

古学派类似中国清代的乾嘉学派，他们推崇汉唐注释，尝试以文字训诂、音韵和历史方法恢复《周易》文本的本义，质疑《易传》作者，对于朱子学派和阳明学派皆持批评态度，在文献整理方面有突出贡献，代表江户时代易学的最高成就。古学派以伊藤家族三代(伊藤仁斋、伊藤东涯、伊藤兰嵎、伊藤东所)及其后学为代表，撰有易学著作 10 余部。太宰春台也是古学派极有创意的易学家，除了以文字训诂考据《周易》古义外，还重视易学的政治意义。

折中派是江户时代后半期的流行易学派别，他们起初追随古学派，注重文字训诂，旨在恢复古易，接近古学派，后又由怀疑到排斥古学之泥古偏执，并自由择取宋明诸家义理之说。因这种重古义而不泥古、训诂兼义理的治《易》方法，被称为“折中学派”，此派大阪以中井履轩、中井竹下为代表，江户以井上金蛾、太田锦城和其弟子海保渔村及佐藤一斋为代表，京都的则是以皆川淇园为代表。

国学派，以平田笃胤为代表，以易学为日本神做论证，认为伏羲是日本神代的神祇，西渡中国教化民众。《易经》是日本神的杰作，批评文王、孔子将《易经》沦为儒典。[②] 其中新井白蛾(1715—1792)是德川时代最为著名的易学家，他先学朱子派易学，后学古学派易学，治易特色是兼采古今易注，著有八部易学著作，其学生井上鹤洲著有五部易学著作。[③]

现代的日本也有诸多易学者著书立说。笔者根据林庆章主编《日本研究经学论著目录:1900—1992》统计，从 1900—1992 年，日本学者发表论著 508 篇(部)。日本学者的研究涉及易学各个领域，如《周易》经传研究、易学史研究、图书之学研究、《周易》思想研究、

① 参见吴伟明:《易学对德川日本的影响》，第 21—22 页。

② 日本江户时代易学状况，参见吴伟明:《易学对德川日本的影响》，第 29—40 页。

③ 关于日本易学派的划分，参见吴伟明:《东亚易学史论:〈周易〉在日韩琉越的传播与影响》，第 2—4 页；日本长谷部英一:《日本〈易经〉研究概况》，转引自《中华易学大辞典》编辑委员会编:《中华易学大辞典》，上海古籍出版社 2008 年版，第 891—901 页。

《周易》与其他学科研究、出土文献研究、欧美易学等。[①] 其易学起源、《易传》作者和思想、易学史、出土文献等研究均有很高的学术价值，如内藤湖南、武内义雄、贝塚茂树、田口福司朗、赤塚忠等关于易学起源问题的研究，田口福司朗、本田济、山下静雄、本田济、赤塚忠关于《易传》成书年代、作者、结构等的研究，铃木由次郎、小沢文四郎汉代易学研究，今井宇三郎的宋代易学研究，户田丰三郎的易经注释史研究，武内义雄、扳野长八、内山俊彦的易学哲学思想研究，吉野裕子的易学与民俗研究，末本刚博的易学与逻辑学研究，池上嘉彦的易学符号学研究，河合隼雄的易学心理学研究等。[②]

《周易》传入越南时间可能比较早，约在公元前已经传入，但因为资料阙如，无法确定具体时间。吴伟明先生根据以易学明世的东汉末虞翻曾被贬越南北部的交州和善治郑玄易的三国名士许慈也曾常年居住在交州这二则史实，推知东汉到西晋之间，《周易》已经传入越南。[③] 有的学者根据"北属时期"士燮(137—226)担任交趾太守时"初开学，教取中夏经传，翻译音义，教本国人，始知习学之业"，推测其也许是在越南传播《周易》的"第一人"。[④] 11世纪，李朝(1009—1225)仿中国，设立国子监与文庙，引进科举制度，开始印刷中国典籍，出现像宝鉴禅师一样精通易学的僧人。

越南陈朝(1225—1400)引进中国科举制度设立国学院和五经博士，多次重印四书五经作为教材。四书五经是读书人必读之书。该朝易学研究有偏向义理的倾向。黎朝至阮朝前期，朱子学成为官学，《周易》备受重视。《周易》文本、邵雍先天之学、《程氏易传》和《周易本义》开始被译成喃文，为学者学习之用。程朱易学成为科举考试的指定教材。解说《程氏易传》《周易本义》《易学启蒙》是当时易学研究的主流，还有康熙皇帝亲自参入编撰的《周易折中》《日讲易经解义》和惠栋《周易述》以及明代《周易大全》也是皇子和学者学习的重要书目。当时，出现了许多解释程朱易学的著作，如黎贵惇撰《易经肤说》、范适贵撰《易义存义》、汝伯仕撰《易系解说》、范庭琥撰《羲经窥测》《窥测问答》等，皆以程朱易学为宗旨。阮朝后期，越南易学与整个儒学开始转变。潘佩珠作《国文周易讲解》将《周易》翻译成用拉丁文注音的喃文，重印达10余次。还有吴必素用喃文注释的《周易大全》，也多次再版。黎文敔的《周易究原》，融中西文化，成为当时易学研究的代表作。

1945年后，越南易学衰落。此时期越南不再使用中文，用越语翻译《周易》成为易学研究的重要任务。由于战争的原因，南北相隔，北越学术界接受了马克思主义理论，以马克思主义思想研究《周易》成为北越主流。南越广泛接受了西学，以传统方法研究《周易》和西学相结合是南越研究《周易》的主流。因此，以中西结合研究《周易》成为此时期易学研究的特色，如阮献黎《易经：君子之道》是中西文化比较视域下的易学研究，该作简略介绍中国汉代以后的易学发展，同时还总结西方对《周易》的研究情况。陶唯英《周易与辩

---

① 详见林庆章主编：《日本研究经学论著目录：1900—1992》，台北"中央研究院"中国文哲研究所筹备处，1993年，第73—128页。

② 参见[日]长谷部英一：《日本〈易经〉研究概况》，转引自《中华易学大辞典》编辑委员会编：《中华易学大辞典》，第891—901页。

③ 参见吴伟明：《东亚易学史论：〈周易〉在日韩琉越的传播与影响》，第139页。

④ 参见许氏明芳：《20世纪以来越南的〈周易〉研究》，河南大学2009年硕士论文，第4页。

证法》是以马克思主义哲学为方法的易学研究。阮有良《周易与东方宇宙观》和阮唯勤《周易玄解》《易学精华——中国哲学大纲》探讨了易学思维和哲学思想,也是易学哲学之作。21世纪以后,越南很重视《周易》研究,成立许多与《周易》相关的机构,如"河内周易俱乐部"与"周易研究与发展中心",河内师范大学和河内国家大学分别成立中国学研究机构,《周易》进入大学课堂,主要讨论《周易》成书、《周易》思想、《周易》与文化等问题,具体涉及《周易》与人生、《周易》与管理、《周易》与科学、《周易》与中医、《周易》与数术等。[①]

由此可见,由中国发源的易学,以中国为轴心,成辐射式、源源不断传到朝鲜半岛、日本、琉球、越南等东亚诸国,经过东亚诸国学者对于易学文本的传承、解释和阐发,形成了绵延不绝的易学之流,呈现出易学发展的连续性,最终构成内含不同特质的、东亚人共有的学问——东亚易学,这对于东亚乃至整个亚洲的哲学思维、政治制度、科技文化、宗教信仰、伦理价值等产生了重大影响。

三、东亚易学一体化

东亚易学与中国易学是一个易学共同体,具有"思想内涵的相似性"特征,表现在东亚易学史上源远流长的解释和探讨《周易》文本所呈现出的东亚共同易学文本,相似的易学方法、易学思想和易学思维等方面。受中国影响,东亚各国在易学文本、易学基本问题、文本解释方法、易学思想和思维方法等方面,基本上与中国保持同步,易学思想具有相似性。

(一)东亚易学文本完全一致

中国汉代官学有《易经》十二篇,南北朝时期,南朝推崇王弼易学,北朝推崇郑玄易学。隋唐时统一,孔颖达奉诏撰修的《周易正义》是官学。宋明时期程朱易是官学。程颐《程氏易传》、朱熹《周易本义》成为宋以后的科举教材。明代胡广等人取朱熹易学解释著作而撰修的《周易大全》是明代科举的教材。传入朝鲜半岛的是汉代《易经》,后来南北朝官学易也传到古朝鲜。新罗统一了朝鲜半岛,效仿唐代建立国学(后改太学监),从唐代引进《周易正义》作为学子学习和考试的教材。高丽末期,从元代引进朱子学,朱子《周易本义》《易学启蒙》及程颐《程氏易传》成为当时易学遵循的典籍。从古朝鲜和中国本土传入日本的易学文本,应该包括《周易》经传,《周易》王弼注和郑玄注。天智天皇时,日本设立大学寮,取《周易》郑玄注、王弼注为教材。奈良、平安时代,仿唐朝学制,以《周易正义》为教材。江户时代,《周易本义》《易学启蒙》《程氏易传》等是日本学习和解释的重要文本。越南大致也是如此。

易学文本校勘是中国易学的传统。在历史发展过程中,由于战乱、抄录或政治等各种原因,流传下来的易学文本存有许多问题,如脱字、衍文、错简和编次等,因此,校订易文本是古代易学家在经典文本解释之前所必须做的工作。从西汉刘向、刘歆父子校勘今

① 参见许氏明芳:《20世纪以来越南的〈周易〉研究》,第14—16页。

文易与古文易,东汉白虎观会议校勘包括《周易》在内的经学文本,到唐代颜师古奉诏正定《周易》文本,宋代朱熹等儒者恢复"古《周易》"文本,再到清代阮元校勘《周易注疏》,校勘易学文本成为经典解释活动重要的组成部分。易学文本流传到东亚其他国家的过程中,同样也会出现问题。如日本德川时代重版的宋明易学著作很多为"重版多不依中国原版,而是经德川学者标点、注释、重编或校订"①。如林罗山曾据宋版《周易正义》校勘明刊《十三经注疏》版本的《周易注疏》。其中最为著名的是海保渔村,他所著《周易校勘记举正》用《周易正义》行文习惯、文义和诸本文字三种方法订正了阮元校勘之误。又如韩国丁若镛于《易学绪言》中,列"郑康成《易注》论""郭氏《举正》驳义"节,对郑玄易学文本和王弼、韩康伯、郭京易学文本进行校勘。越南潘佩珠作《国文周易讲解》将《周易》翻译成用拉丁文注音的喃文,翻译时,曾对比中日《周易文本》,也属于校勘学范畴。由此可见,东亚易学使用文本和对文本校勘的活动是一致的。

(二)东亚易学经典解说形式一致

东亚易学研究大部分采用注、传、解、疏、说等形式,探索经典的本义,阐发学者自己的思想。如韩国李退溪《易学启蒙传疑》、张显光《易学图说》、丁若镛《周易四笺》,如日本伊藤东涯《周易经翼通解》等。同时,中国易学史上出现过许多集解性的易学著作,如唐代李鼎祚《周易集解》,宋代李衡《周易义海撮要》、朱鉴《朱文公易说》,清代李光地《周易折中》等,东亚各国也有此类著作,如韩国朴昌宇《周易传义集解》、徐明膺《易学启蒙集笺》。日本山崎闇斋《朱易衍义》以《周易大全》为基础取《朱子文集》《朱子语类》汇集朱子易学,泊园书院的《周易辑疏》汇集中国汉唐至清和日本江户时代 130 多种易注。②

(三)东亚易学解释方法一致

易学基本问题是象数义理关系,因为对于这个问题解释不同,决定了易学解释的方法和路数趋向。就方法而言,中国古代易学大致上是象数兼训诂方法、义理方法。由于使用方法不同,大致上分为两大派,即象数派与义理派,当然也有折中象数义理派。日本基本上沿袭中国易学的传统。日本皆重视象数、义理方法。以象数治易,如佐藤一斋(1772—1859)《周易栏外书》广采中国古代易学众家之说,"主要的解《易》方式,乃是近于汉代象数《易》,采用互体、爻变、飞伏等《易》例以推象通辞,再以之作为义理之根据"③。太田锦城《九经谈》《周易象义》推崇汉易,重考据,反对宋易,有象数之倾向。以义理注《易》,如伊藤仁斋和伊藤东涯主张《周易》分为卜筮易和儒家易,虽然对卜筮义理易的关系理解不同,但皆主张作为儒家的《周易》为义理之书④,有义理之倾向。

朝鲜半岛治易很早就有义理和象数之分,"在《高丽史》中,有关于禹倬最早引入程伊川的《易程传》加以研究的记录。这说明程伊川的义理易学被正式地加以研究。在高丽,

---

① 吴伟明:《易学对德川日本的影响》,第 22 页。

② 参见王鑫:《日本近世易学研究》,北京大学出版社 2017 年版,第 5、129 页。

③ 陈威瑨:《日本江户时代儒家〈易〉学研究》,第 183 页。

④ 参见王鑫:《日本近世易学研究》第二章、第三章,第 38—95 页。

研究宋代象数易学的学者有白文宝(1303—1374),对邵康节的先天象数学加以讨论”,“从高丽末期到朝鲜前期之间的《周易》研究倾向,随着朝鲜王朝的开创,在确立统治理念的过程中,强调基于性理学之形上学的道德实践,体现了更重视义理易学的倾向。然而,越到朝鲜中期以后,象数易越来越向宇宙和自然认识的领域扩大其范围”①。丁若镛提出推移、互体、爻变、物象之象数四法,以此注《易》,属于古朝鲜后期象数派。

就易学派别而言,南宋朱子弟子众多,其易学薪火相传,绵绵不绝。当朱子易学被确立为官学之后,利益所使,宋代以后的易学研究,主要围绕朱子易学展开,传播、解释和阐发朱子易学的风气达到鼎盛,成为中国易学的主流,研究朱子易学的派别则称为朱子学派。古代日本和朝鲜受其影响,崇尚朱子学,确立朱子易学在政治上的地位,朱子易学研究蔚然成风,也形成朱子学派。越南虽然未形成朱子学派,其易学研究对象主要是朱熹易学。晚清,中国易学形成了以恢复汉学易为宗旨、以考据为内容的乾嘉易学,之后,随着西学东渐,易学家接受了西方思想,形成了新易学。中国易学形成了传统易学与现代易学对峙的局面。受其影响,古代朝鲜发展出实学派。朝鲜学术界出现了以李瀷、慎后聃、丁若镛为代表的实学派和尹镌为代表的古学派。实学派接受了西学,将传统儒学与西学相结合形成新的思想。日本有类似中国清代乾嘉学派的古学派、古文辞学派、折中派,以恢复《周易》本义为宗旨,注重文字训诂、音韵和考据,反对宋代易学。19世纪,西学传入日本,日本学者以易学解释西学,探讨易学与西学关系成为一种思潮。越南也是如此。如黎文敔以西方自由思想、君主立宪、科学和宗教解说《周易》,是越南新易学的代表人物。

(四)东亚易学讨论问题一致

宋明时期,易学文本作者的讨论自欧阳修质疑《易传》作者之后开始发展,关于孔子与《易传》关系的探究,成为易学研究一个焦点。到清代、近现代,基本上否定了孔子作《易传》的说法。古代日本中井履轩、内藤湖南、伊藤仁斋、伊藤东涯、田口福司朗、本田成之、山下静雄、本田济、赤塚忠等学者,与中国学者一样,通过考证,大胆提出《易传》非孔子所作。朝鲜王朝时期的李瀷认为,《序卦传》为后人作,非孔子作。丁若镛也以大量事实证明《易传》不完全是孔子之作。受康有为影响,李炳宪否定伏羲画卦文王作辞,认为孔子是《周易》作者,托古设教。

同时,义理方面的太极、理气关系问题是宋明时期中国易学谈论的主要问题,高丽朝末期注重义理,如以郑梦周为首的以《易》与《春秋》相互表里,以郑道传为首强调易之变化。朝鲜王朝李退溪秉承朱子易学,主张太极与理两个词可以互换,是一个基本概念的不同表达,为万物之本。太极是理,阴阳是气,二者不相离不相杂。“退溪和当时另几位大学者如奇大升、李栗谷、李一斋、成浩原诸人在太极与阴阳关系问题上,都继承朱子的观点,而各人在理解上略有不同。”②日本以藤原惺窝、林罗山、山崎闇斋为代表的朱子学

---

① 郑炳硕:《近五十年韩国易学发展史之成果及述评》,《哲学与文化》(台北)2015年第12期。

② 吕绍纲:《退溪易学初论》,《周易研究》1998年第4期。

派主张理气二元论，以伊藤仁斋和东涯为代表的古学派和以徂徕为代表的古辞学派，主张气一元论。“不管这些儒者是否以朱子学继承者自任，都可以看到《周易》乃是他们甚为重视的武器，而这同时也可以说是中国理气论问题的延伸与拓展。”①

图书之学是中国古代易学讨论的主要问题。与中国类似，日、韩、越等国家的学者，也主要讨论这些问题。易图解《易》，始于高丽末期权近以《大学》《中庸》等典籍解释周敦颐的《太极图说》，其中绘制许多图表，形成以图解《易》的风格。古代朝鲜因为崇尚朱熹，其《易学启蒙》成为研究图书之学最基本的经典。“导入朝鲜的象数易学的主流不是汉代象数易，而是以河洛和先天八卦图等易图为中心的图象学之象数易学。这里起决定性作用的正是以《易学启蒙》为中心的朱子的图书象数易学。构成《易学启蒙》内容的河图洛书、先天图和后天图的图象，作为朝鲜时代象数学论议中最重要的核心观点和逻辑而起作用。由此，《易学启蒙》被视作以朱子性理学为中心展开学问争论的朝鲜儒学者们的必读书。”②影响最大的是李退溪，其所作《启蒙传疑》成为古代朝鲜研究图书之学的重要成果，其学问也被称为“理数之学”，不仅影响古朝鲜，也传入日本，对于江户时代传统易学的形成和发展产生了很大影响。如日本藤原惺窝三传弟子室鸠巢《太极图述》和榊原篁洲《易学启蒙谚解大成》，通过解读传入日本的朱熹易学著作和李退溪阐释朱熹易学的著作，阐发朱子学象数学。皆川愿《易原》作图达 32 余种，既有与中国图书相关的八卦、四象图、列蓍图，音律图、九筹图，还有与五音相关形形色色的易图，是一种融音律、易学为一体的图像易学。③

综上所述，从时间上看，中国易学传入东亚诸国后，随着中国与东亚其他诸国易学文化交流深入，东亚诸国易学研究进度基本上与中国易学研究保持着同步。从研究内容看，东亚诸国易学的研究对象、易学研究方法、探讨易学问题等情况，体现了东亚易学一体化的特征。这是东亚易学之所以可能超越东亚某一国易学而成为独立一体存在之关键。毋庸置疑，东亚易学起源于中国，受中国易学影响形成和发展，中国易学的形成、发展和演变，赋予东亚易学动力，中国易学在东亚易学发展过程中发挥主导作用。但是，不能因此无视东亚诸国为东亚易学发展所作出的贡献，不能简单地以中国易学研究取代东亚其他诸国的易学研究，亦不可贬低其他诸国的易学。

四、东亚易学的本土化与多元化

东亚诸国的易学，在接受了中国易学之后，一方面，按照中国的易学文本、易学方法、路数进行研究；另一方面，立足于本土所处的历史境遇和文化发展，在易学文本具体解释和理论建构上不断突破中国易学，逐渐有了地域的痕迹，朝着个性化发展，展现出东亚易学的多元化特征。如新罗朝薛聪发明“吏读法”，以朝鲜本土语言解释易学，朝鲜易学开始走向本土化。李朝时世宗作《训民正音》，依照易学原理和《河图》创制新文字。此时期

① 陈威瑨：《日本江户时代儒家〈易〉学研究》，第 350 页。

② 郑炳硕：《近五十年韩国易学发展史之成果及述评》，《哲学与文化》（台北）2015 年第 12 期。

③ 参见［日］皆川愿：《易原》，日本早稻田大学图书馆藏本。

朝鲜本土化易学已形成。徐敬德(1489—1546)崇尚张载和邵雍思想,其易学融合了张载气学理论和邵雍象数思想,建构了不同于中国、有朝鲜特色的气学哲学。李退溪的易学,虽尊崇朱子,却在文本性质、经传关系、程氏易评价等方面有自己的见解。[①] 而他对于朱熹《易学启蒙》的理解,不完全同于胡方平、韩邦奇等人,他有自己独到的观点。其所用文献"在很大程度上扩展了研究的范围和深度,尤其是他毫无顾及地引入阴阳家诸书以言《易》,更打破了纯正易学家的禁忌"[②],成为富有朝鲜特色的本土易学标志。茶山丁若镛秉承星湖学风,通过对于中国汉唐宋元明清易学的反思,崇尚汉学象数,发明读易四法(推移、物象、互体、爻变),建构以四法为核心的象数体系。其推移说,本之于中国古代卦变说、移易说,但又有修正。互体本之于中国,却也有新意。其对于筮法行蓍的解释,完全出自个人的理解,异于中国宋代程迥和朱熹,成为东亚易学一家之言。就图书之学而言,朝鲜半岛以图解易蔚然成风。除了阐释朱子图书之学外,他们还从天人一理出发,提出了人易,以命为太极,以心貌为两仪,以四事(言、听、视、思)为四象,以八情(喜、怒、哀、惧、爱、恶、欲、敬)为八卦,以谦、德、圣、严等表述人的词为六十四卦,建立了仁义为核心的人易体系,还绘制了与人相关的性命、心易、相貌等易图[③],成为心性理学的符号,发展了图书之学。

日本"中世易学反映日人将中国学问本土化的初步尝试。日本元素透过易类汉籍的标点与和训(用日语来读中文)及日人撰写的易注疏加进易学里。……日人的易注疏多以日本历史及文化为例解说,日本的佛教、神道及阴阳道的成分在这个过程中渗人易学里"[④]。德川时期易学更为突出,"德川易学有浓厚的日本本土味道,和训与使用日本历史和德川现状作例子的解说进一步加强易学日本化"[⑤]。如德川前期的伊势的神道家度会延佳(1615—1690)、吉川神道的吉川惟足(1616—1694),融神道、理学、易学为一体。儒学者如林罗山、中江藤树(1608—1648)等[⑥],其中,山崎闇斋将朱子易学"理一"与神道融为一体,将神代说与《太极图》、《太极图说》万物生成理论、《洛书》数理相融合,证明了神道与儒道一致不二。故闇斋易学体现了本土化地方特色。又如日本古学派中的太宰春台,除了早于清中叶的易学家以文字训诂考据《周易》古义外,还立足易学史视野,就易学"正""反"深入探讨重要的问题,提出"《易》本起于数""易则河图而作""《易》之道在于象数",易之失,始于汉末,乱于晋宋。他批评了王弼和韩康伯易学以老庄为本、程颐易学专注义理,而对朱熹易学,春台先认同了朱熹"易为卜筮之书"观点和《启蒙》明象数、经传分离古易文本、以象占分离注经的做法,反对朱熹以"理一"和以理气心性一家之言解释《系

---

① 参见吕绍纲:《再论退溪易学》,《周易研究》2003 年第 1 期。

② 金生杨:《退溪对朱子象数易学的发展》,福建尤溪朱子文化研究会编:《尤溪首届朱子文化研讨会学术论文集》,北京中国文史出版社 2006 年版,第 374—390 页。

③ 参见成以心:《人易》,成均馆大学编:《韩国经学资料集成》《易经》第十三册(1996 年),第 311—706 页;成允信:《人易卦爻》,成均馆大学编:《韩国经学资料集成》《易经》第二十一册(1996 年),第 1—230 页;朴万琮:《心易》,成均馆大学编:《韩国经学资料集成》《易经》第三十一册(1997 年),第 193—416 页。

④ 吴伟明:《易学对德川日本的影响》,第 14 页。

⑤ 吴伟明:《易学对德川日本的影响》,第 154 页。

⑥ 王鑫:《日本近世易学研究》,第 23 页。

辞》。同时,他还探讨易学与政道的关系,主张“凡治天下国家者必知易道”,将《易》“时”“数”“阴阳”学说用之治理国家管理社会应用之中。其易学“正”“反”学说和将易学落实到社会的应用之中,是易学研究的创新。① 与象数相关的训诂学在日本也有创新,如日本皆川淇园作《周易绎解》,运用声韵学解释《周易》,建立易学“开物学”,“淇园的原创性不仅在于结合《周易》与汉语声韵学两者,还在于他几乎将《周易》原有的脉络尽数扭转,以达成其建立自身体系的目的。……淇园所展现出的对抽象思维的敏锐程度,以及运用《周易》资源来建构自身体系的原创性,仍然使得他值得被记上一笔”②。

越南易学也有自己的特色,不像古代朝鲜和日本敢于批评朱子易学,越南一直尊崇朱子易学,越南易学有重视实用、包容性高、与本土文化相融合等特点。如黎朝阮秉谦作《周易国音歌》,将《周易》译为喃文,并融合道教佛教与宋易,将易学宗教化。黎贵惇撰有《易经肤说》,正面肯定以朱子为代表的宋易,指出了朱子易学的贡献及其与邵雍易学的差别。在此基础上,以易道为治理国家的原则,用之于国家和社会改革。琉球易学不如日本、朝鲜,没有易学专家和易学著作,停留在易学传承阶段,缺少创建,没有发展出自己的易学,故易学作为经书研究微不足道,而在数术、宗教、建筑和医学等方面,确有很大影响,成为本土文化的重要部分。

五、东亚易学发展趋向

综上所言,东亚易学的特点是传承与发展、一体化和多元化并存。传承是指中国易学传到东亚诸国后,在很长一段时间内,传承中国易学成为东亚诸国易学的主流。发展是指经过一段传承之后,东亚诸国按照自己的理解,建立了不同于中国的易学体系。一体化是东亚易学受中国的影响,在易学文本、易学基本问题、文本解释方法、易学思想和思维方法、学派等方面与中国相似。时间上,易学研究进度,各国基本上保持同步。多元化,是东亚诸国在接受了中国易学之后,立足于本土所处的历史境遇和文化土壤,在易学文本具体解释和理论建构上不断突破中国易学,提出新的观点,并与本土文化相结合,展现出自己的特色。东亚易学研究是对东亚易学形成、发展演变的反思,通过比较东亚诸国易学,探讨东亚易学的共性和本土化的个性,思考东亚易学在世界文明互鉴中未来发展的趋势。因此,东亚易学研究,是东亚乃至世界共同的学问,研究者应该跳出狭隘的民族视角,以更为开放的宽广的视域、客观理性地对待东亚易学。不能以一国易学研究取代其他国易学研究,以此无视或否定其他国易学发展及其创新性。既要关注东亚易学整体性研究,又要正视东亚诸国易学个性及其对东亚易学所做出的贡献。更不能因为重视整体东亚易学研究,而贬低中国易学研究的主导地位及其在东亚易学形成过程中所起到的作用。

当今东亚易学随着国际性学术交流互动,个性化本土化的易学研究越来越不明显,

---

① 参见王鑫:《日本近世易学研究》,第102—122页。

② 陈威瑨:《日本江户时代儒家〈易〉学研究》,第351页。

以中国易学为中心的东亚易学研究的传统逐渐被打破，诸国易学交叉研究的新格局已经形成，东亚易学一体化特征日益凸显。韩国和日本是研究日、韩古代易学的重镇，而在中国也出现了一批学者专门研究日本、韩国的易学，如吴伟明、王鑫、陈威瑨等的日本易学研究，杨宏声、赖贵三、张悦等人的韩国易学研究取得了丰硕的成果。当然，中国易学仍然是东亚易学研究关注的重点，如帛书《周易》研究，中国有得天独厚的优势，是研究的重镇，而在日本、韩国及欧美国家也不乏其人。就研究方法而言，当今东亚易学研究，除了使用传统研究方法外，还借鉴西方哲学研究方法，如在中国大陆、港台地区及日本、韩国皆有用西方现象学、解释学、符号学、心理学研究易学者。

总之，从目前易学发展看，可以说是东亚易学研究方兴未艾，因而有以下几个方面研究值得关注：

首先，东亚易学基础研究还未完善，未有一部完整的韩国易学史、日本易学史、中国易学史、越南易学史等，这种基础研究影响了东亚易学整体研究。因此，总结东亚易学研究成果，继续推进东亚易学基础研究，是当下易学研究的一个重点。

其次，当今东亚易学研究大部分停留在孤立的国别个案易学研究，缺乏历史的、宏观的研究视域，将东亚易学作为整体，通过比较，宏观探讨东亚易学形成、发展、特征、价值仍然是当今和未来的易学方向。

最后，过去是用传统方法研究东亚易学，推动东亚易学传承与发展，功不可没。然而随着中西文化融合，以传统方法研究东亚易学已经不能满足学术发展需求，而以新的方法研究东亚易学方兴未艾，借助于中西方文明互鉴，吸收西方知识文化，以现象学、心理学、解释学、符号学等新的视角和方法，审视东亚易学，重构东亚易学体系，将成为东亚易学研究的新方向。

越南易图文献概述

刘彬　[越]裴伯钧*

前　言

作为儒家五经体系中的重要经典,《周易》很早就传播到了越南。据文献记载,在东汉初年至三国时期,锡光(? —?)、任延(? —68)、士燮(137—226)、程秉(? —?)、许慈(? —?)和虞翻(164—233)等人,通过在交趾地区(公元203年至544年称为交州)的教育活动,就将《周易》宣传到了越南。

11世纪初,《周易》正式通过官方途径传播到越南。越南儒学的历史研究经常提到黎明昶(? —?)于1009年将《九经》从中国带到越南的事件。最近的一些研究表明,黎龙铤时期传入《九经》中的《周易》版本,为三国时期王弼(226—249)所著的《周易注》。

从13至15世纪,宋学特别是程朱易学,在越南社会获得了重要的地位,产生了广泛的影响。在此期间,《周易》成为科举考试的重要内容,对越南儒家知识分子的思想影响深远。除了儒生研习《周易》经典之外,一些达官贵人倾向于在卜筮、医学、风水、天文、历法等领域学习和应用《周易》。值得注意的是,阮廌(1380—1442)不仅精通易理,还擅长运用易学,尤其在太乙方面有一定造诣,因此被后人评价为"上通天文,下知地理,博学三教九流"。

公元1419年,明朝在安南开设的学校中颁布了《五经大全》经典体系。这一事件标志着宋学特别是宋易,在越南经学史上正式占据了独尊的地位。在《五经大全》传入越南的初期,儒生多注重《诗经》和《书经》,而对于《礼记》《周易》和《春秋》的研习则较为稀少。为了发展儒学,光顺八年(1467),黎圣宗开始设立五经博士的职位,每人专研一经,并教授儒生。《金英县地舆志》一书中提到,这一时期负责讲授《周易》的博士是侍讲官符叔宏(? —?)。也是在这个时候,文献中出现了一些关于易学的记录。首先提到的是潘孚先(1370—1462)和吴士连(? —?)的"策目",其内容取材于《周易大全》的《朱子图说》,以及

---

* 作者简介:刘彬,曲阜师范大学二级教授,博士生导师,东亚易学研究中心执行主任,孔子文化研究院副院长。研究方向:简帛易学文献、《周易》经传、易图学。裴伯钧,越南河内国家大学下属人文与社会科学大学讲师,曲阜师范大学东亚易学研究中心客座教授。研究方向:越南易学、越南儒学。

基金项目:国家社科基金冷门"绝学"和国别史等研究专项"易图集成与研究暨数据库建设"(2018VJX003)。

范敦礼(1455—?)于黎圣宗洪德十二年(1481)辛丑科的对策。然而,由于多种原因,目前尚未发现15—17世纪诞生的越南易学专著。《周易》只在阮廌(1380—1442)、梁如鹄(1420—1501)、阮如堵(1423—1525)、黎苏(? —?)、黎圣宗(1442—1497)、福王铮(1467—1500)、吴士连(? —?)、阮秉谦(1491—1585)、冯克宽(1528—1613)等诗文著作中留下痕迹。

从经学史来看,越南易学在18世纪中叶至19世纪上半叶期间得到了显著的发展。目前,汉喃研究院、越南国家图书馆等机构藏有24部作品,包括:《羲经大全》《性理纂要大全》《易经节要》《性理节要》《周易(抄写本)》《读易略抄》《周易撮要》《周易类编》《周易启蒙图象》《周易国音歌》《易经大全节要演义》(裴氏原本)、《易经大全节要演义》(被视为由范贵适所撰写的版本)、《易经讲义》《易六十四卦国语歌》《易经正文演义》《图书演义》《易卦分配节候演歌》《易肤丛说》《易义存疑》《羲经蠡测》《竹堂周易随笔》《易经考约》《周易究原》《易学入门笺注备考》。

在上述作品中,易图(包括图与说)著作占据了很大的比例。中国的易图著作在明朝时传入越南。作为《易经》的重要组成部分,易图被应用于越南的科举考试。越南学者在吸收中国易图的基础上,创作了新图,从而形成了独具特色的越南易图文献。据不完全统计,自后黎朝至今,越南大约产生了12部易图著作,绘制了约183种易图。下面将对这些作品进行概述。

一、《周易国音歌》易图

《周易国音歌》,越南后黎朝(1428—1789)邓泰滂撰。邓泰滂(1689—1771),字慕直,驩州宜春县威远社(今属河静省宜春县仙田镇)人,于1710年考中宏词科,历任峡山县知县、户部员外郎、佥工番侍内、奉差叶同三宁号、山南刑宪副使、山南处参议、太仆寺卿等职,加封为洪远伯。

1737—1748年,邓泰滂撰写完成《周易国音歌》。其后阮翘在1748年、武钦璘在1755年分别提出修改建议,邓泰滂和其学生据此进行修订。该书由积善堂以邓泰滂的鸿远堂原版为基础印刷,于阮朝嘉隆十四年(1815)完成。

在越南易学史中,《周易国音歌》被视为喃译《易经》现存著作中出现最早而较为完整的作品。除了封面上所写的标题,该书别名《周易释义》《周易国音诀》《周易会订解义演歌》《周易解义演歌》《演译国语歌》《演译歌》《周易歌诀》《周易国音解义》等。据阮翘(1695—1752)、武钦璘(1703—?)和范贵适(1760—1825)在该书的序文,邓泰滂是驩州大儒,他因精通《易经》,善于喃文,而“常取《周易》六十四卦卦爻彖象之辞演以国音”,以便“有补于传教”,“世之学义理者可因此而该体用,合精微,究道德性命之理;习卜筮者可以因此以决嫌疑,定犹豫,无吉凶悔吝之迷”。

《周易国音歌》现存三个印版和一个抄写版,其中AB.29版由汉喃研究院收藏,R.2021、R.2020、R.1722等版本由越南国家图书馆收藏。R.1722版是手抄版本,其余都是阮嘉隆十四年(1815)积善堂刻本。

《周易国音歌》绘列易体图十三种①，依次为《卦变图》、《河图》（见图 1）、《洛书》（见图 2）、《易太极图》《伏羲六十四卦方位图》《伏羲六十八卦次序图》《六爻定位图》《先天八卦左顺右逆对待之图》《后天八卦四正四维流行之图》《八卦象数图附八卦纳甲法》《近取远取图》《仰观天文图》《俯察地理图》。绘列易用图两种，分别为《先天八卦天地全体发秘之图》（见图 3）、《后天八卦天地全体发秘之图》（见图 4）。

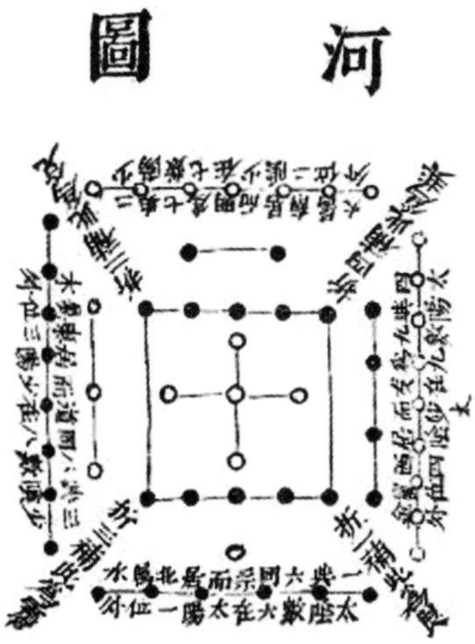

图 1　河图

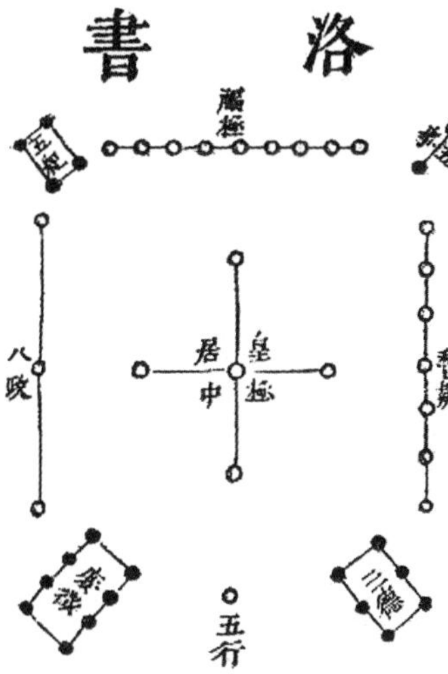

图 2　洛书

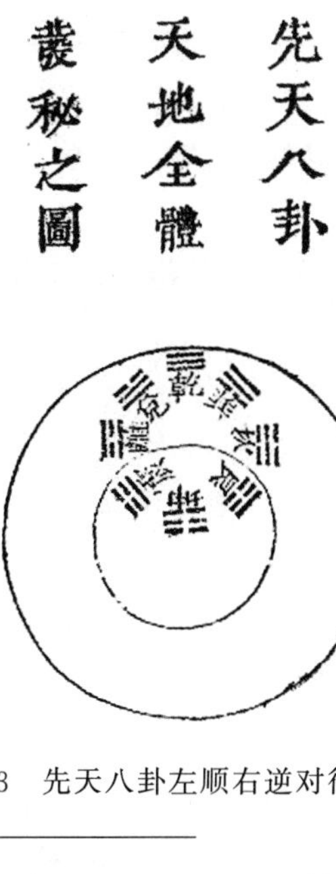

图 3　先天八卦左顺右逆对待之图

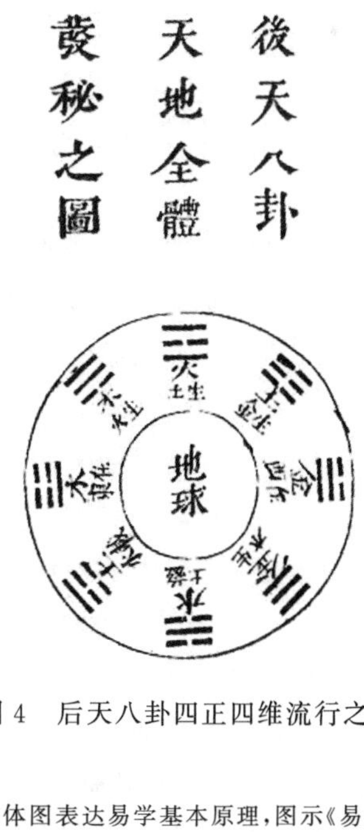

图 4　后天八卦四正四维流行之图

① 从性质上看，易图由涉易图、易体图和易用图三类组成，其中易体图表达易学基本原理，图示《易经》文本，为易图主体和核心，是易图之“体”；涉易图为易体图的创绘提供必要前提，是易图之“缘”；易用图则将易体图运用于《易经》之外，是易图之“用”。本文中“易体图”“涉易图”“易用图”诸概念，皆为上述定义。

二、《性理纂要大全》易图

《性理纂要大全》，越南后黎朝阮辉儆校订。阮辉儆(1690—1750)，字公秀，号醉河、秀林居士，德寿府罗山县莱石总莱石社长流村(今属河静省干禄县长禄社)人。后黎朝丁酉科(1717)乡解，历任特进金紫荣禄大夫、太原处参政司赞治承政使等职。殁后，加赠工部左侍郎，又赠工部尚书、洁雅侯。

《性理纂要大全》二卷，分为上、下两卷。该书前载阮辉儆之子阮辉僜(1713—1789)《序》曰："我家自陈朝来□□学殖。父儆早岁孤□，用力尤刻，其于《性理》一书，亲校订者累载。我六岁受版，即以此书开讲，长而游学，盖□参阅名家私本，总不如此之约且备者。其为显亲扬名之助，洵亦多矣，遂手书付锓，用广其志云。"

越南后黎朝景兴戊寅年(1758)硕亭藏《性理纂要大全》锓板，现存于德寿府罗山县莱石总莱石社长流村阮辉祠堂，只有易体图一种，即《太极图》。

三、《易肤丛说》易图

《易肤丛说》，又称《易肤丛记》《易肤丛卦订》《易肤丛说订》《桂堂易肤丛说》，简称《易肤》，作者和成书年代均未详，疑为越南后黎朝黎贵惇《易经肤说》的残版。黎贵惇(1726—1784)，幼名芳，字允厚，号桂堂，山南下镇先兴府延河社(今属太平省兴河县独立社)人。景兴十三年(1752)壬申科进士，历任翰林院侍讲、翰林院承旨，后升入侍陪从、京北处督同、海阳参政使、吏部左侍郎、陪从、户部左侍郎、都御史、国史馆总裁，奉副使如清。殁后，加赠工部尚书、颖郡公。黎贵惇博学多才，以文章名世，为一代宗师。易学著作有《易经肤说》《芸台类语》《群书考辨》《大越通史》《太乙易简录》等，其中《易经肤说》久已失传。

《易肤丛说》用易图和图说来解释《周易大全・卷首》中的《程子传序》《上下篇义》《朱子图说》《朱子五赞》《朱子筮仪》《易说纲领》等篇。

《易肤丛说》现有汉喃研究院、越南国家图书馆、社会科学信息院所藏的十三个手抄版本。如今尚未确定这些版本的抄写时间。汉喃研究院所藏抄写本(AC.189)《易肤丛说》列易图二十六种，越南国家图书馆所藏抄写本(R.1608)有易图十七种，越南国家图书馆所藏抄写本(R.1617)有易图十四种。

《易肤丛说》三个版本的易图具体情况如下：其一，汉喃研究院所藏抄写本(AC.189)绘列易图二十六种，其中易体图十七种，分别为《上下经六十四卦阳盛阴盛图》《阴阳刚柔相交生八卦图》《阴阳上下来往之图》《文王改先天为后天图》《乾坤二卦变例之图》《伏羲先天图》《文王后天图》《先天六十四卦配节候图》《洛书》《河图》《伏羲六十四卦次序图》《邵子天地四象图》《朱子天地四象图》《三变成卦图》《先甲后甲图》《河图洛书八卦九宫合一之图》《夏辰首纯艮之图》；易用图六种，分别为《八卦属支图》《八卦纳甲图》《天干原于河图图》《地支原于洛书图》《文王八卦地理图》《文王八卦先天图》；涉易图三种，分别为

《无名图》《无名图》《无名图》。

其二，越南国家图书馆所藏抄写本（R.1608）绘列易图十七种，其中易体图十一种，分别为《上下经卦序图》《阴阳刚柔相交生八卦图》《八卦横图上下来去之图》《文王改先天图为后天图》《乾坤二卦图》《先天八卦配河图》《先天八卦配洛书》《先天八卦左顺右逆对待之图》《后天八卦配河图》《后天八卦配洛书》《后天八卦四正四维对待之图》；易用图六种，分别为《八卦属支图》《八卦纳甲之图》《先天八卦全体发秘流行之图》《后天八卦全体发秘流行之图》《天文图》《地理图》。

其三，越南国家图书馆所藏抄写本（R.1617）绘列易图十四种，其中易体图九种，分别为《河图》《洛书》《上下经卦序图》《阴阳刚柔相交生八卦图（邵子图）》《八卦横图阴阳来去之图》《文王改先天为后天图》《乾坤二卦变例图》《先天图》《后天图》；易用图五种，分别为《文王八卦天文图》《八卦地舆图》《八卦属支图》《八卦纳甲之图》《无名图》。

四、《易义存疑》易图

《易义存疑》（又称《周易问解撮要》《易学存疑》《易经存疑》，简称《存疑》），疑为越南黎末阮初范贵适所撰。范贵适，字与道，号立斋、草堂、华堂，海阳镇上洪府唐安县华堂社（今属海阳省平江县叔沆社）人，后来搬到升龙城居住。景兴四十年（1779）己亥科进士，历任翰林院校草、京北道监察御史、佥差知工番。阮朝龙兴，被升授侍中学士，适安侯。不久，辞官回家教学。范贵适是当时“儒师望重”，被学界尊为立斋先生。著作有《华堂适安侯立斋先生诗集》《华堂南行诗集》《华堂文策》《立斋文集》《草堂诗集》等。

《易义存疑》为解读《周易大全》卷首《朱子图说》而作，成书于嘉隆四年（1805）。是书作者《小序》曰：“昔愚先父有知《易》之名。愚时幼，未知学，及长，不见有何批注，但闻命题发策，多用《易》文，有所小注，无非援引故事，预撰时文而已。愚先父有言曰：吾平生爱读《易》，经乱独携一本，坐卧常读，颠沛弗离，积有年矣。吾之所学，一尊朱、程，而朱《义》尤为简切矣，久久读之，自然有味。吾方知吾徒以《易》为难者，不为而已，非不能也。吾故发之时策，使吾多士习而察之，归而求之耳，吾安有妙义出于程、朱之外哉！愚之学《易》，务求简要，又厌寻索。今见时候交友，往往叩以《易》蕴，疑其有传。愚亦茫然无以辞答。无已，请述旧文，别抄一集，颜曰《存疑》。其中多有可疑，自家亦难可尽信，未经质正，阙之而已。博雅君子观而教之，正其谬妄，幸甚。”（河内国家大学下属人文与社会科学大学历史系资料室所藏抄写本 H.537）

《易义存疑》现有汉喃研究院、河内国家大学下属人文与社会科学大学历史系资料室以及若干单位藏七个手抄版本，抄写时间皆不详。其中，河内国家大学下属人文与社会科学大学历史系资料室所藏抄写本标记为 H.537，汉喃研究院所藏抄写本标记为 A.2044。

《易义存疑》上述两个版本易图情况如下：

其一，河内国家大学下属人文与社会科学大学历史系资料室所藏抄写本（H.537）绘列易图二十四种，其中易体图二十二种，分别为《伏羲先天八卦右顺左逆之图》《六爻定位图》《八卦纳甲图取象太阴》《八卦取象图》《近取远取图》《三才图》《河图》《洛书》《无名图》《圆图卦气之运图》《先天八卦合洛书数图》《后天八卦合河图数图》《伏羲则河图以作易图》《六合出行吉凶图》《三十六宫都是春图》《十二月卦图》《男子身图》《邵子天地四象图》《朱子天地四象图》《文王改先天为后天图》《后天图》《启蒙图》;涉易图两种,分别为《五音十二律图》《天以六节、地以五制图》。

其二,汉喃研究院所藏抄写本(A.2044)绘列易图九种,其中易体图八种,分别为《阴阳刚柔相交生八卦图》《天根月窟闲来往图》《男子身图》《三十六宫都是春图》《八卦纳甲取象太阴图》《文王改先天为后天图》《后天图》《十二月卦图》;易用图一种,为《经脉丈尺之数合天文宿度始从中焦流注之图》。

五、《羲经蠡测》易图

《羲经蠡测》(又称《羲经集抄》),越南黎末阮初范廷琥编。范廷琥(1769—1839 或 1832),字松年、乔年、秉直,号丹山、东墅樵、东墅氏、东墅、珠峰、东山散人,被学界尊为丹山先生、丹轮先生,海阳镇上洪府唐安县丹銮社(今属海阳省平江县人权社)人。范廷琥博学多闻,与范贵适一同被视为"北城人才",有"才华"之名。范廷琥屡试不第,于 1821 年在北城被明命帝接见之后,历任翰林院编修、翰林院承旨、署国子监祭酒、侍讲学士等职。著有《易经讲义》《参考杂记》《雨中随笔》《乾坤一览》《日用常谈》等书。另编辑、整理《羲经蠡测》和《易轨秘奥集》。

《羲经蠡测》分上、下两卷。卷上将"图"和"说"结合起来,以便讲解《朱子图说》的义理。卷下无图形,对卷上全部解说内容进行喃译。

《羲经蠡测》(卷上)现存六个手抄版本,由汉喃研究院和河内国家大学下属人文与社会科学大学历史系资料室收藏。河内国家大学下属人文与社会科学大学历史系资料室所藏写本《羲经蠡测》(卷上)绘列易图四十九种,其中易体图四十六种,分别为《推衍河图十数生成之象图》《推衍洛书九数生成分叙九畴之象图》《推衍伏羲则河图为卦画之成图》《推衍伏羲则河图为卦气之运图》《推衍阴阳象体方圆围径之象图》《推衍邵子训释先天八卦横图阴阳刚柔交错之象图》《推衍朱子训释先天八卦横图阴阳刚柔交错之象图》《推衍先天八卦横图卦画次序阴阳老少位数之象图》《推衍先天八卦横图易数由逆而成之象图》《推衍汉儒先天八卦横图纳甲之象图》《推衍邵子训释先天八卦圆图阴阳刚柔交错之象图》《推衍朱子训释先天八卦圆图阴阳交错之象图》《推衍先天八卦圆图说卦卦位之象图》《推衍先天八卦圆图往来顺逆之象图》《推衍先天八卦圆图阴阳顺逆之象图》《推衍先天八卦圆图阴阳先后之象图》《推衍朱子训释圣人则河图以作易之象图》《推衍玉斋训释圣人则河图以作易之象图》《推衍玉斋胡氏训释先天八卦圆图卦位与洛书合之象图》《推衍邵子训释先天六十四卦横图阴阳刚柔交错之象图》《推衍朱子训释先天六十四卦横图阴阳交错之象图》《推衍先天六十四卦横图一贞八悔之象图》《推衍邵子训释先天六十四卦圆图阴阳刚柔交错之象》《推衍朱子训释先天六十四卦圆图阴阳交错之象图》《推衍先天六十四卦圆图一贞八悔之象图》《推衍先天六十四卦方圆图往来顺逆之象图》《推衍先天六十四卦圆图阴阳顺逆之象图》《推衍先天六十四卦分配节候之象图》《推衍先天六十四卦方图八贞各为太极复生两仪四象八卦之象图》《推衍六十四卦方图贞悔相错之象图》《推衍先天六十四卦方图一贞八悔之象图》《推衍先天六十四卦方图分作四层之象图》《推衍后天八卦乾坤交索之象图》《推衍说卦后天八卦卦位之象图》《推衍后天八卦父母男女交代之象图》《推衍后天八卦阴阳交不交用不用之象图》《推衍先天变后天八卦交易之象图》《推衍后天八卦以天地水火为体用之象图》《推衍先天八卦变后天八卦进退之象图》《推衍玉斋胡氏训释后天八卦与河图合之象图》《推衍十二月卦之象图》《推衍序卦之象图》《推衍杂卦之象图》《推衍汉儒纳甲以晦明弦望分配先天八卦方位之象图》《推衍汉儒纳甲以天干地支分配先天八卦之象图》《推衍汉儒纳甲以天干地支分配后天八卦之象图》;涉易图三种,分别为《推衍律吕相乘究于六十之象图》《推衍干支相乘究于六十之象图》《蓍室图》。

六、《易经讲义》易图

《易经讲义》,越南黎末阮初范廷琥撰。

《易经讲义》用喃字对《周易大全》卷首《朱子图说》中除《伏羲六十四卦次序图》《卦变图》之外的七个图进行解说。汉喃研究院所藏写本(AB.236)《易经讲义》绘列易体图七种,依次为《河图》《洛书》《伏羲八卦次序之图》《伏羲八卦方位之图》《伏羲六十四卦方位图》《文王八卦次序图》《文王八卦方位图》。

七、《易经节要》易图

《易经节要》是《五经节要》之一,作者未详,世传为越南黎末阮初裴辉壁所撰。裴辉壁(1744—1818),字希章、黯章,号存庵、存翁、存庵病叟,升龙城青池县盛烈社(今属河内市黄梅郡定功坊)人。景兴三十年(1769)己丑科进士,历任翰林院待制、东阁校书、乂安督同,后升入侍陪从、户部左侍郎、国子监祭酒、入侍行参从兼知经筵等职。裴辉壁有志于儒道,持身处己甚严,为一代名儒。著作甚多,今存《旅中杂说》《皇越诗选》《皇越文选》《存庵诗集》《存庵文稿》等。世传《五经节要》《四书节要》《性理节要》《周礼节要》诸书皆为其所撰。

《易经节要》共四卷。卷一至卷三,节要《周易》上下经;卷四,节要《系辞上传》《系辞下传》《说卦传》《序卦传》《杂卦传》。此著作现存汉喃研究院、越南国家图书馆、社会科学信息院、河内国家大学下属人文与社会科学大学历史系资料室,为刻印版本。

越南社会科学信息院所藏印本(HN.110)《易经节要》绘列易体图八种,依次为《伏羲八卦小横图次序之图》《河图》《洛书》《伏羲八卦方位图》《伏羲六十四卦次序横图》《伏羲六十四卦方位图》《文王八卦次序图》《文王八卦方位图》。

八、《性理节要》易图

《性理节要》，作者未详，世传亦为裴辉璧所撰。《性理节要》共四卷，为节要《性理大全》之作。此著作现存汉喃研究院、文学院、社会科学信息院等，为刻印版本。

越南社会科学信息院藏阮绍治二年(1842)盛文堂印本《性理节要》绘列易体图一种，即《太极图》。

九、《周易究原》易图

《周易究原》，越南阮朝黎文敔撰。黎文敔(1860—1934)，字应和，号狂士、懒士，南定省春长府胶水县万禄社(今属南定省春长县春风社万禄村)人。黎文敔有志于儒学，专心于著述，又兼通医学。所著有《周易究原》《礼经主仁》《论语节要》《大学晰义》《中庸说约》《附槎小说》《医学纂要》等书。

《周易究原》分上、下二卷，成书于启定元年(1916)。该书除《上经》《卷下》两卷解说《周易》上下经外，其余部分为17篇论文，即《周易图说》《化元考论》《图书前论》《易道合论》《卜筮问答》《图书后论》《天地难论》《龟马考论》《说文小引》《易爻琐说》《存疑并序》《卜筮改法》《辨惑浅论》《水潮新演》《附录续释文王彖文序》《附录上下卦名诗》《附录干支演义》。是书作者《序》曰："士幸生于斯时，见世变之屡迁，恐斯文之或替。年登三十以来，殚精研究，每有所得，欣然亦欲摅所见于所行，以为性命心身之龟鉴，无如命途舛籍，瓢巷空颜，永言道统之传，不觉潸然涕下。遂乃潜心易学，不知历几居诸，逡巡至今，而行庚五十有七，始能潦草成编。惟编中之所成，则凡易学之大纲，如图书之象数，卦画之原因，卦名之意义，皆已穷究而订正之。"

越南汉喃研究院所藏阮启定元年写本(A.2592)《周易究原》绘列易体图六种，依次为《河图》《洛书》《伏羲八卦方位图》《文王八卦方位图》《伏羲六十四卦次序横图》《伏羲六十四卦方位图》；绘列涉易图一种，为《璇玑略图》。

十、《图书演义》易图

《图书演义》，作者和成书年代均未详。《图书演义》有《筮仪》篇，喃译《周易大全》卷首《筮仪》的全部内容。该书结尾摘录《易学启蒙》占筮规则，以便读者更容易地了解占筮体式和操作。

越南汉喃研究院所藏印本(AB.578)《图书演义》之《筮仪》绘列涉易图两种，依次为《推衍筮仪蓍室之图》《推演筮仪挂扐之图》。

十一、《易经大全节要演义》易图

《易经大全节要演义》,作者和成书年代均未详。《易经大全节要演义》四卷,前三卷喃译《上经》和《下经》,最后一卷喃译《易传》中的《系辞上传》《说卦传》《序卦传》《杂卦传》。又有《易序》《周易程子传序》《上下篇义》《周易朱子图说》《朱子周易五赞》《易说纲领》《朱子筮仪》《易经考异》等,被置于该书的开头和结尾。现收藏于越南汉喃研究院的《易经大全节要演义》有四种版本,分别为 AB.539/7-9、VNv.111/1-3、VNv.110/1-3 和 VNv.108/1-4。

越南汉喃研究院所藏印本(AB.539/7-9)《易经大全节要演义》绘列易体图七种,依次为《河图》《洛书》《伏羲八卦方位图》《伏羲六十四卦图》《伏羲六十四卦方位图》《文王八卦次序图》《文王八卦方位图》。

十二、《易学入门笺注备考》易图

《易学入门笺注备考》(又称《易经参考》),作者和成书年代均未详。

《易学入门笺注备考》论说《朱子图说》有关内容,依次解说《河图》《洛书》《伏羲八卦次序横图》《伏羲八卦方位圆图》《伏羲六十四卦次序大横图》《伏羲六十四卦方位外圆内方大圆图》《文王八卦方位图说正文》《卦变图图说正文》。

越南汉喃研究院所藏写本(A.865)《易学入门笺注备考》绘列易体图一种,为《乾宫八卦图》;绘列涉易图两种,依次为《径一而围三图》《径一而围四图》。

总之,从时间上看,越南的易图著作出现于 18 世纪 40 年代后的大约 180 年内,相当于中国的清朝时期。从内容上看,这些著作主要是针对传入越南的《五经大全》中的《周易大全》进行解说或喃译,由此可窥见朱熹易图学思想对越南易学文化广泛而深入的影响。从易图著作中易图的绘制特点上看,大部分采录了中国的易图,变化不大,少部分则为越南学者自创绘制的新图。这些创绘新图具有鲜明的越南文化特色,体现了中国易图在越南的深入发展,彰显了易图学文化的生命力。

王船山与丁茶山易学之比较研究

[韩]元勇準*

一

通常清代的学问被称为汉学，当我们谈及清代易学时，首先会想起以惠栋、张惠言、焦循等为代表的汉易家。但是，如果从哲学角度探讨清代易学，就应当说王船山（王夫之，1619—1692）易学是最突出的。[①] 船山不仅在以四书五经为中心的经学方面，而且在史学、子学、文学等各个方面留下了庞大的著作。尤其是在易学方面，留下《周易外传》《周易内传》等6部著作，不仅篇幅庞大，内容也非常丰富。在这篇简短的论文中考察船山的整个易学是不可能的，而且先行研究也出现了不少，所以也没有必要重复说明。因此，本文将从王船山的易学内容中选择几个事项，与朝鲜儒学家茶山丁若镛（1762—1836）的易学进行比较，进而考察其特质。王船山从本质上是一位行动的士大夫、实践家，他的易学强调人道也是这一方面的体现。朝鲜的茶山丁若镛也是一位为了改革朝鲜而强调实践学问——实学的儒学家。因此我们不妨说他们追求的哲学目的是一致的。有趣的是，这两位学者所追求的目的虽然一致，但是易学研究的方向却恰恰相反。与王船山是用义理易综合象数易相反，丁茶山是用象数易综合义理易。本文的目的就在于通过这种共同点和区别点来阐明船山易学的特质，进一步探索易学研究的新视觉。

二

通常认为，船山哲学对陆王心学是加以批判和排斥的，而对程朱的见解是批判性地继承。他的易学思想也是如此。不过船山对占的理解和朱子是根本不同的。[②] 船山反对朱子将《周易》视为占书而凸显其象数方面，而是强调义理易。《周易内传发例》的这段就

---

* 作者简介：元勇準，韩国忠北大学哲学科教授。

① 朱伯崑认为，清代易学中很少有独创性的见解，哲学方面在方以智和王夫之以后就没有新理论了。参见朱伯崑：《易学哲学史》第4卷，昆仑出版社2005年版，第6页。

② 对于这一点，王夫之易学并不是否定朱子易学的所有内容。因为具体内容不属本文所要探讨，所以请参考《易学哲学史》，笔者在此略去。

很好地再现了船山的这种面貌。

> 孔子赞而定之,以明吉凶之一因于得失,事物之一本于性命。则就揲策占象之中,而冒天下之道。……汉人所传者,非纯乎三圣之教,而秦以来杂占之说纷纭而相乱。故襄楷、郎顗、京房、郑玄、虞翻之流,一以象旁搜曲引,而不要诸理。王弼氏知其陋也,尽弃其说,一以道为断。盖庶几于三圣之意。……朱子学宗程氏,独于易焉,尽废王弼以来引伸之理,而专言象占。谓孔子之言天、言人、言性、言德、言研几、言精义、言崇德广业者,皆非羲文之本旨。仅以为卜筮之用,而谓非学者之所宜讲习。其激而为论,乃至拟之于火珠林卦影之陋术,则又与汉人之说同。而与孔子系传,穷理尽性之言,显相牴牾而不恤。繇王弼以至程子,矫枉而过正者也。朱子则矫正而不嫌于枉矣。(《周易内传发例》)
>
> 占学一理,得失吉凶一道为义,占义不占利。劝戒君子,不渎告小人为用。畏文周孔子之正训,辟京房陈抟日者黄冠之图说为防。(《周易内传发例》)

船山排斥汉易的象数理解,认为王弼和程子的义理理解与伏羲、文王、孔子之易是一致的,并予以肯定。他认为,因为朱子强调《周易》象占的要素,所以和汉易一样导致了错误。朝鲜也有批判朱子学说,试图从其影响中摆脱出来,对《周易》进行独创性解释的学者。代表人物便是朝鲜儒学家茶山丁若镛。比船山晚 150 年出生的茶山想开创一个能够克服朱子易学的新易学,他的方法论和船山是相反的。就是说,茶山是想用象数易来综合义理易。[①] 他的著作《易学绪言》中有下面一段:

> 大言之者,还之以大义,小言之者,还之以小事。高言之远言之者,还之以高远,卑言之近言之者,还之以卑近。幽者幽之,显者显之,此读易之法也。今欲以二篇六十四卦三百八十六爻之词,一以归之于天人性命之理。而欲以自寓其进退存亡之义,则多见其鉏铻枘凿而不相投合也。[②]

此段的主旨是不能歪曲《周易》,要按照经传的内容进行理解[③],但其中蕴涵着《周易》不是天人性命之理,即义理的、人伦的文献的意思。在相同的著作中,他更加明确地指出这一点:

> 文周撰词之初,唯为筮人发凡立例而止耳。天人性命之理,何所寓于此间哉?[④]

他说,文王和周公撰《周易》卦爻辞是为了卜筮之人,其中不可能寓有天人性命之理。尽管如此,丁若镛也没有直接沿用原有的象数易。作为《周易》的研究方法论,丁若镛脱离原有的义理易和象数易,建立了自己的新体系。这就是推移、爻变、互体、物象的易理

---

① 这里并不是主张茶山丁若镛易学是完全排斥义理易的象数易。其实所有易学都同时具有义理易方面和象数易。不过问题是,在这两个方面中更侧重哪一方面。从这一点来看,可以判断茶山丁若镛易学的中心是象数易。

② [朝鲜]丁若镛:《易学绪言》卷四《周易答客难》,《定本与犹堂全书》第 17 卷,茶山学术文化财团,2012 年,第 297 页。

③ 关于这一点,方仁已经仔细论述过。详见方仁:《用记号学读解茶山丁若镛的周易四笺》,艺文书院 2014 年版,第 301—302 页。

④ [朝鲜]丁若镛:《易学绪言》卷四《周易答客难》,第 296 页。

四法。所谓“推移”，是指将某一卦的刚或柔的卦画推移到另一个位置时发生卦的变化，即卦画的空间移动。所谓“爻变”，是指某一卦的卦画从阳转换到阴，从阴转换到阳时发生卦的变化。按照茶山的爻变说，易学家们既可以把阳看作阴，又可以把阴看作阳。就是说，卦不是固定的，而是阴阳不断变化的，是动态的。这个爻变说是原有解释方法中所没有的茶山的独创性解释。所谓“物象”，是指在解释卦象时，彻底地按照《说卦传》中说明的卦象。因为茶山非常重视物象，所以他主张《说卦传》是与八卦同时成立的。

茶山反对把《周易》理解和解释为固定状态的程子和朱子的学说，他让卦象活跃地变化起来，以此进行《周易》理解。这是一个试图在变化和生成的过程中，把握所有存在的事物和事态的想法，其中要说明宇宙变化过程的意图比要说明人类价值追求的意图更为强烈。与试图在《周易》里寻求人之义、人的自我完成的船山易学相比，这一点是很大的区别之处。

三

让我们看一下茶山对“乾卦”之“乾”的说明：

> 乾者，气也。古篆气作，作，又作，作。𠦝者，之转隶也。古文气、早二字，皆作。乞者，之转隶也。篆又作，此以卦为字也。万物之生，皆受气化，故为天为父，与坤为配也。又乾者，燥也涸也，坤阴既燥，兑泽今涸。震兑而为乾，所以为乾也。（《周易四笺》卷三《重天乾》）

这里认为，“乾”的意思是“气”，是气让万物生成和变化。因此乾成为天，成为父，与坤为配。通过这个说明，可以看出茶山在《周易》中追求的不是人之义或人的自我完成，而是宇宙自然与万物生成变化的原理。

一方面，王船山这样说明：

> 乾气之舒也。阴气之结，为形为魄，恒凝而有质。阳气之行于形质之中外者，为气为神，恒舒而毕通。推荡乎阴而善其变化，无大不屈，无小不入，其用和煦而靡不胜，故又曰健也。此卦六画皆阳，性情功效皆舒畅而纯乎健。其于筮也，过揲三十有六，四其九，而函三之全体，尽见诸发用，无所倦吝，故谓之乾。（《周易内传》卷一《乾卦》）

船山也认为乾是气，并且从乾之阳气推导出健的意思。可见在这一点上，与茶山没有太大的区别。但是另一方面，船山在《周易外传》中这样说明：

> 道体乎物之中，以生天下之用者也。物生而有象，象成而有数，数资乎动以起用而有行，行而有得于道，而有德。……故乾取用之德，而不取道之象，圣人所以扶人而成其能也。盖历选于阴阳，审其起人之大用者，而通三才之用也。天者象也，乾者德也，是故不言天而言乾也。（《周易外传》卷一《乾卦》）

他在开头明确指出，道并非存在于事物之外，而是事物中的体，他将道规定为“生天下之用者”。并且说，虽然象是属于天的，但是乾卦是取人之德，而不是取天之象，即明确表示乾卦之德不是天之象，而是人之德。这一点与《论语·卫灵公》“人能弘道，非道弘人”的观点是相通的。而且这乾卦之“道”贯通着整个《周易》，即便《周易》是一部占书，没有人之德的人——小人也是得不到《周易》之“道”的恩泽的。让我们看一下《周易内传》的说明：

> 乾本有此四德，而功即于此效焉。以其资万物之始，则物之性情皆受其条理，而无不可通。……其在占者，为善始而大通，所利皆贞而贞无不利之象，德福同原而不爽，非小人所得与焉。(《周易内传》卷一《乾卦》)

船山在说明其卦辞“元亨利贞”时强调“正”，又因此而认为小人是不能享受此卦之吉的。这一点与茶山不是通过人之正，而是通过自然界的秩序来说明“元亨利贞”是不同的。茶山曰：

> 其谓之元亨者何也？元者，始也，大也。朱子云，坤之将乾也，复一阳始生，即天根，此震德之元也。善之长，元而遂亨，其占元亨也。
>
> 谓之利贞者何也？利者，和也，宜也。朱子云，复之为乾也，夬一阴未合，夬五阳，此兑德之利也。义之和，利于为贞，其占利贞也。

茶山在解释“元亨利贞”的意思时重视的不是人间世界的正、义，而是自然秩序的和、宜、利。明确体现这种说明特点的是“复之为乾也，夬一阴未合，此兑德之利也”。这一句所表现的是复卦→临卦→……夬卦→乾卦的健行。这个过程就是汉易中所说的十二辟卦或阴阳消息卦。茶山在吸收孟喜、京房辟卦说的基础上添加小过、中孚两卦，开创了十四辟卦说。就是说，茶山优先考虑的是自然循环的原理。

四

让我们看一下茶山关于泰卦彖传的说明：

> 秋阴既长，天气上升，地气下降，所以否也。及乎建寅之月，则太阳舒晷，以暖万物，“天，下交”大地蒸气，以兴云雨，“地，上交”而草木蕃殖，昆虫字育，此天地交而万物通也。当否之时，君威高亢，民情阻塞，暨乎泰平之世，君德卑降。相我受民，“坤为民”民志上彻，群枉毕伸，“巽为屈”此上下交而其志同也。……乾长至三，君子道长也，坤消至三，小人道消也。
>
> 案：小往大来，交易之义也。故孔子特以两交字明之。道长道消，仍是十二辟进退之序也，读者详之。

茶山在说明彖传的“天地交，万物通”时，认为天是太阳的阳气，地是大地，万物是草木和昆虫。即从字面上直接解释的立场。而且在说明彖传的“上下交，其志同”时，认为上是君，下是民。这也是从字面上直接解释的立场。他认为只有这样解释之后，才能知道泰卦彖传所说的天地之间的交感与君民之间的沟通是一样的。这一立场虽然说的是天道和人道的合一，但其中心点却在于天道。他在引文的末尾援用十二辟卦来解释“道长道消”的意思也是因为把中心放在天道上。正如我们在前面所考察的，这里可以明确看出用象数易综合义理易的立场。特别是他说读者要详细了解“十二辟进退之序”，也是在强调要掌握《周易》的筮占原理。

让我们看一下船山对同一个泰卦彖传的解释：

> “往来”之义有二。自其互相酬酢者言之，则此往而彼来，阴阳易位以相应，为天气下施，地气上应，君民志感之象，亨之道也。天以清刚之气，为生物之神，而妙其变化，下入地中，以鼓动地之形质上蒸，而品物流形，无不畅遂。若“否”则神气不流行于形质，而质且槁，君以其心下体愚贱之情，而尊其日用饮食之质，民且上体君心，而与同忧乐。若“否”则各据其是以相非，貌虽应而情相离。合天化人情而言，泰之所以施化盛大而亨者见矣。(《周易内传》卷一《泰卦》)

这里，和茶山的解释一样，首先谈到天气往下降、地气向上升的相应方式。用蒸气举例也是一致的。就是说，在说天道与人道合一的一点上船山和茶山是一致的。但是船山接着这样说明：

> 彖传于此二卦，畅言天地万物消长通塞之机，在往来之际，所以示古今治乱道术邪正之大经，而戒人主之亲贤远奸，君子之持己以中待物以和，至为深切，学易者，当于此而审得失存亡之几，不可或忽，乃先儒谓易但为筮利害而作，非学者之先务，何其与圣人之情相违也！(《周易内传》卷一《泰卦》)

这里肯定地说，否卦和泰卦展示出国家的“治乱道术邪正之大经”。船山所说的得失、存亡之几是对正确的易道的理解。理解了正确的易道，就能得、能存，理解不了正确的易道，就会造成失和亡的后果。最后他得出结论：这个正确的易道就在于《周易》不是占卜利害的书，而是理解圣人之情的书。在这一点上，船山对易采取的立场清晰可见。

五

意欲改革时代状况的这两位学者的易学为何如此不同？这应该是源于二人的哲学立场。船山易学的历史意识比较明显。他认为爻辞是象征殷周兴亡的历史事实。例如他在《周易内传》中，在解释明夷卦的“夷”时这样说明：

> 夷，伤也。……君子之所谓伤者，非伤其身之谓，德不施于物，则视民之伤如己之伤也。文王当纣之时，盖如此。……文王于“明夷”而言“贞”，周公于“明夷”而言“拯”言“狩”，各以其时，可以见易之为道，变动不居，然而文王之德至矣。(《周易内传》卷三《明夷卦》)

除了这一段，他在许多地方援引历史事实进行说明。特别是他在决定面对国家或个人的危机应当前进还是停留的时候，根据这种历史事实进行说明的情况比较多。本田济也认为，可以看到他的这种面貌，这是因为他对时事有过激烈的应对，在这一点上可以看到他的伦理的历史批评态度。[①] 船山目睹了明朝灭亡之后,清军入关。船山在与清廷的斗争中,曾经多次面临死亡的危机。他之所以强调人道,是因为他认识到被清征服就是人道的危机。

茶山在年轻的时候就信奉天主教。因为他在天主教的信仰下接触到儒学,所以对儒家经典的解释与朱子完全不同。后来他虽然放弃天主教,回到儒学的道路上,但是他所追求的儒学中依然保留着天主教的影响力。他的《周易》研究全部都是在流配康津时撰写的。他想彻底阐明孔孟学说的原义。在易学方面,他的《周易四笺》和《易学绪言》是反映这种意图的代表作。他认为孔孟把握了上天的意志,是在人间世界实现这种意志的圣人。他认为《周易》是一部按照一定的规律叙述羲文周孔的圣人所把握的天道的书,因此运用象数易学的规律来揭示天道是理所当然的。

---

① [日]本田济:《东洋思想研究》,创文社 1987 年版,第 494 页。

皆川愿《易原》管窥

陈居渊*

皆川愿(1734—1807)字伯恭,号淇园,别号筠斋、文藏、有斐斋、节斋、翁斋、吞海子,门人私谥为"弘道先生",日本京都人,江户时期(1603—1868)著名的易学家和经学家。他早年师从儒者大井蚁亭,又先后问学于三宅元献、伊藤锦里等人,毕生以学术自任,与伊藤东涯(1670—1736)、太宰春台(1680—1747)合称"三先生"。皆川愿对中国的儒家经典有着精深的研究,著有《书经绎解》《诗经绎解》《仪礼绎解》《诗经绎解》《大学绎解》《中庸绎解》《论语绎解》《孟子绎解》等多种。尤其是他潜心研究《周易》四十余年,著有《易学开物》《易学阶梯抄》《易原》等,展示了他对《周易》古经的理解与接受。其中《易原》一书,更被日本汉学界誉为"开拨千古之荒秽""学易之阶梯,入道之门户"的易学佳作。恕我寡闻,有关皆川愿易学的研究,至今尚未见国内学者有专篇论文探讨。本文拟从"图像易学"的视角,探讨《易原》一书的学术价值,旨在抛砖引玉,以求正于专家学者。

一

《易原》全书分上下二卷,分别刊刻于日本天明六年(1786)和宽政五年(1793),卷首有皆川愿的自序,卷末有"美作河良显拜撰"字样的跋文,全书篇幅不大,字数仅五万余字,现典藏于日本早稻田大学图书馆。

以"易原"二字冠以书名,借以告知读者该书的主旨,并不是皆川愿的首创。如南宋徽州学者程大昌所撰写的易学著作题名为"易原",认为《河图》《洛书》才是《周易》的本原。清代乾嘉学者姚文田也著有《易原》一书,指出伏羲之《易》有卦无辞,文王、周公之《易》有辞而未明其义。道光初,满洲学者多隆阿撰有《易原》一书,并在自序中说:"余自弱龄读《易》,仅能记诵,少而习焉。稍长,粗能解释。成童以后,就学辽沈,得见学校藏书,参以师友讲论,不揣固陋,僭为折衷,辑成篇帙,私藏于箧,已十数年,草凡五易,分为十五卷,名之曰《易原》。原者,本原也,推原也。言汉儒学有本原,余因汉说而推原之。"①

---

* 作者简介:陈居渊,安徽大学徽学研究中心讲席教授,复旦大学哲学学院教授。研究方向:中国哲学、易学史、经学史。

基金项目:本文系国家社会科学基金重大项目"周易图学史"(17ZDAO11)阶段性成果。

① 转引自马清福:《满族文学史》第三卷,辽宁大学出版社2012年版,第438页。

当然，书名取题一致，并不等于内容一定相似，皆川愿的所谓“易原”，有其特定的内涵。他在该书自序中是这样说的：

> 夫《易》天下之至文者也。自孔子殁，斯道湮晦，殆二千三百年矣。……要之，天时而非人事也。九筹、四象、时卦及以言定象系辞于四易，撰法器象神、原始要终等说，《系辞》《说卦》二传皆已言之，而其文简奥，且不备，疑古别有其传文，今阙亡，是以后世率不能辨识，遂致大道湮废，此甚可惧也。是以窃不自揆，次序从前所得，以作《易原》。①

在皆川愿看来，《周易》是天下德行最为完备的著作，自从孔子谢世后，对《周易》真谛的探讨已趋于消亡，此后的易学家或易学著作的一些相关论述也都流于皮相之见，未能揭示其永恒的价值所在，于是尝试通过对“九筹”、卦名、四象、时卦等相关度的探索，重新诠释《易传》所蕴含的思想，从而进一步揭示《周易》的本原。

皆川愿早年有志于学习《周易》，经过十余年的潜心研究，至弱冠后，他对《周易》的彖辞、六十四卦的卦名、蓍法等都有不同寻常的理解，并且积累了较多的阅读《周易》的心得，他在自序中略述自己研究《周易》的过程时说：

> 余自年十二三时，读《易》疑彖爻之辞何所出之也。及二十二三时，始悟《易》六十四卦，皆各其名声之象，而彖爻之辞，皆出其声象所为之之间者矣。于是类集天下名物声音推究其义，到于精微，乃始得口之不能言者。于是画象以寓之其意，则始得九筹。次又得蓍列及律运图，乃以朱黑筹为阴阳。玩索数年，忽又得四象，次又得六爻之动，次又得四易，于是以九筹、蓍列及四象推之，开庶类名声之物，则得通达其名义之精奥，此盖文王以前所用伏羲氏之《易》也。②

正是基于这样一种探索《周易》本原的学术立场，《易原》虽然篇幅有限，仅有二卷，但是内容却非常的丰富，展示出域外学者研究《周易》的新视角。为了方便读者的阅读与了解，现将该书内容介绍如下：

上卷：设有十一项专题讨论，分别是：九筹说、九筹合十二律说、蓍列说、内外开合因生远近数说、四象之原图说、四象图说、往来辞图说、时卦说、八卦配方位说、立外象法、蓍列卦名先后议等。另外配有图像二十四幅，分别是：九筹图、九筹二十画填圜成律吕象图、十二律去律余见旋玑玉衡图、蓍列图、内外开合因生远近数图、四象之原图、四象图、往辞图、来辞图、时卦图、显乾之易图、显坤之易图、神阴之易图、神阳之易图、内外转开合爻等物文动静其别皆生于时卦图、八卦配方位图、七均分部图、十二律生七均图、六律与中实成七均图、均德行与卦终动静合以成始构象之图、显乾往来图、神阴往来图、显坤往来图、神阳往来图等。

下卷：设有九项专题讨论，分别是：生爻法、彖迁法、彖爻撰法、德行及广大至故忧患功业本于四象六爻图说、六十四中复名卦说、订六十四卦名声、彖爻辞作者说、彖爻辞中

---

① ［日］皆川愿：《易原》上卷《序》，日本早稻田大学图书馆藏本，第2页。

② ［日］皆川愿：《易原》上卷《序》，第1页。

诸名象所出说等。另外配有图像八幅，分别是：神生变通爻位图、象迁法图、器迁法图、法远图、法近图、居动图、德行及广大至故忧患功业本于四象六爻图、辞体与卦名外象宜不宜之图等。

就上述所列具体内容而言，《易原》显然不是一般意义上的易学著作，而是一种以图说易的“图像易学”，如书中所列《周易》的图像达三十二幅之多就是证明。在中国古代，有关“图像易学”的学术研究，可以说历史悠久，自成体系，作为专门之学或冷门绝学，至少可以追溯到先秦时期的“人体八卦图”，证之《周易·系辞上》“天垂象，见吉凶，圣人象之。河出图，洛出书，圣人则之”的记载，说明人类处在荒蛮混沌之状的伏羲时代，就有龙马背负《河图》出现于黄河，神龟背负《洛书》出现于洛水，遂使“图像”和“文字”这两种人类早期文明的结晶，一直伴随着《周易》文化的传衍发展。从唐末至中国北宋时期，以图说易成为易学界中的一种时髦，如吕岩、刘牧、周敦颐等学者，纷纷创拟种种图像来诠释《周易》，事实上已经具有早期的“图像易学”雏形。明清时期，“图像易学”达到了极盛，“无图不言易”是易学界的不二法门，图像成为《周易》研究中不可或缺的重要组成部分。皆川愿生活在日本的江户时期，也正是日本开始兴起一股汉文学习创作的热潮，不仅大量翻刻中国的儒家经典，而且十分青睐清代学者的学术著作。如清初学者毛奇龄的《西河合集》于乾隆二十四年(1759)便传入日本，毛氏在清初不仅以反朱熹而著称，而且也是批评宋人图书易学最为激烈的学者之一，至今保存在他的学术著作中的《周易》图像也有十一幅之多，从而也催生出不少崇尚毛氏学问的日本汉学家，适逢其时的皆川愿也深受这股学术思潮的影响。如他说：

> 盖余自少时，读清朝先儒毛奇龄所著《古今通韵》，辨七均之说，乃大得，有所发云。以是思之，此岂非方今会海内外俱乐升平，文运将大兴而以得之耶？不然，顾余庸愚宁能得阐之乎？[①]

又说：

> 某学本于《周易》以及之他经，自汉儒之说，率多不谓是，矧如清人朱彝尊、毛奇龄者乎？是以独志振千古，自谓造幽微矣。[②]

据太田锦城《与皆川淇园书》云：“仆闻萧山初晴居士毛奇龄，近世大家，先生所最推尊也。其《西河集》，仆未见其书，近约借此一藏书家，得之有日矣，果不知此书亦能补经也否？”[③]也正因此，皆川愿的《易原》与其说是他精研《周易》的代表性成果，还不如说是受到清人“图像易学”的启迪而作出新的学术选择。那么，皆川愿是怎样以图诠易的呢？

---

① [日]皆川愿：《易原》上卷《序》，日本早稻田大学图书馆藏本，第 2 页。

② [日]皆川愿：《淇园文集初编》卷三《答太田元贞书》，日本宽政十一年(1800)皇都书肆本，第 16 页。

③ [日]太田锦城：《春草堂集》卷三《与皆川淇园书》，日本育德财团昭和十三年(1938)尊经阁丛刊本，日本国立国会图书馆藏本，第 59 页。

二

《易原》一书中，存有众多的《周易》图像，限于篇幅，现择其主要的“九筹”“时卦”“四象”等图像作一些解读。

（一）九筹图

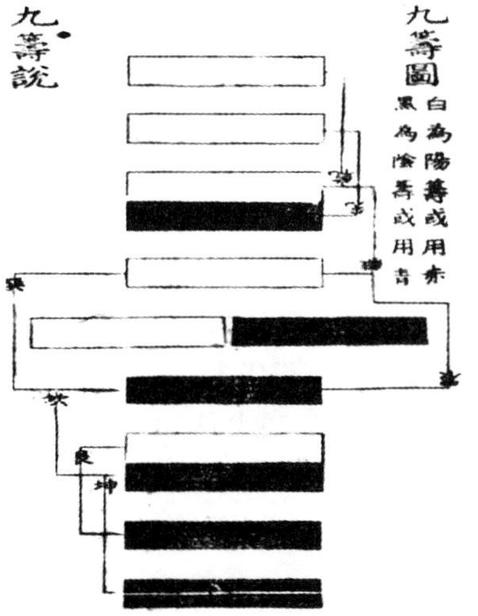

图 1　九筹图

“九筹图”（见图 1）是《易原》诸图中的主要图像之一，也是皆川愿以图诠释《说卦传》的图像之一。《说卦传》说：“天地定位，山泽通气，雷风相薄，水火不相射，八卦相错。数往者顺，知来者逆。是故《易》逆数也。”对于这段话的传统解释是：天地确定了上下方位，山与泽互相交通气息，雷与风互相逼近，水火不相融合。如三国吴时期的易学家虞翻就认为：“天地定位”是指乾坤五贵二贱，“山泽通气”是指艮兑同气相求，“雷风相薄”是指震巽同声相应，“水火不相射”是指坎戊离己不相射，“八卦相错”是指八卦相荡，“数往者顺”是指坤消从午至亥，上下为顺，“知来者逆”是指乾息从子至巳下上为逆。这显然是采纳了东汉学者郑玄用乾坤六爻与十二时辰相配合以研究易学的“爻辰说”所作出的诠释。证之朱熹《周易本义》说：“邵子曰：此伏羲八卦之位，乾南坤北，离东坎西，兑居东南，震居西南，艮居西北，于是八卦相交而成六十四卦，所谓先天之学也。”这种认定八卦为方位渊源于伏羲的解见，成为后来易学家诠释这段话的共识，少有改变。如元代胡炳文的《周易本义通释》认同朱熹的见解即是显例。事实上，“天地定位”是指上天下地的否卦，否卦中的第二爻与第五爻都处在阴阳已定之位。“山泽通气”是指上山下泽的损卦，损卦中的第二爻与第五爻阴阳互为通气。“雷风相薄”是指上雷下风的恒卦，恒卦中的第二爻与第五爻阴阳相交而薄。“水火不相射”是指上水下火的既济卦，既济卦六爻所处阴阳位置皆定，不相往来，所以不相射。“八卦相错”是指六十四卦都是由天、地、山、泽、雷、风、水、火等八种卦象相错而成。对此，皆川愿则不同，他描绘出“九筹图”来诠释《说卦传》的这段话。所谓“筹”，“从竹寿声”。“寿”表示长久，“竹”指竹制品（细长的小竹片、小竹棍）。“竹”与“寿”组合成一词，表示“长时间使用的小竹棍”，其本义是可以反复使用的竹制计数器具。“九筹”即九根可以反复使用的小竹片或小竹棍。按照皆川愿的图像所示，他以三根红色小竹棍，分别为阳，象征天文的极、中、体，即表示宇宙空间天体，置于上位，代表为乾。又以三根青色小竹棍，分别为阴，象征地理极、中、体，置于下位，是为坤。而红、青两色六根小竹棍相合，表示天地（乾坤）两体依附不离，组合成否卦，他认为这就是《说卦传》所说的“天地定位”。然而在天体下（三根红筹下）加置一根青筹，意思为附天之地体。在下体上（三根青筹上）加上一根红筹，意思为附地之天体，这样天体与地体之间，分别是呈现出兑泽之象和艮山之象，这就是《说卦传》所说的“山泽通气”。于是在天体之下又别置一根红筹，地体之上又别置一根青筹，分别呈现出震雷之象和巽风之象，这就是《说卦传》所说的“雷风相薄”。由于中间一红一青又一红三根筹分别呈现上为离火之象，下为坎水之象，造成坎离（水火）相隔，阴阳不相通，这就是《说卦传》所说的“水火不相射”。在皆愿川看来，这些红和青的九根筹正分别蕴含着乾、兑、离、震、巽、坎、艮、坤八卦的次序。而人“仰天俯地”，这就是《说卦传》所谓的“往来”之义。不过，根据“九筹图”所言，虽然称为“九筹”，但是在实际的操作过程中，事实上使用了共十二根筹，即六根红筹与六根青筹，亦即六根阳爻和六根阴爻的相互置换，也可以说是乾坤两卦六根爻位之间的相互置换。将筹算的图式运用于《周易》研究，并不始于皆川愿。如清代乾嘉时期湖南学者万年淳就创拟了“筹位图”，从而探索和诠释了所谓的“洛书之妙”。不过，从操作层面上看，皆川愿的“九筹图”实际上是采纳了中国古代《周易》中扩大取象的互体方法。它主要通过《周易》一卦中上下两体相互交错取象而形成新卦新象的方法，即一卦六爻，其中除初、上两爻外，中间二、三、四爻与三、四、五爻交互变换而成两个单卦（三爻卦），前者称为“下互”，后者称为“上互”。此外互体还包括“先天互体”“环互”“伏互”“连互”等多种形式，诚如南宋学者王应麟说：“凡卦爻二至四、三至五两体交互各成一卦，是谓一卦含四卦。”[①]所以皆川愿指出：

> 九筹其画十二，而阴阳平分各六，文王以六画成乾坤二卦者，盖亦各聚此六者，而六十二卦，因以相错成焉者也。圜而三分之，又以三平分之，因又三其三分者而填之，以此十二画，则十二律吕之分见焉。去律存吕，以其道阴阳相易，则旋玑玉衡之妙寓焉矣。[②]

所谓“十二律吕”，本是中国古典音乐名词，《国语·周语》中将十二律名称为“黄钟、大吕、太簇、夹钟、姑洗、仲吕、蕤宾、林钟、夷则、南吕、无射、应钟”，其中单数各律称律，双数各律称吕，故十二律也常称“十二律吕”。《灵枢·九针论》：“九而九之，九九八十一，以起黄钟数焉。”由此可见，皆川愿的“九筹”互体之法，显然是从中国古代十二律吕中得到了启发，并且以此观察天象而应用于研究《周易》。

---

① （宋）王应麟：《周易郑注》“上经乾传第一”，清《湖海楼丛书》本。

② ［日］皆川愿：《易原》上卷《九筹图》，第 2 页。

（二）时卦图

“时卦图”（见图 2）也是皆川愿《易原》诸图中主要的图像之一，也同样是以图诠释《说卦传》的图像之一。《说卦传》：“帝出乎震，齐乎巽，相见乎离，致役乎坤，说言乎兑，战乎乾，劳乎坎，成言乎艮。”对于这句话，传统的解释是伏羲所定八卦的方位、次序和八卦之间既对立又融合的场景。如朱熹《周易本义》说：“帝者，天之主宰。邵子曰：此卦位乃文王所定，所谓后天之学也。”与此相呼应的则是《说卦传》接着说的“万物出乎震，震东方也；齐乎巽，巽东南也。齐也者，言万物之絜齐也；离也者，明也，万物皆相见，南方之卦也。圣人南面而听天下，向明而治，盖取诸此也；坤也者，地也，万物皆致养焉，故曰致役乎坤；兑，正秋也，万物之所说也，故曰说言乎兑；战乎乾，乾西北之卦也，言阴阳相薄也；坎者，水也，正北方之卦也，劳卦也，万物之所归也，故曰劳乎坎；艮，东北之卦也，万物之所成终而所成始也，故曰成言乎艮”。如何解读《说卦传》的这段话，北宋学者朱震以《易》六十四卦与四时、月令、气候等相配的卦气说给以诠释。他说：“万物出于震，雷发声以生之也。齐于巽，相见于离，风摇长以齐之。絜，犹新。万物皆相见，日照之使光大。万物皆致养焉，地气含养使有秀实。万物之所说，草木皆老，犹以泽气说成之。战言阴阳相薄，西北阴也，而乾以纯阳临之，犹君臣对合也。坎，劳卦也，水性劳而不倦，万物之所归也。万物自春出生于地，冬气闭藏，还皆入地。万物之所成终而所成始，言万物阴气终，阳气始，皆艮之用事。”[①]朱熹则认为是一种在卦位层面上的推测之辞：“上言帝，此言万物之随帝以出入也。右第五章，此章所推卦位之说，多未详者。”[②]这显然与朱震所言相异。可以说，到了南宋时《说卦传》这段话的真正含义已经没有确解了。如南宋学者程大昌《易原》中也有“八卦配四时图”，朱元升《三易备遗》中有“夏时首纯艮之图”，明代学者傅文兆《羲经十一翼》中有“揲之以四以象四时图”、清代学者冯道立《周易三极图贯》中有“各卦有指以时为主图”等，这说明如何理解四时与八卦的关系，也是见仁见智而无定说。对此，皆川愿创拟“时卦图”而另作新解。他说：

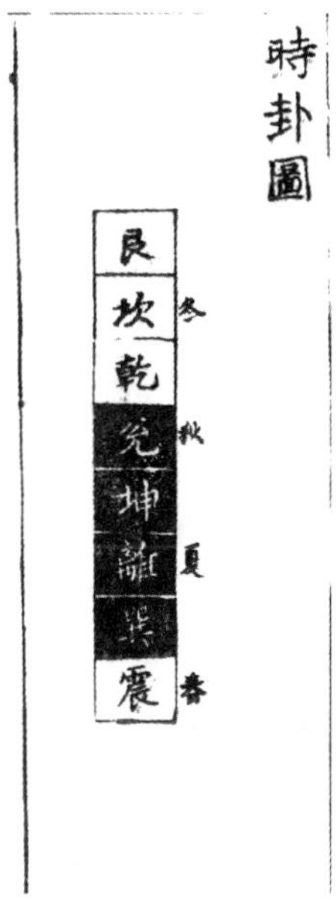

图 2　时卦图

> 此言时卦者也。何以曰时也？震，春也；离，夏也；兑，秋也；坎，冬也。乾，天之静也，艮，天之动也，坤，地之静也，巽，地之动也，上艮乾，下坤巽，而以四时贯于其间，故曰时卦也。[③]

由此可知，皆川愿的所谓“时卦”，就是将八卦分为四组，比拟为春、夏、秋、冬四个时节，即第一组艮、坎组合为冬，第二组乾、兑组合为秋，第三组坤、离为夏，第四组巽、震组

① （宋）朱震：《汉上易传》下《周易说卦传第九》，中华书局 2020 年版，第 470 页。
② （宋）朱熹：《周易本义》，中华书局 2009 年版，第 263—264 页。
③ ［日］皆川愿：《易原》上卷《时卦说》，第 16 页。

合为春。这种有选择地由八卦阴阳二爻组合模拟一年四季的变化并不始于皆川愿。如《系辞上》曾经明确说过“变通莫大乎四时”“变通配四时”等都蕴含了春夏秋冬四个时节的往复运行。对此，三国吴时期的虞翻有过这样的一种解释：“变通趋时，谓十二月消息也。泰、大壮、夬配春，乾、姤、遁配夏，否、观、剥配秋，坤、复、临配冬，谓十二月消息相变通，而周于四时也。”[①]再如清人惠栋在此基础上作了更为明确的阐发：“十二消息即十二辟卦也。泰、大壮、夬，春时卦，故配春。乾、姤、遁，夏时卦，故配夏。否、观、剥，秋时卦，故配秋。坤、复、临，冬时，故配冬。以卦气言之，四正为四时，震主春，离主夏，兑主秋，坎主冬，故十二消息相变通，而周于四时也。”[②]乾嘉学者焦循说：“一寒一暑，四时之盈虚消息也。”[③]这可以证明皆川愿的“时卦”说，并不完全是他的创见，恰恰是脱胎于清人惠栋的诠释而换成另一种说法而已。不过，与惠栋不同，皆川愿之所以作时卦图，强调时卦的合理性，实是希望通过该图进一步论证他对《周易》中“四象”新的认识从而达到他揭示《系辞》“显道神德行者”的实际指向。

（三）四象图

所谓“四象”，在中国古代有多种说法，如传统文化中的青龙、白虎、朱雀、玄武等是四象的代表物，青龙代表木，白虎代表金，朱雀代表火，玄武代表水，它们也分别代表东、西、南、北四个方向。在二十八宿中，四象则用来划分天上的星星，也称四神、四灵等。然而《周易》中的“四象”一语，出自《系辞上》“太极生两仪，两仪生四象”，这里的所谓“四象”，原本是指少阳、太阳、少阴、太阴，又指代春、夏、秋、冬。如虞翻解读说：“四象，四时也。两仪谓乾坤也。乾二五之坤，成坎离震兑。震春兑秋，坎冬离夏，故两仪生四象。”[④]就“四象”图像而言，所谓的冬象，其图像所显示的是上乾下坎的讼卦。所谓的秋象，其图像所显示的是上兑下艮的咸卦。所谓的春象，其图像所显示的是上巽下震的益卦。所谓的夏象，其图像所显示的是晋卦。可以说，皆川愿在认同“四象”“四时”的同时，提出了四象不仅具有四时的属性，而且还包含“显乾之易”“显坤之易”“神阴之易”“神阳之易”的德性含义，从而彰显《系辞传》所说的“显道神德行”。他说：

> 夫四象已立，六爻已生，何以又有时卦也。四象者，用乎喉位之象也。六爻者，用乎口舌之象也。时卦者，其用之所本生者也。圣人知其必与爻若象有合也，是以傚爻及象而以叙时卦。效乾兑之象及春五三夏初之爻而从震始数者，乾道显焉，谓之显乾之易。效坤震之象及秋二四冬上之爻而从离始数者，坤道显焉，谓之显坤之易。效艮象春夏爻而从艮始数者，乾坤之道阴皆隐焉，谓之神阴之易。效巽象秋冬爻而从坤始数者，乾坤之道阳皆隐焉，谓之神阳之易。《系辞传》曰“显道神德行”者，即以此四易言者也。[⑤]

---

① （清）李道平：《周易集解纂疏》卷八《系辞上第八》，清道光刻本。

② （清）惠栋：《周易述》卷十五《系辞上传一》，《文渊阁四库全书》本。

③ （清）焦循：《易章句》卷七，清《焦氏丛书》本。

④ （三国）虞翻：《周易注》，《周易集解》卷十四，《文渊阁四库全书》本。

⑤ ［日］皆川愿：《易原》上卷《时卦说》，第16页。

“显道神德行”一语，出自《系辞上》，意思是《周易》能彰显幽隐的道理，能神奇地玉成其德行。对于“显道”的理解，历代学者的解释也不尽一致。如唐孔颖达认为指彰显无为之道，“《易》理备尽天下之能事，故可以显明无为之道。而神灵其德行之事，言太虚以养万物，为德行，今易道以其神灵助太虚而养物，是神其德行也”[1]。张载认为《周易》能彰明揭示吉凶之道，“示人吉凶，其道显矣……显道者，危使平，易使倾，惧以终始，其要无咎之道也”[2]。朱熹谓“道因辞显，行以数神”[3]，焦循则认为占筮能使阴阳之道显现，其屈伸往来的性质有形状可见。焦循说：“一阴一阳之道，易道也，筮以显之。盈者变而使之虚，凶者化而使之吉，故神也。”[4]可见皆川愿所提出的“显阴”“显阳”或“神阴”“神阳”，实际上仍然在探索《周易》中阴阳爻画变化所显示出的规律、德性和行为。

正是在此基础上，皆川愿质疑《说卦传》所提供的八卦方位，而认为自汉代以来人们按照《说卦传》拟定的八卦方位是有偏差的，而这种偏差导致对《说卦传》相关内容的错误理解。他说：

> 此后世言《易》者，八卦配方位之说之所本也。然如《说卦》更有所本，而其文又有误字者，则自汉儒未知辨之也。盖取四象八卦分开，因其四神卦德所类以各寄之其方，则配方之列乃成焉。是《说卦》本于四象也。而以此推之，则知巽东南者，西南之误也。且巽为西南，则坤为东南，而巽与其对方东北艮，坤与其对方西北乾，其卦体恰各得与其反者相耦，乃益知东字是西字之误矣。[5]

于是他重新调整《说卦传》所提供的八卦方位，并且重新描绘出新的八卦方位图（见图 3）。

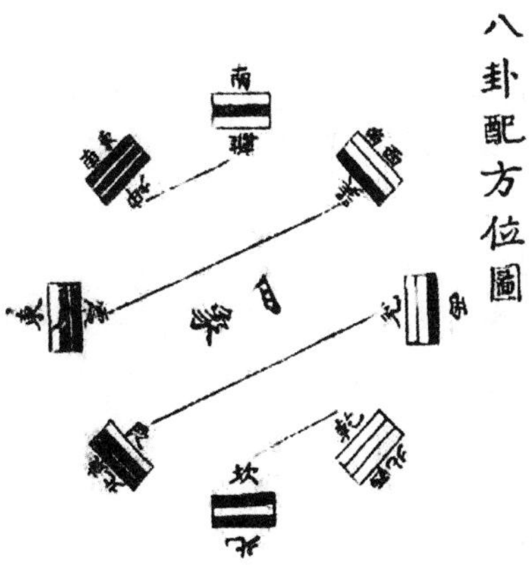

图 3　八卦配方位图

① （唐）孔颖达：《周易注疏·周易兼义卷第七》，《十三经注疏》本。

② （宋）张载：《横渠易说》卷三《系辞上》，《文渊阁四库全书》本。

③ （宋）朱熹：《周易本义》《周易系辞上传第五》，中华书局 2009 年版，第 236 页。

④ （清）焦循：《易章句》卷七，《焦氏丛书》本。

⑤ ［日］皆川愿：《易原》上卷《八卦配方位说》，第 19—20 页。

事实上，有关八卦方位的论述与图像，在易学史上有多种说法，而且所撰图像也各异，难以判定一尊。如北宋邵雍、明代郝敬、清代徐在汉等学者的易学著作中都绘有题名为“八卦方位图”者，其图像也并不一致。然而在历代的易学著作中，占有相当大的篇幅的则是所谓的“伏羲八卦方位图”“文王八卦方位图”等。不过，就皆川愿拟制的“八卦配方位图”而言，它与传统的八卦方位图也是有所区别的，那就是以“四象”来对应八卦方位，其中最大的不同就是将原本位于西南的坤卦调整为东南位，而将原本位于东南的巽卦调整为西南位，皆川愿认为这就是《说卦传》所说的八卦方位的原义，然而我们稍加分析，皆川愿拟定的八卦方位与所拟定的“四象图”完全吻合，对于皆川愿的这一易学中新的发现，至今仍然值得我们重视。

三

如前所述，图像易学的渊源，可以追溯至宋代学者根据《系辞传》所谓“河出图、洛出书，圣人则之”一语发挥而来，刘牧、周敦颐都以图像易学显世，后经朱熹对河图、洛书、太极、伏羲四图所做的改造和调整，重申《河图》与《洛书》都蕴含着“理”的存在，并为撰写的《周易本义》和《易学启蒙》两书所资取而定本。日本易学在江户时代进入了全盛期，随着宋明理学尤其是朱子学的广泛传播，朱熹易学也受到格外的重视，成为当时学者研究《周易》必读的经典。如林罗山（1583—1657）与其子林鹅峰（1618—1680）整理点校的《周易本义》，迅速成为官方教材。山崎闇斋编撰的《朱易衍义》“取衍长朱子《本义》之意，此先生之微旨也”，甚至说“吾所以信朱子亦述而不作也”[①]，力图恢复朱子易学本义，同样也被选为官方教材。他弟子众多，创立了“崎门学派”，被时人誉为日本研究《周易》的重镇。又如太宰春台早年师从中野扮谦（1667—1720）研读《周易》，也是“夫予弱冠读《易》，而服朱氏《本义》之精”[②]，尽管他曾经也发出过“晦庵之为《易》，可谓凿矣，要之未知《易》之道也已”[③]的感叹。也正因此，图像易学也得到了肯定和进一步的传播。然而随着以伊藤仁斋（1627—1705）、伊藤东涯（1670—1736）父子为代表的古学派的兴起，他们以否定朱子学为旨趣，以探索《周易》本义为导向，偏重文字训诂、音韵和考据，质疑《易传》作者，反对宋代易学，图像易学也被视为道家作品而遭受到了一定程度的排斥。如伊藤东涯在注释《系辞传》时就指出：“所谓《河图》《洛书》者，则汉唐注疏不详其为何物。今所传二图，出于华山道士陈抟图南，传之邵子，而朱子用之以解经。”[④]又如与皆川愿同时期的著名易学家中井履轩（1732—1816）不仅不唯朱子易学马首是瞻，而且批评图像易学完全是一种虚妄附会的“怪妄无稽”和“异端之说”。他指出：“图书尤怪妄无稽，又无可则也。……夫《河图》出于伏羲之世，而伏羲则之，为未失理。若《洛书》出于禹时，邈乎在后，伏羲安得则焉？文王、周公是系辞者，虽有《洛书》，亦无所用。是《洛书》于《易》全无干涉，想《河

① 王鑫：《日本近世易学研究》，北京大学出版社 2017 年版，第 4 页。

② ［日］太宰春台：《周易反正·凡例》，抄本，泊园文库藏。

③ 陈威瑨：《日本江户时代反徂来易学的延伸》，《周易研究》2017 年第 2 期。

④ ［日］伊藤东涯：《周易经翼通解》卷十七，台北新文丰出版公司 1978 年版，第 27 页。

图》亦此之类云。今世所传图书无足取,必是异端之说矣。”[①]稍后的太田锦城(1765—1825)也说:“《河图》《洛书》《先天》《太极》诸图,于经义无用。南宋偏安,晦庵不得见之,非我误为茂叔之作耳。凡此诸图,皆出于陈希夷,则是道家之物,于儒者无用,则归之于其家可矣。”[②]与上述这两种不同的易学取向相比较,皆川愿编撰的《易愿》,既没有明显地盲从朱熹易学中所提供的图像,也没有完全肯定古义派易学的否定图像易学,而是通过创拟“九筹图”“时卦图”“四象图”“八卦配方位图”等新的图像,直探《周易》本源,跳出了象数易学或义理易学的畛域。就图像本身而言,并不受朱子易学图像的局限,事实上也是与朱子易学图像的一种对话,从而使曾经被僵硬地封闭在其图像中的话语,通过每一幅图像的改制更新,被再次鲜活地“书写”。因此理解《周易》的图像,并不完全意味着回溯到原初易图的过程中,而是仅仅通过图像的变化,解构图像与文本之间的互相依存的联系,并且在它的不断再现过程中予以摒弃,为研究传统象数易学打开了一个崭新的图像世界。在中国古代的《周易》研究史上,学者每每借助《易传》提供的伏羲“仰则观象于天,俯则观法于地”的话来论证八卦与六十四卦卦象的起源与产生,然而对其由来则语焉不详。于是通过画图结合爻辞内容进行观察总结,再加上个人的比附发挥,虽然带有明显的牵强附会的痕迹,但是终究提升了人们探索易学象征宇宙自然在阴阳化育沟通中生生不息的古代宇宙图式演化的思维,《周易》的“以图书意”与传统的“立象取意”具有相同的思维模式与易学价值。皆川愿编撰的《易原》,作为一个重视《周易》图像实践的特例,提出了许多自己的易学思考,颇具独创性,从一个侧面凸显了日本江户时期的易学生态。

---

① [日]中井履轩:《周易逢原·大传三之七》,东京吉川弘文馆1997年版,第252页。

② [日]太田锦城:《九经谈》,《日本儒林丛书》第六册,东京凤文馆出版社1978年版,第11页。

巴蜀《易》学价值重估

舒大刚　汪璐*

《周易》居六经之首，而易学有“在蜀”之称。巴蜀《易》学历史悠久，成果丰富，据不完全统计，历代巴蜀学人撰有370余种《易》学著作，现存者尚有160余部之多，构成“中国《易》学史”的一大奇观。其中扬雄《太玄》、卫元嵩《元包》、李鼎祚《周易集解》、陈抟《易龙图》（存序）、苏轼《东坡易传》、来知德《周易集注》等，无疑是中华《易》学的重要成果。《巴蜀全书》工程通过考察历代正史、方志和目录书籍、人物传记，发现巴蜀《易》学发生甚早，著作绵延不绝，其中汉代有8种、魏晋6种、隋唐五代10种、宋代160种、元代14种、明代30种、清代150种，可谓代有其书，蔚为大观。程颐说“《易》学在蜀”，全祖望谓“甚矣蜀之多《易》也”，姜国伊为撰《易学在蜀赋》，刘咸炘称“《易》学在蜀，犹诗之有唐”，谢无量撰有《蜀易系传》及续篇，当代学人李朝正、舒大刚、金生杨、李冬梅也对巴蜀《易》学源流进行过考述，学界已形成“巴蜀易学”概念。这里欲对其学术价值再予评估。

其一是蜀易渊深，有利于《易》学探源。《汉书》称《易经》成书“人更三圣，世历三古”，有一个长期形成过程。《周易・系辞传》载：“古者包牺氏之王天下也……于是始作八卦，以通神明之德，以类万物之情。”是即“伏羲画八卦”的史影，自后又经神农“重为六十四卦”（郑玄说），文王、周公拟定卦辞爻辞，于是《周易》经文始成。孔子晚而喜《易》，读之韦编三绝，遂作《十翼》，然后《易》学大兴。但若追溯《易》学源头，或许与西部有关。《周礼》“太卜掌《三易》之法，一曰《连山》，二曰《归藏》，三曰《周易》。其经卦皆八，其别卦皆六十有四”。说明《周易》之前还有《连山》《归藏》二易。王应麟《玉海》引《山海经》佚文“伏羲氏得河图，夏后氏因之曰《连山》”，此夏后氏即夏禹。《孟子》佚文“禹生石纽，西夷人也”；《史记》称“禹兴于西羌”；郑玄曰“夏易曰《连山》”；谢无量《蜀学会叙》因谓“《连山》禹制之”。可见《连山》乃《易》学鼻祖，为大禹所制，与巴蜀有密切关系。今见三星堆出土“青铜神坛”，其底座圆盘似太极，其上二怪兽似两仪，中间四立人像四象，人上四峰似《连山》，山上方城及四方人物似“大业”。一座青铜神坛，恰似对《周易・系辞传》“易有太极，是生两仪，两仪生四象，四象生八卦，八卦定吉凶，吉凶生大业”的形象构拟。再考诸箕子所述《洪范》，得知“五行”“八政”以及国家制度、政治文化等等，或为大禹所传。可知阴

* 作者简介：舒大刚，四川大学古籍整理研究所教授；汪璐，四川大学文学与新闻博士研究生、四川大学古籍整理研究所馆员。

阳、三才、五行观念以及早期“易经”，都有可能起于西部。考察巴蜀文物、文献，对探讨《易经》起源无疑具有参考价值。

其二是绵延不绝，有利于学脉厘清。巴蜀《易》学源远流长，名家名著时有产生，《史记》载“孔子传《易》于(商)瞿”，说者谓《十翼》即商瞿所传，《文言传》中“何谓也”和“子曰”等处，皆瞿与夫子问答之词(明丰坊)。数传至汉初田何，田何传《易》于王同、周王孙、丁宽、服生，王同传《易》于杨何，杨何于元光元年(前 134)征为中大夫，武帝立“五经博士”，可见商瞿为博士《易》祖。杨慎《升庵集·蜀志遗事》载，“孔子弟子商瞿，《世本》作‘商瞿上’，《文翁石室图》亦作‘商瞿上’”，又云宋祁作《成都先贤赞》以商瞿上为蜀人。杨慎考宋罗泌《路史》与王象之《舆地纪胜》，认为瞿上城在成都双流；曹学佺《蜀中广记·成都府·双流县》又载双流有商瞿里，治东十里瞿上乡有孔子弟子商瞿墓；谢无量因谓“《周易》之传始在蜀”。汉初，隐士胡安亦居临邛白鹤山传经，司马相如曾从之问《易》，其时约在文帝末年(157)前。田何至惠帝时尚存，则胡安当与田何同时或相前后。田何在中原传《易》时，胡安亦在蜀中传《易》，二人时代应相距不远。稍晚蜀人赵宾“持论巧慧，《易》家不能难”，“云受(授，从刘咸炘读)《易》孟喜，喜为名之”。似乎“卦气说”也与蜀人有关。自后严遵、扬雄等人传《易》不绝，名家辈出，或开风气之先，或集诸学大成。严氏《老子指归》融会《易》、老、儒三家之说，扬氏《太玄》、王长文《通玄经》、卫元嵩《元包经》，皆依仿《周易》而造新经。唐李鼎祚《周易集解》集汉《易》大成，宋有陈抟《易龙图》开图书《易》学先河，龙昌期《三教圆通》又以《易》会通三教，苏轼《东坡易传》多言人事，房审权《周易义海》汇集汉宋《易》说多达百卷，魏了翁《周易要义》《周易集义》更是兼治汉、宋，成一大渊海。至于张浚(《紫岩易传》)、张栻(《南轩易说》)、李心传(《丙子说易编》)，元黄泽(《易学滥觞》)、王申子(《大易辑说》)、赵采(《周易程朱传义折衷》)，明熊过(《周易象旨决录》)、来知德(《周易集注》)，清李调元(《古周易》)、刘沅(《周易恒解》)，民国廖平(《易贞悔释义》)、杨国桢(《周易音义》)、尹昌衡(《易鉥》)、刘子华(以《易》言天文)诸家，都是不可忽略的《易》学大师。此外还有众多不太受人关注的易家、易著和易文，不胜枚举，谢无量称“《周易》自汉盛至今，惟蜀人能传之”并非虚誉。

结合时代背景、学术大势和《易》学流派，可以大致看出巴蜀《易》学的起承转合：在汉代呈现“儒易老三学结合”状态，严遵、扬雄是其代表；魏晋南北朝，仿《易》拟经，王长文、卫元嵩为代表；唐代是“汉《易》玄《易》兼收并蓄”，李鼎祚是代表；宋代是“图书象数义理”统一和“儒释道”结合，陈抟、苏轼、龙昌期、张浚、张栻、魏了翁是其代表；元明是“象义汉宋结合”，黄泽、王申子、赵采、熊过、来知德是其代表；晚清“中西古今结合”，刘沅、杨国桢、廖平、尹昌衡、刘子华等是其代表。其起伏脉络，大致经历了大禹《连山》奠基易学，商瞿与博士传承《周易》，汉代转型，蜀汉两晋变异，南北朝延续与依仿，隋唐五代统一，两宋鼎盛，元明清初因袭与创新，晚清民国会通中西古今等阶段。厘清其延续不断之学脉，总结其特点，分析其价值，当有利于当今易学传承。

其三是兼容并包，有利于《易》学史研究。巴蜀《易》学家喜为集注集解，保存了大量古《易》旧说，对《易》学史研究和反本开新都有助益。自魏王弼《周易注》盛行，汉《易》日渐衰微，至唐代王学遂占独尊地位。幸而先有益州阴弘道撰《周易新论传疏》，“杂采子夏、孟喜等十八家之说，参订其长，合七十二篇，于《易》有助云”（《崇文总目》）；稍后资州李鼎祚《周易集解》，又广辑子夏、孟喜，以迄何妥、孔颖达36家《易》说，在唐代官方《周易正义》所依王弼《易》外，保存了濒临失传的汉《易》资料尤多。该书系现存最早集解性《易》书，是研究汉代《易》学不可或缺的重要资料，隋唐以前《易》学“诸书逸不传者，赖此犹见其一二”（陈振孙《直斋书录解题》），“千百年后学者，得考见画卦之本旨者，惟赖此书之存耳”（《四库全书总目》），“俾古人象数之说，得以绵延，至今弗绝，则此编之力居多”（清李道平）。

至宋元明，巴蜀《易》家将蜀学“兼容并包”精神发扬到极致。熙宁间，成都房审权撰《周易义海》100卷，他鉴于“自汉至今，专门学不啻千百家，或泥阴阳，或拘象数，或推之于互体，或失之于虚无”（《原序》），于是集郑玄至王安石百家，摘其“专明人事、羽翼吾道者”为一编；其对诸家说有异同或疑惑的，则加以评议，附于篇末。《四库全书总目》云：“自唐以来，唯李鼎祚《周易集解》合汉后三十五家之说，略称该备，继之者审权《义海》而已。”由于卷帙过大当时刊刻不易，后经江都李衡删其精华而成《周易义海撮要》行世。绵竹张栻《南轩易说》合会蜀洛，补注《伊川易传》所缺《系辞传》，扩大理学《易》在巴蜀的影响。蒲江魏了翁《周易集义》广辑宋《易》，取濂洛以来大儒《易》说16家汇为一编，保存《易》说（如杨时、吕大临诸家多已亡佚）和旧版（宋刻）最多，无异宋《易》渊海。而其《周易要义》又撮要魏晋及唐注疏，“主于以象数求义理，折衷于汉学、宋学之间”，其文字“虽主于注疏释文，而采掇谨严，别裁精审，可谓剪除支蔓，独撷英华”（《四库全书总目》）。元代资州黄泽《易学滥觞》“大旨谓王弼之废象数，遁于玄虚；汉儒之用象数，亦失于繁碎，故折中以酌其平”。潼川赵采《周易程朱传义折衷》节录程颐《易传》、朱熹《周易本义》注文，又附《语录》及己说，“折衷”程、朱，并存古义，认为“《易》中先儒旧说皆不可废”，极具包容性。明代富顺熊过（号南沙）撰《周易象旨决录》“远溯汉学，虽未必遽追梁、孟，然义必考古，终胜明人幻渺之谈”（并《四库全书简明目录》）；杨慎序其书：“《周易象旨》一书，兼采众家之说，而多象数为主，亦北海、考亭之遗意也。”全祖望亦谓：“以予所见宋元《易》解一百五十家，明嘉靖以前亦数十家，南沙书中无不有之。”《四库总目》云：“在明人《易》说之中，固卓然翘楚矣。”清代双流刘沅《周易恒解》兼容汉宋，不言象数，深非“历代言《易》者，大半皆偏于术数”，盛赞“王辅嗣（弼）始专以理言，厥功甚伟”；又斥程、朱《易传》《本义》瑕疵不少；其解经专重说理，潘雨廷谓其“理多可取”。巴蜀《易》学之汇集旧说，融会贯通，构筑起中华《易》学传承的桥梁。

其四是勇于创新，有利于《易》学“两创”。在特定历史积淀和时代背景下，巴蜀《易》学往往有超乎寻常的创新和创造。如汉代成都严遵《易》《老》兼治，《华阳国志》载其“雅性澹泊，学业加妙，专精《大易》，耽于《老》《庄》”；又假以卜筮，借卦以施教，著《周易骨髓诀》《卦法》，兼有儒、道、《易》、数术四术。宋代眉山苏轼、陵州（今仁寿）龙昌期等人儒道汇通，杂引禅学。苏轼《易传》多杂道佛，朱熹撰《杂学辨》以是书居首；龙昌期儒道兼治，文彦博语其“浮英华而沉道德，先周孔而后黄老”，是不以儒家为主；其所注《易》，范仲淹称赞“深达微奥”。

汉代郫县扬雄、三国广汉郪（今三台）人王长文、后周什邡卫元嵩，皆是摹拟《易经》以创新说。扬雄少时曾从严遵问学，“以为经莫大于《易》，故作《太玄》”，张行成云《太玄》“义取于《连山》”。王长文系蜀汉犍为太守王颙之子，其仿《周易》作《通玄经》4 篇，有《文言》《卦象》可用以卜筮，时人比于《太玄》。卫元嵩《元包》数用《归藏》，体例与《太玄》相近，多奇字不易读。《太玄经》《通玄经》《元包》在《易》学传承的基础上，表现出仿圣拟经的开放性和创新性。

宋代陈抟《易龙图》倡言先天、无极、河图、洛书之学，用黑白点子解释《易》卦起源，以为龙马所负之图，开启宋代图书《易》学先河，后来种放、穆修、李之才、邵雍、范谔昌、刘牧、黄晞，直到南宋朱熹等人，递相传授，影响中国《易》学十分深远。元人王申子云：“此二《图》不知希夷以前何所托，至希夷始出，亦已奇矣。”临邛张行成《易通变》穷极数学，取陈抟至邵雍所传先天卦数等 14 图，敷衍解释，以通其变，魏了翁语其“颇得《易》数之详”，发明甚多。

明代梁山（今重庆梁平）来知德独处空山，覃思《易》理 29 年，自成一家之学，撰《周易集注》成明代象数《易》学创新的代表。专取《系辞》“错综其数”之说，以错卦、综卦论易象，人称“矣鲜《易注》，继往开来，亘百代而一见者”（郭子章）；全祖望亦谓“程子尝言‘《易》学多在蜀中’，后三百年而蜀又以来《易》名于天下”；《四库全书总目》更称其“当时推为绝学”。民国简阳刘子华《八卦宇宙论与现代天文》，兼及天文，会通《易》学阐释与自然科学，运用八卦的逻辑结构分析太阳系，以八卦配星球，得出尚存一颗当时还未被认证的行星的预言，震惊当时欧洲。

巴蜀《易》学作为一种地域性特征较为浓郁的思想体系，在促进《易》《老》会通、三教合一、仿圣拟经、涵养蜀人思维范式、引领学术文化发展等方面，有着重要意义。作为中华《易》学的重要组成部分，巴蜀《易》学具有源远流长、博大包容、开放创新等特征，对《易》学探源、学脉梳理、旧学反思、创造创新等，都具有重要参考和借鉴价值。认真整理和研究巴蜀《易》学文献，必将有力地推动中华优秀传统文化的创造性转化和创新性发展。

试论《周易》本经的经济思想

——以颐卦为例

廖名春*

《周易》本经，也就是《周易》六十四卦的卦爻辞，是文王周公父子之作，是我国现存古籍中时代最早的个人专著。《系辞传》云："《易》之兴也，其于中古乎！作《易》者，其有忧患乎！""《易》之兴也，其当殷之末世、周之盛德邪，当文王与纣之事邪，是故其辞危。"湖南长沙马王堆汉墓出土的帛书《衷》篇也说："《易》之用也，殷之无道、周之盛德也。恐以守位，敬以承事，智以避患。……文王之危智"。① 这是说："《周易》之面世，正反映出殷纣的无道，周文的盛德。文王以恐守位，以敬承事，以智避患……这是文王在危惧之时展现出来的智慧。"②帛书《要》篇所载孔子语说得更清楚："文王仁，不得其志，以成其虑。纣仍无道，文王作，讳而辟咎，然后《易》始兴也。"③孔子这是说：文王有仁德，但不能实现他的心志，以成就他的计划。商纣一再无道，文王兴起，他隐瞒自己的心志以避祸，然后就开始创作《周易》。因此，司马迁《史记·太史公自序》曰："昔西伯拘羑里，演《周易》。"其《周本纪》曰："西伯盖即位五十年，其囚羑里，盖益《易》之八卦为六十四卦。"说文王"囚羑里"时创作了《周易》本经。由此看，《周易》本经代表周文王与周公父子的思想，是"周文"——西周文化精神的体现，是周人治国理政智慧的结晶，是信而有征的。我们古为今用，从中发掘其经济思想以供今天学习参考，自属当然。

《周易》本经的经济思想，集中体现于第二十七卦《颐》卦，其文曰：

> ䷚颐，贞，吉。观颐，自求口实。初九：舍尔灵龟，观我朵颐，凶。六二：颠颐；拂经于丘颐，征凶。六三：拂颐，贞凶，十年勿用，无攸利。六四：颠颐，吉；虎视眈眈，其欲逐逐，无咎。六五：拂经；居贞，吉，不可涉大川。上九：由颐，厉，吉，利涉大川。

---

* 作者简介：廖名春，清华大学历史系教授、曲阜师范大学东亚易学研究中心特聘教授。

① 湖南省博物馆、复旦大学出土文献与古文字研究中心编纂，裘锡圭主编：《长沙马王堆汉墓简帛集成》第3册，中华书局2014年版，第100页。按：释文有改动。

② 其具体解释可参考刘彬、孙航、宋立林：《帛书〈易传〉新释——暨孔子易学思想研究》，中国社会科学出版社2016年版，第189—191页。

③ 湖南省博物馆、复旦大学出土文献与古文字研究中心编纂，裘锡圭主编：《长沙马王堆汉墓简帛集成》第3册，第118页。按：释文有改动。

下面，我们试做考释。

颐卦，卦形䷚，由下☳震上☶艮两个八卦组成。

卦辞“颐，贞，吉；观颐，自求口实”，是说：颐养，坚持原则，则吉利；重视颐养，就要自己去谋求口腹所需的食物。

“颐”：即颊，指脸的两侧从眼到下颔的部分；也称“腮”或“下巴”。䷚颐卦的上九爻象上颚，初九爻象下颚，六二、六三象下牙床的牙齿，六四、六五象上牙床的牙齿。《说文·**𦣝**部》：“**𦣝**，顄也。象形。凡**𦣝**之属皆从**𦣝**。颐，篆文**𦣝**。”段玉裁注：“口下为车，口上为辅，合口、车、辅三者为颐”，“此文当横视之。横视之则口上、口下、口中之形俱见矣”。“**𦣝**(颐)”本作“[illegible]”，横视之即“[illegible]”(《说文解字注》)。《尔雅·释诂下》：“颐，养也。”《序卦传》：“颐者，养也。”郑玄注：“颐，口车辅之名也。震动于下，艮止于上，口车动而上，因辅嚼物以养人，故谓之颐。颐，养也。能行养，则其干事，故吉矣。”清华简《别卦》作“⿰⿱囟已頁”，整理者认为该字从页从囟，已声，为“颐”之异体字。[①] 秦简《归藏》作“亦”，笔者曾指出：“古音‘颐’为之部喻母，‘亦’为铎部喻母。……今本《周易》的‘颐’当为本字，而秦简《归藏》‘亦’当为音近相借。”[②]“颐”在此引申为口养，也就是谋求食物。

“贞”，定，此指坚持原则，不放弃原则。《释名·释言语》：“贞，定也，精定不动惑也。”[③]《文言传》：“贞固足以干事。”(《左传·襄公九年》同)王引之：“则固守之谓贞。”[④]俞樾：“是贞有固义。”[⑤]“贞”有“固”义，与“定”义同。

“颐，贞，吉”，是说谋求口中的食物，谋求经济利益，要坚持原则，才能吉利。《孟子》“富贵不能淫，贫贱不能移”，《礼记·曲礼上》“临财毋苟得”也是这一精神。

“观”，仔细看。《说文·见部》：“观，谛视也。”段玉裁注：“审谛之视也。《穀梁传》曰：‘常事曰视，非常曰观。’”此指注视、重视。又疑“观”当读为“劝”。《礼记·缁衣》：“君奭曰：‘昔在上帝，周田观文王之德，其集大命于厥躬。’”郑玄注：“古文‘周田观文王之德’为‘割申劝宁王之德’，今博士读为‘厥乱劝宁王之德’，三者皆异。古文似近之。”孔颖达疏：“观当为劝。”《管子·君臣下》：“称德度功，劝其所能。”于省吾《双剑誃诸子新证·管子二》：“按，劝、观古字通。《韩非子·喻老》‘越人入宦于吴而观之’，藏本、今本观作劝；《难三》‘举善以观民’，藏本、今本、《论衡》观作劝；《列子·杨朱》‘故不为名所观’，张湛本观作劝，均其证也。上言称德度功，此言观其所能，义正相承。”如此，“观颐”当读为“劝颐”，即勉励、鼓励颐养。

“自求口实”，自己去谋求口腹所需的食物，也就是我们今天讲的“自力更生”，“自己动手，丰衣足食”。

卦辞说“颐”要“贞”方谓之“吉”，即“君子爱财，取之有道”“临财勿苟得”之谓。“观颐，自求口实”，则肯定“自求”，也就是主张自己动手，丰衣足食。这是颐卦论颐养，也就

---

① 参见李学勤主编，清华大学出土文献研究与保护中心编：《清华大学藏战国竹简(肆)》，第 134 页。

② 廖名春：《秦简〈归藏〉管窥》，《周易研究》2001 年第 2 期。

③ 王先谦补，毕元疏证，刘熙撰：《释名疏证补》，中华书局 2008 年版，第 129 页。

④ 王引之：《经义述闻·第一周易上》“虞氏释贞以之正违失经义”条，上海古籍出版社 2016 年版，第 79 页。

⑤ 俞樾：《春秋名字解诂补义》，《皇清经解续编》第 5 册，上海书店 1988 年版，第 1017 页。

是经济生活的基本原则。

初九爻辞“舍尔灵龟，观我朵颐，凶”，是说：舍弃你的理智，眼里只看到别人进食，凶险。

“舍尔灵龟”，舍弃自己的理智。孔颖达疏：“灵龟，谓神灵明鉴之龟兆。”程颐《易传》：“‘灵龟’，喻其明智，而可以不求养于外也。”（《周易程氏传》）

“朵”，动。陆德明《释文》：“朵，动也。郑（玄）同。”孔颖达疏：“朵是动义……今动其颐，故知嚼也。”马王堆汉墓帛书《十六经·正乱》：“我将观其往事之卒而朵焉。”整理小组注：“朵，动。”京房易章句“朵”作“揣”，并训为动。音近义同，故可换读。上博楚简本作“敼”，实即“揣”字异体。阜阳汉简本作“端”，刘表易章句作“㪜”，皆为“揣”字别写。帛书《易经》本作“掇”，亦为“揣”字假借。

“朵颐”，鼓腮嚼食，进食。

“舍尔灵龟”，就是舍弃“自求口实”，放弃自己动手，丰衣足食的自信。“观我朵颐”，只羡慕别人进食。这样，必然会产生觊觎之心，由仇富而越轨，所以说“凶”。正确的态度应该是：“临河而羡鱼，不如归家织网。”（《淮南子·说林》）

由此可知，初九爻辞“舍尔灵龟，观我朵颐，凶”是讲谋求经济利益不讲原则，不自力更生的危害性。目前贫困地区脱贫、国外我们援外，尤其值得参考。

六二爻辞“颠颐；拂经于丘颐，征凶”，是说：要重视颐养；不筹划不上心，对颐养不管不顾，必有凶险。

“颠”，当读为“慎”，重视的意思。楚简本作“遉”，当为“慎”之借字。[1] 阜阳汉简本作“奠”，实为“尊”字之讹。“尊”，重也，同义换读。所以，“颠颐”即重颐，也就是重视颐养。

“拂”，读为“弗”。阜阳汉简本、陆德明《释文》引《子夏传》都作“弗”。

“经”，量度、筹划。《诗·大雅·灵台》：“经始灵台，经之营之。”《书·召诰》：“卜宅，厥既得卜，则经营。”

“于”，表并列关系的连词，相当于“而”。义同于豫卦六二爻辞“介于石”之“于”。[2]

“丘”，楚简本、帛书《易经》本都作“北”，丘当为“北”字形讹。“北”，当读为“背”。“背颐”，背弃颐养，与颐养相背，对颐养不管不顾。

“征”，读为“贞”，定、必定。说详下文。帛书《易经》本作“正”、阜阳汉简本作“政”，皆为假借字。

六二爻辞“颠颐；拂经于丘颐，征凶”即“慎颐；弗经与背颐，贞凶”，从正反两面强调要重视颐养：提出对经济生活要筹划，要上心；对经济民生不管不顾，必有凶险。

六三爻辞“拂颐，贞凶，十年勿用，无攸利”，是说：不事颐养，必定会有凶险，多年也不做成事，没有什么好处。

“拂”，读为“弗”。阜阳汉简本即作“弗”。

“贞”，定、必定、应当，语气副词。《释名·释言语》：“贞，定也，精定不动惑也。”[3]《系

---

① 廖名春：《楚简〈周易·颐〉卦试释》，孔子2000网，2004年4月16日。

② 此为博士生王晨上课时提出。

③ （清）王先谦补，（清）毕元疏证，（汉）刘熙撰：《释名疏证补》，中华书局2008年版，第129页。

辞传》:“天下之动,贞夫一者也。”《逸周书·祭公》:“维天贞文王之董用威。”俞樾按:“贞,当训定。”[①]《广雅·释诂三》:“贞,当也。”《书·洛诰》:“公既定宅,伻来,来视予卜,休,恒吉。我二人共贞。”孙星衍注引马融曰:“贞,当也。”王国维《观堂集林·洛诰解》:“贞,当为鼎,当也,谓卜之休吉,王与周公共当之也。”此义为担当、承受。引申之,则有应当、应该义。帛书《缪和》解屯卦九五爻辞“小,贞吉”为“‘小’之犹可”,“大,贞凶”为“‘大’之必‘凶’”,[②]“犹”“必”两字显然落在“贞”字上。以“贞吉”为“犹可”,即“尚可”,也就是“还行”;“‘大’之必‘凶’”,就是以“贞”为“必”,也就是“必定”。这里的两个“贞”,都是语气虚词。又如今本卦爻辞的“贞”字,如比卦六二爻辞“比之自内,贞吉”等,楚简本往往无,也通,正说明其为虚词。

“十年”,多年。此为虚指,并非实数。

六三爻辞“拂颐,贞凶,十年勿用,无攸利”即“弗颐,贞凶,十年勿用,无攸利”突出不事颐养,不重视经济的危害。“贞凶”是抽象而论,“十年勿用,无攸利”是具体而言。

六四爻辞“颠颐,吉。虎视眈眈,其欲逐逐,无咎”,是说:重视颐养,吉利。紧紧盯住“颐养”不放,追逐的欲望接连不绝,未可厚非。

“颠”,读为“慎”,重视。楚简本作“遉”,当为“慎”之借字。

“眈眈”,专一注视之貌。帛书《易经》本作“沈沈”,音义皆同。楚简本作“融融”。《左传·昭公五年》:“《明夷》之《谦》,明而未融,其当旦乎,故曰‘为子祀’。”杜预注:“融,朗也。”孔颖达疏:“明而未融,则融是大明,故为朗也。”《后汉书·李膺传》:“不谓《夷》之初旦,明而未融,虹霓扬辉,弃和取同。”黄人二认为“融”训为“朗”,“大明”与“炯”意义相近,“虎视眈眈”犹“虎视炯炯”。[③]

“虎视耽耽”,像老虎一样紧紧盯住不放。

“欲”,楚简本作“猷”,帛书《易经》本作“容”,阜阳汉简本作“猺”,音近假借。

“逐逐”,接连不绝。楚简本作“攸攸”,帛书《易经》本作“笛笛”,音近假借。阜阳汉简本作“遂遂”,形近相讹。

“其欲逐逐”,追逐的欲望接连不绝,形容欲望极强。

“颠颐”就是重视颐养。“虎视眈眈,其欲逐逐”,正是形象地描写人们对颐养重视的样子。“吉”和“无咎”表明了对人们追求物质利益的肯定。孔子讲先富后教(《论语·子路》)。孟子说:“养生丧死无憾,王道之始也。”(《孟子·梁惠王上》)《管子·牧民》称:“仓廪实,则知礼节;衣食足,则知荣辱。”也是同样的精神。

六五爻辞“拂经,居贞,吉,不可涉大川”,是说:不谋划不考虑颐养,安于现状,坐享其成,就会有危险,做不成难做的事。

“拂”,读为“弗”。阜阳汉简本作“不”。

“居贞”,复词同义,停止不动。此指安于现状,坐享其成。

“吉”,从下文“吉,利涉大川”来看,疑为“厉”或“凶”字之误。

---

① 俞樾:《群经平议·周书》,《续修四库全书》第178册,上海古籍出版社2003年版,第117页。

② 廖名春:《帛书〈周易〉论集》,上海古籍出版社2009年版,第392页。按,释文有改动。

③ 黄人二:《上海博物馆藏战国楚竹书(三)研究·上博藏简周易校读(上)》,高文出版社(台中)2005年版,第48页。

由此可知，六五爻辞当作“弗经，居贞，厉，不可涉大川”，这是讲“弗经”，不谋划不考虑经济工作，“居贞”，安于现状，坐享其成的危害性。古人说“生于忧患，死于安乐”，“安乐”而能致“死”，就是“弗经”而“居贞”。

上九爻辞“由颐，厉，吉，利涉大川”，是说：致力于颐养，勉励颐养，就会吉利，就会利于做难做的事。

由：当从楚简本作“繇”，通“繇”，致力、用力。《说文·系部》“繇，随从也”，宋徐铉等注：“今俗从䍃。”段玉裁注：“亦用为徭役字。徭役者，随从而为之者也。”

“厉”，疑为衍文，下文既然说“吉，利涉大川”，此处就不当说“厉”。否则，自相矛盾。《小象传》：“‘由颐，厉，吉’，大有庆也。”虽有“厉”字，但“大有庆也”与“厉”无涉，落脚在“吉，利涉大川”上。如“厉”非衍文，则当读为“励”，即支持、勉励。《左传·哀公十一年》：“宗子阳与闾丘明相厉也。”杜预注：“相劝厉。”《汉书·儒林传序》：“太常议，予博士弟子，崇乡里之化，以厉贤材焉。”

“由颐”和六五爻辞“弗经”语意相反。一是“吉，利涉大川”，一是“不可涉大川”，一正一反，对比鲜明。

由此可知，上九爻辞当作“繇颐，吉，利涉大川”，还是讲重视经济民生的重要。

综上所述，颐卦讲颐养，口养，也就是讲民生、讲经济生活问题。

注重民生，肯定人们对富裕生活的追求，强调自力更生，发展经济，是本卦的主题，也是《周易》经济思想的核心。

“民以食为天”，作为周文王、周公之作的《周易》本经，具有如此深刻、早熟的经济思想，是中国古代文明辉煌的见证，值得我们珍视。

从《日本书纪·神代卷》看日本创世神话中的《易》理

吴伟明*

前　言

中日两地的创世神话均含《易》理。① 公元2世纪中国西汉末的纬书《乾坤凿度》及《坤灵图》使用太极、乾坤介绍伏羲及女娲的创世神话。成书于三国时代(220—280)的《三五历记》以阴阳说明盘古开辟天地的传说。② 日本创世神话受中国思想及文献的影响。③ 日本创世神话记载于8世纪初奈良朝廷(710—794)所编纂的《古事记》(712)及《日本书纪》(《日本纪》,720)。相对《古事记》,《日本书纪》的创世神话(记述在首两卷的《神代卷》)吸纳较多的中国元素。《日本书纪》不但是用汉文体撰写的日本古代编年史,而且当中吸收大量古代中国的思想、典故及词汇。日本一些民族主义者批评它的"汉文""汉意"令国史失去大和民族的本来精神。从中日文化交流史的角度而言,它是研究上古日本如何吸纳中国文化的上佳题材。儒家及道家的思想很早已通过来自中国及朝鲜半岛的汉籍及归化人传入日本。与《易》学相关的太极、阴阳、乾坤、三才、五行、八卦的思想在古代日本文化留下大量痕迹。④ 本文尝试透过对《日本书纪·神代卷》的文献分析,探讨来自中国的《易》理如何被日本人借用来建构自己的创世神话,及德川日本(江户或近世,

---

* 作者简介:吴伟明,香港中文大学日本研究学系教授、曲阜师范大学东亚易学研究中心客座教授。

基金项目:本研究系香港政府研究资助局资助项目(GRF14602921)。

① 《易》理不局限《周易》本身的义理及象数,还包括后世一些与之附会的思想(如阴阳五行)及图象(如《太极图》)。

② 参见汤一介:《纬书中的创世神话》,《东亚文化》31辑(1993年12月),第35—42页;Lianshan Chen, *Chinese Myths and Legends*, Cambridge: Cambridge University Press, 2011 p.6.

③ 参见[日]福永光司:《道教と古代日本》,京都人文书院1987年版;孙亦平:《论"记纪神话"中的道教元素——兼论古代日本对中国道教的解读》,《世界宗教研究》2019年第6期,第69—80页;严绍璗:《日本"记纪神话"变异体的模式和形态及其与中国文化的关联》,《中国比较文学》1985年第1期;David Adams Leeming, *Creation Myths of the World: An Encyclopaedia*, Santa Barbara: ABC-CLI, 2017, pp.155-157; Xiaofei Tu and Wendy Xie, "The Kojiki/Nihon Shoki Mythology and Chinese Mythology: Theme, Structure, and Meaning", *Religions*, 12:10 (2021): 1-20.

④ 吉野裕子(1916—2008)及福永光司(1918—2001)分别研究阴阳五行及道教对古代日本的影响。参见[日]吉野裕子:《阴阳五行と日本の民俗》,京都人文书院1983年版;《神々の誕生:易.五行と日本の神々》,岩波书店1990年版;《阴阳五行と日本の天皇》,京都人文书院1998年版;[日]福永光司:《道教と日本文化》,京都人文书院1982年版;《道教と古代日本》,京都人文书院1987年版。

1603—1868)学者如何敷衍及发挥这个论述。

一、天地开辟神话中的《易》理

《神代卷》的首两句讲述有关天地开辟,其文字内容明显反映中国道家的阴阳思想。[①]它表示最初阴阳未分,一切混沌,及后阴阳分而天地开。先天后地,然后才生众神。《神代卷》将阳与阴配对清浊、天地的做法均与中国古籍完全相同,其原文是:

> 古天地未剖,阴阳不分,浑沌如鸡子,溟涬而含牙。及其清阳者薄靡而为天,重浊者淹滞而为地,精妙之合搏易,重浊之凝场难。故天先成而地后定。然后神圣生其中焉。[②]

以上的一段引文毫无疑问参考了西汉淮南王刘安(前179—前122)编纂的《淮南子》及三国时代吴国人徐整(220—265)的《三五历纪》,不但内容相似,连其遣词用字亦相似。《淮南子·俶真训》谓:"天地未剖,阴阳未判,四时未分,万物未生,汪然平静,寂然清澄,莫见其形。"[③]《淮南子·天文训》亦云:"清阳者薄靡而为天,重浊者凝滞而为地。清妙之合专易,重浊之凝竭难,故天先成而地后定。"[④]《三五历纪》记盘古开天辟地的创世传说曰:"未有天地之时,混沌状如鸡子,溟涬始牙,蒙鸿滋萌,岁在摄提,元气肇始。又曰清轻者上为天,浊重者下为地,冲和气者为人。故天地含精,万物化生。"[⑤]"天地浑沌如鸡子,盘古生其中。万八千岁,天地开辟。阳清为天,阴浊为地。"[⑥]天地浑沌如鸡子之说亦见《庄子》《列子》等道家著作。[⑦]

天地开辟后最初出现三大男神(亦称三柱神):国常立尊、国狭槌尊及丰斟渟尊。三阳犹如乾卦之三爻。原文曰:

> 天地之中生一物,状如苇牙,便化为神,号国常立尊(至尊曰尊,自余曰命,并训美举等也。下皆效此)次国狭槌尊;次丰斟渟尊。凡三神矣。乾道独化,所以成此纯男。[⑧]

此段文字正合《道德经》的"道生一,一生二,二生三,三生万物"的宇宙生成论。天地

---

① H. Byron Earhart, *Japanese Religion: Unity and Diversity*, Belmont: Wadsworth Publishing Company, 1982, p.31.

② [日]舍人亲王等撰:《日本书纪》卷一《神代上》,庆长四年(1599)敕版,第3页。日本国立国会图书馆电子版(https://dl.ndl.go.jp/info:ndljp/pid/1286872)。《古事记》的《序》首数句亦见《易》理,曰:"夫混元既凝,气象未效。无名无为,谁知其形。然乾坤初分,参神作造化之首。阴阳斯开,二灵为群品之祖。"([日]太安万侣撰:《古事记》,周作人译,人民文学出版社1963年版,第6页)

③ (西汉)刘安编,陈广忠译注:《淮南子译注》,吉林文史出版社1990年版,第56页。

④ (西汉)刘安编,陈广忠译注:《淮南子译注》,第101页。

⑤ 收入(北宋)李昉:《太平御览》卷一,台湾商务印书馆1997年版,第130页。

⑥ (北宋)李昉:《太平御览》卷一,第137页。

⑦ Mark Teeuwen, "The Lao Zi and the Emergence of Shinto", in Jeffrey L. Richey, ed., *Daoism in Japan: Chinese Traditions and Their Influence on Japanese Religious Culture*, London: Routledge, 2015, p.109.

⑧ [日]舍人亲王等撰:《日本书纪》卷一《神代上》,第3—4页。

之中生出三柱神亦合《周易》的天地人三才论。《周易·系辞下》谓:"《易》之为书也,广大悉备。有天道焉,有人道焉,有地道焉。兼三才而两之,故六。非它也,三才之道也。"《周易·说卦》亦云:"是以立天之道,曰阴与阳;立地之道,曰柔与刚;立人之道,曰仁与义。"三才亦称三极。唐朝长孙无忌(594—659)曾上表曰:"臣闻混元初辟,三极之道分焉。"[①]

道教对神道创世神话影响巨大。三柱神令人想起道教的三清尊神,均是天地开辟后最初出现的三男神。三清尊神是元始天尊、灵宝天尊、道德天尊。此外,"至尊曰尊"意即将日本最高级神祇称"尊",这亦是来自道教的词汇。

"乾道独化,所以成此纯男"的论述大概来自《周易》乾卦。乾是首卦,属性为阳、男,代表万物的开端。《乾卦彖传》云:"大哉乾元,万物资始,乃统天。"《周易·系辞上》谓:"乾道成男,坤道成女。乾知大始,坤作成物。"

二、日本诞生神话中的《易》理

三柱神是创世后的第一代天神,经七代至兄妹神祇伊奘诺尊及伊奘冉尊。首六代神祇居于天上,第七代神祇伊奘诺尊及伊奘冉尊从天(高天原)降临大地,成为日本诸岛及地上诸神的创造者。兄妹二神在《神代卷》分别称阳神、阴神,他们结合成夫妻代表阴阳和合、乾坤相参。[②]《神代卷》称第一代至第三代天神是独身男神,第四代至第七代天神均是夫妇神(男女耦生之神),第七代夫妇神是伊奘诺尊及伊奘冉尊,记曰:"凡八神(按:第四代至第七代的夫妇神)矣,乾坤之道相参而化,所以成此男女。自国常立尊,迄伊奘诺尊、伊奘冉尊,是谓神世七代者矣。"[③]

伊奘诺尊、伊奘冉尊降临大地后结为夫妇,其结合合乎《周易·彖传》的先阳后阴、阴生万物的阴阳乾坤之道。《乾·彖传》曰:"大哉乾元,万物资始,乃统天。"《坤·彖传》曰:"至哉坤元,万物资生,乃顺承天。"《神代卷》原文曰:

> 二神于是降居彼岛,因欲共为夫妇,产生洲国,便以磤驭虑岛,为国中之柱。而阳神左旋,阴神右旋,分巡国柱,同会一面,时阴神先唱曰:"憙哉!遇可美少男焉。"(少男,此云乌等孤。)阳神不悦,曰:"吾是男子,理当先唱,如何妇人反先言乎?事既不祥,宜以改旋。"于是二神却更相遇,是行也,阳神先唱曰:"憙哉!遇可美少女焉。"(少女,此云乌等咩。)因问阴神曰:"汝身有何成耶?"对曰:"吾身有一雌元之处。"阳神曰:"吾身亦有雄元之处,思欲以吾身元处合汝身之元处。"于是阴阳始遘合为夫妇。[④]

"阳神左旋,阴神右旋"符合《河图》《太极先天图》《老子》《礼记》的左阳右阴观。由于最初违反了先阳后阴的原则,二神得到了苦果,生下不健全的蛭儿。蛭儿终被二神弃养。

① (唐)孔颖达:《尚书正义》,商务印书馆 1935 年版,第 6 页。

② Barbara Ambros, *Women in Japanese Religions*, New York: New York University Press, 2015, pp.27-28.

③ [日]舍人亲王等撰:《日本书纪》卷一《神代上》,第 6 页。

④ [日]舍人亲王等撰:《日本书纪》卷一《神代上》,第 7 页。

“日月既生,次生蛭儿。此儿年满三岁脚尚不立。初伊奘诺、伊奘冉尊巡柱之时,阴神先发喜言,既违阴阳之理,所以今生蛭儿。”①

伊奘诺尊、伊奘冉尊的兄妹婚令人想起中国伏羲及女娲的传说。二神绕柱追逐亦见苗族的《盘王书》。② 二神结成夫妇后,共八次以相反方向绕柱移动,每逢交会时便诞下一洲,最终生下了日本列岛的“大八洲”(淡路洲[淡路岛]、丰秋津洲[本州岛]、伊豫二名洲[四国]、筑紫洲[九州岛]、隐岐洲[隐岐岛]、佐度洲[佐渡岛]、越洲[北陆]、吉备子洲[儿岛半岛])及自然界不同的神灵(如日神、月神、火神、金神、水神、土神、木神)。“伊奘诺尊与伊奘冉尊,共生大八洲国。”③国常立尊创世,阴阳二神生大八洲正合《周易·系辞上》的“《易》有太极,始生两仪。两仪生四象,四象生八卦”。

伊奘诺尊在洗眼时生下日神天照大神及月神月读尊,在洗鼻时产下暴风神素戋呜尊。这三大由伊奘诺尊所生的重要神祇(三贵子或三贵神)分掌天界、地界及人界反映《周易》的三才思想。原文曰:

> 然后洗左眼,因以生神,号曰天照大神。复洗右眼,因以生神,号曰月读尊。复洗鼻,因以生神,号曰素戋呜尊。凡三神矣。已而伊奘诺尊敕任三子曰:“天照大神者,可以治高天原也;月读尊者,可以治沧海原潮之八百重也;素戋呜尊者,可以治天下也。”④

洗眼生日月来自盘古传说。相传为徐整所作的《五运历年记》记曰:“首生盘古,垂死化身。气成风云,声为雷霆。左眼为日,右眼为月。”⑤东晋编成的道教经典《九真中经》中亦有“左目出日,右目出月”⑥的记载。

天照大神被伊奘诺尊委派管理高天原,天照大神派其孙琼琼杵尊从天降临日本,授其三神器以统治该地,是为天孙降临。这是天皇统治日本的开始及神代史的结束。

三、德川学者论《神代卷》中的《易》理

《神代卷》的创世神话受《易》理影响不容置疑。德川日本一些神道家及儒者相信儒神一致,他们大量使用《易》理解说《神代卷》,为日本创世神话提供儒家朱子学的形而上架构。⑦

由伊势神宫外宫神官度会延佳(1615—1690)开创的度会神道(伊势神道)大量使用

---

① [日]舍人亲王等撰:《日本书纪》卷一《神代上》,第13页。

② 严绍璗:《记纪神话における二神创世の形态》,《中国言语文化研究》7号(2007年7月),第9—10页。

③ [日]舍人亲王等撰:《日本书纪》卷一《神代上》,第15页。

④ [日]舍人亲王等撰:《日本书纪》卷一《神代上》,第19页。

⑤ (清)马啸:《绎史》卷一,齐鲁书社2001年版,第2页。

⑥ (宋)张君房:《云笈七签》卷十一,《景印文渊阁四库全书》第1060册,台湾商务印书馆1986年版,第103页。

⑦ Kun-chiang Chang, “Neo-Confucian Shinto Thought in Early Tokugawa Zhu Xi Studies: Comparing the Work of Hayashi Razan and Yamazaki Ansai,” *Contemporary Chinese Thought*, 49:3-4 (2018): 219-240.

《易》理解释神道史，因此被后世学者称作“《周易》神道”。① 他在其《阳复记》(1650)指出《日本书纪·神代卷》之所以包含《易》理，是因为神道及《易》道均同属天地自然之道，曰：

何故吾国上古传来之事多与《易》相合？盖撰神书之人附会《易》也。何故日本神圣之迹与唐圣人立书相合？盖天地自然之道于此国彼邦无异，此神道也。……有人谓《易》道无误。《易》道之所以无误者，我国之《易》道与神道相似，皆忠厚之道也。②

延佳在《神宫秘传问答》(1660)亦言：

神书(按：《日本书纪·神代卷》)符合《易》道，用《易》之八卦推之，有相合之处。神书用汉字写成，《日本纪》有与《周易》相合之文字。……神道、《易》道皆从自然之道，故道理有相合之处。《日本书纪·神代卷》有明显借用《易》之汉字。③

延佳指出《日本书纪·神代卷》用《易》卦配对天神七代神祇。前三代是独身男神，代表乾卦的奇爻。第四至六代是夫妇神，代表坤卦的偶爻三画。第七代的伊奘诺尊、伊奘冉尊分别代表乾卦三画与坤卦三画。④

《阳复记》记伊势神宫的内宫拜火德之神，外宫拜水德之神。伊势神道家在中世所撰的《神道五部书》以天照大神为火德之神，国常立尊为水德之神。按水克火的原则，在外宫神官眼中，外宫地位反胜内宫。延佳认为国常立尊地位超然，在阴阳未分、五行未生之前已存在。⑤ 他虽没有对国常立尊用太极之名，但认为其有太极之实。延佳在《神宫秘传问答》谓：“国常立尊者，元气生化之神，含五行之神也。五行以水为始，故为水德之神。”⑥又称国常立尊开天神七代，天照大神开地神五代。按天乾地坤的原则，国常立尊比天照大神更为尊贵。⑦《神道五部书》主张外宫地位胜内宫。延佳在《阳复记》虽继承《神道五部书》的论述，但他强调“内外如一，水火既济之道”，谓内宫外宫犹如“阴阳画夜、两眼双手，皆不可废。应明二宫一光之理”。⑧

延佳在《神宫秘传问答》按五行配对地神五代，依五行相生次序(金、水、木、火、土)说明地神五代的传承如下：

素戋呜尊(按：地神五代首代天照大神之夫)，金德神也。金生水，故生水德之天

① 西田长男：《神社の歴史的研究》，塙书房 1966 年版，第 40 页。

② 译自[日]度会延佳：《阳复记》，[日]石田一良校注：《日本の思想 14 神道思想集》，筑摩书房 1970 年版，第 188—189 页。

③ 译自[日]度会延佳：《神宫秘传问答》，第 25—27 页。爱媛大学图书馆铃鹿文库电子版(https://opacl.lib.ehime-u.ac.jp/SUZUKA/244/004.html)。

④ 译自[日]度会延佳：《神宫秘传问答》，第 21 页。

⑤ Richard John Bowring, In Search of the Way: Thought and Religion in Early-modern Japan, 1582—1860, *Oxford: Oxford University Press*, 2017, *pp*.94-95.

⑥ 译自[日]度会延佳：《神宫秘传问答》，第 13 页。

⑦ Mark Teeuwen, *Watarai Shinto: An Intellectual History of the Outer Shrine in Ise*, Leiden: Research School CNWS, 1996, p.233.

⑧ 译自[日]度会延佳：《阳复记》，第 123 页。

忍穗耳尊。……天忍穗耳尊,水德也。水生木,故生木德之琼琼杵尊。木生火,琼琼杵尊生火德之彦火火出见尊。火生土,彦火火出见尊生土德之鸬鹚草葺不合尊。从天忍穗耳尊至鸬鹚草葺不合尊,见金水木火土相生。[①]

吉川惟足(1616—1694)是吉川神道的开创者,在幕府管理神道,他以程朱理学论神道。他曾跟从度会延佳学习神道,受伊势神道的影响,其论神代史亦好以《易》理附会。他将国常立尊等同太极,是"含一切生化天地万物生化之太元"的唯一神,即儒教之太极。[②] 伊奘诺尊、伊奘冉尊被视作阴阳,二神在浮桥的相遇及结成夫妻象征阴阳和合。他在《神道大意注》(1678)谓:"此两神为阴阳二气之灵也。天上浮桥者,阴阳二气相感通也。"[③]

惟足认为日本胜于中国、印度是因为它位处东方。正如《周易·说卦》的"帝出乎震""万物出乎震,震东方也"。东方最先得日月光照,在阴阳初分时国常立尊出现于日本。惟足在《神道大意注》表示:"看三国之当然,我国在东方,因此得万物最初之理。日月在我国初现。日月,阴阳也。阴阳得一灵,国常立尊也。我国始于此神明之德,故名神国。"[④]他以国常立尊为创世唯一神及天皇家祖先。国常立尊是最初及最高的神灵,集天地人三才,"是无名之名,无形之形也。在天元气之元,在地一灵之元,在人性命之元,故名大元尊神"[⑤]。

惟足又将三才、五行配对神代神祇,例如将三柱神代表三才,曰:"此三神可配当天地人三才。国常立尊配天,国狭槌尊配地,丰斟渟尊配人。"[⑥]此外,他解释为何《神代卷》多以八为神道相关事物的数量,因为八象征八卦,八方(按:东、南、西、北四方;东南、东北、西南、西北四隅)为兼备三才及五行之数。《神代卷惟足讲说》(1671)谓:"八者,五行加天地人之三而成。"[⑦]《神代卷》记八十神及八百万神,谓日本神祇多达八百万,惟足解释相传从古代流传下来的神官祝词,只有八个字的《国津祓》时曰:"'寒言神尊利根陀见'称《国津祓》。此八字指八方诸神,八百万之神所残余之意。后世以八方以名目从借来。"[⑧]他将"寒言神尊利根陀见"配对八卦的"坎艮震巽离坤兑乾"。

近世很多儒者亦相信神道。幕府文官林罗山(1583—1657)将朱子学与神道结合,开创理当心地神道。他认为要认识神道,要从《日本书纪》及《周易》两大著作入手。跟惟足相似,他用太极附会国常立尊,以此作诸神及万物的元气,可分身作几百万神。他在《神道秘传折中俗解》如此形容国常立尊:"此一神千变万化,化作诸神。一气分阴阳生,阴阳

---

① 译自[日]度会延佳:《神宫秘传问答》,第22—23页。

② 译自[日]吉川惟足:《神道大意讲义》,[日]有马佑政编《勤王文库》第1编,大日本明道会1919年版,第126页。

③ 译自[日]吉川惟足:《神代卷惟足讲说》一,内务省内务文库藏1876年抄本,第26页。国立公文书馆电子版(https://www.digital.archives.go.jp/file/1248441.html)。

④ 译自[日]吉川惟足:《神道大意注》,[日]山本信哉编:《神道丛说》,国书刊行会1911年版,第141页。

⑤ 译自[日]吉川惟足:《神代卷惟足讲说》一,第10页。

⑥ 译自[日]吉川惟足:《神代史正解:日本国教》第二,立教护国会1905年版,第61页。

⑦ 译自[日]吉川惟足:《神代卷惟足讲说》一,第24页。

⑧ 译自[日]吉川惟足:《三种太祓》,[日]吉川惟足:《神代史正解:日本国教》第一,立教护国会1905年版,第107页。

分五行生。五行相生相克,万物生成之理也。”[①]《罗山林先生文集》的形容更详细:

> 国常立尊一曰天御中主尊。古人口诀云:“八百万神即一神,一神即八百万神。”今按:万物生自五行,五行即一阴阳也。阴阳即太极也。太极本是无极也。于是此尊之奥义可以见矣。[②]

罗山称伊奘诺尊、伊奘冉尊代表阴阳、乾坤,二神的结合令百物生成,在《神道传授》曰:“《日本书纪》有云阳神之雄元、阴神之雌元相合婚姻而万物生。……雄元阳本,雌元阴本。《周易》称乾元坤元也。”[③]他又将五行配对伊奘诺尊、伊奘冉尊所生的五天神,称他们为金德神、木德神、水德神、火德神及土德神。“天神七代内,除国常立、伊诺、伊冉外,余下五代配当五行。”[④]例如他在《本朝神社考》将轲遇突智及金山彦神分配火德及金德。他说:“金山彦,何神?余答曰:‘《日本纪·神代卷》谓:“伊奘冉尊且生火神[轲遇突智]之时,闷热懊恼,因为吐。此化为神,名曰金山彦。”’此神为五行之金神也。”[⑤]

《神代卷》多用八之数,此跟八卦相关,反映天地自然之数。他解释曰:

> 神道贵用八之数。八咫镜、八寻殿、八云、八重垣、八十隈路、八阪曲玉、八岐蛇、八酿酒、八熊鳄、八耳、八百万神、神祇官八神殿等,《神代卷》中不胜枚举。夫混沌分,两仪成,阴阳是也。两仪分四[象],老阳、老阴、少阳、少阴是也。四象成八卦,乾、兑、离、震、巽、坎、艮、坤是也。重八卦成六十四卦。万物之理数,悉在其中。一、三、五、七、九,阳数也。二、四、六、八、十,阴数也。明人道用阳象。隐神道用阴象,故多用八之数。神道家云:“我国之神道通《周易》之道。”[⑥]

朱子学者山崎闇斋(1618—1682)是垂加神道的开创者。他喜欢使用《易》学的词汇及宋学的概念解释《日本书纪·神代卷》,称《日本书纪·神代卷》为“日本之《易》”,《周易》为“唐之《神代卷》”。[⑦]《太极图说》云:“无极而太极。太极动而生阳,动极而静,静而生阴,静极复动。一动一静,互为其根。分阴分阳,两仪立焉。阳变阴合,而生水火木金土。五气顺布,四时行焉。五行一阴阳也,阴阳一太极也,太极本无极也。”闇斋的神祇史观完全跟此吻合。神的生成是“一而二,二而五,五而万,万而一”[⑧]。由国常立尊一神产生阴阳二神,阴阳二神产生五行之神,五行之神产生众神,众神复归国常立尊。

闇斋使用太极、阴阳、五行解说天神七代如下:“天神第一代者,天地一气之神。自二

---

① 译自[日]林罗山:《神道秘传折中俗解》(中村直道1820年写本),第10页。早稻田大学图书馆电子版(https://archive.wul.waseda.ac.jp/kosho/i04/i04_00775/i04_00775_0279/)。

② [日]京都史迹会编:《罗山林先生文集》卷二,平安考古学会1918年版,第69、419页。

③ 译自[日]林罗山:《神道传授》,收入[日]山本信哉编:《神道丛说》,第35页。

④ 译自[日]林罗山:《神道传授》,《神道丛说》,第30页。

⑤ 译自[日]林罗山:《本朝神社考》,改造社1932年版,第168页。

⑥ 译自[日]林罗山:《神道传授》,第44页。

⑦ [日]山口春水:《强斋先生杂话笔记》,[日]森铣三、北川博邦编:《续日本随笔大成》(12),吉川弘文馆1981年版,第249页。

⑧ [日]日本古典学会编:《山崎闇斋全集》第1卷,东京ぺりかん社1978年版,第68页。

代至六代,此水、火、木、金、土之神。第七代则阴阳之神也。"[①]第一代天神国常立尊是无形的"造化神",为众神万物之祖,形同太极。他亦是神道之始,他引吉田神道的《唯一神道名法要集》曰:"吾神道者,一阴一阳不测之元,国常立尊以降,至天照太神玄妙之相承也。"[②]二代至七代为依阴阳五行之气而生的有形"气化神"。二代至六代天神来自五行之气:"国狭槌尊者,水神之号也。丰斟渟尊者,火神之号也。泥土煮、沙土煮尊者,木神之号也。大户之道尊大苦迎尊者,金神之号也。面足尊煌根尊者,土神之号也。"[③]七代天神伊奘诺、伊奘冉分别受阳气及阴气而成。他谓:"伊奘诺为阳神,伊奘冉为阴神。此二神给予五行之秀气。"天神七代共八神,"凡八神矣。乾坤之道相参而化云云"[④]。地神五代是阴阳二神所生的"身化神"(包括天皇祖先神天照大神)及"心化神"。国常立尊是天神,伊奘诺、伊奘冉是天地神,天照大神是地神。

受伊势神道的影响,闇斋认为儒道及神道均属同一天地自然之道。跟中国圣人一样,日本天神依阴阳设教,"我倭开国之古伊奘诺尊、伊奘冉尊,奉天神卜合之教,顺阴阳之理,正彝伦之始。盖宇宙唯一理,则神圣之生,虽日出处日没处之异,然其道自有妙契者存焉,是我人所当敬以致思也"[⑤]。

结　语

从《日本书纪·神代卷》的文献分析得知,奈良时期官员借用大量跟《易》学相关的词汇及概念来建构自己的创世神话,其中以阴阳、五行、乾坤、太极、三才、八卦的使用最为明显。以舍人亲王为代表的《日本书纪》编纂者在撰《神代卷》时受到来自中国道家创世神话的影响,他们参考了从汉至隋朝期间所编撰,包括《淮南子》《三五历纪》《五运历年记》《易纬》等道家著作。奈良时期成书的《神代卷》所含《易》理基本上属于道家《易》,而非儒家《易》。

《神代卷》的《易》理在近世日本被神道家及儒者进一步发挥,用来提倡神儒一致论。他们有些共通的观点:第一,用太极、阴阳、五行附会不同的天神七代神祇。第二,用《易》理解释宇宙生成,反映朱子哲学的影响。第三,用《易》理说明神道及《易》理相通,同属天地自然之道。第四,对《神代卷》添加一些儒家伦理的诠释,例如三神器代表三达德智仁勇、《易》道与神道皆忠厚之道等。有了宋明理学的形而上架构,《神代卷》的《易》理在近世成为儒家《易》,跟最初的道家《易》有明显的不同。

---

① 译自[日]山崎闇斋:《垂加社语》,收入[日]井上哲次郎、上田万年监修:《垂加神道》上卷,春阳堂1935年版,第3页。

② [日]山崎闇斋:《中臣祓风水草》,第8页,转引自国文学研究数据馆电子版,http://base1.nijl.ac.jp/iview/Frame.jsp? DB_ID=G0003917KTM&C_CODE=0099-001802。

③ 译自[日]林罗山:《神道传授》,第44页。

④ [日]山崎闇斋:《神代卷风叶集》,[日]井上哲次郎、上田万年监修:《垂加神道》上卷,春阳堂1935年版,第28页。

⑤ [日]山崎闇斋:《洪范全书序》,[日]日本古典学会编:《山崎闇斋全集》第3卷,第236—237页。

三才通贯为一视域下的横渠易学

王新春*

《周易》经传确立起易学专门之学的经典话语系统。其后，汉代的经学家，从象数的一面出发，丰富了这一系统；魏王弼、晋韩康伯等，则从义理的一面着眼，深化了这一系统；南北朝隋唐时期，这一系统又在儒释道三教由冲撞、互峙走向会通、融合的历史文化语境变迁过程中，既受到严峻挑战，又获得新的诠释。而自中唐古文运动所肇始的表征鲜明文化自觉的儒学复兴思潮，在经历五代十国的短暂曲折之后，迄于北宋中叶渐次全面展开。易学的这一系统，遂在充任儒学复兴、理学形成深层学理根柢的形式下，得到重构。北宋五子所做的各呈精彩的重构，最具开创性和影响力。作为儒学复兴主要标志的理学这一全新儒学形态的创立，就是借此而实现的。五子之一的张载(1020—1077)，以其天地人三才通贯为一的宏大视域，重建了易学的话语系统，留下了《横渠易说》与《正蒙》等易学作品，推出了器识卓荦、气魄宏伟的横渠易学，从而奠定了理学中关学的基本规模，与另四子声气相通，为儒学复兴贡献了自己的心力。本文即拟就张载上述视域下的易学作一番粗浅的探讨。

一、圣人之《易》与天易

《周易》古经以卦画爻画的符号系列与卦辞爻辞的文字系列的互诠互显，奠定了易学的初始架构。在此基础上，经由《易传》的创造性诠释，《易》开显出外而符号与文字、内而象数与义理互诠互显的典范易学话语系统。在此系统内，天地人三才并立共在的语境，成为易学的基本语境。故而，三才缺少了任何一才，皆不能构成易学的语境。而且，探天究地，最终还是为了立人。人，成为易学的终极关切。离开了人，尤其不再构成易学的语境。这才有了《系辞下传》与《说卦传》的如下两段经典表述："《易》之为书也，广大悉备，有天道焉，有人道焉，有地道焉。兼三材而两之，故六。六者非它也，三材之道也。""昔者圣人之作《易》也，将以顺性命之理，是以立天之道，曰阴与阳；立地之道，曰柔与刚；立人之道，曰仁与义。兼三才而两之，故《易》六画而成卦。"以此晓谕人们，宇宙浩瀚，大化流行，天地人物生化于其中，构成多姿多彩的大千世界，汇为宏大有机生存生命共同体。基

---

* 作者简介：王新春，山东大学易学与中国古代哲学研究中心暨哲学与社会发展学院教授。

于人的生命自觉，以人置身于其中作为提出问题、探讨问题以立论、言说的基本出发点，则在此宇宙大化有机整体中，具有举足轻重意义的，就是作为造化之源的天地与造化所成最高境界生命存在的人三者，即所谓三才。三才各有其道。天道展现于阴阳，地道展现于刚柔，人道展现于仁义。天道地道，本然如是，不是因人才确立。“立天之道”“立地之道”之“立”，指的乃是天道地道由人所揭示、标举、守望、护持而得以彰显、畅遂和立住。人道则接续宇宙大化而来，本乎天道地道，由人基于高度生命价值意识自觉而确立、挺显。于是，作为符号系列的八卦与六十四卦的三爻、六爻之位，涵摄符示着三才并立共在的位的正定：八卦的三爻，初地、中人、上天，涵摄着顶天立地方为人；六十四卦的六爻，初二地、三四人、五上天，初刚二柔、三仁四义、五阳上阴，符示着置身天地间接通天地、定位人生之应然和不三不四而不仁不义之枉为人。大化所成三才并显共在的共同体，成为人完整生活的世界。《易》六十四卦的符号系列所涵摄符示与卦辞爻辞以及《传》文的文字系列所诠释彰显的，就是三才并立共在其中的大千世界或人的整个生活世界的各种具体情势，就是三才之道落实情形差异所促成的各种复杂多样格局与境域及其价值。此可谓由人、由圣人所创作出的浸润着人的价值理想与宇宙关怀、人文关切的有符号有文字之《易》。而大千世界、生活世界所呈现的一切，则可谓一本然的无符号无文字的宇宙大《易》，抑或一本然的以三才、万象并立共在历程为活生生符号文字的宇宙大《易》。前者本于后者，并更进而开显、升华了后者，突显人的生命自觉的三才之道，即此成为易学的核心论域。

依张载之见，借助于《易》这部经典，人们应当领会到四重“易”的厚重底蕴。这四重“易”分别是：圣人之《易》、天易、宇宙大家庭之易与由我书写之《易》。

这里先言圣人之《易》与天易。

在张载看来，圣人之《易》，即作为经典文本的《周易》经传，它由数位圣人创作而成。这部《易》，涵括后三重“易”，开示了天易、宇宙大家庭之易，又指明了如何由人实地书写好属于自己的无愧于“人”字称号的《易》。

圣人之《易》，立足三才并立共在的语境，着眼遥契天地之道的人生价值应然立论：“《易》为君子谋，不为小人谋，故撰德于卦，虽爻有小大，及系辞其爻，必谕之以君子之义。”[①]它揭示，天道之阴阳，地道之刚柔，人道之仁义，是三才得立的根本，是性命得立的根基；通贯三才之道，顺应性命之理，最大限度地在卦中各爻所符示的时位上采取有效行动，明时通变，与时偕行，务尽时位之用，以谋求人生德业的成功，才是人生唯一正务：“阴阳、刚柔、仁义之本立，而后知趋时应变。……六爻各尽利而动，所以顺阴阳、刚柔、仁义、性命之理也。”[②]

所谓天易，张载指出，即造化本身，指的是作为经典文本的《易》所开示的活生生的宇宙之《易》。借圣人所启示的《易》之慧眼观宇宙，他认为，人们就会发现，大宇宙所呈现的，就是一部活生生的《易》之大书。圣人之《易》，正是在这部大书的基础上创作出来，并

① （宋）张载：《张载集》，中华书局2006年版，第48页。

② （宋）张载：《张载集》，第49页。

与之相契合的。

针对《易》之为书，除上述《系辞下传》与《说卦传》的两段表述之外，《系辞上传》还称："《易》与天地准，是故能弥纶天地之道。……与天地相似，故不违……范围天地之化而不过，曲成万物而不遗，通乎昼夜之道而知。故神无方而易无体。"申明了《易》所涵蕴的一切，完全与天地宇宙间的一切齐等契合。而就天地宇宙间所呈现的一切，以《易》之慧眼而观之，《系辞上传》则说："天地设位，而易行乎其中矣。"又说："乾坤成列，而易立乎其中矣。乾坤毁，则无以见易。易不可见，则乾坤或几乎息矣！"乾坤即天地。天地确立其上下之位，大化流行的过程次第展开，一部活生生的宇宙之《易》也就渐次接续不断地呈现出来。天地在，造化在，这部活生生的《易》即在。假如天地毁，造化止，这部《易》则即时而亡，不再能够被看到。换言之，天地与这部《易》共时而又历时性地同在。正因乎此，反向思考，如果这部《易》不再能被看到，那么也就意味着天地的近乎毁灭。

就此，张载诠释道："《系辞》言《易》，大概是语《易》书制作之意；其言'易无体'之类，则是天易也。"[①]"'《易》与天地准'，此言《易》之为书也。'易行乎其中'，造化之谓也。"[②]"苟乾坤不列，则何以见易？易不可见，则是无乾坤。乾坤，天地也；易，造化也。圣人之意莫先乎要识造化，既识造化，然后其理可穷。"[③]

《易传》指出，天地造化的过程，也就是借助于阴阳二气之消长盈虚、交感变化以创生万物，赋予万物以性命，令大千世界生生不息的过程。所谓"天地之大德曰生"（《系辞下传》），所谓"一阴一阳之谓道，继之者善也，成之者性也。……显诸仁，藏诸用，鼓万物而不与圣人同忧，盛德大业至矣哉。富有之谓大业，日新之谓盛德，生生之谓易……阴阳不测之谓神"（《系辞上传》）。造化之道，就是阴阳交感变化的生化之道。借助此道，天地落实了其好生之大德，造化出了万物大千世界，令自身日新又新，也使大千世界日新又新，引发了生生不息的宇宙大化洪流。于是，天地成就起富有万物大千世界的大业，彰显了自身日新又令大千世界日新的盛德，而大化流行亦成为一个鲜明、生机无限、生意盎然、生生不已的过程。恒保盎然生机生意而生生不已，成为天地之德支撑下的、由阴阳之气神妙莫测变化所促成的宇宙大化的根本品格，成为大化的第一义，成为天易亦即宇宙这部活生生大的《易》书的第一义，成为《易》之"易"字的第一义。而"乾道变化，各正性命。保合大和，乃利贞"（《乾・彖传》）。天道下贯，大化流行，万物各得以正定其性，正定其命，有了表征自身之所以为自身的天道支撑下的本然至正的性命。于是，由这些涵具本然至正性命而生化日新着的事物所构成的异彩纷呈的大千世界，汇成了潜在最高境地的和谐场域，并借事物性命本然之正的落实，而趋向现实最大的和谐之境，即所谓太和之境。

在《易传》思想的基础上，张载认为，解读天易，就是解读造化，就是解读天道下贯而成万物之性命。他说："不见易则何以知天道？不知天道则何以语性？……不见易则不识造化，不识造化则不知性命，既不识造化，则将何谓之性命也？……易乃是性与天道，

① （宋）张载：《张载集》，第186页。
② （宋）张载：《张载集》，第181页。
③ （宋）张载：《张载集》，第206页。

其字日月为易,易之义包天道变化。”[①]天易昭示了性命与天道的贯通,昭示了性命的源头来自造化过程中天道的下贯。究明天道下贯而成万物性命的造化之实,性命的究竟所以然才算大白,天易,亦即宇宙这部大的《易》书,才算被读懂。可见,探究性命的奥秘,明了性命之所自来,可谓解读天易的基本出发点与目的。

在张载看来,欲知造化,先要知造化之本的太虚。他说:“由太虚,有天之名;由气化,有道之名;合虚与气,有性之名。”[②]造化是由气所实现的造化,气来自太虚,太虚无形无象,是气的本然状态,也是宇宙的本始本然。终极意义上的本然之天,指的就是太虚。道则是源自太虚的气的运化过程。性命即本于太虚与气化。他称:“太虚无形,气之本体,其聚其散,变化之客形尔。……气之为物,散入无形,适得吾体;聚为有象,不失吾常。太虚不能无气,气不能不聚而为万物,万物不能不散而为太虚。循是出入,是皆不得已而然也。……彼语寂灭者往而不反,徇生执有者物而不化,二者虽有间矣,以言乎失道则均焉。……知虚空即气,则有无、隐显、神化、性命通一无二,顾聚散、出入、形不形,能推本所从来,则深于《易》者也。……气聚则离明得施而有形,气不聚则离明不得施而无形。方其聚也,安得不谓之客?方其散也,安得遽谓之无?故圣人仰观俯察,但云‘知幽明之故’,不云‘知有无之故’。”[③]太虚之气无形无象,气化凝聚,则气自太虚出,形成有形有象的暂时性存在事物,事物消亡,构成它的气消散,复返进入太虚,恢复其无形无象的本然。气的凝聚与消散,乃气的本性使然。气凝聚,事物形成,人们眼睛的视力得以发挥作用,就会发现以有形有象状态存在的气而气显;气消散,事物消亡,人们眼睛的视力就难以发挥作用,观察不到视力盲区下的以无形无象状态存在的气而气隐。凝聚与消散,是气化过程中气的两种暂时状态;两种状态下,气都会保持其太虚中的本然常态。就事物而言,有生死、成毁、存亡、有无之别;就气而言,则只有聚散、出入、形不形、隐显之分,而无生死、成毁、存亡、有无之别。究极而言,宇宙中恒常存在着往复循环聚而显、散而隐的气。气的永恒性与事物的暂时性形成了鲜明的对照。佛教徒追求超脱轮回的不生不灭的涅槃之境,是认定一物可以走向远离其本源的不归之路;道教徒追求长生久视,执着于肉体之存,是认定一物可以超越其暂时性而不再变化;二者虽有区别,但在悖逆聚散变化的气化必然方面,在背离气化流行的过程方面,可谓殊途同归。以气观万象,则包括事物性命在内的一切,全然可归于气化流行聚散往复的整体过程。一切皆在此整体过程之内,而概莫能在其外。皆在其内,而彼此通而为一。这一汇通为一的整体过程,是由内涵对待、冲荡而又最终趋于最大动态和谐之境的太虚气化所引发的同样趋于最大动态和谐之境的过程:“太和所谓道,中涵浮沉、升降、动静、相感之性,是生絪缊、相荡、胜负、屈伸之始。其来也几微易简,其究也广大坚固。”[④]见而及此,才算精通了《易》。

张载所处的时代,佛教、道教等已经成为对接续华夏主流传统的儒家之整体哲学文化价值系统形成深度严峻挑战的不可轻忽的力量。他毅然站出,立足于当时的文化语

① (宋)张载:《张载集》,第206页。
② (宋)张载:《张载集》,第9页。
③ (宋)张载:《张载集》,第7—8页。
④ (宋)张载:《张载集》,第7页。

境，直面而应对挑战，正本清源，矫正人们的视听，以光大经典圣学，引导落实宇宙人生之应然。他着眼宇宙大化，以太虚即气说，以气聚成物而显、气散复返太虚而隐，充分论证了大千世界的真实存在性，否定了佛教的幻化论；以气的凝聚与消散往复循环的不间断性，揭示了造化所成事物的暂时性与流转性，否定了佛教的涅槃说与道教的成仙说。以此宣示，人所置身于其中的这个大化流行的世界，是唯一真实可靠的世界，它绝非幻化不实，绝非糟糕透顶；在它之外，并不存在其他世界，更谈不上优于它；这一世界，就是人的唯一生存家园，就是人的整个生活的世界；生命来自本然之天太虚之气的造化，它真实而短暂，因其真实而看重，不再抱其他幻想，因其短暂而倍加珍惜，勿令荒废。

他进而指出，作为宇宙本始的本然之天的太虚，不单纯是一气的存在，它集真善于一身，既是一真实的存在，更是一绝对善的存在，以此奠定了大宇宙终极至善的根基，并在造化天地万物的过程中，将其善下贯到了大千世界，令万物的性命之中具备了此善，令大千世界、人的生活世界成为涵具善、拥有善的终极大宇宙根基支撑的美妙的世界，于是真善美在此会通为一。以此宣示，造化不单纯是一气化的过程，气化成形的同时，内在地还有更具根本性意义的赋善成性致美的过程。他说："天地以虚为德，至善者虚也。虚者天地之祖，天地从虚中来。"[①]又说："气坱然太虚，升降飞扬，未尝止息。……此虚实、动静之机，阴阳、刚柔之始。浮而上者阳之清，降而下者阴之浊，其感通聚结，为风雨，为雪霜，万品之流形，山川之融结……"[②]太虚之气聚散变化，分化为天地，再由天地阴阳刚柔的消长凝聚变化，化生形体各异状态万千的万物万象。在此过程中，借助气化，太虚之善先是下贯于天地，成为天地之德、天地之性，然后再由天地赋予了万物，成为万物性命之本然，亦可谓天地之性。阴阳展现为五行，五行阴阳以化物，于是因禀受阴阳之气与五行之质的不同，万物又有了各各不一的气质之性："天下凡谓之性者，如言金性刚，火性热，牛之性，马之性也，莫非固有。凡物莫不有是性，由通闭开塞，所以有人物之别，由蔽有厚薄，故有智愚之别。"[③]"莫不有是性"的"性"，谓源于太虚之善的天地之性。在每一生命体内，气质之性与天地之性间存在张力。气质的清通与浊滞，直接影响到天地之性是开通畅遂还是有所阻蔽，影响到其通遂或遭阻蔽的具体程度。人与物相较，前者气质优于后者，天地之性在人身上就得到了相当显著的开通畅遂，人与物即此拉开了距离；人与人相比，气质相对清通者与相对浊滞者，前者天地之性遭受的阻蔽要轻于后者，所以其生命自觉的程度明显高于后者，智者与愚者即此区分开来。于是一个由本然之天太虚为本始，以太虚之善为终极价值支撑，以太虚之气聚散变化为依凭，由共具同一天地之性、各有不同气质之性而有着性命境地鲜明差序之异的天地万物所构成的一本而万殊、生化而日新的大千世界图景，被勾画了出来。在此图景中，人以其气质之优越，越出众多物类，成为堪与天地并立的三才之一。天地人三才并立共在的大宇宙格局形成。这一格局，对于大千世界的未来走向，起着决定性的作用。

---

① (宋)张载:《张载集》,第 326 页。

② (宋)张载:《张载集》,第 8 页。

③ (宋)张载:《张载集》,第 374 页。

这一天易说，显然是与邵雍"须信画前元有易"[①]说不谋而合的，两说一同启发了后世朱熹的"画前之易""天地自然之易"说(《周易本义》卷首)。

二、宇宙大家庭之易

天易明，性命之理彰，因乎性命赋予与禀受的关系，三才间，三才格局下的大千世界事物间，就具有了内在深层终极的大宇宙亲缘。于是，借此大宇宙亲缘，天易被内化为宇宙大家庭之易。

针对同一对象，视域不同，解读出的内涵往往就会有显著差异。经过《易传》的诠释，《易》既开示了阴阳交感变化以成万物的阴阳之理，又开示了继善成性的性命之理。汉代易学，借《易》阴阳之理的视域，解读出宇宙的阴阳大化之道；北宋五子，则借《易》性命之理的视域，解读出宇宙人生天道与性命的贯通。易学的重心，随之由阴阳大化转向了性命，着眼性命心性以贯通天人的理学的基本品格，渐次确立起来。基于性命的大宇宙亲缘之视域，张载又进一步解读出了一部活生生的宇宙大家庭之《易》。

天易是一部本原性的活生生大的《易》书："《易》一物而三才备：阴阳气也，而谓之天；刚柔质也，而谓之地；仁义德也，而谓之人。"[②]这部大的《易》书，直接呈现的就是各以阴阳、刚柔、仁义表征其道的天地人三才并立共在的大宇宙格局。三才似乎以各自有别于另二方的外观，并立而共在着。加入性命这一因素，此一外观瞬间即会被打破："阴阳、刚柔、仁义，所谓'性命之理'。……《易》一物而合三才，天地人一，阴阳其气，刚柔其形，仁义其性。"[③]天之阴阳与地之刚柔来自本然之天太虚的气，其交感，化育人与万物，赋予人物以形体；其交感的同时，源于太虚之善的天地之德之性也赋予了人物，成为它们的本然天地之性，而人因其气质之优，将此天地之性彰显为了仁义之德。"性尽其道，则命至其源也。……至于命者止能保全天之所禀赋，本分者且不可以有加也。"[④]"天授于人则为命(亦可谓性)，人受于天则为性(亦可谓命)。"[⑤]天所赋谓之命，人物所受谓之性，通贯言之谓之性命。可见，从性命的角度言之，人物形而下的形体与气质，来自天气地质；形而上的本然之性，来自天地之性。天气地质、天地之性贯通下贯，才有了万物之性命，才有了性命之理。在性命之域，天地人三才通贯为一，天地物通贯为一，阴阳展现其气的一面，刚柔展现其形的一面，仁义、本然之性展现其性的一面。在人物的性命这里，天地人、天地物更是直接通贯为一，阴阳之气昭示着天施，刚柔之质昭示着地化，仁义之德、本然之性昭示着天地之赋。正是气、质、德、性这些在人在物之天地要素、抑或在人在物之天地，成就了人与物。

究极而言，正因人物之性命来自天施地生、天地所赋，所以人物与天地间，就具有了

---

① (宋)程颢、程颐：《二程集》，中华书局2004年版，第45页。
② (宋)张载：《张载集》，第235页。
③ (宋)张载：《张载集》，第235页。
④ (宋)张载：《张载集》，第234页。
⑤ (宋)张载：《张载集》，第324页。

大宇宙亲缘关系，天为父，地为母，人物为子："乾称父，坤称母；予兹藐焉，乃混然中处。故天地之塞，吾其体；天地之帅，吾其性。民吾同胞，物吾与也。"[①]敬畏感恩报本反始的生命情怀，是三代礼乐文化的基本精神，这一精神为孔子所开创的儒家所继承并发扬光大，成为一种仁孝精神。接续这一精神的荀子说："礼有三本：天地者，生之本也；先祖者，类之本也；君师者，治之本也。无天地恶生？无先祖恶出？无君师恶治？三者偏亡，焉无安人。故礼，上事天，下事地，尊先祖，而隆君师，是礼之三本也。"[②]而《礼记·郊特牲》则称："社，所以神地之道也。地载万物，天垂象，取财于地，取法于天，是以尊天而亲地也，故教民美报焉。家主中溜而国主社，示本也。唯为社事，单出里。唯为社田，国人毕作，唯社，丘乘共粢盛，所以报本反始也。……天垂象，圣人则之。郊所以明天道也。……万物本乎天，人本乎祖，此所以配上帝也。郊之祭也，大报本反始也。"[③]升华这一报本反始情怀，具有丰厚礼学素养的张载认为，有着优于万物的性命了悟、生命自觉的人，应当从子女与父母的家庭血缘之亲，触机旁通，升华领悟到人物与天地的宇宙根源性之亲。领悟到，父母而外，天地才是更具根源性意义的性命之本，天地实为究竟意义上的人物之父母，人物与天地之间，具有着难以隔开的终极大宇宙亲缘。那么，基于这一亲缘，就人之类中的个体之我而言，我置身在了这样一个宇宙大家庭之中，乾天为我之父，坤地为我之母，我的鲜活感性的生命，就与父天母地浑然无分、一体无隔地处在它们之间。充塞于天地之间的气，形成了我的形体；决定天地之所以为天地的天地之性，成为了我的本然之性。与我同在的民众，形体、本然之性同样来自天地间的气与天地之性，因而与我共有父天母地而具同胞之亲；与我同在的事物，气质虽远劣于我，但形体、本然之性的来源，与我丝毫不殊，因而天地也是它们的父母，它们也就成了我的伙伴。不但我如此，人之类中的每一个体之我，都生活在这样一个以天地为父母、以民众为同胞、以万物为伙伴的宇宙大家庭之中。于是人的整个生活世界基础上的整体宇宙大家庭意识得以确立。

上述宇宙大家庭意识，是在明造化之本、悟性命之源的易学宏识下，会通报本反始的生命情怀确立的。这一意识，既是一高远卓荦的见识，更是一高远卓荦的境界，尤其还是一高远卓荦的生命承当。将自己置身于其中的大宇宙，认同承当为一宇宙大家庭；将天地，认同承当为自己的父母；将充塞于天地之间的气，认同承当为自己身体的有机构成部分；将天地之性，认同承当为我之所以为我、我之所以为人的性；将民众，认同承当为自己的同胞；将万物，认同承当为自己的伙伴。上述认同承当，体现了对于造化之本的天地的敬畏感恩尊重善待，体现了对于天地造化所成的人物与大千世界的敬畏感恩珍视善待，体现了对构成自己生活世界一切的内在价值的敬畏善待，体现了对支撑这一切的来自本然之天的太虚之善与此善下贯所成在天地在人物的德性之善的敬畏善待，体现了对真善美会通为一而趋向最大动态和谐之境的整个生活世界的无限珍视善待。

借此认同承当，三才并立共在的格局获得了重构。一则该格局获得了宇宙大家庭的新语境；再则因我的承当，三才中的人之一才，由我直接承当起来。于是三才并立共在的

① (宋)张载：《张载集》，第62页。

② (清)王先谦：《荀子集解》，中华书局1988年版，第349页。标点有改动。

③ (清)朱彬：《礼记训纂》，中华书局2007年版，第392—397页。

易学语境,获得了由我认同承当而引动的新语境。

我的直接承当,使三才中的人的主体性得以挺立。三才的并立共在,转向由人的主体性挺立所自觉推进的新局面。天道地道,皆因人道的践行,获得挺显、守望、护持与稳步实现。人道得以践行而落实的同时,恰使天道地道也得以落实。人性人道,遂成为三才格局的希望所在。实现人道,才能契合天地,接通天地之道,真正实现人之所以为人,升华作为造化所成最高境界的生命存在;实现人道,才会更好地实现天地之道,升华天地的德业。这也是"《易》一物而合三才,天地人一,阴阳其气,刚柔其形,仁义其性"论中固有之义。人的仁义之性,就表征着三才通贯为一的整体的性,表征着大化流行之整体、大千世界之整体、生活世界之整体、宇宙大家庭之整体的性,据此性而来的人道,就是上述整体得以迈向充满活力的动态真善美和谐圆满之境的康庄通衢。在这一点上,张载之见与程颐、邵雍之识是相通的。在诠释符示天地不交的否卦(䷋)卦辞"否之匪人"时,程颐称:"天地交而万物生于中,然后三才备,人为最灵,故为万物之首。凡生于天地之中者,皆人道也。天地不交,则不生万物,是无人道,故曰匪人,谓非人道也。"[①]开示了人道是三才之道的集中体现与实现,人道是造化中天地之道的最高体现与实现。而在自己的高度原创性易学作品《皇极经世》中,邵雍也说:"道之道尽之于天矣,天之道尽之于地矣,天地之道尽之于万物矣,天地万物之道尽之于人矣。"[②]借用邵雍式的语言,则张载之见可表述为:本然之天太虚之德之道尽之于天地,天地之德之性之道尽之于万物,天地万物之德之性之道尽之于人。

三、由我书写之《易》

在宇宙大家庭语境下,三才并立共在的格局,因为有了我对于人之一才的直接承当,而豁显出人的生命主体性。这一主体性,是由我所挺立起的,于是天易、宇宙大家庭之易,最终落实为由我书写之《易》。

依张载之见,所谓由我书写之《易》,质而言之,即是在我直面宇宙大家庭语境下的三才格局,庄严承当起三才中人之一才的角色时,以父天母地孝子的角色定位,通过着实躬行,以一生的心力,推展打上自身性命深深印记的人生德业历程。此即以自己独特人生历程下的积极作为为活生生的符号文字而书写成的真正属于自己的《易》。准此,我应敬畏感恩父天母地的好生之德及其所造化出的一切,珍视善待与我具有命运共同体关系和宇宙大家庭亲缘的万民与万物本身的内在价值,挺立自己生命的主体性,自觉承当起大家庭中的一切。一如《礼记·乐记》所言"大乐与天地同和,大礼与天地同节。……乐者天地之和也,礼者天地之序也。和,故百物皆化;序,故群物皆别。乐由天作,礼以地制。……明于天地,然后能兴礼乐也"[③],来自本然之天太虚之善的天地之德之性,可谓一终极本原性之仁,它在天地造化的过程中,落实为富有礼的秩序性内涵的宇宙大家庭:

① (宋)程颢、程颐:《二程集》,第759页。

② (宋)邵雍:《皇极经世》,道藏本第23册,文物出版社、上海书店、天津古籍出版社1996年版,第422页。

③ (清)朱彬:《礼记训纂》,第567—569页。

“礼即天地之德也……天地之礼自然而有，何假于人？天之生物便有尊卑大小之象，人顺之而已，此所以为礼也。”[①]我应以仁礼合一的价值自觉，守望天地之德之性，“知礼成性”，善待大家庭的一切成员：“知极其高，故效天；礼着实处，故法地。人必礼以立，失礼则孰为道？……知礼以成性，性乃存，然后道义从此出。……时措之宜便是礼，礼即时措时中见之事业者。”[②]“天体物不遗，犹仁体事无不在也。‘礼仪三百，威仪三千’，无一物而非仁也。”[③]遵循礼数，敬畏父天母地君臣长幼小大先后之序，落实善待一切成员之仁，期许构建起有序和谐通泰的理想大家庭，成为我毕生应致力的人生伟业。仁礼合一，成为我的人生态度、行为方式，成为我的生命存在方式与实现方式。我之准此所做的一切，最终凝练升华为对于父天母地的一个“孝”字：“尊高年，所以长其长；慈孤弱，所以幼其幼。圣其合德，贤其秀也。凡天下疲癃残疾、茕独鳏寡，皆吾兄弟之颠连而无告者也，于时保之，子之翼也；乐且不忧，纯乎孝者也。”[④]一切的一切，或直接针对父天母地，或出于为父天母地分担承当，最终都可归结为对于父天母地的敬畏感恩、孝事善待。正所谓：“天所以长久不已之道，乃所谓诚。仁人孝子所以事天诚身，不过不已于仁孝而已。故君子诚之为贵。”[⑤]由此，我的心即有望跻于盛大显用之境，通我生活世界中的天地万民万物与心为一，时刻挂怀敬畏善待，终至打通内外，全然接通契合天地之心，成就起宇宙式的大我。这一大我生命存在的达成，就是圣者天地境界的实现，我应以此为终极期许：“大其心则能体天下之物，物有未体，则心为有外。世人之心，止于闻见之狭。圣人尽性，不以见闻梏其心，其视天下无一物非我。……天大无外，故有外之心不足以合天心。”[⑥]以此为终极期许，我就会真正成为天地的良心、宇宙的良知之所在。

为此，张载特别强调以德性为价值根基的人的生命境界的提升，认为读圣贤之经，就要以圣贤为自身最终人生期许。德眼以观经，张载扭转以往每每以人爵观照爻所符示的时位的解《易》理路，着力突显了爻位所符示的德位意涵。这突出表现在其对乾卦九五爻爻辞“飞龙在天，利见大人”与该爻《文言传》“圣人作而万物睹”“乃位乎天德”的独到诠释上：“九五，大人化矣，天德位矣，成性圣矣，故既曰‘利见大人’，又曰‘圣人作而万物睹’。……圣人用中之极，不勉而中，有大之极，不为其大，大人望之，所谓绝尘而奔，峻极于天，不可阶而升者也。乾之九五曰：‘飞龙在天，利见大人’，乃大人造位天德，成性跻圣者尔。若夫受命首出，则所性不存焉，故不曰‘位乎君位’而曰‘位乎天德’，不曰‘大人君矣’而曰‘大人造也’。……成性则跻圣而位天德。……及夫化而圣矣，造而位天德矣，则富贵不足以言之。……仲尼犹天，‘九五飞龙在天’，其致一也。”[⑦]九五本来被解读为受命所出的君位、天子之位，所谓九五之尊。张载却将其解读为德与天合，性成其为天地之性而圆成，境跻于极致而成圣。在他看来，德、性、境臻于乾卦九五爻所符示的位，就是圣人

---

① (宋)张载：《张载集》，第264页。
② (宋)张载：《张载集》，第192页。
③ (宋)张载：《张载集》，第13页。
④ (宋)张载：《张载集》，第62页。
⑤ (宋)张载：《张载集》，第21页。
⑥ (宋)张载：《张载集》，第24页。
⑦ (宋)张载：《张载集》，第50—52页。

境界与气象的圆满达成。这是我、是士人、是人当仁不让于圣贤的终极应然价值追求。受命与否，皆当如是。这是世间富贵远远不可与其同日而语的。故而他主张，人人皆当期许这一意义下的九五，并申言："儒者则因明致诚，因诚致明，故天人合一，致学而可以成圣，得天而未始遗人。"[①]经过这番解读，《易》成了一部指导人透过践行以成圣之书。

在这点上，张载之见又与程颢之识灵犀相通、相得益彰。在给弟子讲学时，程颢曾发问并自答："'天地设位，而易行乎其中矣'；'乾坤毁，则无以见易'。'易不可见，则乾坤或几乎息矣'。易是个甚？易又不只是这一部书，是易之道也。不要将易又是一个事，即事尽天理，便是易也。"[②]研究《易》，不再单指研究那部经典，明其训诂，究其微言大义，而是更应透过自己人生日用中合乎德性价值根据的正大作为，有力呼应圣人之《易》，书写行动化的见诸实际的《易》。

正是在此基础上，落实《易》三才之道的三立说，会通《礼记・礼运》"人者，天地之心也"[③]之论，张载进而提出了彪炳千古的"横渠四句"。传世的"横渠四句"，有三种表述：(1)"为天地立志，为生民立道，为去圣继绝学，为万世开太平"[④]；(2)"为天地立心，为生民立道，为去圣继绝学，为万世开太平"[⑤]；(3)"为天地立心，为生民立命，为往圣继绝学，为万世开太平"[⑥]。三种表述，明末清初之后，以最后一种流传最广，影响最大。各表述间，表面的差异主要有二：一是"立志"与"立心"之异，二是"立道"与"立命"之别。而其内在实质的差别，则并不甚大。"为天地立志"，承《孟子・公孙丑上》"夫志，气之帅也；气，体之充也。夫志至焉，气次焉"而来，可从张载"天地之塞，吾其体；天地之帅，吾其性"进一步得到确解。"天地之塞"，即充塞于天地之间的气；"天地之帅"，即统帅、决定天地之气与天地之所以为天地者，亦即天地之性之德。志为气帅，则"天地之帅"可换言为"天地之志"。而天地之德即天地之心。因此，"为天地立志"与"为天地立心"，可互换。《中庸》云："天命之谓性，率性之谓道，修道之谓教。"天所赋谓之命，人及物所受谓之性，顺着本性行事即为道。张载亦称："天授于人则为命(亦可谓性)，人受于天则为性(亦可谓命)。"则他所云"为生民立道"与"为生民立命"意思相承而不悖。"横渠四句"的基本精神，就是横渠易学所宣示的士人当仁不让于圣贤与王者的宇宙大家庭、生活世界、家国天下庄严承当的生命主体精神。[⑦]

透过对于《易》卓有成效的解读与重构，张载推出了上述内涵四重"易"的厚重底蕴、彰显士人鲜明生命主体意识自觉的横渠易学。在与五子中其他四子同中有异、异中有同的声气应和下，生命主体精神渐次豁显，成了理学时代的主旋律。于是其后胡宏转进孟子"穷则独善其身，达则兼善天下"(《孟子・尽心上》)之论，提出"'穷则独善其身，达则兼

① (宋)张载：《张载集》，第65页。

② (宋)程颢、程颐：《二程集》，第31页。参拙文：《仁与天理通而为一视域下的程颢易学》，《周易研究》2006年第6期。

③ (清)朱彬：《礼记训纂》，第348页。

④ (宋)张载：《张载集》，第320页。

⑤ 《朱子全书》第20册，上海古籍出版社、安徽教育出版社2002年版，第190页；《张载集》，第376页。

⑥ (清)黄宗羲著、(清)全祖望补修：《宋元学案》，中华书局1989年版，第769页。

⑦ 参拙文：《"横渠四句"的生命自觉意识与易学"三才"之道》，《哲学研究》2014年第5期。

善天下’者，大贤之分也；‘达则兼善天下，穷则兼善万世’者，圣人之分也”[①]之说；陆九渊则标举“宇宙内事，是己分内事；己分内事，是宇宙内事”[②]之承当；王阳明又提出“天地无人的良知，亦不可为天地矣”[③]之论，阳明后学王艮更以“出则必为帝师，处则必为天下万世师”(《王心斋全集·语录上》)期许自我。这一生命主体精神，激励着理学时代及其后的志士仁人，在现代则被转型为中国哲学家的崇高追求。1942年，抗战正酣，执教西南联大的一代大哲冯友兰先生，在为其著作《新原人》所作的《自序》中即言：“‘为天地立心，为生民立命，为往圣继绝学，为万世开太平。’此哲学家所应自期许者也。况我国家民族值贞元之会，当绝续之交，通天人之际、达古今之变、明内圣外王之道者，岂可不尽所欲言，以为我国家致太平、我亿兆安心立命之用乎？虽不能至，心向往之。非曰能之，愿学焉。”[④]在中华民族走向伟大复兴的今天，基于民族文化意识自觉，这种舍我其谁的庄严承当的生命主体精神，经过一番创造性转化之后，必将在处理天人关系，营造契合生态文明的生存发展场域，构建和谐天人生态，塑造有敬畏有感恩有使命有担当的健全人格，构建和谐社会与和谐世界诸方面，发挥其应有的作用。文化存民族存，文化亡民族亡。经济腾飞的同时，民族的复兴更有赖于文化的复兴。因此，上述生命主体精神，正可成为当今民族复兴的莫大助力。

---

① (宋)胡宏:《胡宏集》，中华书局2009年版，第26页。

② (宋)陆九渊:《陆九渊集》，中华书局2008年版，第273页。

③ (明)王守仁:《王阳明全集》，上海古籍出版社1995年版，第107页。

④ 冯友兰:《三松堂全集》第四卷，河南人民出版社2001年版，第463页。

试论潘佩珠《国文周易演解》：内容与特征

[越]潘氏秋姮*

一、《国文周易演解》著作介绍

潘佩珠的著作《国文周易演解》将汉字解释为国语。20世纪初，对儒家经典进行解释、注释和翻译为国语，是当代儒学的主流趋势之一。这一时期，在殖民主义背景下，面对西方文明时，20世纪上半叶的越南儒家有机会反思儒家文化，从儒家文化中提取核心价值。由此，儒家思想再次得到巩固和修改，以适应当时国家和时代的实际情况。学者阮才书表示，易学对越南思想家发挥着重要作用，支持他们寻找解决当代社会政治问题的方法："易学对于越南思想家来说是如此重要，它不是偶然的，也不是外力所迫的，而是有内在原因的。世界的变迁、朝代的变迁、人的变迁有时超出了他们的预期，迫使他们寻找能够回答这些问题的理论。另一方面，作为思想家，他们对国家、对社会、对人民有责任感，这使他们思考如何避免矛盾，让事情按照自己的想法发生。他们必须思考并找到自己的出路。《易经》是他们的支柱。"①越南儒家学者选择将儒家经典翻译成国语，这表明了他们向广大当代人普及儒家经典的意图。

潘佩珠的作品《国文周易演解》在1937年被《民声》杂志《星期日增刊》介绍，但该作品在潘佩珠还在世时并不具备发表的条件。黄树康的引言是这样说的："首先写几句话，向我们的同胞表达一下，我们汉学中有学识渊博、有智慧的人，能够发展古代圣人的学说，为了对以后的研究有所贡献，我想向抄写《国文周易演解》这本书的人索取序言。读者只需浅尝就足以知道其完美，但出版则要等另一天了。"②

仅就《易经》而言，20世纪中叶，越南翻译成国语文字的作品较多，如吴必做（Ngo Tat To）的《易经》（1943年首次印刷）；阮孟宝（Nguyen Manh Bao）译《易经新考》（1958年初印）；《周易经本义》（1968年出版），作者：阮唯精（Nguyen Duy Tinh）；《国文周易演解》（1969年首次印刷），作者：潘佩珠（Phan Boi Chau）；黎志帖（Le Chi Thiep）的《易经》原版（1973年出版）；阮唯勤（Nguyen Duy Can）的《翻译精髓》（1973年首次印刷）；阮贤梨

---

* 作者简介：潘氏秋姮，任职于越南社会科学翰林院哲学所。

① [越]阮才书：《〈易经〉与越南思想史》，《哲学学刊》第10期。

② [越]潘佩珠：《潘佩珠全集》第九卷，文学出版社2010年版，第7页。

(Nguyen Hien Le)的《易经—君子之道》(1979 年出版)。

从 20 世纪上半叶开始,随着儒家教育体系的消亡,儒家学者也清晰地感受到了西方文明对当时越南社会的强烈侵入。在当时的历史背景下,对儒家经典,特别是《易经》的解释和评论,表明了肯定东方文化文明相对于西方文明的科技进步的优越性的愿望。甚至在作品的标题中,潘佩珠也明确表达了这一观点。他写道:"如果我们不是黄种人、汉学的后代,我们就不需要在家吃饭而谈邻居的事情。但事实并非如此,我们出生在亚洲南部,那么为什么要放弃我们祖先传承下来的珠宝和宝藏呢?我们的前辈阮平谦(白云庵)和道维图(禄溪伯)用它来与邵康节和张子房相比较,那么为什么我们的后代现在不费些功夫来挖掘遗产而四处寻找遗产物品呢?"①

《国文周易演解》包括以下基本内容:五十五点河图、伏羲八卦方位、伏羲六十四卦次序,文王八卦次序;上经,下经,系辞传(上下),卦传说。将其与明代《周易传义大全》相比,在内容上亦有差异(见表 1)。

表 1 《周易传义大全》与《国文周易演解》的内容差异

《周易传义大全》	《国文周易演解》
周易周子图说	
卦变图+图说	
河图、洛书+图说	五十五点河图
伏羲八卦方位之图+图说	
伏羲六十四卦次序+图说	伏羲六十四卦次序
伏羲六十四卦方位+图说	
文王八卦次序+图说	文王八卦次序
文王八卦方位+图说	
周易五赞	
上经 下经 (包括六十四卦的卦辞,卦象,彖辞,象彖,文言)加上程颐之传,朱熹本义,"先儒"的解义②	上经,下经(彖辞,彖传,大象传,爻辞,小象传)
	系辞上传
	系辞下传
	卦传说

① [越]潘佩珠:《潘佩珠全集》第九卷,第 720 页。

② 参见阮才东编:《越南和东亚的儒家经学:遗产与价值》,河内国家大学出版社 2023 年版,第 201—202 页。

二、潘佩珠注释《易经》方法的特点

(一)对于易的认知

潘佩珠属于义理学派而不是象数学派,特别注重《易经》所蕴含的哲学。他指出了《易经》的三个重要部分,包括:一是在讨论易的原理时,首先提到了易的宇宙观,“太极生两仪,是阴阳;两仪生四象,四象生八卦,生生无穷”。其次是易的人生观,云:“乾道成男,坤道成女,阴阳交换,男女相求而有咸卦、恒卦,此两卦是人道。”二是易学的伦理道德方面。潘佩珠说,《易经》不仅提到了宇宙观和人性观的方面,还包含了道德伦理价值观,“易学,是有秩序,道德,精神,纪律的伦理教材。”[①]三是易学的人事应用。潘佩珠说,“易的哲学是务实但不是非语言的,是变通而不计较的”[②]。

此前,阮文超指出《易经》的三大核心范畴:理、象、数。在这部作品中,我们看到潘佩珠也提到了这三个要素,但他在解释易时添加了“时”这一范畴。那么“时”范畴在他对易的解释中扮演什么角色呢?首先,潘佩珠认为,易在于精神,这是宇宙的理“只要有某物,当然有该物的固定性质,如果有某物,当然有一定的理”[③]。但是宇宙的理本来是无形的,无法直接把握,所以需要借数来阐明理,然后借象来阐明数:“一生两,两加两成四,四加四成八,八加八成八八六十四,就是圣人借数来阐明理,而借象来阐明数的精意……宇宙的原理是无形者,难以描述,若能描述也是无穷尽的。如果想表达真理,必须借有形者,因而显示出来是象与理的相合。”[④]所以易的结构可以理解为从理到数到象。那么时在这个循环中扮演什么角色?宇宙的理首先是“不易”(不变),然后是交易与变易。当万事万物都有交换,就会导致转化,所以叫变易。潘佩珠认为,发生变易的原因是时。他说:“学易必须知道时这个字。时的意义,主要是变易,也归于变易。因时而有变易,所以易之理也必须有变易。”[⑤]由此可见,时与理是辩证的关系,密切而又不可分,有理而有时,时并不脱离理。潘佩珠对于“时”的概念受到程颐、邵康节的影响。他在讨论“时”时引用了程颐的一句话:“程先生已经说过:易之为书,随时变易,以从道也。”意思是:易所以为书只是根据时而变化着与道相合而已。这句话就是以变易来解释易这个词。或者引用邵康节的一句话:“邵康节说过:周易一部,可一言以蔽之,曰时。”意思是整个易只有一个词而贯穿,就是“时”词,那么我们学易必须理解时这个词的含义[⑥]。

从上述理念出发,潘佩珠认为,学易需要把握易的本质和精神而不仅仅是停留在象和数:“学易只在乎象而不研究精神,那么不会成为精通易学的人。”[⑦]我们看到,他在《国

---

① [越]潘佩珠:《潘佩珠全集》第九卷,第719页。

② [越]潘佩珠:《潘佩珠全集》第九卷,第720页。

③ [越]潘佩珠:《潘佩珠全集》第九卷,第14页。

④ [越]潘佩珠:《潘佩珠全集》第九卷,第20—21页。

⑤ [越]潘佩珠:《潘佩珠全集》第九卷,第16页。

⑥ 参见[越]潘佩珠:《潘佩珠全集》第九卷,第17页。

⑦ [越]潘佩珠:《潘佩珠全集》第九卷,第21页。

文周易演解》一书中,展现这种易学精神,不通过解释每句话、每一个字,而是通过阐释、讨论、引用和分析当代历史事件,从中得出独特的见解。例如,在解释乾卦的时,他解释了为什么"九三"爻辞不适用龙字而是君子:"为何九三爻辞不用龙字而是君子。这就是圣人让我们学易必须认识易中的象字,只借象来阐明意义,不是某个象字注定表示某个事物。"①

不仅意识到"时",潘佩珠在注释《易经》时也巧妙地运用"时"的范畴。他在解释、讨论卦象、爻辞时,并不局限于《易经》诞生的文字或时代,而是与当代历史相联系。把《易经》放在当今的时间框架中寻找新的意义,可以说是潘佩珠的独特而新颖的思想,也是潘佩珠诠释《易经》时的"随时"。他写出:"易中常常有这样的词:天王、王侯、公侯、君,只是因为圣人写书时,还在封建政权中,所以不得不用这些词。我们这个世界已经不再是封建的,所以那些话已经没有用了。我们应该明白圣人的意思,不要挑剔言语。如果改成国家元首、总统或领袖等词,也比较合理。"②他的这种解释方法不但没有使《易经》失去固有的意义,而且还拓展了《易经》的内涵,给《易经》注入了时代精神,使《易经》焕发了新的活力。因此,《易经》的"变易"精神被潘佩珠吸收并运用在《国文周易演解》一书中。解水雷屯卦时,原有一句"利建侯":"利意思是应该;建就是建设,侯就是侯爵。候词指的是初九。因为初九有阳刚之德……"③在附录中,他解释,由于文王编易时,王朝仍处于封建制度,因此"齐侯是黄公,晋侯是文公,因有才华而完成霸业,改变命运,只是当时还在封建制度所以这样说的。现在我们已经不是封建制度了,首领在党内,部长在政治委员,侯爵这个词也是可以代替的。只要有贤德之人就可以被称为侯爵。学易时应该用意来推论,而不是执着于文字"④。可见,处于转型时期的潘佩珠的学说仍然是建立在《周易大全》(程颐、朱熹)的基础上,他的见解主要受到程颐的影响但又补充以当时的知识。这可以说是他对越南易学的杰出贡献。

不仅如此,潘佩珠根据当代世界历史事件,以较为独特的方式重新诠释了讼卦。他写道:"1914 年,欧洲战争持续了四年多,交战各国死伤人数达千万以上。战争结束后,学者们调查了战争的爆发原因后,得出一个很简单、很实用的答案:只有'面包问题'四个字,意思是只是因为一块面包而发生了大战。"⑤他不仅专注注解讼卦而且将其放在需卦与讼卦的密切联系中,因为"所有争辩之事都由饮食而生"⑥。如此一来,讼卦的含义就变得更加全面,不仅显示了纠纷而且还表明了纠纷的原因。他强调:"总之,第一次欧洲战争,虽然是一场惊天动地的爆炸,但究其原因,归根结底有两个方面:一是抢夺粮食的方面,二是持有粮食的方面。"⑦

他注解《易经》时也介绍了当代政治的新知识、新思想,从而提出了带有时代色彩的

---

① [越]潘佩珠:《潘佩珠全集》第九卷,第 42 页。
② [越]潘佩珠:《潘佩珠全集》第九卷,第 130 页。
③ [越]潘佩珠:《潘佩珠全集》第九卷,第 85 页。
④ [越]潘佩珠:《潘佩珠全集》第九卷,第 85 页。
⑤ [越]潘佩珠:《潘佩珠全集》第九卷,第 114 页。
⑥ [越]潘佩珠:《潘佩珠全集》第九卷,第 114 页。
⑦ [越]潘佩珠:《潘佩珠全集》第九卷,第 115 页。

新术语。例如，在注解革卦时，他综合当代知识，使用了“革命”一词，这有助于丰富《易经》的原始内容。他指出：“按照易的意义来解释：革就是改变；命就是政令。改变一个国家，一个朝廷或一个政府就是改变旧政令并实施新政令……将一个腐败制度改成一个新制度，就叫国家革命。将一个旧阶级改成新阶级，就叫社会革命……”[①]由于使用当代史料来阐释，潘佩珠的著作充满了当代社会史的色彩。

潘佩珠注释《易经》的独特之处还表现在，他不是局限于儒家经典，而是将道教、佛教以及西方哲学结合，提出独特的见解。解读艮卦时“艮其背不获其身行其庭不见其人无咎”，他运用佛学、西方哲学来解释：“东方最高的哲学是佛学，《金刚经》有云：无我相，无人相。‘相’词在佛经中的意义即《易经》中的‘获’‘见’词。因分别形色我所以获其身，现在无我相，即是不获其身。因分别形色人所以见其人，现在无人相，即是不见其人。虽然文字不同但究义时，佛学、易学都是一理。西方宗教中的耶稣有句话，爱人如己，但是还分人与己的界限，必须用‘如’词，这比佛学和易学还差得远。”[②]

（二）重视义理与修养的作用

潘佩珠专注于《易经》中的道德修养，通过对卦象的讨论和解读，提出君子的处事方法和为人之道。每个卦都包含一条对应每种不同情况的道德建议。

我们看他是怎么解释乾卦的，就可以看到这一点。潘佩珠解释了“君子以自强不息”这句话：“君子学易必须模仿天，学习天道而自强不息。自强的意思是：自我策励，养成自己的力量，不待人助，这就是自强。”不仅是个人如此，一个家庭、一个国家、一个社会，一个世界也应该如此。因为自强的力量才是自己的。如果依靠别人而变强，那强力不属于自己，所以孔子在《易经》开头列出自强两字给学乾卦之人。再看“不息”两字更是深奥，不息就是不休息，就是说一个人实现自强必须从年轻到年老、从老到死不中断地实践。如果出现中断就会失去自强的力量。失去自强的力量，学乾卦之人只看到六个长横，有何用？这就是孔子制作象传的用意。[③] 杨玉容与梨英明在《易经——中国思想的构成》一书中认为：“这是后来儒家的伦理解释方式，而不是形而上和宗教性的原本儒家。君子是有创造天地宇宙的力量，并不断地用这种能力来教化人民。潘佩珠的解释方式很通俗，但如果我们接受这种解释，那么一个关于神界（以内卦为象征）与君子（以外挂为象征）之间血肉关系的说法就转化为道德建议。”[④]

在解释九五爻时，潘佩珠认为其“实在是六爻最吉之一”，他提出对于“利见大人”的见解：“然而，天下之事难道只靠圣人而完成吗？有个上层圣人，必有下层圣人，互相帮忙才而完成伟大的事业，因而被天下信仰，所以爻辞曰：利见大人，意思是：九五是大人，但也必须利见‘大人’即是九二才好，就像九二必须利见‘大人’即是九五。”[⑤]潘佩珠将圣人

① ［越］潘佩珠：《潘佩珠全集》第九卷，第 522 页。

② ［越］潘佩珠：《潘佩珠全集》第九卷，第 547 页。

③ 参见［越］潘佩珠：《潘佩珠全集》第九卷，第 37 页。

④ ［越］潘佩珠：《潘佩珠全集》第九卷，第 60 页。

⑤ ［越］潘佩珠：《潘佩珠全集》第九卷，第 43—44 页。

分为两级,即上层圣人(领导者,君王)和下层圣人(贤人);其中尤其强调属下的作用和贡献,两方协作而建立大业。我们可以看到潘佩珠对于上级、君王和贤才、朝臣的这种道德告诫经常出现在《国文周易演解》一书中。例如,在解释水地比卦时,他提出君王与朝臣、上层圣人与下层圣人的关系。他将圣人分为"有才德之人"与"有实力之人":自古以来,创造伟大的事业必须有两种人:一是才德之人,二是实力之人。这两种人必须互相依赖才能完成事业。有实力之人必须臣服于有才德之人,就是懂得尊崇有才德的人忘记自己的地位。有才德之人一定要帮助有实力之人,担负起对天下之事的责任。这样双方互相帮助,就能大有所为。如果一方依靠实力而不尊重有才德之人,一方嫌弃自己的才德而讨好有实力之人,则有实力之人犯失仁之罪而有才德之人犯失己之罪(失己:失去自己的价值,即自失)。[①]

"才德"一词在《国文周易演解》中经常出现,且重复频率较高,足见潘佩珠对道德修养的重视。他特别强调有"才德"之君子的责任就是"建设国家和社会"。他在解释水雷屯卦时,提出这样的见解:"当有困难的时候,就是自己有为的节点,此时必须将自己的才德用来经纶天下之事。经纶的本意是转经筒,意思是安排。例如,织帛,排列经纬,将所有的丝线并拢,组织成一张,这就是经纶的意思。例如:组织一个团体、建立一个国家、一个社会,无论大小,都可以通过经纶的能力来完成。"[②]

朱熹对这句话的解释是"人生艰难时,君子能做事"。潘佩珠的解释方式初看与朱子并没有什么不同,但我们看到他的重点是"君子",聚焦在陷入困境时君子的责任。他认为,在如此困难的乱世时代,君子在混乱之中必须"将自己的才德用于经纶天下之事",这就是君子。放在当代越南社会的背景下,我们可以看到这一解释的深刻意义。

(三)时与用时:思维与行动的方式

时是易经的核心范畴之一,学易之人不能不清晰地理解时。对于《易经》中的时词,潘佩珠分为三类,豫卦、遁卦、艮卦、旅卦"提到时兼义词"[③];坎卦、睽卦、蹇卦"提到时兼用词"[④];颐卦、大过卦、解卦、革卦"只有时而已"[⑤]。例如,潘佩珠在讨论时间的意义时,在豫卦、遁卦、艮卦、旅卦中讨论了每个卦对应的时的意义以及相应的正确行为。例如,在解释天山遁卦时,他解释了卦中的"时"含义如下:"遁之时义大矣哉。遁义在遁卦,圣人曰大矣哉是因为,君子在遁时,小人虽然进但还不到否、剥,君子虽然退但还有四阳,意思是在遁时,谓退非绝对地退;谓不退也不是绝对地不退。此时,我们需待时而动,随时选择合理的手段,如果要退时我们马上退开;如果可以进,那么随机转变,也不是不可能的。所以在上面提出与时行也,然后这里提出,时义大矣哉。时词指遁卦之时。"[⑥]

---

① 参见[越]潘佩珠:《潘佩珠全集》第九卷,第 139 页。

② [越]潘佩珠:《潘佩珠全集》第九卷,第 84—85 页。

③ [越]潘佩珠:《潘佩珠全集》第九卷,第 214 页。

④ [越]潘佩珠:《潘佩珠全集》第九卷,第 214 页。

⑤ [越]潘佩珠:《潘佩珠全集》第九卷,第 214 页。

⑥ [越]潘佩珠:《潘佩珠全集》第九卷,第 366 页。

首先，潘佩珠在注解《易经》时，集中地阐明时词的内容和意义。他认为易学的本质在于“变易”而变易又离不开“及时”。学易之人必须了解易的意义主要是变易，而归根于变易。因为时有变易所以易理也得有变易。[①] 他认为变易的原理是确立应对社会变革的态度和方式的重要依据和基础。变易的思想为那些具有时代意识、想要改革创新社会、突破停滞、走向创新的更好方向提供必要的理论依据。他写道：“及时变易就是易经的精髓。对人、对事都须以旧换新、毁现状而建设将来，无论哪种人、哪种事只有及时才能做得好，若是不及时那就做不好。在易经中，每一卦，都有它的意义。”[②]

潘佩珠不仅将变易与及时的概念结合起来，还将时与人结合起来，认定缺少其中任何一个都很难成功。他写道：“读完屯卦的六爻辞，发现一个明确的道理。天下之事必有时，完成天下之事须有人。如果有人却没有时机，事情办不成；如果有时机而没有人，那么没人来做事。”[③]

潘佩珠提出的“及时”概念，主张顺其自然。他在注解豫卦时写道：“豫顺以动，故天地如之，而况建侯行师乎。这是以卦的德来释义卦词。”天地之道，万物之理只有自然之理和当然之道。现在顺着自然之理与当然之道而行动，连天地也顺从，更何况“建侯行师”。[④]

潘佩珠认为要能够“及时”，不能不知“知时”。他在注解火泽睽卦时，写道：“圣人提到这件事是因为想让学者必须知时；如果遇到睽时，成就到此为止。”[⑤]在这卦中，他特别提到了时的运用，有助于澄清《易经》中时的范畴。他写道：“彖传在所有卦象中只谈‘时’或‘时义’而这里只谈到‘用时’是为什么？因为遇到睽时还能改变情况那才是大功业，见这句话‘睽之时用大矣哉’才知道圣人在天下中，没有任何时是不可作为的。变化转移主要在于‘用’词。用词是圣人‘救时’的方法，也是英雄‘造时’的手段。”[⑥]可见，潘佩珠强调“时”的“用”，认为时的本质在于“用时”。虽然要“及时”做事，但要明白，不能只等待有好时机才采取行动而是需要有积极的主动性。因此，在谈论时的时候，我们必须考虑人的因素，“只担心没有创造时机的人而不是担忧没有时机”[⑦]。

在注解蹇卦时，他强调“用时”的重要性：“坎卦、蹇卦、睽卦都是逆境之时，但如果能善用这时机，就会走出逆境创造顺境，这就是大功业。因此圣人讨论这三卦，都提及‘时’兼‘用’字。这样人们才知道时词的含义比较广泛。如果一直等到太平顺利的时候才能有为，那么时词还有什么意义。所以圣人把这三卦合在一起而说：时用大矣哉。”[⑧]对于潘佩珠来说，有能力扭转局面，把逆境变成顺境的人才算是懂得用时之人。但是，要做到这件事，他认为需要修炼、修养。他写道：“应该储存德之气……只要你内心隐藏一个器具，

---

① 参见[越]潘佩珠：《潘佩珠全集》第九卷，第 16 页。

② [越]潘佩珠：《潘佩珠全集》第九卷，第 16—17 页。

③ [越]潘佩珠：《潘佩珠全集》第九卷，第 91 页。

④ 参见[越]潘佩珠：《潘佩珠全集》第九卷，第 213 页。

⑤ [越]潘佩珠：《潘佩珠全集》第九卷，第 409 页。

⑥ [越]潘佩珠：《潘佩珠全集》第九卷，第 410 页。

⑦ [越]潘佩珠：《潘佩珠全集》第九卷，第 418 页。

⑧ [越]潘佩珠：《潘佩珠全集》第九卷，第 421—422 页。

并等待适合的时机而发动,那就没有不顺利的。"[①]潘佩珠对阐明《易经》中"时"的范畴做出了贡献,提出"正确的及时""知时""救时""造时""用时"……

总结上面的分析,我们可以看出潘佩珠评论《易经》时的思维逻辑。首先,他从本体论问题出发,认为宇宙万物的本质在于"易"一词,体现为不变、交易、变易三个方面。其次,他使用"时"和"用时"的概念发展认识论问题,认为基于宇宙万物的变化,人类需要按照宇宙规律来认知和行动,这就是易理。最后是伦理论,他认为在认识万物变化的基础上,人类需要道德修养,才能做出道德判断和行动。可以肯定的是,随着写作《国文周易演解》一书,潘佩珠对越南易学史做出了一定的贡献。他为《易经》注入了新时代的色彩、气息和精神,他根据当今世界和越南社会政治形势提出了对于《易经》的深刻注解。

① [越]潘佩珠:《潘佩珠全集》第九卷,第435页。

丁若镛的洙泗易学观

蔡振丰*

众所周知，朱子学是朝鲜儒学中的主流学说，而朝鲜后期的丁若镛(1762—1836)，正是以批判儒者崇信朱子学、不知两汉旧说而著称。因此，当代学者对丁若镛学问的定位，大多以"反朱子学"或"反性理学"的"实学"立场来概括其学术。晚近以来，学者对于"反朱子学"一词多有讨论，因此也有"脱朱子学"或"后朱子学"的新说。然而若不于"反""脱"或"后"字上争论，而关注于丁若镛的四书经学，则可在其文集中多见"接洙泗之真源""排狂澜而返洙泗"之类的语词，而其《述志》一文也有"戮力返洙泗，不复问时宜"之句，以及"常恐中途改，永为众所嗤"①的戒慎之语，因此说丁若镛具有越过朱子学而归返洙泗之旧的学问倾向当无疑义。

丁若镛返归洙泗之学的努力，也反映在其易学上，在《易学绪言》与《周易四笺》这两部《周易》的研究中，时时可见他提出"三圣之旧义""三圣古易"的见解，对历来《易》注著作的批评，也多有"非洙泗之嫡传""回洙泗而改涂"的说法。"三圣"的说法出于《汉书·艺文志》，是指伏羲、周文王(1152—1056 B.C.)、孔子(551—479 B.C.)三圣人，其中文王与周公常被视为一体。丁若镛认为三圣在易学上的贡献在于：上古伏羲画卦以立每卦之本象；中古文王在观卦变之象后，系有彖辞，而周公在观爻变之象后，系有爻词②；文王、周公之后，孔子为彖、象作传而阐明其义理。除了重视"三圣古义"外，丁若镛特别标榜"洙泗易学"，这表示他认为读《易》的目的不应止于理解上古、中古圣人所揭示的卜筮之用与修德之法，更应该从《易》传之中理解孔子所建构的性理之学。

综上所述，可知丁若镛的《周易》之学实是其"洙泗易学观"的反映，而"洙泗易学观"的具体内容是什么？这是本文所要揭示的重点。以下本文将从"三圣《易》学承继多于发展""《周易》在孔子之时与当代的意义""学《易》的目的"等三方面，说明丁若镛"洙泗易学观"的整体构想。

---

* 作者简介：蔡振丰，台湾大学教授。

① [朝鲜]丁若镛：《述志》，《定本与犹堂全书》(1)，茶山文化财团 2011 年版，第 187 页。以下所引丁若镛文献皆为此定本。

② 汉代郑众、贾逵、马融、陆绩等多以为卦下之彖辞为文王所作，爻下之象辞为周公所作；郑玄、扬雄则主张彖辞、象辞并是文王所作。

一、三圣《易》学承继多于发展

丁若镛以孔子的洙泗《易》学，作为其学《易》的依归。[①] 他所言的三圣之《易》大抵承继于朱熹“伏羲之《易》”“文王、周公之《易》”与“孔子之《易》”的看法，但是他并未接受伏羲画卦、文王重卦、孔子作十翼的《易》学发展观，也未接受朱熹根据邵雍的意见，在三圣之前建立“天地自然之《易》”，或者同意伏羲之前有所谓“先天《易》学”的说法，认为这些发展的观点都不能见容于十三经文本所透露的“三圣古义”。以邵雍的说法为例，依朱子《易学启蒙》所录，邵雍所传的《伏羲八卦次序图》《伏羲六十四卦次序图》，八卦与六十四卦是由“太极”而“阴阳”的一分为二，再二分为四、三分为八……六分而得六十四卦的二进制法则而得，这即是程颢所说的“加一倍法”。邵雍用宇宙的衍化数来说明画卦的方法，但是这种设想并不直接将筮卦作为《易》的基础，而是从形上学说明宇宙与万物的生成模式，因为先秦儒家文献并没有形上学的说法，所以丁若镛认为这是受到道家《老子》“道生一，一生二，二生三”的影响。丁若镛也反对传统上以六十四卦为八卦相重的“重卦”说以及孔颖达《周易正义・序》中所论及“重卦”者可能是伏羲、神农、夏禹、文王的说法。他认为三画的八卦与六画的六十四卦都共同以“推移”作为成卦的原则[②]，如果说六十四卦是由八卦所重，这无异于主张八卦与六十四卦的形成是遵循两个不同的原则。除此之外，他也依据《周礼》的说法，指出《连山》《归藏》《周易》“其经卦皆八，其别皆六十有四”，推论在伏羲之时已有六画的六十四卦。[③]

丁若镛指出伏羲时的六十四卦，各卦也有依爻变而命的卦名[④]，但并无对卦、爻的文字解释，一直到文王、周公才依卦象、爻象而系之以文字，这即是文王、周公在《易》学上的贡献。然而文王、周公之《易》只是追继伏羲之《易》而赋予文字，但所作的彖辞与爻辞并没有说明所取卦象与爻象的理则，因此有“义所寓隐而不彰，微而不著”的情况，一直到孔子之时才依文王、周公之意[⑤]，揭示《易》学运作的理则及义理[⑥]。孔子的《易》传中，《大象传》与筮家之说完全不相干，而纯为“君子居则观其象，而玩其辞；动则观其变，而玩其占”[⑦]之用，此所以三圣之学以孔子最为重要。孔子在《易》学上的贡献表现在其《易传》上，传统《易》学认为孔子作有《彖传》上下篇、《象传》上下篇、《系辞传》上下篇、《说卦传》、

---

① 《奉和朱文公易五赞・述旨》言：“昏衢一烛，惟翼十篇。只字之训，丕阐微言。居玩其词，动察其占，祸福之几，靡有隐潜。万喙争鸣，唯孔不谬，唯孔是依，谅余无咎。”[《定本与犹堂全书》(2)，第390页]

② 《周易四笺・系辞下传》言：“先儒谓十二辟推移之法始于文王，故唯《周易》有此法。然羲、农、尧、舜之制器尚象，仍用推移之法，必其法自古同然，故孔子之言如是也。”[《定本与犹堂全书》(16)，第287—288页]

③ 参见《易学绪言・李氏折中钞・系辞传》，《定本与犹堂全书》(17)，第231页。

④ 丁若镛认为伏羲依各卦的推移、爻变而立卦名，见其《易学绪言・李氏折中钞・彖传》，《定本与犹堂全书》(17)，第222—223页。

⑤ 参见《周易四笺・重天乾》，《定本与犹堂全书》(15)，第111页。

⑥ 参见《周易四笺・括例表・读易要旨・十五曰寓义》，《定本与犹堂全书》(15)，第59—60页。

⑦ 《周易四笺・大象传》言：“《大象传》者，孔子于筮家《彖》象之外，别自玩象，以资君子之用者也。”见《定本与犹堂全书》(16)，第245页。

《序卦传》、《杂卦传》及《文言传》等十翼，但丁若镛只承认孔子作《彖传》《象传》《系辞传》《序卦传》《杂卦传》。

如果说《彖传》《象传》是对文王彖辞、周公象辞的传注，则《系辞传》《序卦传》《杂卦传》则是解释彖辞、象辞之理则的著作，丁若镛认为：《杂卦传》是揭示彖辞、象辞所论互体之“卦变”，《序卦传》则用以说明彖辞、象辞中“推移”的“爻变”，而《系辞传》则说明蓍筮的原理，也是简要版的《彖传》与《象传》，至于《说卦传》中所录的卦爻“取象”，则是古来的说法，所以孔子只是为之作序词。[①] 依着《说卦传》所示的“取象”，与《序卦传》“推移”之“爻变”，以及《杂卦传》依互体所成的“卦变”，丁若镛在《周易四笺・括例表上》中提出了“一曰推移，二曰物象，三曰互体，四曰爻变”之“易有四法”的观点。[②] 若从《易》四法的观点推求，则只论述乾、坤二卦的《文言传》就显得多余，此所以早在丁若镛之前，李瀷（1681—1763）因《文言》中“元亨利贞”四德之义早见《左传・襄公九年》的穆姜之筮，因而推进朱子《周易本义》“疑古者早有此语”的说法[③]，认为《文言》只是“文饰古之善言”的意思，其文字可能来自《系辞上传》第八章、《系辞下传》第五章及《小象传》，并非孔子独立成篇的著作。[④] 丁若镛则比李瀷更大胆地推断《文言》只是如《尔雅》般的训诂书。[⑤]

由以上的说明皆可见丁若镛认为《周易》的方法、体例与运用，在伏羲之时已经大致完成，文王的系辞与孔子的《易》传，大体上也是承继多于创作，因此三圣《易》学的发展，只是以文字揭示伏羲画卦、卜筮的背后的理则及其实际的运用。

二、《周易》在孔子之时与当代的意义

丁若镛虽然致力于由孔子《易传》推论《易》在占筮上的运作理则，但他认为孔子《易传》的真正贡献并不在于揭示《易》之四法，形成这种看法的原因在于他仔细地从经书及《论语》中去考察孔子对《周易》之运用的看法。归纳丁若镛在《易学绪言》与《周易四笺》中的意见，可知他由：何人可进行蓍筮、占筮的吉凶可否作为决策的依据、易学四法在“穷理尽性”上所形成的启示等三方面，来说明《周易》在孔子之时与他自己所处之时代的意义。换言之，丁若镛思考了学习《周易》在当代有何意义的问题，并由此反思孔子《易》学如何赋予《周易》承古追新的意义。

首先，在何人有资格可以进行占卜的问题上，朱熹《四书章句集注》在解释《论语・子路》“南人有言曰人而无恒不可以作巫医”时说“巫所以交鬼神，所以寄生死，虽贱役而尤不可以无常”，是将占卜之业视为是“贱役”。丁若镛反对朱熹的意见，认为由《礼记・缁衣》看来，占卜在古代并非贱役而是立民之正事，占卜之人必须是“神圣之人”如“神农、黄

① 参见《周易四笺・括例表・说卦表直说》，《定本与犹堂全书》(15)，第 42 页。

② 参见《周易四笺・括例表上》，《定本与犹堂全书》(15)，第 34 页。

③ 参见李瀷：《星湖先生全集・杂著・四德辨》，韩国景仁文化社 1974 年版；丁若镛：《周易四笺・春秋官占补注・穆姜东宫之筮襄九年》，《定本与犹堂全书》(16)，第 231 页。

④ 参见李瀷：《星湖先生全集・题跋・书启蒙翼传》，韩国景仁文化社 1974 年版；丁若镛：《易学绪言・班固艺文志论》，《定本与犹堂全书》(17)，第 74 页。

⑤ 参见《易学绪言・汉魏遗义论》，《定本与犹堂全书》(17)，第 85—86 页。

师、岐伯、巫咸之伦”。[①] 其次，在占筮的吉凶可否作为决策的依据这一问题上，丁若镛引用《尚书·洪范》“三人占，从二人之言”的说法，指出卜筮所得的吉凶仍然具有诠释的空间，所以吉凶的断定必须听从多数的决议。他不将《易》“不恒其德，或承之羞”的“或”解释为“常”，如皇侃《论语义疏》所言“言羞辱常承之也”，而将“或”解释为“疑而未定之辞”，意指：龟筮不能真正知吉凶，故不恒无德之人在面对吉凶未定的状况而对占卜的结果进行随意的推断，必然会遭受羞辱。丁若镛也指出“人而无恒不可以作巫医”中“作”的意义如同《孟子·离娄上》所云“仁不可以为众”的“为”一般，皆有“抵当”的意思。意指“无恒之人难能有巫医的品格，故不可与巫医相抵当”，犹如“虽然有十万之众的兵卒，也难能抵当仁者的德行”。换言之，占筮的结果只是作为推算、讨论的参考，在此情形下占者的品德及智慧就成了决定成败的重要因素，此所以孔子要引南人“人而无恒不可以作巫医”的说法，来表示无恒之人不具备当巫医的品格。

若占筮之人必须是神圣之人，而占卜所得的吉凶也不确定，则占卜的真正用意只在于面对占卜之兆，一再谨慎地推演未来应行之道。推而言之，对占问之事的重新审视，既可透过卜兆，也可不借由占卜，此所以孔子有“不占而已矣”的说法。然而，古之圣人何以占卜而孔子却认为占如不占？丁若镛认为这是由于古圣人有“事天”之诚，而今人则无，因此他在《答仲氏》中说“今人本不事天，焉敢为卜筮乎”，“凡不事天者不敢卜筮”。[②] 古圣人之“事天”并非求得天的福报，而是基于“事人”的需要[③]，因此其占筮也不是为了一己的福祸。今人则不然，因为未能事人、事天，故其卜筮的行为只是想“探天机而试天意”，这反而反映了怀疑天命的心态。[④] 为了杜绝这种不禀天命而行的风气，丁若镛自言：学《易》十年“未尝一日揲蓍作卦以筮某事”，若他日得志，也将告于朝廷严禁卜筮之事。[⑤]

既不揲蓍作卦以筮事，则何以需要以《易》为经，何以需要学《易》？对此，丁若镛认为：《观·彖》言“圣人神道设教而天下服”，依此，《周易》作为经书的主要功能，在于以鬼神的变化之道设善恶之教，因而他在《奉和朱文公易五赞·警学》中说：“占险探危”不是《易》筮的目的，《易》占真正的目的在于“前民用”，使得君民在面对大事之时，可以在事前取得共识，而达成“行必由命，俾勿妄动”的效用。占筮的目的既在于此，则对吉凶的推断也不能依于繇词所陈的吉凶，而必须力求“理顺”。[⑥] 在《奉和朱文公易五赞·述旨》中，丁若镛也指出了事之吉凶在于善恶之分，所以古之圣王的占筮纯然是为了“辟恶趣善”，一方面警惕自己在决策上不可“任智推度”，一方面也解决民众在国之大事上的猜忌与迷惑，在此情形下《易》占才可以作为“代天立律，绍继天明”的举措。[⑦] 然而，在春秋之后，王

---

① 参见《论语古今注·子路下》，《定本与犹堂全书》(9)，第 90 页。以下所论丁若镛对《论语·子路》南人有言章的解释，皆见于第 90—91 页。

② 参见《答仲氏》，《定本与犹堂全书》(4)，第 195 页。

③ 《论语古今注·先进·季路问事鬼神》言：“先王之道始于事人，五教五伦皆事人。”[《定本与犹堂全书》(8)，第 413 页]

④ 参见《周易四笺·系辞上传》，《定本与犹堂全书》(16)，第 281 页。

⑤ 参见《答仲氏》，载《定本与犹堂全书》(4)，第 195 页。

⑥ 参见《奉和朱文公易五赞·警学》，《定本与犹堂全书》(2)，第 392 页。

⑦ 参见《奉和朱文公易五赞·述旨》，《定本与犹堂全书》(2)，第 389 页。

迹既熄，人不畏命事天，孔子因此而言“不占而已矣”，在此情况下，《易》作为占筮之书有何存续的必要？丁若镛认为孔子虽是不占，但仍然将《周易》纳入其教育的体系，作为五十岁时成人教育的重要教材，故他在解释《论语·述而》“子曰：加我数年，五十以学《易》，可以无大过矣”时，引用《史记》异文，指出“加”当作“假”；引用《礼记·内则》所说“十年学书计”“十三学乐”“二十学礼”之例，指出“五十学《易》，盖古之遗文”，认为五十岁是古经所云学《易》的时间，所以孔子年近五十，诵古语而有“五十以学《易》，可以无大过”之言。[①]

三、学《易》的目的

春秋之后，《易》占既已失去其神道设教的目的，则读《易》、学《易》的目的何在？归纳丁若镛的意见，学《易》的目的约有下列诸方面：

(一)《周易》可与其他经书相互取证

丁若镛认为“传道授统，接洙泗之真源者”必以十三经为依归，而在〈十三经策〉中又特别推崇《易》《诗》《礼》三经，言《易》“冠冕群书，盖观象设教，以达吉凶之情”，诵《诗》读《礼》可以“征治乱之情”，这显示他对经学有整体的设想。而《易》所以成为群经之首，在于它可以“穷天人之用”是“生民之府”，圣人观象设教，一方面可以呼应天命，一方面也可以制器而养民，显示《易》有其独立于其他经书的学术价值。[②] 除此之外，丁若镛也强调《易》与其他经书可以相互取证，如在《答仲氏》中，丁若镛指出《周易》的意义并不只在卜筮，读《易》者更应考察《周易》中所表现的礼法。[③] 以《仪礼》为例，《士虞礼》所论的虞祭，是指亡者安葬后为使其魂魄不致彷徨无依所设的祭祀。《士虞礼》中有“祭于苴三”之文，旧说依东汉许慎“士结茅为菆”的说法将“苴茅之束”视为是依神之具(神主)，其后宋代的张载也主此说。丁若镛依郑玄“苴，所以藉祭也”的说法反对解释为神主的“主道”说，认为“祭于苴”指“错于苴”，意为：将苴取而置于地以祭神。除此之外，他也引《周礼·天官》《礼记·郊特牲》、杜子春“茅以藉祭，亦以缩酒”，《周易·大过》“初六，藉用白茅，无咎”及《系辞上》子曰“苟错诸地而可矣。藉之用茅，何咎之有？慎之至也。夫茅之为物薄，而用可重也，慎斯术也以往，其无所失矣”来证明其说。[④] 特别是《系辞上》的说法，不但说明“祭”“错”“藉”都同有“安置”之义，且可旁通于《论语·为政》中“举直错诸枉则民服，举枉错诸直则民不服”中的“错”字并无“废置”义[⑤]，这也说明了大过卦的卦德是“过”，所以初爻“一阴薄”，以示“茅之为物薄而用可重也”有“慎之至也”的意思。[⑥]

---

① 参见《论语古今注·述而上》，《定本与犹堂全书》(8)，第 269 页。
② 参见《十三经策》，《定本与犹堂全书》(2)，第 54 页。
③ 参见《答仲氏》，《定本与犹堂全书》(4)，第 195 页。
④ 参见《丧礼四笺·丧仪匡十·虞祭三》，《定本与犹堂全书》(18)，第 301—302 页。
⑤ 参见《论语古今注·为政下》，《定本与犹堂全书》(8)，第 79 页。
⑥ 参见《周易四笺·泽风大过》，《定本与犹堂全书》(15)，第 310 页。

从经学而言，《易》“藉用白茅”之说，除了可印证《礼》之文本的原意外，也指出了“物薄而用可重”，这显示“礼之本”是以“诚”“慎”为本，故《易》曰“中孚，豚鱼吉”，有“中诚既孚，虽豚鱼之祭，犹可以受福也”的意思；《易》曰“羸豕孚蹢躅”，有“巽诚洁白，虽羸豕蹢躅不能行走，以之为祭犹可孚感，不必博硕肥腯，乃可以孚感也”的意思；《易》曰“二簋可用享”，有“一黍一稷，犹可以为祭”的意思。由此亦可见文王、周公在《易》词中表达了“物薄诚厚，古所贵也”的薄祭之意，读《易》者当于《易》词中，体会“物丰则意薄，文缛则质衰”的存心。[①]

(二)《周易》关联于五经的整体

诸经之中，《易》词中的“物象”除了与《礼》相关之外，也与《诗》有关。丁若镛认为《易》词之文有象，“象以表微，草木鸟兽之动、车舆器服之变，皆可以为万事之通象。故咏物喻事，一似风诗之有比兴也”[②]。依丁若镛对《诗》六义的看法，“赋比兴”是风诗特有的技法，这是因为雅、颂之文不务隐微，而“风”有“讽”之义，故需要有“赋”(铺陈义理)、“比”(比物连类)、“兴”(托寓深远)的技法，使人能读而“自喻”。[③] 依此，《易》词中的“物象”也如风诗中的比、兴一般，在隐微中由此象彼，读者也能因其隐括之“物象”，而自喻地推知万事万物。如“丧羊于易”“行人得牛”既可为占又可为象，“羊”“牛”除了是得物或失物的占兆之外，也可比物连类于失去或得到之物。又如“羝羊触藩”“豮豕之牙”可以具象为“去势之豕，虽有其牙，不足害物”，也可以视为通象而比喻为“强暴溃防”“进退维谷”以及“小人得制”[④]等多种意义。而如“飞龙在天”“鸣鹤在阴”“枯杨生稊”“系于苞桑”之类，可以引申而象喻“世有圣君，则圣人必与相见”“善则千里之外应之”“枯木新生荑”“巽绳系国之将亡，凛乎若朽索之将绝”等，这些《易》象的意义不仅仅是“比”，而且具有托寓深远的发展之势的“兴”的意义。

《易》与《诗》不但在“物象”的比、兴上有其相似，在喻意上也有相同的功能，如《易》有“靡恶不凶、靡善不吉”的教化意义，而《诗》也有“章善惩恶，因而格君心之非也”的功用。[⑤]由《易》与《诗》“章善惩恶”的作用，也可以推论《易》《诗》也有同于《春秋》的“褒善贬恶”的功能，丁若镛甚且认为《易》《诗》的讽诵诛褒之法为尧舜旧法，比《春秋》更为久远。[⑥] 以《诗》为例，丁若镛言“凡弑逆、淫乱、戕贤、害民，干天纪、坏人伦，元恶巨慝，一以诗发之，被之管弦，以诵以讽，播诸一代，垂之万世。为民上者，其罪恶一登诗谱，孝子慈孙，莫得以洗之，天下之可恐可怖如斧如钺，未有甚于《诗》者也”，此所以《孟子》言“《诗》亡而《春秋》作也”。[⑦]

---

① 参见《春秋考征·吉礼·时享二·论禴》，《定本与犹堂全书》(14)，第152—153页。

② 参见《周易四笺·读易要旨》，《定本与犹堂全书》(15)，第58页。

③ 参见《诗经讲义补遗·周南·六义》，《定本与犹堂全书》(10)，第351—352页。

④ “牙”亦可作“杙”解，是由爻变而成巽绳、震木之象而言之，由此解释“豮豕之牙”可说：“豕躁喜突，去势则斯足矣，又从而牙之者，制小人宜然也”。参见《周易四笺·天山大畜》，《定本与犹堂全书》(15)，第297页。

⑤ 参见《梅氏书平·书大传略论》，《定本与犹堂全书》，第337页。

⑥ 参见《尚书古训·尧典下》，《定本与犹堂全书》(13)，第337页。

⑦ 参见《孟子要义·离娄》，《定本与犹堂全书》(7)，第148页。

(三)《周易》为改过迁善之书

因为《易》与《诗》在形式及作用上有其相近,故丁若镛有"不读《诗》,无以读《易》"之言,而就"章善瘅恶"而言,《易》与《诗》《书》《礼》《春秋》的差异,只在于"事之将作"与"期乎信、期乎果"的差别。所谓"事之将作"是指事情未发展确定的状态,因为事实未定,故善《易》者可以"览物象而自反。知所以自处其身",可以"迟回而思反",可以借之"自修而成名"。[①] 丁若镛在《孟子要义·离娄》中曾讨论孟子所言之"大人者,言不必信,行不必果,惟义所在"的意义,他认为乾卦《文言》所说的"庸言之信,庸行之谨",归妹卦《象传》所说的"君子以永终知敝"与《礼记·缁衣》所说的"言必虑其所终,而行必稽其所敝"都在言说君子始终一贯的言行,属于"期乎信期乎果"的说法,但在事情的发展之中也会有"事情中变"的情形,在此情况下只要是"合于义",就可以有"不必胶守前言""不必遂成其行"的作为。[②] 将"事之将作"与"事情中变"的概念放在《易》卦爻结构所揭示的变动情境中,则可知丁若镛何以可将《周易》视为"圣人改过迁善之书"。[③]

《易》之占,其结果无非"吉凶悔吝",其中尤以悔吝最值得关注,因为悔吝代表着在"事情中变"间有所变动,不像吉凶是对结果的占示。丁若镛对悔吝的解释是:"占之善变者曰悔,悔是改过勿惮之名;占之不变者曰吝,吝字从文过以口会意,是不肯改过之名",即是从改过之变动上立意。《系辞上传》也是由"览物象而自反"的角度而言吉凶悔吝,其言曰:"吉凶者,言乎其失得也;悔吝者,言乎其小疵也;无咎,善补过也。"丁若镛将《系辞上传》所言的"失得"解释成"善恶之成而祸福判也",这是就事情之结果而言的"善吉福"与"恶凶祸",是就君子期乎信、期乎果的一贯言行而论,此时若是吉善则应固守而勿失,若是凶恶则应速改而勿留。然而,在"事之将作"与"事情中变"时,因为"善恶之几而臧否未大定",所以称为"小疵"。在小疵之时因其吉凶未判,在警惕、思度之下,言行将会有合义与不合义的不同,因而产生有悔、吝之别,能改过为悔为无咎,若不悛改则为吝。[④] 从筮家《易》占的爻变与卦变而言,有贞有悔,若是卦象本好为吉而不变,则意谓守善勿失、屡迁犹好,故曰贞卦[⑤];而筮家所谓的悔卦,多指变卦而言,因其象有变改之故。若卦既变迁而犹不悛改则为吝,如阴居阳位、阳居阴位或艮迷兑厉而不变者,皆为吝例。[⑥]

(四)《周易》为穷理尽性之书

《尚书·洪范·稽疑》论"雨、霁、蒙、驿、克、贞、悔"七种卜兆,丁若镛认为贞悔在夏商时已为筮家所用,所以自禹、箕子之时已有贞悔吝的修德之法,这种修德之法也是三圣所传授。孔子之时,因古圣王以卜筮受天之命、昭事上帝的传统已经断绝,因此《礼记·王

---

① 参见《易学绪言·周易答客难》,《定本与犹堂全书》(17),第 297 页。

② 参见《孟子要义·离娄》,《定本与犹堂全书》(7),第 141 页。

③ 参见《周易四笺·系辞上传》,《定本与犹堂全书》(16),第 276 页。

④ 参见《周易四笺·系辞上传》,《定本与犹堂全书》(16),第 278 页。

⑤ 参见《周易四笺·系辞上传》,《定本与犹堂全书》(16),第 276—277 页。

⑥ 参见《周易四笺·易例比释·吝例》,《定本与犹堂全书》(15),第 84 页。

制》才有"假于鬼神、时日、卜筮以疑众，杀"的说法，显示春秋之时卜筮已逐渐流为探命的占术，成为蛊惑人心的邪术[①]，因此孔子才会于《说卦传》中，在"和顺于道德而理于义"的修德之外，强调"穷理尽性，以至于命"的说法。

丁若镛认为《说卦传》所说的"穷理尽性，以至于命"与《中庸》的"唯天下至诚，为能尽其性；能尽其性，则能尽人之性；能尽人之性，则能尽物之性；能尽物之性，则可以赞天地之化育；可以赞天地之化育，则可以与天地参矣"，《孟子》"尽其心者知其性，知其性则知天矣"同是性理学的根本，也是宋代以后朱子学的源头。其《五学论》指出古人之学有天、人两方面的论述。由"天"的一面而言，"性本乎天""理出乎天"，天是性理的本体。由"人"的一面而言，依天命之性才有孝悌忠信之理，人依孝悌忠信之理才得以形成事天之道；由天命之性才有礼乐刑政之理，人依礼乐刑政之理才得以产生治人之具。而用以沟通天人之枢纽，使天人之间不形成断裂者，则为学者诚意正心的工夫。[②] 就《易传》的义理而言，"改过迁善"即是《大学》的"诚意正心"，由"改过迁善"而"穷理尽性"即是《孟子》的"尽心知性知天"。[③] 盖不论是"改过迁善"或是"诚意正心"，皆是就其"一念之萌，察其善恶"，而"穷理尽性"则是由"知吾性之能乐善耻恶"，再依之"以率以修以达天德"。[④]

"穷理尽性"虽然是"改过迁善"最终的目标，但在读《易》的实践中，丁若镛更重视吝悔之争下的改过迁善，这是因为"穷理尽性"是所有经书的目标，而吝悔之争才是《易》的特色所在，故在为其兄写的《每心斋记》中，他说"六十四卦多以悔吝立象""人有是形气，虽上智不能无过，其圣其狂，唯悔吝是争""圣人之有忧患也，不怨天不尤人，惟过之自悔""诚悔之，不以过为咎也"[⑤]，凡此皆可见《周易》虽是改过迁善之书，也是穷理尽性之书，但改过迁善因为具有工夫实践的"行"之意义，其重要性要先于穷理尽性之"知"，先行而后知，然后"行则必知，知则必行，互发而交修者也"[⑥]，则是读《易》的理想状态。

结　语

丁若镛在《易》学研究上所宣称的"三圣旧学""三圣古义"，实与他在四书学与经学上追究"洙泗之真源""洙泗不传之绪"有相同的旨趣，只不过在经学及四书学上所标榜的是越过朱子学回到先秦儒学的立场；而在《易》学上所谓"三圣旧学"之"旧"，所要标榜的是越过汉代谶纬占验祆祥术数之新、魏晋王弼道家玄虚《易注》之新、宋代图书《易》学之新[⑦]与邵雍先天《易》学之新，而回到三圣相承的事天之学与悔吝改过之学。依上所述若要给予"洙泗学"一个较为明确的指义，则其重点有三：(1)以孔子之说为依归；(2)反对形上学与神秘学，回归到孔孟的心性论；(3)心性之理必须可转换为具体的实践方法，就个人而

① 参见《尚书古训·洪范·七稽疑》，《定本与犹堂全书》(12)，第 90 页。

② 参见《五学论一》，《定本与犹堂全书》(2)，第 295—296 页。

③ 参见《孟子要义·尽心第七·尽其心者知其性章》，《定本与犹堂全书》(7)，第 223 页。

④ 参见《孟子要义·尽心第七·尽其心者知其性章》，《定本与犹堂全书》(7)，第 224 页。

⑤ 参见《每心斋记》，《定本与犹堂全书》(3)，第 86—87 页。

⑥ 参见《孟子要义·尽心第七·尽其心者知其性章》，《定本与犹堂全书》(7)，第 223—224 页。

⑦ 参见《论语古今注·子罕》，《定本与犹堂全书》(8)，第 323 页。

言这种实践的方法是修德之法，就群体而言则是礼乐刑政的治人之教。上三点中，“以孔子之学为依归”较无疑义，就《易》学而言，丁若镛就曾提及借朱熹《卦变图》中辟卦的推移之法而上溯孔子之学，再由孔子之学以明文王、伏羲三圣之学的说法。[①]

有关于“反形上学”的部分，以《系辞上传》“太极生两仪”为例，孔颖达《周易正义》依汉代的气论，将“太极”解为“元气混而为一”的“太初”或“太一”；依王弼之说将“大衍之数五十，其用四十有九”解为“其一不用”，并解释“一”而言“天之生气将欲以虚来实故用四十九焉”，于此不论是“太极”或“一”皆具有形上本体的意思。朱熹《周易本义》虽不依王弼作形上之解，但他依理气之分与邵雍的说法，认为“太极者其理也”，以“太极生两仪”是“一每生二，自然之理”，指出六十四卦的生成次序是“一分为二，二分为四，四分为八”，虽然不是直接以本体解释“一”与“太极”，但他所说的“理”断然不是“形下之气”也判然可分。丁若镛在《易学绪言・韩康伯玄谈考》中批判孔颖达与朱熹的意见，而言：“孔以太极为元气，又引《老子》道生一为太极，是犹近理。乃后世之论，推尊太极为形而上之物，每云是理非气，是无非有，不知形而上之物何以有黑白交圈也？”[②]于此皆可见他反形上学的态度。

在对“太极”的释义上，丁若镛指出“太极两仪四象，皆揲蓍之名”[③]，都是为了说明蓍卦的过程所立的名、象，于是将《系辞上传》的第九章至十一章的部分文字抽出，重新排列为《蓍卦传》。在《周易四笺・蓍卦传》中，他在解释“大衍之数五十，其用四十有九”时指出：“大衍之数五十”即十二辟卦分其阴阳，由“推移”所衍生的“五十衍卦”；而十二辟卦则由乾卦之阴生、坤卦之阳生所衍生的十二卦，再去除乾、坤二卦另加小过卦（坎为本）、中孚卦（离为本）两闰卦所成。以大衍五十卦为准，故揲蓍时的“太极”是取“五十策之未分者也”为其揲蓍之始，也象喻“六十四卦之囫无别者也”。在此意义下，丁若镛将“极”解为“与皇极同义”的“屋极”之“极”，认为这是在象喻“大衍之策为之极，而两仪、四象皆于是乎分出也”[④]。而“其用四十有九”，丁若镛认为这完全无关乎“其一不用”，而是因为五十之数两分之，不能成为奇数、偶数之合，故而必须去其一才能进行揲蓍。从义理上而言“其用四十有九者，蓍之德圆以神。七七四十九，圆而不方，无以半分、无以四破、无以六解、无以八劈、无以十析，亦无以三分五破，故特以是为蓍筮之用数也”。另外，他也在《易学绪言・李鼎祚集解论・系辞传》中有“太极包五十全体，不可抽其一策以当太极”的说法。[⑤]

由丁若镛对“太极生两仪”“大衍之数”的说法，可知他所以反形上学的原因在于反对无法究论具体实践的虚悬之“理”。对性理学而言，若依朱熹“格物穷理”之说，则有无尽之理可穷，如此反而使“一生事业，唯有穷理一事而已”，而无暇于工夫实践；[⑥]对《易》学而

---

① 《奉和朱文公易五赞・警学》言：“由孔达姬，因朱溯孔。朱子《卦变图》即辟衍推移之法。佩持徽音，如璧斯拱，追补前哲，迎牖后人。”见《定本与犹堂全书》(2)，第 392 页。

② 参见《易学绪言・韩康伯玄谈考》，《定本与犹堂全书》(17)，第 110 页。

③ 参见《易学绪言・李鼎祚集解论・系辞传》，《定本与犹堂全书》(17)，第 48 页。

④ 参见《周易四笺・蓍卦传》，《定本与犹堂全书》(16)，第 318 页。

⑤ 参见《易学绪言・李鼎祚集解论・系辞传》，《定本与犹堂全书》(17)，第 47 页。

⑥ 参见《孟子要义・尽心第七・尽其心者知其性章》，《定本与犹堂全书》(7)，第 224 页。

言，因为宇宙论式的形上之理不涉及主体的价值选择，若执着于形上之理，反而失去了自我的“主体性”，而执迷于数理的推衍、天机与天意的试探。不若“唯求理顺，毋恃繇吉”，回到嗜善耻恶的嗜好之性，在一念之萌时察其善恶、率性而行，在此情况下即可不占而“视词为占”“居而玩其辞，因以审其进退存亡之故”。亦即，可透过《周易》卦爻之变化以及孔子《易传》的义理，模拟变动的情境，从事洗心悔过的工夫，以期成为躬行力践、穷理尽性的君子。

《易经》“天”“帝”超越意义的诠释

黄玉顺*

本文旨在通过诠释《易经》的“天”“帝”概念，更加深入地探究《易经》的超越观念。[①]这里的《易经》指成书于西周时期的《周易》古经，不包括成书于战国时期的《周易》大传(《易传》)，因为两者分属于不同的时代，体现的是不同的观念系统。

所谓“超越”(transcendence)是说超出经验的范围，而分为两个层次，分属两种不同的主体，即人的心性之中的某种能力超越了经验，谓之“超验”(transcendental)；“天”或“帝”(即《诗》《书》中的“上帝”)超越了整个凡俗的经验世界，谓之“超凡”(transcendent)；两者之间的关系，即属中国哲学的“天人之际”范畴。[②]

一、《易经》的鬼神观念

本文要讨论的超凡存在者(the Transcendent Being)——“天”“帝”，属于超越了凡俗世界的存在者。这样的存在者，在中国上古时代通常被称为“鬼神”。然而整部《易经》并无“神”字，只有“鬼”字，这是值得注意的。

(一)《易经》之“鬼”

整部《易经》，“鬼”字出现了三处。其中两处用于国名“鬼方”，一是“高宗伐鬼方，三年克之”[③]，二是“震用伐鬼方，三年有赏于大国”[④]。李鼎祚引虞翻，“鬼方，国名”；引干宝，“鬼方，北方国也”[⑤]。显然，鬼方之“鬼”与本文的论题无关。

与本文论题相关的“鬼”只有一处，见于睽卦上九爻辞：“睽孤，见豕负涂，载鬼一车。先张之弧，后说之弧：匪寇，婚媾。往遇雨则吉。”[⑥]其中，除占辞“往遇雨则吉”外，其余都

---

* 作者简介：黄玉顺，山东大学儒学高等研究院教授，主要研究领域：中国哲学、儒家哲学、中西比较哲学。

① 参见黄玉顺：《神圣超越的哲学重建——〈周易〉与现象学的启示》，《周易研究》2020年第2期。

② 参见黄玉顺：《“超验”还是“超凡”——儒家超越观念省思》，《探索与争鸣》2021年第5期；《“事天”还是“僭天”——儒家超越观念的两种范式》，《南京大学学报》2021年第5期。

③ (清)阮元校刻：《周易・既济》，《十三经注疏》，中华书局1980年影印版，第72页。

④ (清)阮元校刻：《周易・未济》，《十三经注疏》，第73页。

⑤ (唐)李鼎祚：《周易集解・既济》，巴蜀书社1991年版，第251页。

⑥ (清)阮元校刻：《周易・睽》，《十三经注疏》，第51页。

是古歌中的诗句，大致是写的某人在路上遇见一种情景而作出反应，笔者曾有考证：“当为远古某些部族的一种婚姻仪式，今已不详。但其风俗必不常见，才使旅行者大感惊异而以为盗寇，以至‘先张之弧’，准备射杀。”[①]故王弼注：“见鬼盈车，吁可怪也；先张之弧，将攻害也。”[②]

显然，这里的“鬼”即鬼神之鬼。上古时代“鬼神”连言，“神”含天神地祇，“鬼”则专指人鬼，即人死而为鬼。古人以“归”释“鬼”，如许慎说：“鬼：人所归为鬼。”[③]子产也说：“鬼有所归，乃不为厉。”[④]《尔雅》也讲：“鬼之为言，归也。”[⑤]《礼记》也讲：“众生必死，死必归土，此之谓鬼。”[⑥]如此看来，似乎“鬼”也与本文的论题无关，因为作为至上神的“天”或“帝”不属于“人鬼”，而属于“天神”。然而问题并非这么简单。按照殷周时代的观念，王公与普通人不同，死后并非“归土”，而是“归天”，成为祖先神，“在帝左右”[⑦]，即待在上帝的“帝庭”[⑧]，在这个意义上，这类“鬼”也是一种“神”。但是，尽管如此，这样的“人鬼”或“人神”毕竟并不是“天神”；而“天”或“帝”却属于“天神”。周人的先王，亦鬼亦神，正好充当了人与天帝的一种中介。

（二）《易经》无“神”之神

最令人诧异的是：“天”“帝”属于神，《易经》蓍筮正是卜问于神，然而整部《易经》却没有出现一个“神”字。这大概与“神”字出现较晚有关。《汉语大字典》认为：“甲骨文、金文‘神’或作‘申’，不从‘示’。”[⑨]如果仅就甲骨文而论，这个解释中的“或”是多余的，因为甲骨文根本没有“神”字；不仅如此，甲骨文里的“申”字也没有用作“神”的例证。许慎所谓“申，神也”[⑩]，其实并非“申”字的本义。徐中舒主编的《甲骨文字典》中就没有“神”字；其“申”字的解释，“申象电形为朔谊（初义——引者注），神乃引申谊”；并引证“叶玉森谓甲骨文申字象电耀屈折形”。[⑪] 刘兴隆《新编甲骨文字典》亦无“神”字；其“申”字亦解释为“象闪电形”[⑫]。由此可见，《易经》之所以没有“神”字，应该是因为当时还没有“神”这个概念词语，至少是这个概念词语还不稳定（《诗》《书》已有“神”字）。这也可见《易经》文本的古老。

但是，《易经》没有“神”这个字所代表的概念，并不意味着《易经》没有神的观念。观念（conception、idea、sense）与概念（concept）的区别是：一个观念，唯其与特定的语音形式

---

① 黄玉顺：《易经古歌考释》（修订本），上海古籍出版社2014年版，第231页。

② （清）阮元校刻：《周易正义 · 睽》，《十三经注疏》，第51页。

③ （汉）许慎：《说文解字 · 鬼部》，大徐本，中华书局1963年版，第188页。

④ （清）阮元校刻：《左传 · 昭公七年》，《十三经注疏》，第2050页。

⑤ （清）阮元校刻：《尔雅 · 释训》，《十三经注疏》，第2592页。

⑥ （清）阮元校刻：《礼记 · 祭义》，《十三经注疏》，第1595页。

⑦ （清）阮元校刻：《诗经 · 大雅 · 文王》，《十三经注疏》，第504页。

⑧ （清）阮元校刻：《尚书 · 金縢》，《十三经注疏》，第196页。

⑨ 徐中舒主编：《汉语大字典》，四川辞书出版社、湖北辞书出版社1986—1990年版，第2392页。

⑩ （汉）许慎：《说文解字 · 申部》，第311页。

⑪ 徐中舒主编：《甲骨文字典》，四川辞书出版社1989年版，第1600、1599页。

⑫ 刘兴隆：《新编甲骨文字典》，国际文化出版公司1993年版，第993页。

或文字形式固定地结合在一起，才是一个概念，如索绪尔所说的“所指”(signified)与“能指”(signifier)的结合。举例来说，就《易经》论，固有阴阳的观念，但一直到春秋时代，也还没有形成“阴阳”的概念，如《左传》称阴爻为“六”、阳爻为“九”，不称“阴”“阳”。本文讨论的“天”与“帝”即属于《易经》的神的观念。

二、《易经》的至上神“天”

显而易见，《易经》的观念中，有一个至上神，即一个形而上的存在者，被称为“帝”或“天”。所谓“占卦”，即当人们产生疑问的时候，通过蓍筮而询问于天帝，其答案即卦爻辞中的吉凶占断。此即《系辞上传》所说的“以卜筮者尚其占，是以君子将有为也，将有行也，问焉而以言，其受命也如响”，“以断天下之疑”。[①]

整部《易经》的“天”字，共有三种用法：其一，人的头顶部，即“颠”，而引申为一种刑罚，即睽卦“其人天且劓”；其二，与“地”相对的“天”，如乾卦“飞龙在天”、明夷卦“初登于天，后入于地”、姤卦“有陨自天”、中孚卦“翰音登于天”；其三，上帝，与《尚书》《诗经》同，共有三处，即大畜卦“何天之衢”、大有卦“自天祐之”及“公用亨于天子”。讨论如下。

（一）上帝之“天”

1.大畜卦上九爻：“何天之衢，亨。”[②]“何天之衢”意为承天之庥、受天之佑，此处的“天”即上帝。笔者曾考证过：“‘何’(hè)，‘荷’(负荷)的本字，意谓承、受。《纂言》[③]：‘何与《噬嗑》上九“何校”之何同。’……‘衢’，通‘休’，庇佑。《帛书》作‘瞿’，亦假借字。《今注》[④]：‘衢疑当读为休，古字通用’；‘《说文》……重文作庥……故《尔雅・释言》曰：“庥，荫也。”《诗・长发》：“何天之休。”休即庥字，谓受天之庇荫也。此云何天之衢，即何天之休也。……《仪礼・士冠礼》云：“承天之休。”又云：“承天之祜。”又云：“承天之庆。”其句法文义皆相类。’《通义》[⑤]亦同此说。这是古人的天命观念，以为六畜昌盛是受上天庇佑。”拙著修订本注：“更确切讲，庇佑之‘衢’与‘休’皆假借字，本字为‘庥’。”[⑥]

2.大有卦上九爻：“自天祐之，吉，无不利。”[⑦]此处“天”亦上帝。笔者考证：“‘天’，上天，天帝。‘祐’，助祐，福祐。《系辞传》：‘祐者，助也。’《集解》[⑧]作‘右’，引虞翻：‘右，助也。’《今注》：‘盖天助为祐，故字从示。’”[⑨]所谓“自天祐之”，是说福祐来自上帝。

---

① (清)阮元校刻:《周易・系辞上传》,《十三经注疏》,第 81 页。

② (清)阮元校刻:《周易・大畜》,《十三经注疏》,第 40 页。

③ 《纂言》指元代吴澄《易纂言》,今有《易纂言・易纂言外翼》,上海古籍出版社 1990 年版。

④ 《今注》指今人高亨《周易古经今注》,今有上海书店 1991 年影印本。

⑤ 《通义》指今人李镜池《周易通义》,今有中华书局 1981 年版。

⑥ 黄玉顺:《易经古歌考释》(修订本),第 174—175 页。

⑦ (清)阮元校刻:《周易・大有》,《十三经注疏》,第 30 页。

⑧ 《集解》指唐代李鼎祚《周易集解》。

⑨ 黄玉顺:《易经古歌考释》(修订本),第 121 页。

3.大有卦九三爻："公用亨于天子，小人弗克。"[①]此处"天"亦上帝。笔者考证："'亨'同'享'，献，贡。上古'亨''享''烹'为同一个字。《本义》[②]：'亨，《春秋传》作享，谓朝献也。古者亨通之亨、享献之享、烹饪之烹，皆作亨字。'《说文》：'亨，献也'；段（玉裁）注：'其形，荐神作亨，亦作享；饪物作亨，亦作烹；《易》之"元亨"则皆作亨'。《今注》：'但此亨字，当为致贡之义。''公用亨于天子'，某国公向天子进贡。"[③]

这里的"天子"之说，亦与《尚书》一致，由来已久，例如《商书·西伯戡黎》记载："西伯既戡黎，祖伊恐，奔告于王，曰：'天子，天既讫我殷命，格人元龟，罔敢知吉……'"所谓"天子"即"天之子"，此"天"显然即指上帝；天而有"子"，此"天"即是人格化的神。

（二）天地之"天"

中国最古老的传世文献《诗》《书》《易》，均无"天地"连言的例子，由此可见，较之独用之"天"，与"地"相对的"天"是一个后起的观念。不过，虽无"天地"连言，这种与"地"相对的"天"观念，在《易经》里已经出现，最明显的是以下四例：

1.明夷卦上六爻："初登于天，后入于地。"[④]《诗经》也有类似的例子，例如"谓天盖高，不敢不局；谓地盖厚，不敢不蹐"[⑤]。笔者曾经谈道："'初登于天'，（雉鸡）起初飞升于天"；"'后入于地'，后来坠落于地"；"明夷卦'初登于天，后入于地'、姤卦'有陨自天'，这些'天'显然都是在说自然界"。[⑥]

尽管是在说自然界，但是，属于自然界的天与作为至上神的天之间并不是没有关系的，这种关系就是：自然之天不过是神性之天的一种显现形式、显示方式。孟子也有这样的观念：一方面，天是至上神；而另一方面，"天不言，以行与事示之而已矣"[⑦]。"孟子的意思是说：天以自己所行之事向人展示自己的意志。因此，上文所引'天油然作云，沛然下雨''天之高也，星辰之远也'之类，其实都是在讲天之所'示'——向人展示，而不是在讲'天'本身。这是《易传》所说的'天垂象，见（读现）吉凶……所以示也'。"[⑧]这也就是许慎所说的："示：神事也。"[⑨]

这里还有一点需要指明：明夷卦乃是讲的殷周之际的事情，所谓"初登于天，后入于地"表面是写雉鸡，实际上是"暗喻纣王的结局"[⑩]。这与《象传》的理解一致："'初登于天'，照四国也；'后入于地'，失则也。"[⑪]纣王的命运，按照殷周时代的观念，乃是天意，所

---

① （清）阮元校刻：《周易·大有》，《十三经注疏》，第 30 页。

② 《本义》指宋代朱熹《周易本义》。

③ 黄玉顺：《易经古歌考释》（修订本），第 119—120 页。

④ （清）阮元校刻：《周易·明夷》，《十三经注疏》，第 50 页。

⑤ 《诗经·小雅·正月》，《十三经注疏》，第 443 页。

⑥ 黄玉顺：《易经古歌考释》（修订本），第 222、425 页。

⑦ （清）阮元校刻：《孟子·万章上》，《十三经注疏》，第 2737 页。

⑧ 黄玉顺：《天吏：孟子的超越观念及其政治关切——孟子思想的系统还原》，《文史哲》2021 年第 3 期。

⑨ （汉）许慎：《说文解字·示部》，第 7 页。

⑩ 黄玉顺：《易经古歌考释》（修订本），第 222 页。

⑪ （清）阮元校刻：《周易·明夷象传》，《十三经注疏》，第 50 页。

以《尚书·周书》指出："辜在商邑"，"故天降丧于殷"[①]；"旻天大降丧于殷，我有周佑命，将天明威"[②]；"乃惟尔商后王，逸厥逸，图厥政，不蠲烝，天惟降时丧"[③]；等等。

以下各例，亦当作如是观：按照殷周时代的超越观念，凡"天地"相对之"天"，即今人所谓"自然之天"，其实只是神性之天的一种显现样态而已。

2.乾卦九五爻："飞龙在天，利见大人。"[④]笔者曾有解释："'飞龙在天'，龙在空中飞翔"；"筮得此爻，有利天子、诸侯登位"。[⑤] 此"天"也是神性之天而显示为自然之天。

3.姤卦九五爻："有陨自天。"[⑥]笔者曾有解释："记载一次陨石"；"'有陨自天'，有陨石雨从天而降"。[⑦] 这同样是神性之天而显示为自然之天。

4.中孚卦上九爻："翰音登于天。"[⑧]笔者亦曾解释："当属《小过》古歌，承'飞鸟遗之音'。《经解》释'飞鸟遗之音'即说：'即《中孚》所谓"翰音"也'；又释'翰音登于天'说：'或曰：《中孚》旁通《小过》，《小过》"飞鸟遗音"，鸟之飞且鸣者。'可见古人已觉察到两者关系密切。'翰'是一种野鸡。《尔雅·释鸟》：'翰，天鸡。'《说文》：'翰，天鸡，赤羽也。'又'翰'意为高飞。《释文》：'翰，高飞。'《正义》注同。《集解》引虞注：'翰，高也。'《诗·小宛》'翰飞戾天'传、《四月》'翰飞戾天'笺均作：'翰，高也。'当以后说为是。'翰音'，高飞之声。'登'，升。《小尔雅·广言》：'登，升也。''翰音登于天'，鸣声响彻天空。"[⑨]另外，《礼记·曲礼下》也说："鸡曰翰音。"[⑩]这里的"天空"之天，也是神性之天而显示为自然之天。

（三）颠顶之"天"

此"天"见于睽卦六三爻："见舆曳，其牛掣，其人天且劓。"[⑪]笔者曾考证过："'天'，黥刑，一种刺额的刑罚。《释文》：'天，剠也'；引马融：'黥凿其额曰天'。《集解》引虞翻：'黥额为天。'《正义》：'黥额为天。'"[⑫]

但这并非"天"字的本义。"天"字的本义，人们普遍接受许慎《说文解字》的解释："天：颠也，至高无上。"[⑬]《汉语大字典》引王国维："古文天字本象人形。……本谓人颠顶，故象人形。……所以独坟其首者，正特著其所象之处也"；另注其义："天神，上帝，自然界的主宰者"。[⑭] 显然，从"颠顶"到"剠黥"，这是字义的引申；从"颠顶"到"天神"，这同样是

① (清)阮元校刻：《尚书·酒诰》，《十三经注疏》，第 207 页。
② (清)阮元校刻：《尚书·多士》，《十三经注疏》，第 219 页。
③ (清)阮元校刻：《尚书·多方》，《十三经注疏》，第 229 页。
④ (清)阮元校刻：《周易·乾》，《十三经注疏》，第 14 页。
⑤ 黄玉顺：《易经古歌考释》(修订本)，第 43、38 页。
⑥ (清)阮元校刻：《周易·姤》，《十三经注疏》，第 57 页。
⑦ 黄玉顺：《易经古歌考释》(修订本)，第 256 页。
⑧ (清)阮元校刻：《周易·中孚》，《十三经注疏》，第 71 页。
⑨ 黄玉顺：《易经古歌考释》(修订本)，第 335 页。
⑩ (清)阮元校刻：《礼记·曲礼下》，《十三经注疏》，第 1269 页。
⑪ (清)阮元校刻：《周易·睽》，《十三经注疏》，第 51 页。
⑫ 黄玉顺：《易经古歌考释》(修订本)，第 232 页。
⑬ (汉)许慎：《说文解字·一部》，第 7 页。
⑭ 徐中舒主编：《汉语大字典》，第 522 页。

字义的引申。

那么，从"颠顶"到"天神"的这种引申何以可能发生呢？许慎的解释"至高无上"值得留意。笔者曾探讨过这个问题：作为至高无上的存在者，至上神是不可见的，人们最初对这个神只有一种浑沌的、前存在者的生活感悟，这种非存在者的存在乃谓之"无"，人们只感悟到"至高无上"；然后将其存在者化，乃谓之"有"。[①] 所以《老子》说："万物生于有，有生于无。"[②]这个"形而上者"要能为人所见所知，必须由"无形"而"有形"，此"形"何来？即来自人自身："大"为人形，"天"为人之颠顶。然而颠顶本身并不是天；天在颠顶之上，乃至"至高无上"。这样的以"顶"示"天"，乃是以"有"示"无"。所以，指称上天的汉字"天"，"不应被理解为象形字，而应被理解为指事字，即它所表示的甚至并非头顶，而是指向头顶之上的上天。因此，许慎的解释，重点不是'颠也'，而是'至高无上'，也就是作为至上神的'天'或'上帝'"[③]。

三、《易经》的至上神"帝"

细检《易经》全书，"帝"字总共出现了三次。其中两处"帝乙归妹"[④]，"帝乙"乃是商朝第三十代君主；唯有益卦六二爻的"王用享于帝"，其"帝"即是指的至上神——上帝。

(一)作为超凡者的天上之"帝"

益卦六二爻："王用享于帝。"王弼注释："帝者，生物之主，兴益之宗，出震而齐巽者也。"[⑤]最后一句"出震而齐巽者也"出自《易传》"帝出乎震，齐乎巽"[⑥]，即已经是后世的观念；但"生物之主，兴益之宗"却是指造物主，即至上神。

这个见于《易经》的"帝"，作为造物主，意义是与《尚书》《诗经》一致的。笔者曾考证过："记载天子某次祭祀上帝。……《经解》：'享帝，祭天也。'《礼记·孔子闲居》'帝命不违'注：'帝，天帝也。''王用享于帝'，天子向上帝献食物。"[⑦]

(二)天上之"帝"唯一性的困惑

关于超凡者"帝"或"天"，还有一个问题值得探讨：天帝究竟是众神之中的至上神，还是唯一神？或者说，天帝是复数的，还是单数的？这个问题，在宗教学上是一个重大问题。

在这个问题上，《易经》并无任何明确的表示，但也给出了一些线索。上文谈过，《易

---

① 参见黄玉顺：《爱与思——生活儒学的观念》(增补本)，四川人民出版社2017年版，第179—181页。

② 《老子》第四十章，楼宇烈：《王弼集校释》，上册，中华书局1980年版，第110页。

③ 黄玉顺：《周公的神圣超越世界及其权力话语——〈尚书·金縢〉的政治哲学解读》，《东南大学学报》(哲学社会科学版)2020年第2期。

④ 《周易》泰卦六五爻、归妹卦六五爻。

⑤ (清)阮元校刻：《周易正义·益卦》，《十三经注疏》，第53页。

⑥ (清)阮元校刻：《周易·说卦传》，《十三经注疏》，第94页。

⑦ 黄玉顺：《易经古歌考释》(修订本)，第248页。

经》"帝"有两种用法："帝乙归妹"是说的人间之"帝"，而"王用享于帝"是说的天上之"帝"。天帝称"帝"，帝王亦称"帝"，这意味着两者之间有一种密切的关系。这种关系，在《易经》里给出了一条线索，那就是大有卦九三爻的"公用亨于天子"。"天子"这个称谓当然是说：帝王乃是天帝的儿子或者后代。

但这正是困惑所在。笔者在讨论周公的超越观念时，曾经谈到"关于'天子'称谓的困惑"：

> "天子"这个称谓带来的一个问题是：祖先神和至上神究竟是同一的还是分离的？从字面上来看，"天子"之名意味着"天"既是至上神，也是祖先神。但笔者倾向于认为，"天子"是殷商时代遗留下来的一个观念。《尚书·商书·西伯戡黎》记载了殷纣王与祖伊的一番对话："西伯既戡黎，祖伊恐，奔告于王，曰：'天子！天既讫我殷命，格人元龟，罔敢知吉。非先王不相我后人，惟王淫戏用自绝，故天弃我，不有康食，不虞天性，不迪率典。今我民罔弗欲丧，曰："天曷不降威？大命不挚？"今王其如台。'王曰：'呜呼！我生不有命在天？'……"
>
> 祖伊称纣王为"天子"，即"天"之子，又谈到已故的"先王"即祖先神，尤其是"先王不相我后人"和"天弃我"是一个意思，看起来"天"与"先王"是一回事。纣王回答："我生不有命在天？"祖伊斥之为"责命于天"，似乎也都表明纣王与天之间存在着某种特殊的亲近关系，所以纣王才会这那么有恃无恐。
>
> 但是，根据上文已有的讨论，在殷周时代，祖先神和至上神是严格区分开来的。这就表明殷周时代的天神观念之中存在着一种矛盾：时而是祖先神与至上神同一，时而又是两者分离。人们认为是周公割断了天人之间的血缘关系，即周人兴起了一种新的观念——"皇天无亲"；然而此语乃是出自伪《古文尚书》，未必可靠。其实，周人仍然继承了殷人的"天子"这个说法，所以在整部《今文尚书》中，"天子"共出现5次，其中4次都在《周书》中。这是《尚书》在超越观念上的一个深刻矛盾，而造成了至上神与祖先神之间关系的混乱。①

这个困惑在《易经》里同样存在。"天子"这个称谓意味着：天帝不是单数的，而是复数的，因为帝王的祖先乃是复数。然而这会带来麻烦：复数的天帝在回答人们关于吉凶的询问时，有可能意见不一致。

这个困惑，在周公那里是另外一种表现。我们从《尚书·金縢》就可以看到：武王病重，周公先是阻止别人占卜："二公曰：'我其为王穆卜。'周公曰：'未可以戚我先王。'公乃自以为功……乃告大王、王季、文王。"然后自己祷告天帝："惟尔元孙某，遘厉虐疾。若尔三王，是有丕子之责于天，以旦代某之身。"②但是，他直接申告的对象并不是天帝，而是先

---

① 黄玉顺：《周公的神圣超越世界及其权力话语——〈尚书·金縢〉》的政治哲学解读》，《东南大学学报》(哲学社会科学版)2020年第2期。

② (清)阮元校刻：《尚书·金縢》，《十三经注疏》，第196页。

王。这里，祖先“三王”（太王、王季、文王）并不是“天”，他们只是“在帝左右”[①]，待在“帝庭”[②]。但是，这样一来，“天子”这个称谓就是不能成立的，因为按照周公的这种说法，西周的帝王并非“天之子”，而是“天庭”中“在帝左右”的“先王”的后代。

但是，《易经》既然采取了“天子”的称谓，那么，祖先神就是至上神。不仅如此，占筮的结果即神的回答，不能因众神而各执一词、莫衷一是，那就只能是唯一神。然而，祖先不止一位，又怎么能成为唯一神呢？这显然是迄今为止的《周易》研究中尚未意识到的一个重大疑难问题。

四、《易经》“王”的超验性及其解构

在《易经》里，如果说天帝是超凡的，那么，帝王就是超验的：帝王虽然不是超凡者，但他的“天子”身份赋予他一种超验性，即可以超越凡俗世界，与天帝沟通。然而值得注意的是：《易经》对帝王的态度存在着矛盾，而且这种矛盾具有重大的意义。

（一）“王”的超验性

以下几个例子，都标志着帝王的超验性：

1.益卦六二爻：“王用享于帝，吉。”王弼注：“以柔居中，而得其位”；“居益之中，体柔当位，而应于巽，享帝之美，在此时也”。孔颖达疏：“帝，天也。王用此时，以享祭于帝，明灵降福，故曰‘王用享于帝吉’也。”[③]这就是说，帝王“此时”因“得位”“当位”而能够“享帝”，即能够与天帝沟通。

所谓“当位”，不仅是说的爻位“六二”，而且以此象征着一种特殊的地位：“‘位’本来是指的筮法中的‘爻位’”，“但当孔子‘不占’、进而儒家《易传》建构义理系统的时候，‘位’进一步获得了伦理学及政治哲学的意义”；“‘得位’这个观念意味着：一个人原来并不具有某种‘位置’，即并不扮演某种‘角色’；他通过进取而‘得’此‘位’、扮演此‘角色’”；“所谓‘当位’，是说一个人的‘德行’与其所居的‘位置’要相当、相称”。[④]

这种特殊的“位”匹配着特定的“德”，这就是超验性：能够超越凡俗的经验世界，与超凡的至上神沟通。这种沟通，就是“享”，也就是“亨”。笔者曾考察过：“‘亨’同‘享’，献，贡。上古‘亨’‘享’‘烹’为同一个字。”[⑤]“《说文》：‘亯：献也。从高省，曰象进孰物形。……许两切，又普庚切，又许庚切。’‘亯’字乃为‘烹’‘享’‘亨’三字共同之古字，皆与祭祀有关：普庚切即‘烹’字，许两切即‘享’字，许庚切即‘亨’字。古祭祀，进所‘烹’熟食

---

① （清）阮元校刻：《诗经・大雅・文王》，《十三经注疏》，第504页。

② （清）阮元校刻：《尚书・金縢》，《十三经注疏》，第196页。

③ （清）阮元校刻：《周易・益卦》，《十三经注疏》，第53页。

④ 黄玉顺：《“角色”意识：〈易传〉之“定位”观念与正义问题——角色伦理学与生活儒学比较》，《齐鲁学刊》2014年第2期。

⑤ 黄玉顺：《易经古歌考释》（修订本），第119页。

于神，而神‘享’之，于是人神可得‘亨’通，实为一事而已。”[①]故《易传》说：“以木巽火，亨(烹)饪也，圣人亨(烹)以享上帝”；“先王以享于帝，立庙”；“先王以作乐崇德，殷荐之上帝，以配祖考”[②]；等等。

在殷周时代的观念中，能与天帝沟通，这种超验性的“德”，实际上是王公大人的特权。

2.升卦六四爻：“王用亨于岐山。”[③]笔者曾说：这是“记载周天子于岐山祭飨祖先的史事”；“《今注》：‘此乃周初故事，盖太王或王季、或文王、或武王享祭于岐山’”。[④] 不过，也可能与下卦一样，是讲的祭天。

3.随卦上六爻：“王用亨于西山。”[⑤]笔者曾考察过：这是“记载周王祭祀上帝的史实”，“‘西山’当即《史记》中所谓‘岐山’，古周族聚居地，在今陕西省岐山县东北。《诗·绵》：‘古公亶父，来朝走马，率西水浒，至于岐下。’后来文王迁都于丰，在今西安沣水西岸。《本义》：‘自周而言，岐山在西。’《通义》：‘西山：岐山。因周文王东迁于丰，岐山在丰以西’”。[⑥]

4.萃卦卦辞：“亨，王假有庙，利见大人。”[⑦]“庙”指宗庙，祭祀祖先的地方。孔颖达解释涣卦的“王假有庙”说：“‘王假有庙’者，王能涣难而亨，可以至于建立宗庙，故曰‘王假有庙’也。”[⑧]将“假”解释为“建立”，这是不对的。他解释萃卦的“王假有庙”说：“假，至也。”[⑨]以“至”释“假”，这才是对的，“假”应当读为“徦”，从“彳”。这句卦辞，笔者曾考证过：“‘王假有庙’，天子至于宗庙。……《本义》：‘“王假有庙”，言王者可以至于宗庙之中，王者卜祭之吉占也。’……筮得此卦，人神可通，天子当至宗庙祭飨祖先，有利圣人显现。”[⑩]

那么，这与天帝有何关系？其实，当时除了祭祖，同时也要祭天。例如宗庙祭祀之“禘”，“禘是一种祭祀，既祭上帝，也祭始祖”[⑪]。朱熹谈到鲁国的禘祭，引证赵伯循说：“禘，王者之大祭也。王者既立始祖之庙，又推始祖所自出之帝，祀之于始祖之庙，而以始祖配之也。”[⑫]鲁国始祖是周公，其“始祖所自出之帝”是文王，即是以文王为天帝，这与上文谈过的“天上之‘帝’唯一性的困惑”有关；但无论如何，祭祖的同时也祭天帝。“帝”与“禘”乃是古今字，徐中舒主编《甲骨文字典》指出，“帝”字“象架木或束木燔以祭天之形，

---

① 黄玉顺：《哲学断想：“生活儒学”信札》，四川人民出版社年 2019 版，第 461 页。

② 见《易传》之《鼎彖传》，第 61 页；《涣彖传》，第 70 页；《豫象传》，第 31 页。

③ (清)阮元校刻：《周易·升卦》，《十三经注疏》，第 58 页。

④ 黄玉顺：《易经古歌考释》(修订本)，第 263—264 页。

⑤ (清)阮元校刻：《周易·随卦》，《十三经注疏》，第 35 页。

⑥ 黄玉顺：《易经古歌考释》(修订本)，第 131 页。

⑦ (清)阮元校刻：《周易·萃卦》，《十三经注疏》，第 58 页。

⑧ (清)阮元校刻：《周易·涣卦》，《十三经注疏》，第 70 页。

⑨ (清)阮元校刻：《周易·萃卦》，《十三经注疏》，第 58 页。

⑩ 黄玉顺：《易经古歌考释》(修订本)，第 259 页。

⑪ 黄玉顺：《爱与思——生活儒学的观念》(增补本)，第 84 页。

⑫ (宋)朱熹：《论语集注·八佾》，《四书章句集注》，中华书局 1983 年版，第 64 页。

为禘之初文,后由祭天引申为天帝之帝及商王称号"[①]。由此可见,宗庙祭祀同样是帝王超验性的一种体现。

(二)"王"超验性的解构

帝王的上述超验性,赋予他一种神圣性。所谓"神圣",并不是说"神"的属性,而是说一种"人"的属性,即"圣",亦即"亨""通"。"亨,通也"[②];"圣,通也"[③]。所谓"通",即"亨",是说的人与神之间的沟通,即如《左传》所说的"先王务修德音,以亨神人",杜预注:"亨,通也。"[④]

但有意思的是:《易经》同时又解构了帝王的这种神圣性。

1.比卦九五爻:"显比,王用三驱,失前禽。"[⑤]这句爻辞是对处于"九五至尊"之位的帝王的批评。王弼注:"比而显之,则所亲者狭矣。夫无私于物,唯贤是与,则去之与来,皆无失也。夫三驱之礼,禽逆来趣己则舍之,背己而走则射之,爱于来而恶于去也,故其所施,常失前禽也。以显比而居王位,用三驱之道者也。……此可以为上之使,非为上道。"所谓"显比",类似"任人唯亲","不能普遍相亲,是比道狭也";"若为行如此,身虽为王,止可为上使之人,非是为王之道"。[⑥]

2.蹇卦六二爻:"王臣蹇蹇,匪躬之故。"[⑦]传统注疏是从正面理解的,认为这是在讲王臣如何为帝王之事而鞠躬尽瘁。其实未必。"'蹇蹇',难上加难,非常艰难。《纂言》:'蹇蹇,蹇而又蹇也。'《经解》:'进退维谷,蹇之又蹇矣。'……'匪',非。……'躬',身,自己。……'故',事。《经解》引王引之:'故,事也。'《系辞上传》'而察于民之故'疏:'故,事也';又'知幽明之故'疏:'故谓事也'。'匪躬之故',不是为他自己的事情。是说他倍感艰难的,是天子朝中的事务。《今注》:'非其身之事,乃君国之事也。'"[⑧]我们从中所能感受的,恐怕不是积极的精神状态,而是"进退维谷"的无奈,乃至一种怨懑之情。

3.蛊卦上九爻:"不事王侯,高尚其事。"孔颖达解释道:"不复以世事为心,不系累于职位,故不承事王侯,但自尊高慕,尚其清虚之事,故云'高尚其事'也。"[⑨]这是《易经》里最令人惊异的爻辞之一,所表达的是一种拒斥帝王的态度,即认为帝王之事乃是"高尚"的对立面。笔者曾经谈道:"'不事王侯',不侍奉王侯,不为王侯所役使。……《纂言》:'贤人高举远遁之象。'《今注》:'此隐居不仕之意。'……《通义》:'以不做官为高尚';'这反映了当时的政治黑暗,人心思遁'。"[⑩]"《周易》古经表明,龟卜时代的个体精神人格在蓍筮时代

---

① 徐中舒主编:《甲骨文字典》,第7页。

② (清)阮元校刻:《周易注疏·乾卦》,《十三经注疏》,第13页。

③ (汉)许慎:《说文解字·耳部》,第250页。

④ 《春秋左传正义·昭公四年》,《十三经注疏》,第2033页。

⑤ (清)阮元校刻:《周易·比卦》,《十三经注疏》,第26页。

⑥ (清)阮元校刻:《周易·比卦》,《十三经注疏》,第26页。

⑦ (清)阮元校刻:《周易·蹇卦》,《十三经注疏》,第51页。

⑧ 黄玉顺:《易经古歌考释》(修订本),第235页。

⑨ (清)阮元校刻:《周易·蛊卦》,《十三经注疏》,第35页。

⑩ 黄玉顺:《易经古歌考释》(修订本),第136—137页。

仍然有所保留……就个体人格的保留看,蛊卦的‘不事王侯,高尚其事’是最有代表性的宣言,这是后来道家隐逸文化观念的最早表达之一。这使我们想到,《周易》古经本身蕴含着个体精神。”①

(三)“我”的超验性

更值得深究的是:《易经》不仅解构了帝王的神圣性,而且肯定了筮人的神圣性。这是因为:人与天帝的沟通,实际操作者并不是帝王,而是筮人。这就意味着:真正具有超验能力的不是帝王,而是筮人。

蒙卦卦辞记载:“匪(非)我求童蒙,童蒙求我。初筮,告;再三,渎,渎则不告。”②这是迄今可以看到的最为古老的筮法记录。关于“童蒙”和“我”究竟指谁,各说不一。朱熹认为:“童蒙,幼稚而蒙昧。……筮者明,则人当求我,而其亨在人。……人求我者,当视其可否而应之。”③这就是说,“我”指“筮者”;“童蒙”则指求卦之人,通常就是帝王。高亨也说:“童蒙即幼稚愚昧之人。‘匪我求童蒙,童蒙求我’,乃筮人之辞,言非我去求童蒙为之占筮,乃童蒙来求我为之占筮,即非我往筮,是人来筮。”④笔者也曾说过:“从‘匪我求童蒙’到‘渎则不告’,是一种特殊占辞,不是吉凶判断,而是以占筮学者的口吻,谈占筮的原则”;“‘我’,当指筮人,占筮学者,一种神职人员”;“‘童蒙’,指年幼无知者,此处为求卦者”⑤。

总之,这个“我”即筮人,乃是一种中介,介乎天帝与包括帝王在内的求卦者“童蒙”之间,是中国式的人神之间的信使“赫尔墨斯”(Hermes):

> 繁体字的“圣”字,左边一只耳朵,右边一张嘴巴:耳、口。……耳朵倾听天命,倾听大道的、天道的无声的言说;嘴巴将此大道传播出来,讲出来,这就是圣。……西方有一门学问,叫作“诠释学”。诠释学,英文叫 hermeneutics……词根是 Hermes——赫尔墨斯。赫尔墨斯是希腊神话的一个神。……他是为宙斯传达消息的信使。……于是,他就成为了一个枢纽:他一边用耳朵倾听宙斯的声音,一边用嘴巴将此传达出来……⑥

中国的筮人亦然。真正的“圣”是筮人,他才是天帝的代言人。但遗憾的是,在现实中,筮人却只是听命于帝王的臣属,而未能成为真正的“圣人”——神圣代言人。

---

① 黄玉顺:《中西之间:轴心时代文化转型的比较——以《周易》为透视文本》,《四川大学学报》2003 年第 3 期。

② (清)阮元校刻:《周易·蒙卦》,《十三经注疏》,第 20 页。

③ (宋)朱熹:《周易本义》,廖名春点校,中华书局 2009 年版。

④ 高亨:《周易大传今注》,齐鲁书社 1998 年版,第 76 页。

⑤ 黄玉顺:《易经古歌考释》(修订本),第 61 页。

⑥ 黄玉顺:《生活儒学:只有爱能拯救我们》,《从“生活儒学”到“中国正义论”》,中国社会科学出版社 2017 年版,第 159 页。

今帛本《易传》对《坤》卦卦辞的解读之比较

陈仁仁　李纯如[*]

应该“以传解经”还是“经传分观”似乎是摆在经学经典研究者面前一个必须回答而又不好回答的问题，因此这个问题引起了不少讨论。实际上，这个问题的意义只在于让我们意识到经传之间有一种张力，而不在于给出一种排他性的肯定或否定的回答。“经”不容易懂，毕竟经的文字离我们太古远，而“传”是对“经”的解读，我们又怎能或何必绕过“传”来理解“经”？但另一方面，“经”“传”之间往往相差数百年之久，分别是不同时代的产物，反映了不同时代的思想观念，我们无法保证“经”和“传”在思想上的一致性，所以，“经”和“传”又必须分开来看。那么，对于经和传的合理态度应该是，该以传解经时，要以传解经，该分观时要分观。该与不该的背后，还有一个前提，即“经”的本义。从训诂意义上的文本解释学或阐释学的角度来看，“传”对“经”的解读，有的揭示本义，有的则不是。揭示经之本义的“传”文固然重要，那些诠释的并非“经”之本义的“传”文就没意义吗？这部分内容包含对经文意义的阐发，实际上代表着思想的历史变迁。

对于“经”的文本，应该通过“传”以及其他文献包括考古文献尽量求其本义，但同时也要承认，有的文本是求不到本义的。不过，不论是否揭示本义，对“经”作出的不同解读和阐发，以及由此呈现、揭示思想差异，都是解经的意义所在。以《周易》经传为例，即使是今本《易传》内部，对同一卦爻辞的解读和阐释也会存在差异，更不要说帛书《易传》中那些不见于今本的文字了。《周易》经传的关系比之他经之经传关系，是否揭示“本义”的问题尤其明显。这是因为《易传》作为哲学性质的文献，其解读阐释的特点和根本目的主要不在于揭示“本义”，而在于通过发挥卦爻辞的意思来表达哲学思想，这一点是非常明显的。对同一卦爻辞的不同解读和阐释的背后是不同的哲学思想，这种不同既有共时性的思想，也有历时性的时代差异，颇值得分疏。本文讨论今帛本《易传》对《坤》卦卦辞的不同解读阐释和由此体现出来的思想差异与变迁，并以此来理解经传关系中易学阐释的表现形态。

---

* 作者简介：陈仁仁，湖南大学岳麓书院哲学系教授；李纯如，男，湖南大学岳麓书院哲学系博士生。

一、今帛本《坤》卦卦辞与今帛本《易传》的关系

今本(王注孔疏《周易正义》本、通行本)《易经・坤》卦辞作“坤元亨利牝马之贞君子有攸往,先迷后得主利,西南得朋东北丧朋安贞吉”[①]。帛本(用《长沙马王堆汉墓简帛集成》本)《易经・坤》卦辞除了“坤”和“丧”二字所作不同,其余均同于今本。帛本“坤”作“巛”,“丧”作“亡”。丧、亡二字的差异无深义。坤、巛二字的差异引起了较多的讨论,但是对于坤卦意义的理解没有影响。此外,今本《周易》经传两者之间有相同的来源,而帛本《周易》经传却有不同的来源。帛书《易经》卦爻辞与帛书《易传》所引卦爻辞多有不一致处,可见其来源可能不同。比如帛书《易经・坤》卦辞与今本《易经》一样,都是“西南得朋,东北丧朋”,而帛书《易传・衷》篇两处引《坤》卦卦辞均作“东北丧朋,西南得朋”。由此可见,盖非书手粗心所致,而是帛书《易传》所本的《易经》版本与帛书《易经》版本有别。当然,若不以求本义为目的,经传之间,以及传与传之间的不一致不是为我们造成了理解的困难,而是为我们多提供了一种理解的角度,更加丰富了“经”和“传”的意义向度。今帛两种《易传》由于存在大量的文本差异,对《坤》卦卦辞意义的解读也就呈现出不少差异,由此我们可以比较其间的思想差异。

二、关于“坤”德

今本《易传・彖传》:“至哉坤元！万物资生,乃顺承天。坤厚载物,德合无疆。”[②]《大象传》:“地势坤,君子以厚德载物。”《坤文言》:“坤至柔而动也刚,至静而德方……坤道其顺乎,承天而时行。”[③]《说卦传》:“坤……为文。”[④]《杂卦传》:“乾刚坤柔。”[⑤]帛书《易传・衷》:“《川(坤)》六柔相从顺,文之至也。”“《川(坤)》之至德,柔而反于方。《键(乾)》之至德,刚而能让。”[⑥]

今本《易传》中的《彖传》《大象传》《文言传》《说卦传》和《杂卦传》的文本为帛书《易传》所无;而帛书《易传》中的《二三子问》《衷》《缪和》三篇为今本《易传》所无。两者唯《系辞传》共有。而《系辞传》文本文字今本比帛本多出不少,帛本没有超出今本。今本《系辞》中“乾坤其易之门”章未见于帛本《系辞》,却见于帛本《衷》篇,只是文字有些差异,帛本在此章前多了“夫《易》之要,可得而知矣”一语。

上引为今帛本《易传》不同文本阐发《坤》卦卦辞处,今帛本《易传》之《系辞传》文本大体相同,虽无直接解释《坤》卦卦爻辞的文字,但对《坤》卦有总体的描述。比如,今帛本

① (魏)王弼、(晋)韩康伯注,(唐)孔颖达疏:《周易正义》,北京大学出版社 2000 年版,第 29 页。
② (魏)王弼、(晋)韩康伯注,(唐)孔颖达疏:《周易正义》,第 29 页。
③ (魏)王弼、(晋)韩康伯注,(唐)孔颖达疏:《周易正义》,第 31—32 页。
④ (魏)王弼、(晋)韩康伯注,(唐)孔颖达疏:《周易正义》,第 389 页。
⑤ (魏)王弼、(晋)韩康伯注,(唐)孔颖达疏:《周易正义》,第 399 页。
⑥ 裘锡圭主编:《长沙马王堆汉墓简帛集成》(三),中华书局 2014 年版,第 99—100 页。

《易传》均有"乾道""坤道"的术语和观念，均有"乾德""坤德"的观念但无此术语。今帛本《易传》均有坤德为柔顺义，但今本《易传》之"至柔"义为帛本《易传》所无，帛本《易传》"坤之至德"义为今本《易传》所无。今本《易传》有总体上的"至德"("易简之善配至德")义，亦是指乾坤之德，即易简之德，但没有"乾之至德"和"坤之至德"这样的表述。而帛本《易传》虽有"乾之至德"和"坤之至德"说，但并非从易简之德讲，而是以乾"刚而能让"、坤"柔而反于方"为至德，是相反相成义。今本《易传》有"坤元"说，有"至柔""至静"说，均为帛本《易传》所无。今本《易传》有坤德为"厚""载物""合天""承天"义，为帛本《易传》所无。今本《易传》有"坤为文"义，而帛本《易传》有坤为"文之至"义，"文之至"亦是坤之"至德"的一种表现。

从这种种不同之处看，总体而言今帛本《易传》的思想观念互有参差，有今帛本共有的思想观念，亦有今本所有而帛本所无者，有帛本所有而今本所无者，盖体现出易文本诠释的发展以及依托易文本诠释观念的变迁。比如今帛本《易传》均有"坤德"说，但今本《易传》只有"坤德"说，而无帛本《易传》"坤之至德"说；今帛本《易传》均有"坤为文"说，而今本《易传》没有帛本《易传》"文之至"之说。大概若如帛书《易传》坤有"至德"，则表示坤德有程度之别，其他六十四卦自身内部的卦德亦都有其程度之别。固然"德"可有醇疵，但这是从作为道德主体的个人所具有之"德"而言，非谓"德"本身有醇疵之别，若"德"本身无醇疵之别，则"德"何来"至"之与否的层次之分？所以，在这一点上，大概体现出今本《易传》对《帛本》易传思想观念的修正。今本《易传》亦有"至德"的观念，但其"至德"专属乾坤二卦易简之德，是在乾坤二卦与其他六十二卦之比较意义上，因突出乾坤二卦的重要性而来，亦非"德"本身有至德与否的程度之别。至于具体的某种德性则可有程度之别，如坤之柔德可有程度之别，而称"至柔"。如此，在这一思想观念上，今本《易传》思想似较帛本更完善。就"文"的观念而言，帛书《易传》由对坤卦之德的阐释，引申出"文德"说，此为今本《易传》坤德所无。盖今本《易传》在"坤德"上扬弃了帛本《易传》的这一思想观念。

三、关于"牝马""雌道"和"文德"

今本《易传》唯《象传》一处对"牝马"有诠释："牝马地类，行地无疆。"而帛书《易传》有更丰富的诠释。帛书《易传・衷》："《易》又(有)名曰《川(坤)》，雌道也，故曰'牝马之贞'。童兽也，《川(坤)》之类也。是故良马之类，广前而睘(圜)后遂臧，尚(上)受而顺，下安而静，外又(有)美荆(刑—形)，则中又(有)【□□】。臧寿以□□乎界以来群，文德也。是故文人之义，不侍(待)人以不善，见亚(恶)，墨(默)然弗反，是胃(谓)以前戒后。武夫昌(倡)虑，文人缘序(绪)。"①

今本《易传》论"牝马"只是说"牝马"与"地"为同一类事物，"牝马"善行，合乎地之无疆，故可以"牝马"象地。而帛书《易传》进一步以"牝马"为"良马"，进行了细致的描述。

① 裘锡圭主编：《长沙马王堆汉墓简帛集成》(三)，第103页。

在这里今帛本均体现出《易经》与《易传》的差异。今帛本《易经》的《坤》卦卦辞明明以坤有“牝马”之象，今本《易传》之《彖传》和帛本《易传》之《衷》均承述之，而专论八卦之象的《说卦传》却不以“坤”有牝马之象，亦无“良马”之象，“良马”之象只属乾卦。盖《说卦传》以学理为根据，形成了自身的一套卦象体系，而非简单捡拾经中旧象汇集而成。而帛书《易传》以“良马”解“牝马”之象以及由此形成的一些观念后来也被扬弃了。

今本《易传·彖传》:“牝马地类，行地无疆。柔顺利贞，君子攸行。”[①]牝马的德性是柔顺利贞。帛书《易传》虽无“柔顺”语，但有“六柔相从顺”语，亦是有“柔顺”这一概念。今本《易传》还有“至柔”“至顺”的观念，而帛本只有“乾之至德”“坤之至德”的观念，没有“至柔”“至顺”的观念。今本《易传·彖传》有两处“柔顺”语，是有明确的“柔顺”思想。连劭名先生《帛书〈周易〉疏证》认为“柔顺即退藏于密”[②]，恐非。退藏是消极义，顺是积极义，“顺”必有顺的对象，坤顺乾、地顺天，而退藏不必有对象。《老子》不讲“柔顺”而讲“柔弱”。《老子》有一处“大顺”语，很多处“柔”“弱”“柔弱”语。而今帛本《易传》很多处单讲“顺”，是有明确的“顺”的概念。顺与逆相对，弱与强相对。帛本《易传》讲“顺”，亦讲“逆”，顺逆并出只有三处，并且只有一处是明确相对。今本《易传》小过卦《彖传》有“上逆而下顺”，《说卦》有“数往者顺，知来者逆”，皆是明确相对。帛书《易传》讲“柔”讲“顺”多，而讲“柔弱”少，《老子》讲“柔弱”(“柔弱胜刚强”)多而不讲“柔顺”，两者皆建立在“柔”的观念基础上，“柔顺”与“柔弱”的观念孰早孰晚？从帛书《易传》未出现“柔顺”成词，以及从帛书《易传》有“柔弱”观念却不显，而《老子》论之甚详来看，盖帛书《易传》的思想来源甚早。

帛书《易传》释坤卦“牝马”为“良马”，盖亦来源甚古，而未流传后世。帛书《易传》对良马的形象有具体的描述，“广前而景(圜)后遂臧”，即《太平御览》卷八百九十六引马援《铜马相法》云“颊欲开而膺下欲广一尺”，“景(圜)后”即指臀部滚圆。此种马才能“尚(上)受而顺，下安而静”。广前故顺，景(圜)后故安而静。此是典型的易的“象思维”。刘彬先生以“上”指牝马之背，“下”指牝马之足[③]，盖非。而良马“外又(有)美荆(刑—形)，则中又(有)【□□】”，则与《坤文言》六五“黄裳”之义“君子黄中通理，正位居体，美在其中，而畅于四支，发于事业，美之至也”相通。帛书《易传·衷》下文接着由“牝马”为“良马”之美，引出“文德”并由此通向谈人事之理。

帛书《易传》“文德”说，由“牝马”之象推引而来，从根本上是由“雌道”思想发展而来。雌道，即顺从之道，故下文云“童兽也，川之类是也”。川，读为顺。

今本《易传》有乾道、坤道说，却无“雌道”说。帛书《易传》有“雌道”说，而无“雄道”说；有“文德”说并崇尚之，而无“武德”说(只有“以武为德”说但并不推崇)。《老子》有“知雄守雌”说，亦无“雌道”说。《老子》以“玄牝之门”为“天地根”，是特重雌道，虽无雌道这一术语。但帛书《易传》不是在“天地根”这种抽象意义上谈雌道。今本《易传》亦有一处讲“文德”(小畜卦大象传)，但没有对“文德”作解释，而帛书《易传》有大量的解释和阐发。

① (魏)王弼、(晋)韩康伯注，(唐)孔颖达疏：《周易正义》，第30页。
② 连劭名：《帛书〈周易〉疏证》，中华书局2012年版，第354页。
③ 刘彬：《帛书〈易传〉新释暨孔子易学思想研究》，中国社会科学出版社2016年版，第200页。

盖今本《易传》代表着后来的发展，即转向重视乾阳刚之德，是儒家思想。帛书《易传》可能保存了更多《归藏》首坤重雌柔思想的遗存，这一点与道家思想更亲近。

何谓“文德”？《诗经》《尚书》《左传》《论语》等均有“文德”观念，均如《论语》“远人不服，则修文德以来之”[①]，多指国与国之间的关系，是以“以德服人”的怀柔手段解决地缘政治问题。但是从帛书《易传·衷》篇所述来看，更有可能“文德”是指国内政治，是指在上的统治集团通过自身的道德修养，对被统治者的民施以德性教化，从而实现和谐的社会统治。除了“文德”，帛书《易传》还大量谈到文人，并与武夫等相对。相比较而言，今本《易传》则没有展开谈文德，但由此引申出的“文化”和“文明”的思想，为帛书《易传》所无。

“文人”即有文德之人，如良马、雌马，内中有美，发之于外，有柔顺之德。此“文”是“文柔”之义，亦有“顺”义。《衷》以坤卦六爻皆柔顺，称“文之至”，可见，乃以“文”为“柔顺”“温柔”“温和”义，此非“文”之本义而是引申义。“文”的本义是交错，贲卦《彖传》“天文”“人文”用的是“文”的本义，本是客观义，无价值判断。以“文”为柔顺温和义是与武相对。文德具体表现于“文人”如何待人，即“不侍(待)人以不善，见亚(恶)，墨(默)然弗反，是胃(谓)以前戒后”[②]。不待人以不善，即以善待人，与人为善。是柔顺的表现之一。若人为恶于我，我亦只是“默然”，而不报复。此是柔顺的另一表现。连劭名先生认为“不报复，故曰弗反”[③]是对的。刘彬先生以见恶是“默然自省，不再重犯”[④]，盖失其义。文德之人，才能使人“来群”，即使民归附于王者。帛书《衷》以武夫与文人相对。武夫即武人。履六三“武人为于大君”，虞翻注“乾为武人”。是以乾为武人，坤为文人。武人“昌虑”，即“倡谋”在先，文人“缘序”于后。刘彬先生认为“缘序”即“循绪”[⑤]，即顺武人所倡之虑，而顺其未竟之业。绪即余业、余事。此说盖可商。坤德为柔、为顺、为文，是否可推乾德为武？刘彬先生亦如虞翻注以乾为武人、武德[⑥]，均恐非。因为武德次于文德，不宜乾次于坤之后。帛书《易传》有“汤武之德”说，帛书《昭力》说：“君以爱人为德，则大夫共惠，将军禁单；君以武为德，则大夫薄人，将军【□】抵；君以资财为德，则大夫贱人，而将军走利。”[⑦]“以武为德”是被批判的德，所以不可能是乾之德。帛书《易传》有“文人”“武人”“武夫”，有“文之义”“武之义”相对，今本易传除了解释经之“武人”，其他不见“武人”，故无文人武人相对说，而帛书《易传》独有此说。帛书《衷》之“文人”“武夫”盖指统治集团的臣子而言，君不可以武为德，而臣可以。盖谓文武官员共同辅佐君王以成“文德”之治。

---

① (宋)朱熹：《四书章句集注》，中华书局2011年版，第170页。

② 裘锡圭主编：《长沙马王堆汉墓简帛集成(三)，第103页。

③ 连劭名：《帛书〈周易〉疏证》，第369页。

④ 刘彬：《帛书〈易传〉新释暨孔子易学思想研究》，第201页。

⑤ 刘彬：《帛书〈易传〉新释暨孔子易学思想研究》，第201页。

⑥ 刘彬：《帛书〈易传〉新释暨孔子易学思想研究》，第185页。

⑦ 裘锡圭主编：《长沙马王堆汉墓简帛集成》(三)，第150页。

四、关于“先迷后得主利”

此句断读当在何字后，以及意思是什么，有争议。卢氏曰：“‘坤，臣道也，妻道也’，后而不先，先则迷失道矣，故曰‘先迷’。阴以阳为主，当后而顺之，则利，故曰‘后得主利’。”[①]这是于“迷”字后断读，“先迷，后得主利”。“先迷”的意思是阴应该处后，若居先则会迷路。阴以阳为主，阴要顺阳、以阳为主，才有利。孔颖达疏曰：“‘先迷后得主利’者，以其至柔，当待唱而后和。凡有所为，若在物之先即迷惑，若在物之后，即得主利，以阴不可先唱，犹臣不可先君，卑不可先尊故也。”[②]此断读同卢氏，意思也差不多，也是阴柔若居先则迷惑，处后“即得主利”，只是并没有突出阳作为阴之“主”这个意思。程传：“阴，从阳者也，待唱而和。阴而先阳，则为迷错，居后乃得其常也。主利，利万物则主于坤，生成皆地之功也。”[③]程子读为“先迷后得，主利”，意思是居先则迷，处后则得常，利万物则主于坤，而非阴以阳为主。朱子《本义》：“阳先阴后，阳主义，阴主利……如有所往，则先迷后得而主于利。”[④]朱子读与程子同，亦主阳先阴后，所以阴应该处后，不应该居先，居先则迷，处后则得，所得是“主于利”，因为“阴主利”。所以此“主”并非阴以阳为主的“主”这个意思，亦非利万物则主于坤之主的意思。

今本《易传》之《彖传》：“先迷失道，后顺得常。”[⑤]《坤文言》：“后得主而有常。”[⑥]单从《彖传》看，似乎是读为“先迷后得，主利”，但从《坤文言》看，则当读为“先迷，后得主”。从这两处亦看不出一定是“居先则迷，处后则得主”之意。帛书《易传・衷》：“‘君子先迷后得主’，学人之胃(谓)也。”明确在“主”字后断读不带“利”字，或者在“迷”字后亦可断开，并且《衷》把“先迷后得主”理解为“学人”的意思。“学者，觉也。”学人，即觉悟之人。所以“先迷后得主”意思是人觉悟了。这是历来注疏中所不曾有过的意思。“先迷后得”似乎更是指时间先后的意思。“君子先迷后得主”，即后来觉悟而能自我主宰。能自我主宰盖即得到恒常之天道，即今本易传彖传所言“后顺得常”，常即指常道。帛《老》甲本“道可道也，非恒道也”[⑦]，恒道即常道。在易传中，常道即天道，顺常道即顺从天道，即革彖所谓“顺乎天”。《庄子・在宥》：“主者，天道也。”[⑧]所以，坤卦辞“先迷后得主”即先迷失了天道，后得天道，得天道即顺天道。而顺天道即是顺乎天性。《吕氏春秋・审分》云：“不伤其耳目之主。”高诱注：“主，性也。”所以人觉悟而自我主宰，实即对天性的发现和顺从，以此行事即“先天而天弗为，后天而奉天时”的“大人”。“大人”即“学(觉)人”。能自我主宰者，非是西方个人主义理性主义意义上的自己决定自己的言行，不依赖于他者。以学

---

① (清)李道平著，潘雨廷点校：《周易集解纂疏》，中华书局1994年版，第70页。

② (魏)王弼、(晋)韩康伯注，(唐)孔颖达疏：《周易正义》，第29页。

③ (清)李光地纂，刘大钧整理：《康熙御纂周易折中》，巴蜀书社2014年版，第33—34页。

④ 萧汉明：《〈周易本义〉导读》，济南书社2003年版，第82页。

⑤ (魏)王弼、(晋)韩康伯注，(唐)孔颖达疏：《周易正义》，第31页。

⑥ (魏)王弼、(晋)韩康伯注，(唐)孔颖达疏：《周易正义》，第36页。

⑦ 高明：《帛书〈老子〉校注》，中华书局2011年版，第221页。

⑧ (清)郭庆藩撰，王孝鱼点校：《庄子集释》，中华书局2011年版，第408页

(觉)人解释"得主",可能是帛书《易传》所特有的,但需要联系《乾文言》的"大人"概念才能更好理解。

帛书《衷》又说:"《易》曰:'先迷,后得主。''学人【之】胃(谓)也。何无主之又(有)?天气作【□】,寒暑不暴。亓(其)寒不涷(冻),亓(其)暑不曷(暍)。'"[①]"天气作……"与"先迷后得主"之为"学(觉)人"是何关系?"天气作【□】,寒暑不暴。亓(其)寒不涷(冻),亓(其)暑不曷(暍)",即如刘彬先生所言:"冬天不伤于寒,夏天不伤于暑。"[②]若要冬天不伤于寒,夏天不伤于暑,则必有人为的方法避寒避暑。这说明顺从天道,不等于不要人为,只不过人为需如《乾文言》所谓"先天而天弗违,后天而奉天时"。所以"先迷后得主",是觉悟于顺从天道,其中亦有人为。若无积极的人为,则顺从天道亦是一句空话。绝对的"顺其自然"是不可能的。

五、关于"西南得朋东北丧朋安贞吉"

关于此句,王弼注曰:"西南致养之地,与'坤'同道者也,故曰'得朋'。东北反西南者也,故曰'丧朋'。阴之为物,必离其党,之于反类,而后获安贞吉。"[③]坤为西南致养之地,这是取后天八卦方位。全句意思是往西南方可以得到朋友(党),往东北方会失去朋友,不过作为阴性事物,以得朋为不吉,而以丧朋为吉。由此亦可见,"利"字属上读。孔颖达疏亦主此意。程子亦明确主张"阴必从阳,离丧其朋类,乃能成化育之功,而有'安贞'之'吉'"[④]。朱子则认为"往西南则得朋,往东北则丧朋,大抵能安于正则吉也"。安于正,即如"牝马""顺而健行"。也就是说,西南得朋和东北丧朋之吉与否,不在于方位本身,而在于是否"顺而健行"。

今本《易传·彖传》对此句的解释是:"西南得朋,乃与类行。东北丧朋,乃终有庆。安贞之吉,应地无疆。"意思盖谓往西南方,可与同类同行;往东北方将失去同类同行之助。而失去同类却反而"乃终有庆"而为吉。王弼、孔颖达等以丧朋为吉盖源于此。不过,如果联系下文"安贞吉"来看,似乎也并非丧朋为吉。而是"安贞"为"吉"。即只要坚持寻求并合乎天道,先迷失不要紧,后顺天道,终将吉庆。此吉庆之获得在于"安贞",安守正道,即安守天道,才能在地行走而应乎无疆。此"安贞"作为获吉的条件,是安守正道,即《彖传》上文所谓"后顺得常",顺守常道、天道,非谓如牝马有"顺而健行"之德。

帛书《衷》是这样解释的:"《易》曰:'履霜,坚冰至。'子曰:'孙(逊/愻)从之胃(谓)也。岁之义,始于东北,成于西南。君子见始弗逆,顺而保穀(榖)。'《易》曰:'东北丧崩(朋),西南得崩(朋),吉。'子曰:'非吉石也。亓(其)【□】☞要,诚与贤之胃(谓)也。【武】人又(有)怫(弼),文人有辅。怫(弼)不橈,辅不绝,何不吉之又(有)?'"[⑤]此章看上去颠三倒

---

① 裘锡圭主编:《长沙马王堆汉墓简帛集成》(三),第103页。

② 刘彬:《帛书〈易传〉新释暨孔子易学思想研究》,第202页。

③ (魏)王弼、(晋)韩康伯注,(唐)孔颖达疏:《周易正义》,第29页。

④ (清)李光地纂,刘大钧整理:《康熙御纂周易折中》,第34页。

⑤ 裘锡圭主编:《长沙马王堆汉墓简帛集成》(三),第103—104页。

四，讲完卦辞，讲初六爻辞，讲完初六又来讲卦辞“东北丧朋，西南得朋”（倒过来了），乃是由于初六与卦辞“顺”之义一脉相承。所以，解初六爻辞“岁之义……”语，亦适用于卦辞。梁韦弦先生认为“岁之义”章并非卦气说[①]，盖确实如此。卦气主要是以卦形阴阳爻之象，以时间为纲配值一年之气候。而“岁之义”不是以时间为纲，而是以方位为纲。此方位乃共时性存在。可是论“岁”，有“始”有“成”似乎又是时间义。两者似乎有矛盾。实则以空间论时间，盖古人已知中国地大，同一时候，不同地方乃有春夏秋冬之别。如春天，东方为春，则自东北始，阳气已起，按现在的地图方位顺时针至南方，其天气则为夏，西边为秋，而北方为冬。盖时间意义上的春夏秋冬之形成，亦由空间意义上的气温高低之别，形成气流变化而得以实现。此一观点盖如《淮南子·诠言训》“阳气起于东北，尽于西南。阴气起于西南，尽于东北”[②]，实为当时的常识。帛书《易传》亦在此意义上理解“西南得朋、东北丧朋”，确有顺天道气候，即天道自然义，但非后世卦气说，而只与八卦之后天方位有关。西南得朋，乃阴气起于西南，即坤卦所在之位。坤代表阴，而非如六画卦之坤代表阴之极盛。所以得朋，乃是得朋类，并且为吉，非如王弼、孔颖达以丧朋类为吉。得朋类为吉，则是顺乎天道自然，故为吉。而顺乎天道自然，并非不要人为。所以，“君子见始弗逆，顺而保毂（穀）。”诚如刘彬先生所言：“这个过程只要开始，就顺积而成，不可逆转，故上言‘顺从’。这就要求君子要特别谨慎地对待起始。”[③]“顺”“慎”字通。《大戴礼记·哀公问五义》“言既顺之”，王聘珍解诂：“顺，读曰‘慎’。”“顺”除“顺从”义，还有“慎”义。而“慎”即有人为义在其中。慎，尤其是慎“恶”之始。所以坤文言“积善之家”语，即于此处戒人深矣。是亦本章“以前戒后”义。此章中所谓“吉石”，当如刘彬先生所证当读为“告所”[④]。所谓西南、东北，更根本的意义乃在于人事，非是告人以方位、方所。“要诚与贤之谓也”，即是说要点关键在于“诚心求贤”。下文“【武】人又（有）柫（弼），文人有辅。柫（弼）不桡，辅不绝，何不吉之又（有）”亦如刘彬先生所言乃基于“保傅”[⑤]制度，“【武】人又（有）柫（弼），文人有辅”是说有武人和文人，文武百官共同辅佐，可以安定天下，故曰“何不吉之有”。

综上所述，通过比较今帛本《易传》对于《坤》卦卦辞的解读和阐释，经传之间以及今帛本《易传》之间存在不少思想差异，尤其是帛书《易传》包含不少区别于历代注疏的解释，体现了先秦汉初的一些思想观念在后世的变迁。揭示其间的差异和变迁，是对经传关系中的易学阐释进行理解的意义所在。因此，“以传解经”，是易学和整个经学研究必须要遵循的标准。否定了“以传解经”，则无法接近或再现经文之本义。然而经传毕竟是不同时代的产物，完全盲从传文对于经文本义的解释，抹杀经传之间的差别，必然导致解释循环。“经传分观”能够在经传存异之处，窥见思想观念的发展与变迁。合理的易学和经学解释方法是既要依传解经，又要经传分观。从思想观念发展的角度看，后者尤为重要。

---

① 梁韦弦：《关于帛书〈易之义〉解说坤卦卦爻辞之文义的辨正》，《周易研究》2005 年第 3 期。

② 刘文典撰，冯逸、乔华点校：《淮南鸿烈集解》，中华书局 1989 年版，第 485 页。

③ 刘彬：《帛书〈易传〉新释暨孔子易学思想研究》，第 203 页。

④ 刘彬：《帛书〈易传〉新释暨孔子易学思想研究》，第 204—205 页。

⑤ 刘彬：《帛书〈易传〉新释暨孔子易学思想研究》，第 204—205 页。

李衡祥对人伦秩序之易学的解释

——以礼乐结合的秩序与《物则篇》对人伦规范的易学解释为中心

[韩]郑炳硕*

一、引言

李衡祥(1653—1733),朝鲜孝宗四年出生于仁川疎岩村。李衡祥是孝宁大君的第十世孙,号瓶窝或顺翁。他从小就读史略、通鉴、四书五经等,17 岁结婚,18 岁考取试初。他 25 岁考取司马试,28 岁考取别试,30 岁以后正式开始仕途,历任户曹佐郎、兵曹佐郎、星州司使、清州牧师、庆州府尹等职,81 岁去世。1735 年供奉于永川的城南书院,1796 年被推荐为清白吏。①

他虽然是仁川出身,但担任了约 12 年的官职后,在庆尚道永川建造了浩然亭并定居下来,在那里致力于学问研究和弟子培养。李衡祥在此地不仅有经学、礼学等儒学建树,在音乐、历史、地理、书志学等各个方面都留下了大量的著作,共计 142 种(326 册)。在李衡祥的庞大著作中,我们最先感到惊讶的是他的多方面的见识和关心。这可能与在实学风气高涨的时期发现的博学精神、合理性及实践精神等相关。②

李衡祥活动的时期就是经过两次战争后,现有社会秩序逐渐瓦解的十七八世纪,当时的思想混杂着各种主张和见解。由于这样的历史背景,在李衡祥思想中也很有可能出现多种倾向,实际上在他的很多著作中不难发现这些倾向。例如,在包含江华岛地理相关内容的《江都志》、关于济州岛的《南宦博物志》或《耽罗巡历图》等地理书籍中可以发现这种实学的性质。此外,在经学方面,李衡祥的著述有《四书训蒙》《经书采纲》《诗传抄》《经书类抄》等,其中特别是有关《周易》的著作较多,有《瓶窝讲义周易》《瓶窝讲义衍易注解》《瓶窝讲义先后天》《物则篇》等。另外,李衡祥为确立人伦秩序所必需的家礼或礼乐

---

* 作者简介:郑炳硕,韩国岭南大学哲学系名誉教授,曲阜师范大学东亚易学研究中心客座教授。

① 参见[朝鲜]李衡祥:《瓶窝先生李公行状》,《瓶窝全书》,韩国精神文化研究院 1982 年版,第 327—334 页。

② 关于李衡祥的实学的要素,可参见南明镇:《瓶窝李祥衡的经学思想》,《韩国思想家的新发现》,韩国精神文化研究院 1993 年版,第 48 页。另外,池教宪教授也在《瓶窝李衡祥的伦理思想》(《韩国思想家的新发现》,第 111 页)中提到了这一点。权永哲教授还表示,李衡祥不仅在人文、社会、自然等所有领域留下了著作,还提出国防政策、外交政策、礼乐政策、辟异端政策和消除党朋政策等,发挥了实学者应有的批判精神、实证精神和实用精神。可参见[朝鲜]李衡祥:《瓶窝全书解题》,《瓶窝全书》,第 656—660 页。

等相关著述也相当丰富。例如，有关家礼的著作有《家礼图说》(1708)、《家礼训学》(1708)、《家礼或问》(1709)、《家礼附录》(1714)、《家礼便考》(1714)等。另外，与“乐”有关的李衡祥的著作有《乐学便考》《乐学拾零》《芝岭录》等。他对这种礼乐的解释颇有创见。特别是他不仅重视礼，还非常强调“乐”在人伦秩序中的重要性。这可能是为了强调社会上下贵贱的阶层秩序固然重要，但更需要他们之间的和谐及相互理解。

十七八世纪以后，为了整饬社会混乱与人伦无秩序而重视礼的倾向逐渐演变成为名分的人伦秩序体系，开始导致上下阶级之间的隔离和政治上的党争加剧。对于过分强调这种礼的实践所造成的局限和弊端，李衡祥试图从根本的角度重新审视这种礼所具有的人伦秩序的性质。这种尝试之一就是通过《周易》所具有的交易和变易的观点来解释礼乐结合的人伦秩序问题。

本文试图分析李衡祥的礼乐结合的人伦体系。他强调理想的礼乐秩序是，除了“分”“别”之外，还必须将相互间的“和”“合”的性质结合起来。这可谓是李衡祥对礼乐的解释中最重要的内容之一。李衡祥明确地表示，《周易》的卦爻所体现的人伦秩序不仅仅是表现上下之间的等级序列，更重要的是它们之间的“交流”“对待”和“交易转变”的分合秩序。从更根源性的层面出发，为这种礼乐的和谐与结合问题上提出根据，这可谓是李衡祥要解决的问题所在。特别是他尝试通过《周易》的观点来解决这些问题。本文在第四节中试图以《瓶窝集·杂著·物则篇》为中心分析李衡祥的这种观点。尽管有很多与《周易》相关的其他著作，但以《物则篇》为中心进行研究，是由于它将人伦秩序和规范的问题与《周易》的哲学性质相联系加以说明。他在《物则篇》中利用 23 个卦具体解释家庭和社会的人伦规范，通过《周易》具有的“相互交易”和“变易”的本质特征，明显地体现了人伦秩序所应具有的观点。

二、李衡祥论礼乐的秩序

李衡祥活动的朝鲜十七八世纪，构成传统秩序和道德体系的性理学的心性或以礼为中心的秩序体系，在新的历史条件下并没有太大的号召力和生命力，只是处于将阶层秩序巩固化或极度束缚人的自然感性的状态。虽然性理学的心性理论或礼论对于形成统治阶层的士大夫们而言仍然重要，但是对于一般百姓而言，性理学的原理或礼的秩序体系并不能成为他们容易接近的有效指导理念。

对于一般百姓而言，性理学的原理或礼论的秩序体系反倒是束缚他们的桎梏。尤其在近距离接触一般百姓生活的李衡祥看来，此问题更加迫切而亟待解决。李衡祥自己也意识到了此问题的严重性。在这种情况下，他吐露了现有秩序所具有的局限，以及对此的反作用所带来的严重性。即“自道之不明也，邪诞妖妄之说竞起，涂生民之耳目”[①]。作为引领当时社会和人们的普遍理念的道消失，诸多蛊惑百姓的邪说横行，他对当时的这种现实进行了批判。

① ［朝鲜］李衡祥：《瓶窝全书》10，《闺范英选》。

在这样的现实中,李衡祥将采取何种态度?归纳起来,它主要涉及两个方向。一方面是严禁蛊惑淳朴百姓的邪说或淫祀,引导正确的人道教化之路;另一方面是从更积极的立场出发,重新解释任何人都可以接受的教化体系和道理的工作。这项工作基本上聚焦于弥补只强调上下序列和秩序的礼的局限。从现实上看,如果只主张礼所具有的上下区分和礼仪规范,那么对于一般百姓而言,礼的上下区分和序列,实际上意味着统治者支配他们的理论正当化,它只是通过这种烦琐的礼仪形式体系来约束他们的手段而已。作为人伦秩序,这种礼的局限可谓是由于违背了礼的精神实质或根本意义而只偏重于形式层面的结果。首先,李衡祥排斥淫祀或迷信,对纠正风俗的问题具体叙述如下:

> 末俗尚鬼,南土尤甚。家家崇奉,处处祈祷,耗蠹财谷,法不胜禁。风习至此,诚极骇痛。教化不明,以至于此。若不渐磨成俗,决难猝变之意。……下帖于各面神祠望堂,一切严禁。①

若分析上述李衡祥所言,当时迷信和末世风俗产生的原因,基本上是教化不明。对此加以端正的方法是通过循循善诱地教化百姓而逐渐形成美风良俗,但这绝非是能一蹴而成的事。单纯依靠废除和禁止神社或祠堂等的消极方法是远远不够的。这里李衡祥试图从更根本的观点上来解决此问题。这就是正视作为旧制度的礼的局限,发现其本质,试图重新调整以适应现实。在这个观点上,他讲述了以家礼为中心的礼,接着又谈及将乐的性质弥补结合到礼的本质涵义。

朝鲜 17 世纪以后到开始出现实学之前的 100 年,可被称为"礼学时代"。② 礼作为维持儒家社会的基础,通过礼制的秩序来实践性理学的理念。即是说,礼学的出现是性理学发展的自然结果,从理论和实践的关系的角度可以看性理学和礼学的关系。从历史背景来看,历经两次战乱,在对身份制动摇和道德规范解体的反省中,从重建纲常伦理的层面上强调施行礼制。在这里对《朱子家礼》的研究及其在日常生活中的运用问题日益凸显。通过李衡祥与家礼相关的很多著作可以发现这种状况。例如,《家礼图说》《家礼附录》《家礼便考》《家礼或问》《家礼训学》等著作。基本上,为了整饬混乱的社会风气,李衡祥主张首先实践家庭内的伦理是最必要的,并主张将其重新扩大到社会。这是典型的儒家思维方式,即从家庭的人伦秩序向社会秩序的扩张和展开。在这种立场上,李衡祥在《家礼便考·本序》中,对有关礼的本质叙述如下:

> 凡礼有本有文,自其施于家者言之,则名分之守,爱敬之实,其本也。冠婚丧祭,仪章度数者,其文也。其本者,有家日用之常体,固不可以一日而不修其文,又皆所以纪纲人道之始终。③

---

① [朝鲜]李衡祥:《瓶窝全书》1,《庆州淫祀请禁牒》,第 236 页。

② 郑仁在教授认为 17 世纪不是党争时代,而是礼学时代,这是非常恰当的见解。在郑教授看来,朝鲜时代的儒学脉络是按照理学、礼学、实学的顺序形成的。如果具体加以分类,那么 15 世纪是三者的准备时期,16 世纪是理学时代,17 世纪是礼学时代,18 世纪是实学时代。参见郑仁在:《尹白湖的礼论与伦理思想——整理韩国伦理思想的范型研究》,《现代社会与伦理》,韩国精神文化研究院 1981 年版。根据这种分类,可以说李衡祥生活在礼学时代和实学时代。

③ [朝鲜]李衡祥:《瓶窝全书》2,《家礼便考·本序》。

李衡祥通过“名分之守”“爱敬之实”来讲述礼的本质。在他看来，形式上的“行仪礼仪式”或“行礼仪凡节”并不是礼的本质，只是礼的一种形式或装饰而已，总是随着时代和情况的不同而变化。李衡祥试图通过礼要强调的绝不是仪礼或礼仪凡节等外在的、形式的层面，而在于礼的社会秩序和伦理的精神意义和性质。它不是遥远或抽象的，而是在家庭每天实践的人伦体系中发现的。李衡祥在这里强调从父子、君臣、夫妇、长幼、朋友等人伦关系出发的社会秩序。李衡祥在为教育后代而著作的《闺范英选》中对“名分之守”说：“物有限量，事有分剂，君臣有君臣之分，父子有父子之分，夫妇有夫妇之分，长幼有长幼之分，朋友有朋友之分。”①李衡祥所谓“名分之守”的“名分”中，“名”是指父子、君臣、夫妇、长幼、朋友，“分”是指亲、义、别、序、信。换句话说，所谓“名分之守”是指，父母应该做父母该做的任务，子女应该起到子女应尽的作用，君主和臣下应该在各自的位置上忠实履行所赋予的义务。

礼的另一个本质是“爱敬之实”，它是指上下间的相互关怀或照顾，长辈应慈爱晚辈，晚辈应恭敬长辈。这可以视作除了礼的“分”“别”的本质之外，还强调“和”“合”的性质。由于这是乐的含义所蕴含的，所以可谓是李衡祥对礼的新的解释中最重要的特征之一。“和”及“合”就是“乐”具有的最重要的本质，李衡祥强调礼中包含这种意义的观点。李衡祥认为，由于人们过分强调礼“分”和“别”的性质，因此很有可能忽略礼所具有的相互和谐和关怀的重要意义。这可以说是将乐的性质补充结合到礼的本质涵义中的尝试。

实际上，在李衡祥的著作中，除了关于礼的著述之外，有关乐的著述也非常丰富。他对除了礼之外还强调乐的理由叙述如下：“礼乐不可偏废，礼胜则离，故宋朝礼教极盛，至末叶，三党分。我朝专事烦文，不习乐学，近来党祸，亦礼胜之流弊也。”②在这里，李衡祥指出了礼有可能导致的问题，并提出了通过相互和谐的乐与礼结合来解决当时国家和社会弊端的观点。在李衡祥看来，当时的党争也是由于没有好好振作相互和合与关怀的乐学，所以他认为对礼与乐基本性质的查明和研究在很多方面皆是必不可少的。

三、从《周易》看礼乐结合的秩序

李衡祥主张的对礼的解释可谓是适应新的时代和历史情况的某种体系。然而，李衡祥在这里试图揭示的主张绝不是从单方面地否定或批判礼的传统观点的角度出发，反倒是尝试重新阐明和补充其内容。特别是李衡祥对于礼的规定中，引人注目的是在礼所具有的特性中，乐的性质也包含在其中。他的这种主张所强调的根本目的，就是通过礼乐的结合来重新建立人伦秩序。他说：

> 礼者天地之节文，而著于仪则；乐者人性之余韵，而发之度数。是故礼自外作，乐由中出。……惟其外也，礼胜则离；惟其内也，乐胜则流。……欲矫此患，则先以

---

① [朝鲜]李衡祥：《瓶窝全书》10，《闺范英选》。

② [朝鲜]李衡祥：《瓶窝全书》2，《乐学便考·序》。

礼序伦，又以乐和中。[①]

李衡祥在上面的引文中表示，在礼或乐中偏向或强调某一方是有问题的。当时社会现实中存在伦序和上下的过分分别，以及由党争引起的极端对立等，即便说这是过分强调礼的结果也毫不为过。由此，他非常强调礼乐的调和与适当的结合。李衡祥通过礼乐的调和或结合的观点试图要讲的，可谓是“分与合的调和或结合”的人伦秩序问题。即，所谓礼之“分”“序”与乐之“合”“和”的两种秩序的调和与结合。这两种既不能偏重也无法忽视某一方面，两者的适当调和是最理想的。如果礼乐所具有的功能足够适当地调和结合，那么该社会可以成为具有理想的人伦秩序的共同体。这里所谓调和及结合的意义，其目的决不在于单纯地消除差异和序列，而是在差异和序列中实现和谐。

对于当时的朝鲜社会过分倾倒于礼的实践，导致过度的名分论的阶层矛盾和党派间严重纠纷的情况，李衡祥强调“先以礼序伦，又以乐和中”的礼乐的功能统一。因此，如李衡祥在前面所说，不仅是从“名分之守”，即遵守上下尊卑的分位中寻找礼的本质，而且也包括“爱敬之实”的相互依存与相互尊重的含义。在对礼的本质的两种观点上，后者的情况是已经蕴含相当部分“乐”的含义。

然而，问题是当时“礼乐结合的秩序”的实现极为遥远，只能看到上下阶层和政治集团之间的激烈对立。这是因为当时的儒家过度地主张坚守礼所拥有的“分”和“位”的秩序，而不是努力调和个体所具有的差异和多元性。从更根源性的层面出发，为这种礼乐的和谐与结合提出根据，这是李衡祥要解决的问题。特别是他试图通过《周易》的观点来解决这些问题。

李衡祥关于《周易》的文章有《诗易同异》《易为卜筮书说》《瓶窝讲义衍易注解》《瓶窝讲义文周衍》《瓶窝讲义先后天》《物则篇》等。《诗易同异》《易为卜筮书说》等是比较短的文章。相较而言，《瓶窝讲义衍易注解》以汉代以后的注释书为基础，按照顺序来解说六十四卦，而《瓶窝讲义衍易注解》则主要通过“图”和“图说”来解说，在后面还谈及了卜筮的方法等。所谓《瓶窝讲义文周衍》是指李衡祥对文王和周公敷衍经文的书中的卦辞和爻辞进行注释。

李衡祥指出了《周易》的发生起源在于卜筮，及其如何形成为现在的《周易》。他在《经书采纲》中叙述如下：

> 古有三易，皆卜筮书也。盖伏羲画卦，其占始创。神农重艮为首，号曰《连山》，而夏禹用之。黄帝重坤为首，号曰《归藏》，而殷汤用之。夏周末，易道中微，《连山》《归藏》亡，而羲画独存传。文王作卦辞，以示其体；元圣作爻辞，以说其变。《周易》之名，因此而作。然只藏于太史，不隶于成均，卜人掌卜，筮人掌筮，占人掌占而已。至春秋时，吾夫子表而出之，作《彖象》《文言》《系辞》《说卦》，以明其趣舍。……秦虽焚书，《易》为卜筮书而不禁，故传受不绝。[②]

---

① [朝鲜]李衡祥：《瓶窝全书》1，《礼学源委》。

② [朝鲜]李衡祥：《瓶窝全书》4，《经书采纲》。

李衡祥基本上将古代的三易都视作卜筮书。《连山易》是神农氏所著,《归藏易》是黄帝所著。到了后代,这两种易都消失,唯有伏羲卦得以流传。对此,文王创造卦辞加以补充,周公创造爻辞来说明其变化。由此产生了所谓《周易》的名称。然而,此时期的《周易》的功能仅限于卜筮书的范围而已。随着孔子著述《彖传》《象传》《文言传》《系辞传》和《说卦传》,《周易》逐渐变为具有蕴含人的得失进退等“趣舍”的其他功能。这里所谓的“趣舍”与人事的行为和主体的抉择问题有关。

在李衡祥看来,虽然《周易》起初只有卜筮功能,但后来能增加阐明天地万物的变化原理和人事的道理的内容,是由于这里可能包含着某种理。“若推其本则有理而后有象,有象以后有数,因象而知数者,特自太极上观理,得其理则象数皆在其中。……最初作理,本欲明道,太昊所画,岂但卜筮乃已乎。”[①]李衡祥基本上认为,先有“理”,后有“象”,然后有“数”。根据“象”了解“数”,是由于在太极中看“理”,所以若能悟“理”,则“象数”都蕴含其中。更进一步,他指出,在创作《周易》时本来就有阐明“道”的意图,所以伏羲画卦的目的不仅仅在于卜筮。“易虽为卜筮而作,至理寓焉,非神孰知,非圣孰体。”[②]李衡祥指出,由于《易》明显地蕴含至理,所以将之体现出来很重要。然而,到底谁能将之体现出来就成为大问题。在这里,他对体现《周易》的至理并将之重新解释的过程叙述如下:

> 当此之时,人为朴略,文字未著,只知奇耦之有吉凶,不知阴阳之为制克。伏羲别开其画,以示趋舍者,真得其理,特不屑其教也。文王知众人之不可觉也,乃以卦体,重以为彖辞,卦名虽未知,必出于太昊……若其乾字下元亨利贞,明是文王之辞也。夫然后居则玩其辞,动则观其变,比之于但有卦画,则不亦明乎而未备。周公又虑卦变之未释,乃作爻辞,更发其微妙,不亦备乎而未详。此时深藏于太史太卜,以占其吉凶而已。吾夫子发出而表章之复添文言彖象杂卦之类,以说其道理。易之始终,不过如此。而后来王弼合四圣而分类于各爻之下,于是人皆知其为至理,段段致工,而不专为卜筮看也。程朱又作传义,注脚而晓解之。[③]

在上述引文中,李衡祥指出了《周易》的结构与内容从未备、未详的状态逐渐发展地更完善、更体系化的过程。通过这种完善和体系化的历史,《周易》的功能超越了卜筮,逐渐扩大和深化了其范围。他认为,尽管《周易》在产生时由于没有文字,所以在奇耦的象征符号里仅有吉凶,但随着后代的圣人将其中蕴含的阴阳、人事的趣舍、变化、道理等哲学意义体现出来,逐渐变成了包括人事和万物之变化的哲理书。李衡祥指出,虽然《周易》的哲学意义和功能无限,但问题是如何将之具体地体现出来。换句话说,从另一个角度重新解释《周易》并由此展开新的意义领域更为重要。使这种新的解释成为可能的基本上是八卦和爻的象。李衡祥说,具有无限象征功能的六十四卦384爻的理,其实是阴阳的交易与变易。

> 易本为卜筮而作,其理虽千变万化,其本只在于一。一生二,二生四,四生八,八

---

① [朝鲜]李衡祥:《瓶窝全书》5,《瓶窝讲义·衍易注解·周易图说》。
② [朝鲜]李衡祥:《瓶窝全书》5,《瓶窝讲义·衍易注解·周易图说》。
③ [朝鲜]李衡祥:《瓶窝全书》13,《易为卜筮书说》。

> 生十六，十六生三十二，三十二生六十四。又重之而至于十二画者，四千九十六。程子所谓加一倍法者然也。总而言之，只是阴阳二字，其变无穷，其化不测，故名之曰易。易者以变易之称，有交易之义。[①]

李衡祥认为，尽管《周易》起初是卜筮书，但到了后代，利用阴阳的变化可以将之运用于诸多领域并开展多样的解释。他提出《周易》的核心在于"阴阳"二字。也就是说，从阴和阳相互交换的意义上来说，"易"是"交易"，通过这种"交易"产生"变易"。将《周易》视作"交易""变易"的书。从这个角度上，李衡祥提出了非常重要的分析。这是与一般所知的"阳尊阴卑"或"男尊女卑"的不易的位阶秩序都是从《周易》的阴阳理论与爻位说的结合中产生的观点明显不同。在《阴阳互生说》中，通过阴阳的互相联系、互相依赖的两极秩序观，李衡祥明确表示交易与变易便是《周易》的本质。他说：

> 阴阳，只是一理。焉往而不有是气乎，其体涵于太极，其用著于动静，但不可以往来言，亦不可以先后论。曷尝有无阳之阴，亦安有无阴之阳乎。方其浑沦，固不可以名状，及其形器，若有所以分数。就其中，或有定位者，两仪之开辟是已，或有流行者，寒暑之代序是已。……若以会处而言，则阳中有阴，阴中有阳。更以分处而言，则阳退而阴生，阴退而阳生。……故易传曰，一阴一阳，互为其根。朱子亦曰，做一看也得，做二看亦得。一之则当观其消息，二之则应有所错综，推而至于万殊，无物不然，无事不有。顾安有独成者乎？以其流行也，自有变易。以其待对也，又称交易。此圣人所以有易也。[②]

这篇文章的内容相当部分是借《朱子语类》卷六十五的《易一・纲领》部分所看到的"阴阳"相关文章而写的。李衡祥在上述引文中指出，阳不能超越阴，反过来也一样。阳不断地转变成阴，阴也不断地转变成阳。二者的关系就是互相联系、互相依存，每一方的实现都把另一方作为自身存在的必要条件。每一个存在物皆是自在的，而不是从任何超越的力量中获得它的意义与秩序。由此，两者之间成立了相互依赖的两极的关系与秩序。[③] 天地、阴阳、柔刚等两极概念并不是某一个规定或支配另一个的超越意义，而是为了某一个的存在，另一个是不可或缺或必要条件的意思。这意味着阴阳或男女中，为了存在任何一个，必须要求另一个存在。通过概念的两极性，《周易》要讲的是宇宙中的一切存在都在相互依存、相互关联中不断转变、变易。

李衡祥并不只强调阴阳的流行的观点。他肯定是说有流行的，也有定位的。但是更重要的是以交易和变易为中心的"流行底"。他说："就其中，或有定位者，两仪之开辟是已，或有流行者，寒暑之代序是已。"这句话正与《朱子语类》卷六十五的《易一・纲领》所说的"阴阳有个流行底，有个定位底'一动一静，互为其根'，便是流行底，寒暑往来是也；'分阴分阳，两仪立焉'，便是定位底，天地上下四方是也"，是同样的意思。虽然将阴阳的"定位底"和"流行底"区分开来，但李衡祥似乎更强调后者，这种观点指出的是他所主张

---

① [朝鲜]李衡祥：《瓶窝全书》2，《易为卜筮书说》。

② [朝鲜]李衡祥：《瓶窝全书》2，《阴阳互生说》。

③ Hall, David and Ames, Roger T., *Thinking Through Confucius*, New York: SUNY Press, 1987, p.17.

的礼乐秩序结合的这一人伦体系的主要结构及内容。

李衡祥将“变易”和“交易”视作《周易》的本质。他以“体”与“用”的关系来说明“交易”和“变易”①,认为“交易”和“变易”是变化的总称②。这种“交易”和“变易”绝不是产生于天地、阴阳、男女的“分”或“有别”,而是产生于天地、阴阳、男女的“合”或“感通”。一提到《周易》的政治和道德秩序观的内容,大部分学者都会想到上下尊卑、阳尊阴卑或男尊女卑等固定的等级序列及不易的位阶秩序等。与此不同,李衡祥从“阴阳互生”“变易”“相互交易”的观点来解释礼乐结合的人伦体系。实际上,这种观点非常明显地体现在《闺范英选》的“齐家”部分,在谈“夫妇之别”的同时,也强调“夫妇之和”的部分等。③ 因此,李衡祥明确地表示,《周易》的卦爻所体现的人伦秩序不仅仅是表现上下之间的等级序列,更重要的是它们之间的“交流”“对待”和“交易转变”的礼乐结合的分合秩序。

四、《物则篇》对人伦规范体系之易学解释

李衡祥强调《周易》并撰写了很多与此相关的著作,其原因显然在于教育年幼的子女树立明确的人伦体系。他对著述《瓶窝讲义周易》的理由进行了说明。他在《瓶窝讲义周易·序》中说:“《易》《春秋》是为圣人手笔,诗书以下皆圣贤所记也。立言或不无可疑处……此书之所深望少辈勉之。”④李衡祥认为《周易》是圣人亲自所著,表达了希望年轻后代能刻苦专研此书的心愿。他特别想通过《周易》解释家庭中的人伦秩序和规范体系的意图不仅仅体现在强调形式上的礼仪或死板的道德教育上。他想通过《周易》所具有的相互感应和交易的原理,体现出礼乐结合的人伦秩序,进而以这样的家庭教育为基础,建立社会秩序和政治的根本。从这个观点来看,可以了解李衡祥为何要在《物则篇》中通过《周易》的六十四卦讲述人伦秩序与规范的理由。在李衡祥看来,重视家庭内的人伦秩序和规范,绝非仅止于形式上的仪礼或仪式的实践,而在于阐明作为礼之本质的“名分之守”和“爱敬之实”的意义。因此,他认为用《周易》的卦来说明家庭成员间的相互和谐与尊重是最有效的。

若李衡祥首先要解决的根本哲学问题就是从更根源的角度出发,为礼乐的分合性秩序问题提供某种哲学依据,则他正在试图透过《周易》的观点对此问题加以解决。根据这种观点所著的文章正是《物则篇》。《物则篇》的“物则”源于《诗经》的“有物有则”。李衡祥提出《物则篇》的大意为“天生万物,有物有则,初非自外至者,乃以父母子妇为物则篇,附以臣道者,主于家故也”⑤。每个家庭都是由父母、子女、夫妇、兄弟姐妹所构成。家庭成员根据各自所处的位置,都有应该遵守的规范。各成员之间也应该互相尊重。例如,父母应该慈爱子女,子女应该恭敬父母。这就是修身齐家之道,政治上的为臣之道也来

① 参见[朝鲜]李衡祥:《瓶窝全书》5,《瓶窝讲义·衍易注解·周易图说》。

② 参见[朝鲜]李衡祥:《瓶窝全书》5,《周易讲义·周易时》。

③ 参见[朝鲜]李衡祥:《瓶窝全书》10,《闺范英选·齐家》。

④ [朝鲜]李衡祥:《瓶窝全书》5,《瓶窝讲义周易·序》。

⑤ [朝鲜]李衡祥:《瓶窝全书》1,《物则篇》。

自家庭。他认为家庭内的正确道理和秩序，可以扩大到社会和国家的社会伦理或政治上来。这是古代儒家普遍持有的观点。

与孔子一样，孟子也非常明确地从道德的观点来看政治。他认为个人与社会、道德与政治之间处于一个连续的一体关系中。即从个人、家庭、社会，到国家、天下，只不过存在范围大小上的不同而已，并没有本质上的差异。在这里，个人可谓是各阶段发展的核心。因此，孟子指出，“天下之本在国，国之本在家，家之本在身”(《孟子·离娄上》)。这里所谓的“本”是指个人的修身。孟子认为个人与社会是一个连续体，尤其强调个人道德在社会的扩而充之，所谓“不忍人之政”的“仁政”是将人具有的所谓“不忍人之心”的道德心扩充到社会的结果。从这个角度上，可以把握李衡祥为何强调以家庭为中心的人伦规范体系。

在《物则篇》中，李衡祥通过《周易》的卦来说明以家庭为中心的人伦规范体系。在《物则篇》中，利用卦来说明家庭和社会的伦理。具体而言，“总论”通过“地天泰”，“父道”通过“重天乾”，“齐家”通过“风火家人”，“祭祀”通过“地雷复”，“友爱”通过“水地比”，“教子”通过“泽火革”，“御众”通过“天火同人”，“事师”通过“风雷益”，“交友”通过“火风鼎”，“接宾”通过“风地观”，“睦邻”通过“天雷无妄”，“理财”通过“水天需”，“母道”通过“重地坤”，“宜家”通过“泽山咸”，“胎教”通过“山水蒙”，“使众”通过“风泽中孚”，“治山”通过“水泽节”，“服食”通过“山雷颐”，“子道”通过“重雷震”，“讲学”通过“火地晋”，“妇道”通过“重泽兑”，“臣道”通过“山风蛊”来说明。

这里值得关注的是，包含《物则篇》的整体方向和核心的“总论”被安排为地天泰卦，结尾部分的最后卦被配置为山风蛊。李衡祥是从何种意图上将这些卦做了如此排列？首先来看作为总论的泰卦。泰卦的卦象是“地天泰”，地在上，天在下。若从常识性的立场上看，泰卦由于天与地的位置颠倒，是有问题的卦。既然泰卦是指天与地没有找到各自位置的状态，那么为何此卦还被视为《物则篇》的总论呢？显然，这里蕴含着李衡祥的真正意图。

李衡祥将泰卦作为总论，是由于认为《周易》的本质在于变化和相互交流。从变化和相互交流，即交易和变易的立场上，泰卦的卦辞是吉祥亨通。所谓“小往大来，吉，亨”(《周易·泰卦》)，是由于“天地交而万物通也，上下交而其志同也”(《周易·泰卦·彖传》)。《周易》明确强调的不是被固定的“定位秩序”，而是在于万物的“对待”“变易”“相互交易”的“分合结合的秩序”。对此，李衡祥也作了补充说明：

> 天感地应，天变地化，本乎天者敷施，本乎地者翕受，敷施故能交，翕受故能合。自有阴阳，即有男女。自有男女，即有父子。自有父子，即有君臣。(《物则篇·总论·地天泰》)

李衡祥明确提出，在说明天地关系时，焦点不在于静态的上下空间位置的序列和分别，而在于天地功能之间的调和、感通、交感。天地的这种感通和交感可以直接运用于阴阳、男女、父子、君臣之间的关系。对于它们之间的关系，与其说李衡祥强调定位或固定，不如说他更重视它们相互间的交感、交流、交易。

如果以静态的或空间的“定位秩序”为中心来讲，那么泰卦明显不吉，否卦应该吉。这是因为否卦是“天地否”，即天在上，地在下，看来并没有什么问题。然而，否卦的《彖传》指出，“天地不交而万物不通也，上下不交而天下无邦也。小人道长，君子道消也”(《周易·否卦·彖传》)。从与泰卦相对的否卦之“否”作堵塞之义使用可知，《周易》的本质在任何情况下都在于从动态的观点来看上下的调和与交感。另一方面，否卦也可谓是象征了当时僵化的礼的秩序。这是因为否卦作为静态的“定位秩序”，不可能使相互对等的个体与个体间转换或交流。与泰卦一样，解释否卦的立场也不是通过空间或静态的观点来说明。其核心在于“交”和“通”的观点。但这并不意味着李衡祥完全不理会职分、分数、等级等“分”和“序”的秩序，只强调相互间的交流、交流、交易等“合”的秩序。(《物则篇·总论·地天泰》：“君令而臣行，父矩而子效，夫倡而妇随，阴阳之义也。”这里说明了职分的严格分离。然而，该段的焦点在于首先阐明何谓职责或职分。)李衡祥在这里所强调的便是“分”和“合”中任何一个都不舍弃的“分合结合”的秩序。

《物则篇》在作为总论的泰卦之后，“父道”通过“乾卦”来说明，“齐家”通过“家人卦”来说明，明确地确立了家庭的中心和纪纲。“父者，乾道也，君道也”(《物则篇·父道·重天乾》)，强调父亲在家庭中的作用。将臣道排在结尾的意图在于，原封不动地体现从所谓家庭这样小的单位开始，扩大到国家和整个宇宙的儒家传统的修齐治平的观点。从这个观点可见，李衡祥非常强调家庭伦理。把治理家庭的事进行扩充，就是政治。《物则篇》的第三个卦就是讲“齐家”的“家人卦”：

> 家之难甚国，夫妇于内外，而其利惟女贞，嬖私母偏于昵。上下大小而尊卑位，尊卑位而天下之有名分者定，风火之象。(《物则篇·齐家·风火家人》)

李衡祥认为，治理天下事的第一步，应该始于治理家事。从这点上，他强调照顾家庭的艰难和妻子的重要作用。换句话说，如果妻子不端正，那么一个家庭就很难端正。这就是“家人卦”的卦辞中所谓“家人，利女贞”(《周易·家人卦》)的意义。这是指从家庭内部出发，逐渐扩大到国家、天下的观点。李衡祥借用程伊川的话，“由家及外之象”(《易程传》)。从这个观点上，李衡祥的说明顺序如下：父道—齐家—祭祀—友爱—教子—御众—事师—交友—接宾—睦邻—理财—母道—宜家—胎教—使众—治山—服食—子道—讲学—妇道—臣道。尽管也有重叠的部分，但大体上一贯地从内到外扩大其范围。因此，讲“臣道”的卦是“蛊卦”，放在结尾位置。他说：

> 天以化之，父以生之，君以食之，其恩均也。事天以诚，事父以孝，事君以忠，其义一也。(《物则篇·臣道·山风蛊》)

李衡祥在结尾处配置“蛊卦”作为讲“臣道”之卦的理由基本上在于，试图讲述从修身到齐家、治国、平天下这样一系列连续的过程。然而，看起来更重要的是，李衡祥试图通过此卦对《物则篇》的大意再做结论性的表述。不仅天化生万物、父母生子女、君主养育百姓的恩惠相同，而且报答恩惠之义也是相同的。因此，扩大对父母的孝，就是基于公共之“义”忠诚于君主。这种公共之“义”的实践不是什么宏伟的道，而是遵循自身被赋予的责任并全力以赴。(《物则篇·臣道·山风蛊》：“知分之不敢少忽。”)换句话说，为了国家而服务的臣道不是某种宏伟的道，而是把在家庭内所有成员都应该履行的道理运用到国家管理中。这是李衡祥在《物则篇》篇首就已经强调过的，相当于在以家庭为中心的伦理上增添了臣道。

结　语

李衡祥强调，理想的礼乐秩序是除了“分”“别”之外，还必须将相互间的“和”“合”的性质结合起来。这可谓是李衡祥对礼乐的解释中最重要的内容之一，即将乐的性质补充结合到礼的本性上的尝试。他认为仅偏重于礼或乐的某一方面是有问题的。

李衡祥生活的时代社会现实中存在的上下位阶过度分别和因党争而导致的极端对立等问题，明显是过分强调礼的结果。这就要求礼乐的调和与适当的结合。通过礼乐的调和或结合的观点，李衡祥试图讲述的是分合的秩序。即所谓礼的“分”“序”，与乐的“合”“和”，这两者的适当结合及调和是最理想的状态。如果礼乐能够适当地调和，该社会就能成为拥有理想的秩序与和谐的共同体。李衡祥试图通过《周易》将以“分”“别”为中心的礼的上下位阶、名分论秩序与以相互依赖和感通为中心的乐的秩序结合起来。

名分论的礼实施地越彻底，越容易诱发非实际的思考，越会稳固地构成上下尊卑位阶的礼秩序之体系，从而发生礼的教条(dogma)现象。李衡祥在通过“乐”解决由令人窒息的上下分别之名分位阶结构构成的礼的秩序导致的弊端的尝试中，将视线转向了《周易》的相互调和与交易。李衡祥试图通过《周易》所谓阴阳调和的“变易”与“交易”，在静态的上下定位秩序之外，增加万物相互间交流、交感与调和的性质。他试图用“乐”的要素来补充完善只强调相互间位阶之正位秩序的“礼”的秩序，实现阶层间的和谐。尝试在《周易》中寻找能调和这种僵化“礼”的秩序的“乐”的要素，并使之得以具体化的，就是《物则篇》。

在《物则篇》中，李衡祥通过《周易》的卦来说明以家庭为中心的人伦规范体系。《物则篇》利用卦来说明家庭和社会的伦理。首先，象征《物则篇》整体方向或核心的总论用“地天泰”，“父道”用“重天乾”；其次，安排相当于“齐家”的“风火家人”；最后，配置“山风蛊”的“臣道”等。这些都体现了非常独到的见解。李衡祥明确指出，利用卦的目的不在于讲述“序列”与“分别”，而是在于强调调和、感通、交感。他主张将这种感通和交感运用于确立父母、子女、家庭、邻里、君臣间的和谐关系。在《物则篇》中，李衡祥通过《周易》的卦非常通俗易懂地说明了人伦秩序。除了对礼乐秩序的哲学分析亮点之外，其解释方法也体现了非常独特的观点。李衡祥的这种解释方法与《瓶窝讲义·衍易注解·周易图说》中利用通俗易懂的图和图说来解说，都是为了使一般人易于理解，这与生活在从礼学转向实学过渡期的李衡祥博学、启蒙的学问态度有关。

《周易》古经剥颐二卦解读

李尚信*

《周易》古经的剥卦，一般都以阴剥阳来理解。其实，这是将问题简单化了，未触及其中更为复杂的观念。正因为如此，这一卦很少有人能解读出真义。唯李守力先生的解读较为合理，但他对六五爻、上九爻的解读仍有未逮，对六三爻的解读也未能吸收朱熹之说的合理因素。[①] 至于颐卦，由于学界对颐养的原则缺乏了解，且颐卦中又有几个疑难语词如“颠”“丘颐”等，自古以来对颐卦的各种解读均未有根本性突破。本文对此两卦分别展开研究。

一、剥卦解读

剥卦(䷖)下坤上艮。《周易》讲阴阳消长之理，阴长则阳消，阳长则阴消。剥卦下面五个阴爻有消去上面一阳之势，在上的一阳好似长在树巅上的果实，成熟以后往往会被剥落下来，就像阴长终会消去一阳一般。故剥卦卦名为剥落之剥。

剥不读 bō，而读 pū。《诗经·豳风·七月》“八月剥枣”，毛传曰：“剥，击也。”段玉裁《毛诗故训传定本小笺》卷十五曰：“剥，即攴之假借也，今字作扑。”[②]马国翰辑佚《归藏》和阜阳汉简《周易》剥卦卦名皆作“僕”，海昏侯简《易占》作“濮”，皆读 pu 音。

我们先看剥卦的爻辞。

初六：剥床以足，蔑贞凶。

六二：剥床以辨，蔑贞凶。

六三：剥之，无咎。

六四：剥床以肤，凶。

六五：贯鱼以宫人宠，无不利。

上九：硕果不食，君子得舆，小人剥庐。

---

* 作者简介：李尚信，山东大学易学与中国古代哲学研究中心教授，主要研究方向为易学与中国哲学。

本文是笔者于 2022 年 11 月 27 日通过腾讯视频会议为山东枣庄学院所作讲座之部分内容的整理。其中关于剥卦解读的基本内容，曾在 2016 年以来的多个会议上作过发言。

① 参见李守力：《周易诠释》卷一，兰州大学出版社 2016 年版，第 279 页。

② (清)段玉裁：《毛诗故训传定本小笺》，赖永海主编：《段玉裁全书》第一册，江苏人民出版社 2015 年版，第 385 页。

初六爻说剥床剥到床足，蔑贞而有凶。这是什么意思呢？其《象传》曰“剥床以足，以灭下也”，也就是把床足给毁坏了。看《象传》，我们还是不明所以。六二爻“剥床以辨，蔑贞凶”，就是把床辨给毁坏了。这句话同样难以理解，而且“辨”是何意也不好确定。其《象传》说：“剥床以辨，未有与也。”这个“与”是什么意思呢？“与”有参与、赞助、相并之意。这里的“与”，应该说是直接与床上之人靠近的一个东西如床板等，因为如果说是床板以下的东西如腿、足，就应该都是“灭下”，而不是“未有与”了。所以“辨”很有可能是床板，从先秦时期床的形制来看，也不存在床腿一说。六三“剥之，无咎”，也不是很好理解。六四“剥床以肤”的“肤”，古人一般解读成“肉”。“剥床以肤”就是剥床以肉，由足往上剥床，剥到了床上之人的肉，这说明床上躺着或坐着一个人。床上的人要安稳地躺在床上或坐在床上，则床必须是完整的。床足、床板是床的支撑，先是床足坏了，接着床板又坏了，没有了支撑，床上的人显然待不住了。床上的人是一个具体的取象，如果《周易》仅仅是讲这个具体的取象，那它就不会成为“大道之源”。所以，这个具体取象的背后一定隐喻着什么。我的理解，它隐喻的是古代的社会结构，床上的人代表君主、统治者，床足和床板代表支撑整个社会的各个层级。床足处于最底层，最底层的显然是老百姓。床板紧挨着床上的人，直接靠近君王的是各级官员，君王靠各级官员来支撑整个统治系统，所以床辨是指各级官员。

带着这种理解，我们回头再来看初六爻辞。“剥床以足”，就是说把底层老百姓给剥掉了。剥掉底层老百姓，意思是肆意盘剥百姓而不顾及其死活。“蔑贞凶”的蔑，古人读作消灭的灭。“蔑贞”，就是灭掉贞。贞有两种读法，一种读作“正”，一种读作“占”。后一种以现代的高亨先生为代表[①]，古人则都是取前一种，把“贞”理解为正，行正道、行正义。灭掉贞，就是不行正道，于是有凶。盘剥老百姓，不顾百姓利益，显然是不行正道，不行正义。这里蕴含着民本的观念，就像荀子所说的“水则载舟，水则覆舟”，老百姓既承载着统治者，又有可能把统治者灭掉。

六二爻辞“剥床以辨”，是说把床板给剥掉了，那也是“灭正凶”。初六与六二的差别在于灭的对象不同，前者是灭老百姓，后者是灭官员。这实际上是在告诫最高统治者，只有顾及各级官员的利益，顾及底层老百姓的利益，国家才能稳定。

六三爻辞“剥之，无咎”，是说剥掉某个东西没有过错。床板之上有什么东西是可以被剥落掉的呢？我的理解，应该是床垫、床单之类的东西。床垫或床单之所以可以被剥掉，是因为它会变脏，过一段时间就需要把它揭下来洗一洗。毛泽东说：“扫帚不到，灰尘照例不会自己跑掉。”[②]“剥之”就是这个意思，是说要时常清洗，除掉污垢。它比喻国家政权往往会产生腐败的因素，所以要时常清理腐败的因素。今天，党和国家以雷霆手段进行反腐，原因亦在于此。《象传》曰“剥之无咎，失上下也”，是说六三爻官僚腐败、结党营私，不被上下所拥护，所以需要被剥落掉。

六四爻辞“剥床以肤，凶”，是说统治阶级如果像初六“剥床以足”、六二“剥床以辨”那

① 参见高亨：《周易古经今注》（重订本），中华书局1984年版，第228页。

② 毛泽东：《抗日战争胜利后的时局和我们的方针》，《毛泽东选集》第四卷，人民出版社1991年版，第1131页。

样盘剥老百姓和各级官员，那么一定会祸及己身，被剥掉的反而是自己。所以《象传》说："剥床以肤，切近灾也。"诚然，剥卦有阴剥阳之象，但从卦爻辞的意义来看，其内涵更丰富。它不是简单地讲阴剥阳，而是讲了一种辩证关系，即先是作为阳的最高统治者去剥作为阴的下层老百姓和各级官员，然后老百姓和各级官员反过来再把最高统治者给剥掉。

六五爻辞是"贯鱼以宫人宠，无不利"。"贯鱼"，就是被贯穿起来的一串鱼，表示顺序排列和秩序；"宫人"即宫女，"宫人宠"就是宫女获宠。在宫廷中，宫女受君王宠幸的顺序和程度是有差别的，"贯鱼"之贯，表示宠幸的先后和程度，在实际生活中体现为等级秩序或礼仪。之所以把宫女比喻为鱼，是因为古人认为鱼和女性同属阴类。这里表面上说的是按等级秩序来宠幸宫女，实际上却另有所指。"贯鱼以宫人宠"，"以"或读为"似"[①]，是说像宠幸宫人那样来宠幸"贯鱼"。所以，"贯鱼"实际上不是指宫女，而是另有所指。结合剥卦来看，它是指下层老百姓和各级官员。君王像宠幸宫女那样宠幸下层百姓和各级官员，百姓和各级官员就会对君王感恩戴德，如此，则国家政权稳固、长治久安，无所不利，所以爻辞接着说"无不利"。《象传》也说："以宫人宠，终无尤也。"像宠幸宫女那样宠幸百姓和各级官员，怎么会有过咎？反之，则会有过咎，不可能无所不利。

就象而言，五个阴爻就像一串鱼，为"贯鱼"，亦为"宫人"；上面一个阳爻，像用一根棍子或绳索将下面的一串鱼依序贯穿起来，也像君王依序统领着一群宫女，实际上是指君王依序统领着百姓和各级官员。鱼是美味，为人所爱；宫女是美色，为君王所宠；百姓和各级官员是国家的基石，也应为君王所爱所宠。

上九爻辞是"硕果不食，君子得舆，小人剥庐"。剥卦最上面是一个阳爻，阳为实，阴为虚，阳实在上，象征长在树上的大果实，故为"硕果"。硕果自然是用来吃的，爻辞却说"硕果不食"。为什么不去吃它呢？因为它是一个阳爻，吃掉它，它就由阳变阴了，阳变阴就是阴剥阳。从取象上说，阴剥阳是有问题的。这一爻到底要表达什么意思呢？"硕果不食，君子得舆。"如果这个硕果不被吃掉，君子就能得到车舆。《象传》说"君子得舆，民所载也"，意思是这个君子受老百姓的拥戴。硕果是指什么？我的理解，是指国家政权。硕果不被吃掉，即国家政权得到维护，君子就会受到老百姓拥护。至于"小人剥庐"，可能会有一些不同的理解。《象传》说"小人剥庐，终不可用也"，意思是小人会吃掉这个果实，不仅会把果实吃掉，甚至会把所有东西都据为己有，"剥庐"是说连一座草庐都会给拆掉，所以小人万不可用。

综上，剥卦是以床、贯鱼、宫人、硕果等取象来比喻如何维护国家政权。要让国家政权不受侵害，最高统治者首先要做好自己，以身作则。

解读完六条爻辞，我们再来看卦辞。剥卦卦辞说：

䷖剥，不利有攸往。

"攸"，是"所"的意思。"往"，本义是前往某地。前往某地往往是要去做某件事，所以

① 帛书《周易》"以"作"食"，当是与"似"音近而通假。

可以引申为"作为"。"不利有攸往",就是不利于有所作为。

为什么不利于有所作为?《彖传》说"不利有攸往,小人长也",是因为小人得势了。《论语·泰伯》:"天下有道则见,无道则隐。""不利有攸往",就是说在小人得势、天下无道之时,不利于君子有所作为。

《周易》古经讲阴往阳来、阳往阴来,阴阳、泰否总是相互转化的。剥卦卦辞实际上讲的是剥卦上面的一个阳爻已经被剥掉、国家政权被颠覆之后的情形,而爻辞则是在讲上面的阳爻还没有被剥掉、国家政权尚未被颠覆时的情形。它从正反两方面告诫统治者要善待老百姓、善待各级官员,要反腐,这样才能保住国家政权,才不会祸及自身。

《彖传》是对卦辞及其取象的阐释,前文已有引用、解说,这里就不对《彖传》作全面解读了。

《象传》说:"山附于地,剥。上以厚下安宅。"

《大象传》与古经的关系比较复杂,有的与古经不一致,有的与古经有一定联系,有的与卦辞关系不大却与某条爻辞关联紧密,有的与卦辞或整个卦的主题相吻合。就剥卦而言,其《大象传》的内涵与卦爻辞的主题是一致的。"山附于地"是剥卦的取象,"剥"是卦名。观"山附于地"这个取象,《大象传》得到的启示是"上以厚下安宅"。其中,"上"是指君王;"厚下",就是使下面增厚,把地基打牢;地基打牢,宅子才能安稳,即"安宅"。

可见,《大象传》的取象是房宅,而卦爻辞的取象是床。其实,房宅和床有相似性,都要注重根基。根基不牢,房宅和床就不会安稳,所以务必要稳固基础,一个国家也是如此。

二、颐卦解读

颐卦(䷚)的卦象像是一张嘴。中间四个阴爻为虚,如口腔中虚;上下阳爻为实,如上下唇。嘴是吃东西和说话的。颐卦上卦为艮为止,为吃东西或说话时上颚不动;下卦为震为动,为吃东西或说话时下巴会动。颐卦卦爻辞取的是饮食功能的引申。"颐"字本指脸颊的两边,这里代指嘴巴,引申为颐养。西周的传统是周公奠定下来的,周公重德,所以作为西周重要经典的《周易》古经不可能不重德。颐卦遵循《周易》古经取象比类的方法,讲颐养时,主要引申为讲养德、养智。

颐卦的卦辞是:

> ䷚颐,贞吉;观颐,自求口实。

"颐"是颐养;"贞吉",正吉。"颐,贞吉"是说,颐养之道,要守正才能得吉,比如说,要吃对东西,要吃得恰到好处等。

"观颐",就是观颐养之道;"自求口实",就是自己求取口中食物。"观颐,自求口实",就是观颐养之道,要看这个人自己求取口中食物(的情形),从而判断这个人是个什么样的人。《彖传》说"观颐,观其所养也",意思是观颐就是观这个人养的是什么;又说"自求口实,观其自养也",自求口实,就是看这个人自己养的是什么,是肉身,还是德性、智慧,这样就可以看出他是一个什么样的人。从《彖传》对“自求口实”的解释来看,“观颐,观其所养也”,当是指观一个人是如何养他人、如何教育他人的。也就是说,在《彖传》看来,颐卦卦辞包含了两种养,一是“养他”,一是“自养”。虽然整个颐卦的确包含了这两层意思,但单就卦辞而言,其所强调的应该只是自养。首先,“自求口实”就是对“观颐”的解释,不能把“观颐”当成一个意思,“自求口实”又当成另一个意思。再者,有的卦辞是对卦的总结,有的卦辞则表达的是一个卦的重要状态或最后结果。具体到颐卦,它的卦辞表达的应该是一个更重要的状态。养他和自养,当然自养更重要。

《象传》说:“山下有雷,颐。君子以慎言语,节饮食。”

“山下有雷”,雷为震恐,为警惧;山为止;故“山下有雷”有警惧而止之意。结合颐卦的颐养、口实之意,则有慎言语、节饮食之戒。

初九:舍尔灵龟,观我朵颐,凶。

“朵”是动的意思。“朵颐”,就是嘴在上下动,也就是吃东西。“观我朵颐”,就是来看我吃什么东西。看我吃什么东西,其实是出于羡慕的心理。初九爻辞的表面意思是:你舍弃你的灵龟,而观看、羡慕我有什么好吃的东西。如果是这样,那就有“凶”。为什么呢?“灵龟”,是指智慧。这一爻其实是说,如果你只对好吃的东西感兴趣,只对肉体之身感兴趣,而不去修养你的智慧,那么你就会因缺乏智慧而无法在社会上立足,所以有“凶”。可见,这一爻既跟颐养有关系,也跟养德、养智有关系。

同时,初爻爻辞与这一卦的取象也有关系。《说卦》讲离为龟,是就三爻的离卦而言的。颐卦上面下面都是实的,中间是虚的;龟中间是肉,上下都有壳,所以颐卦也像龟。而且,颐卦可以看成是一个大离卦,所以这个龟是个大龟。龟越大,就越有灵气,故称“灵龟”。颐卦既像嘴,又像龟。当我们看到的象是嘴的时候,想到的是吃东西;看到的象是龟的时候,想到的是智慧。在现实生活中,不同的人观察世界、看待问题的角度是不一样的,每个人的观察角度与自身的修养、层次有关,与知识、视野有关。看到朵颐的人往往对吃感兴趣,看到灵龟的人则更为注重修养智慧。所以初九爻的真正意思是说,如果你不关心修德、修智,而是只注重物质方面,注重与吃和享受有关的东西,那便是凶兆。所以《象传》说“观我朵颐,亦不足贵也”。

六二:颠颐,拂经于丘颐,征凶。

这一爻向来难解。“丘”是什么意思?“颠”又是什么意思?过去的解读大多没有切中要害。

这个“颠”,是倒出来的意思。鼎卦说“鼎颠趾”,就是把鼎颠起来倒出东西。颐卦像一个嘴巴,嘴巴相当于一个装东西的容器。“颠颐”,就是把这个容器颠起来倒出东西。那么,“颠颐”倒出来的是什么呢?颐为养、自养,则倒出来的自然就是自己所养成的东西,也就是把自己养成的东西倒出来给别人。因此,“颠颐”其实就是作为老师来教学生,或者说是作为榜样来影响别人。这里应该指的是他主动倒出来,主动地去教育别人。

“拂经于丘颐”的“拂”,是违背、违逆的意思,以往对这个字的解读比较一致。“经”的意思是常。中国古代文化常讲经与权。经,就是常道;权,就是权宜之计,是临时的。“拂经”，意思是违背常道。倒出颐、倒出颐养，违背常道。违背什么样的常道呢？违背“丘颐”这样的常道。“丘颐”就是像高丘一样的颐，两颐很突出，说明这个人把自己养得很好、很壮实。“拂经于丘颐”，就是违背了把自己养得很好、很壮实的常道。也就是说，他并没有把自己养得很好、很壮实。自己都没有养好，又怎么能去养别人呢？这里主要是就养德、养智而言的，自己都没有德、没有智，如何能去教人？

“征”，就是行；“征凶”，是说这样去行动，是有凶险的。

这里有一点需要注意。卦爻辞作者认为，六二还没有把自己养成。然而，六二居于中爻的位置，且阴爻居阴位，有中正之德，为何说还未养成呢？这就涉及随时取象的问题。卦爻辞作者应该是认为颐养需要一个过程，居下卦时，颐养尚未完成，到了上卦，颐养才有成就。

《象传》曰：“六二征凶，行失类也。”颐养别人，教育别人，是有智慧的人干的事。六二尚不具备这样的智慧，却非要去做这类人才能干的事，这就叫“行失类”。

六三：拂颐，贞凶，十年勿用，无攸利。

“拂颐”，违背颐养之道。“贞凶”，即使行正道也凶。“十年勿用，无攸利”，在很长的一段时间里，都没有什么好处。

颐卦六三爻与上九爻正好阴阳相应。一般地说，阴阳相应则吉，但从爻辞看，六三爻实际上是不吉的。之所以如此，是因为它违背了颐养之道。这里是以下养上，如同下级教训上级，学生教训老师，这在古代是绝对不可以的，被认为是大逆不道的行为。做出大逆不道的事情，在社会上就会很长时间都没有立足之地，所以爻辞说“十年勿用”。

“无攸利”，即无所利。这是因为，六三居颐卦之下卦，其德、其智尚未养成。以下养上，是不会有好结果的。

《象传》说：“十年勿用，道大悖也。”居下位者教育在上位者，大悖于颐养、教育的常道。

六四：颠颐，吉；虎视眈眈，其欲逐逐，无咎。

六二爻说“颠颐，征凶”，是因为他自己都没有德、没有智，没有办法去养别人。到了六四爻就不一样了，他自己已经养成了，所以能养别人了。“颠颐，吉”，把已养成的东西倒出来，灌输给别人，有益于别人的德和智，所以是吉利的。

我们现在都把“虎视眈眈”当成贬义词。如果按照现在的观念来理解，那是读不懂这句爻辞的。这里的虎视眈眈不是贬义，它的意思是，像老虎那样盯着别人的好东西，想要把它弄到手。不仅“虎视眈眈”，还“其欲逐逐”。“其欲逐逐”，是说大家都争先恐后地想要抢到别人手里的好东西。一般地说，抢东西肯定不是君子所为，但爻辞却说这种行为没有过错。为什么呢？因为这里大家争先恐后抢的是“德”，抢的是“智”，所以“无咎”。那么争先恐后地抢，与之对应的是哪一爻呢？是初爻。因为初爻是四爻的应爻。四爻对初爻，是以上养下，合乎常道。而且，“虎视眈眈，其欲逐逐”也体现了自养之道。

《象传》说：“颠颐之吉，上施光也。”“颠颐”之所以吉祥，是因为居上位的六四爻施教于初九爻，授之以光明智慧，是以上养下。

六五：拂经，居贞吉。不可涉大川。

“拂经”，就是违背常道。“居”，是指静处、不作为；“贞吉”，意思是守正则吉。“不可涉大川”，字面意思是不能够涉越大江大河，引申义是不利于做大事。

按理说，六四爻已经能够养别人了，那么六五爻应当更好。可是它却出乎意料，这一爻反而不好。在《周易》古经中，二爻、五爻都是中爻，中爻往往都是很好的爻，都是能够得中道、行中道的爻，但在这一卦里面，它们却都不好。六二爻是因为自己的德行和智慧还没有养成，自然没有能力去养别人；而六五爻虽然有一定的德行，但是他可能缺乏能力。为什么呢？因为六五爻是阴爻，资质不足，能力不足，无法成就大事。所以爻辞说违背常道，只有静处守正才能得吉，不利于做大事。

《象传》说："居贞之吉，顺以从上也。"六五爻能力不足，只能顺从比他能力更强的人。

上九：由颐，厉吉。利涉大川。

“由”，是顺着的意思。“由颐”，就是循顺颐养之道。如果能循顺颐养之道，则虽有危厉，亦能力挽狂澜、逢凶化吉，即“厉吉”。循顺颐养之道，自然也利于干大事、成大事，故“利涉大川”。

上九爻是阳爻，象征着最终养成，为颐养之大成，不仅有德行，而且有能力，所以爻辞说“厉吉，利涉大川”。

《象传》说："由颐厉吉，大有庆也。"此亦言上九为颐养之大成。

《周易·文言传》的解经逻辑和思想旨趣

——以《乾·文言》对九二爻的解说为例

辛亚民*

《文言传》对《易经》的解说和诠释在"十翼"中有自身的特点，如形式上采用了多层次、反复解说的方式，思想内容上特别凸显先秦儒家的观念，不仅采用"子曰"的叙述方式，而且不少字句与儒家经典极为近似，甚至雷同。本文选取《乾·文言》对乾卦九二爻辞"见龙在田，利见大人"一语的解说为例，详加剖析，以期能对《文言传》的解经逻辑与思想旨趣有所揭示。

一

《乾·文言》释乾卦卦爻辞采用了多层次的解说方式，就九二爻辞"见龙在田，利见大人"一句，反复解释了四遍之多，分别是：

> (1)九二曰："见龙在田，利见大人"，何谓也？子曰："龙德而正中者也。庸言之信，庸行之谨，闲邪存其诚，善世而不伐，德博而化。《易》曰：'见龙在田，利见大人。'君德也。"
>
> (2)"见龙在田"，时舍也。
>
> (3)"见龙在田"，天下文明。
>
> (4)君子学以聚之，问以辩之，宽以居之，仁以行之。《易》曰，"见龙在田，利见大人"，君德也。

其中(2)和(3)是从外在条件、环境的变化出发所作的解说，尚未涉及德行、政治的内容；而(1)和(4)则有一个共同点，就是从"君德"出发予以诠释。

先就(2)(3)的解说做一考察。关于(2)，王弼认为是以"人事明之"，并释"时舍"为"时之通舍"；孔颖达疏云："初九潜藏不见，九二既见而在田，是时之通舍之义也。"[①]可见

---

* 作者简介：辛亚民，中国人民大学国学院副教授，研究方向主要为周易哲学、宋明理学。

基金项目：本文系国家社科基金重大项目"中国仁学发展史(多卷本)"(19ZDA024)、北京市社会科学基金规划项目"《周易》卦爻辞疑义研究"(22ZXB006)阶段性成果。

① (魏)王弼注，(唐)孔颖达疏：《周易正义》，北京大学出版社 2000 年版，第 22—23 页。

是与初九的状态加以对比，并从时境变化的角度所作的诠释[①]。至于(3)，整章作：

> “潜龙勿用”，阳气潜藏。“见龙在田”，天下文明。“终日乾乾”，与时偕行。“或跃在渊”，乾道乃革。“飞龙在天”，乃位乎天德。“亢龙有悔”，与时偕极。“乾元用九”，乃见天则。

孔颖达疏，“此一章全说天气以明之也”，“‘天下文明’者，阳气在田，始生万物，故天下有文章而光明也”[②]，认为这是将乾卦六爻对应一年气候的变化加以解说，而九二爻对应“阳气在田，始生万物”之时。这一理解孔颖达在解释九二爻辞时就已经提及：

> 诸儒以为九二当太蔟之月，阳气发见，则九三为建辰之月，九四为建午之月，九五为建申之月，为阴气始杀，不宜称“飞龙在天”。上九为建戌之月，群阴既盛，上九不得言“与时偕极”。于此时阳气仅存，何极之有？诸儒此说，于理稍乖。此乾之阳气渐生，似圣人渐出，宜据十一月之后。至建巳之月已来，此九二当据建丑、建寅之间，于时地之萌牙初有出者，即是阳气发见之义。[③]

这里的诸儒之说，即是易学史上著名的“爻辰说”。所谓“爻辰”，简单来说，就是将《周易》的卦爻与一年十二月相关联，以此来占算或解释《周易》经传的一种象数学说。如《汉书·律历志》云：

> 十一月，乾之初九，阳气伏于地下，始著为一，万物萌动，钟于太阴，故黄钟为天统，律长九寸……正月，乾之九三，万物棣通，族出于寅……故太族为人统，律长八寸。[④]

即以乾初爻配子，夏历十一月，对应十二律的黄钟；三爻配寅，夏历正月，对应十二律的太簇。而孔颖达所引诸儒之说则以九二为建寅之月，此说则是取自西汉京房易学“纳支说”及《易纬·乾凿度》和郑玄易学的相关内容。如京房“纳支说”，乾六爻自下而上分别配子、寅、辰、午、申、戌。[⑤]《乾凿度》继承京氏这一学说，发展出“爻辰说”，以乾卦六爻顺纳六辰，配套与京房同，后世郑玄爻辰与此一致。[⑥] 而孔颖达则指出这一说法的缺陷，乾卦六爻皆阳，从爻位的上升对应阳气的伸长而言，如九五爻，阳气已接近全盛，但按照爻辰说，九五爻对应建申之月，即夏历七月，此为孟秋之月，天气转凉(“阴气始杀”)，与九五爻所象征的阳气近全盛的“飞龙在天”意象并不符合。上九更是如此，从爻位来看，阳气已达到极盛阶段，而对应的天时确是建戌之月，即夏历九月，季秋之月，天气转冷，“群阴既盛”，这与《文言》所说“与时偕极”也是相矛盾的。因此，孔颖达抛开之前说的爻辰说，提出九二爻对应的天时当为“建丑、建寅之间”，即夏历十二月与正月之间，冬去春来

---

① “时”是《易传》中非常重要的一个哲学概念，详见谭德贵、辛亚民《先秦儒家“时”思想探析》，《东岳论丛》2021年第10期。

② (魏)王弼注，(唐)孔颖达疏：《周易正义》，第24页。

③ (魏)王弼注，(唐)孔颖达疏：《周易正义》，第4—5页。

④ (汉)班固：《汉书》第四册，中华书局1962年版，第961页。

⑤ 参见林忠军：《周易象数学史》第一册，上海古籍出版社2022年版，第271页。

⑥ 参见林忠军：《周易象数学史》第一册，第322—325、381—392页。

之际，草木刚刚萌生，体现了阳气发见，对应了《文言》"天下文明"之义。

以上只是汉、唐儒对《文言》"天下文明"的理解，天文历法的观念色彩过于浓厚，如果回到《文言》本身，我们认为"天下文明"这一说法很难看出与一年气候变化之间有什么必然的联系，整体看这一段话，尚不能断定是从气候变化的角度阐释乾卦六爻，因此我们认为"天下文明"应该是对"龙出现在田地"这一象征的阐发——祥瑞之兽，现于田地，象征阳气升腾，光明四达——不见得一定要与爻辰、气候相关联。

总体而言，(2)和(3)的解说较为简略，多从外在条件、环境的变化着眼，其思想意义和理论价值相对有限。我们重点分析(1)和(4)的解说。

二

(1)和(4)都提到了一个重要的概念——"君德"。"君德"即君王之德，九二爻何以有君王之德？《文言》之所以如此解说，当是缘于九二爻辞"利见大人"一语。后世学者更从爻位出发，解释九二之"君德"。如王弼云："德施周普，居中不偏，虽非君位，君之德也。"[①]但是我们也要看到，虽然(1)和(4)都立足于"君德"对九二加以诠释，但二者又各自有所偏重。

(1)开始即说"龙，德而正中者也"，"正中"是此章所表彰的"君德"之核心，一方面，"正中"是据九二爻处下卦中位立论，另一方面也是对儒家"中道"思想的阐扬。而此处的"正中"的君德具体来说，表现为四个方面："庸言之信，庸行之谨""闲邪存其诚""善世而不伐""德博而化"。孔颖达解释道：

> "庸言之信，庸行之谨"者，庸谓中庸，庸，常也。从始至末，常言之信实，常行之谨慎。"闲邪存其诚"者，言防闲邪恶，当自存其诚实也。"善世而不伐"者，谓为善于世，而不自伐其功。"德博而化"者，言德能广博，而变化于世俗。[②]

这里提及"中庸"，有学者注意到《文言》与《中庸》的关系。冯友兰说："《中庸》的主要意思与《易传》的主要意思，有许多相同之处。"[③]

金德建云：

> 《中庸》"庸言庸行"和《文言传》相同。《中庸》说："庸德之行，庸言之谨，有所不足，不敢不勉。"这是相同于《文言传》所说："庸言之信，庸行之谨，闲邪存其诚，善世而不伐，德博而化。"二书大义和辞语是彼此若合符节。[④]

李学勤认为：

> 这段话的主旨与"中庸"之说相通，所以高亨注"庸言之谨"两句云："李鼎祚曰：

---

① (魏)王弼注，(唐)孔颖达疏：《周易正义》，第3页。

② (魏)王弼注，(唐)孔颖达疏：《周易正义》，第17—18页。

③ 冯友兰：《三松堂全集》第五册，河南人民出版社2000年版，第70页。

④ 金德建：《先秦诸子杂考》，中州书画社1982年版，第171页。

‘庸,常也。’按庸由正中而来。正中者,无过,无不及,无偏,无邪也。正中之言乃为庸言,正中之行乃为庸行。”……不难看出,这一段是取孔子的话连缀而成,而“庸德之行”两句,很可能即引自《文言》,因为在《文言》的文字中,两句与上下文紧密结合,而在《中庸》就不如此。关于《中庸》与《易传》思想的相通,金德建共举出十二条证据,多属可信,在此不能详引。如果考虑到两者原来都本于孔子,这种现象实不足为异。①

但我们也应该看到《文言》与《中庸》的不同。

首先,《中庸》“庸德之行,庸言之谨”是针对该章“道不远人”的主题而发,中庸之道虽然广大高明,但却不离匹夫匹妇、伦常日用,因此强调“庸德之行,庸言之谨”即是在切近处对中庸之道的持守,当然如果抛开“道不远人”的主题,这也是儒家主张的具有一般意义的修养功夫。《文言》也讲“庸德庸言”,除了其作为一般性的修养功夫之外,有两点需要注意。第一,如孔颖达所说,此处“庸”即为中庸,高亨亦认为,“庸由正中而来。正中者,无过,无不及,无偏,无邪也。正中之言乃为庸言。正中之行乃为庸行。”②但是需要指出的是,《文言》的“中庸”不仅仅是义理方面的诠释,更有九二爻作为中爻又具阳刚之德这一象数意义的“加持”,这一点是《中庸》不具备的。第二,《文言》的核心词是“君德”,而非“德不远人”,因此《文言》的庸德庸言更具政治修养的意义,是特别针对为君者而言。

其次,《文言》也涉及“诚”的问题,除本章的“闲邪存其诚”之外,在释九三爻辞时《文言》也提到“修辞立其诚”。从“存其诚”到“立其诚”能体现出《文言》对“诚”的重视,但这两处都是从修养功夫的角度加以论述,“闲邪存其诚”即防范邪念邪行,存守内心的诚敬之心;“修辞立其诚”即修饰文辞以使内心诚敬之心得以挺立——这里的“诚”都是指内心真实无妄、诚敬澄明的心理和精神状态。而《中庸》之“诚”虽然也有这一层面的意义,但却远远超出了这一意义,而赋予了“诚”更为丰富的内涵,将“诚”视为形上天道,且从天道、人事等多个方面展开深入论述,思想内容较为丰富,乃至有学者认为今本《中庸》原由两部分组成,即“中庸”和“诚明”③,这也是《文言》的“诚”论所不具备的。

三

《文言》两言“君德”,第二次提及“君德”始引出对“仁”的说解,即(4)所言:“学以聚之,问以辩之,宽以居之,仁以行之。”这里虽未提及“正中”,但显然“学”“问”“宽”“仁”是作为至高德行原则“正中”的具体化展开。学习以积聚知识技能,发问以辩明事理,以宽和的方式居处,以仁爱之心行事,此即是对“正中”原则的持守和践行,也是“正中”之德的呈现。但需要注意的是,这里的“正中”之德虽然具有一般意义,所呈现出的“学”“问”“宽”“仁”也是具一般性的修养功夫,但《文言》是在“君德”的语境下予以阐发的,也就是

① 李学勤:《周易溯源》,巴蜀书社2006年版,第103—104页。

② 高亨:《周易大传今注》,齐鲁书社2003年版,第45页。

③ (宋)王柏:《鲁斋集》卷十三《题跋·古中庸跋》,文渊阁《四库全书》本。

说,《文言》所描述的是作为政治统治者所具备的德行和修养。确切来说,这里的"君德"是指具备君人之德但尚未有君位之人的德行。在学者看来,九二和九五爻辞均有"大人"一辞,但却有所区别,九二爻"言龙见在田之时,犹似圣人久潜稍出,虽非君位而有君德,故天下众庶利见九二之'大人'",并举先儒之说,以"夫子教于洙泗,利益天下,有人君之德,故称'大人'"[①]为例,此外,还以舜未做天子之前的事迹为例——"若舜渔于雷泽,陶于河滨"[②]。而九五爻则是"圣人有龙德飞腾而居天位,德备天下,为万物所瞻睹,故天下利见此居王位之大人。"[③]因此,这里的"学问宽居"也应从有君德而无君位之人的修养这一角度予以解读。王弼注"君子学以聚之,问以辩之"云:"以君德而处下体,资纳于物者也。"[④]可见,这里的"学""问"并非一般性的修养功夫,而是特指有君德之人在处下位时通过学、问以积聚知识、技能,提高德行,为将来"居天位"做积极准备。因此,这里的"学""问"具有特定的意义和突出的功利性。同样,后半句"宽以居之,仁以行之",孔颖达云:"'宽以居之'者,当用宽裕之道,居处其位也。'仁以行之'者,以仁恩之心,行之被物。"[⑤]这里的"宽""仁"也应从"有君德而无君位"的角度理解。

"宽"如果从一般意义上或个人修养的角度可以理解为对他人的宽容,本身包含有仁爱的意义,和下文的"仁"在一定意义上有"互文"的关系。但"宽"在先秦儒家的语境中,尤其是在《论语》中却有突出的政治意义。《论语·八佾》:"子曰:'居上不宽,为礼不敬,临丧不哀,吾何以观之哉?'"朱熹注:"居上主于爱人,故以宽为本。"[⑥]这里明确地指出"宽"是属于"居上者"的为政之道和德行修养,也是仁爱之心的体现。《论语·阳货》也记载:"子张问仁于孔子。孔子曰:'能行五者于天下,为仁矣。'请问之。曰:'恭、宽、信、敏、惠。恭则不侮,宽则得众,信则人任焉,敏则有功,惠则足以使人。'"这里的"宽则得众"《论语》两见,另一处在《尧曰》:"宽则得众,信则民任焉,敏则有功,公则说。"《尧曰》一篇,"具载尧舜咨命之言,汤武誓师之意,与夫施诸政事者。"[⑦]这里再提"宽",自然也和"施诸政事"密切相关。以"得众"释"宽"的政治效应,更是凸显了"宽"作为为政之道的重要价值。而《阳货》中的"宽则得众"虽然也突出了其政治效应,却是从"仁"的讨论中引申而来,能推行宽裕之道,或以宽裕之道治理民众,即是"仁"之体现。

这里涉及"仁"与"宽",以及其他具体"德目"如义、礼、智、信、恭、敏、惠、孝、悌……之间的关系问题。程颐释"元亨利贞"云:"四德之元,犹五常之仁,偏言则一事,专言则包四者。"[⑧]此是"认为元必须通四德而言,仁必须通五常而言,兼体是指元可以兼亨利贞,仁可以兼义礼智信"[⑨]。这里的"专言"和"偏言","'专'之字,在程颐那里有专门、专一、专擅等

---

① (魏)王弼注,(唐)孔颖达疏:《周易正义》,第 3 页。
② (魏)王弼注,(唐)孔颖达疏:《周易正义》,第 18 页。
③ (魏)王弼注,(唐)孔颖达疏:《周易正义》,第 7 页。
④ (魏)王弼注,(唐)孔颖达疏:《周易正义》,第 26 页。
⑤ (魏)王弼注,(唐)孔颖达疏:《周易正义》,第 26 页。
⑥ (宋)朱熹:《四书章句集注》,中华书局 1983 年版,第 69 页。
⑦ (宋)朱熹:《四书章句集注》,第 194 页。
⑧ (宋)程颐:《周易程氏传》,中华书局 2011 年版,第 3 页。
⑨ 陈来:《朱子思想中的四德论》,《哲学研究》2011 年第 1 期。

蕴涵,'专言'即专门集中言,并带有整体而非部分的意义……'专言'在此则不仅有专门集中言之义,更是突出了包容统属的功能……'偏言'就是'分言',即只就每一德或每一常自身而论,着重在这'一事'自身的性质、表现及特征等"①。这一说法被后世朱熹所继承,并在其"仁者,爱之理,心之德也"②的理论框架下做了进一步的阐发。③"仁"之"专言""偏言"也可以作这样一种理解和诠释,"偏言"之"仁"可以理解为一种狭义的仁,就具体含义来说指仁爱,与义、礼、智、信等具体德目并列;而"专言"之"仁",则是广义之仁,具有一定的抽象性和普遍性,不再是一种具体的德目,而是具有整全性的"众德之府",而具体的那些德目则是这一广义之仁在具体德行领域内的呈现。如上文所言,为政者能以宽裕之道治理民众,此即广义之仁在为政之道方面的呈现。

这里的"宽"既具有明显的政治维度,还可以做一些引申。《左传·昭公二十年》载子产言:"唯有德者能以宽服民,其次莫如猛。夫火烈,民望而畏之,故鲜死焉。水懦弱,民狎而玩之,则多死焉,故宽难。"后其继承者太叔"不忍猛而宽",结果导致"郑国多盗",不得已"兴徒兵""尽杀之"。又记载仲尼对此事的评价:"宽以济猛,猛以济宽,政是以和。"④这里子产以"宽"为一种高超的治理方式,它对为政者有很高的素质要求——"唯有德者能以宽服民",相比起次一等的治理方式"猛","宽难"。太叔的为政结果也证明了子产所说。仲尼的评价只能说是对太叔具体执政的评价,不能看作是将"宽""猛"对等并列,而最后记载仲尼听闻子产去世,出涕曰"古之遗爱",这里的"遗爱"其实就是"仁",也呼应了子产推崇的"宽以服民"的为政之道。

回到《文言》,这里的"仁以行之"既然和上文"宽以居之"形成对偶,甚至有"互文"的意味,那么此处的"仁"和"宽"当有并列、对等的地位,也就是说,此处的"仁"是"偏言"之"仁",或者说狭义之仁。"仁以行之",用孔颖达的话说,即"以仁恩之心,行之被物"⑤即怀仁爱之心行事,使民众蒙受恩泽。这里有一个问题需要讨论,上文已述,《文言》此章具有突出的政治性,是指有君德而无君位之人的修养,既是无位,"学以聚之,问以辩之"是为"谋求"有位而做的准备工作,那么无位之人如何能"宽以居之,仁以行之"?我们认为,这里的"宽居""仁行"是从一种广义的、"泛政治"的角度而言,即"宽""仁"的主体之人即使尚未获得正式的政治名分(爵位、官职等),但以宽裕之道、仁爱之心,处事待人,影响、感化、教育世人,实际上已经行使、发挥了有位者的政治功能,正如《论语·为政》所载:

> 或谓孔子曰:"子奚不为政?"子曰:"《书》云:'孝乎惟孝,友于兄弟,施于有政。'是亦为政,奚其为为政?"

因此,这里的"宽以居之,仁以行之"仍然不同于一般性的修养,而是具有突出的政治意义,即特指有君德但尚未取得相应的政治地位的人具有的修养功夫和政治素质。

---

① 向世陵等:《儒家博爱论》,高等教育出版社2022年版,第150页。

② (宋)朱熹:《四书章句集注》,中华书局1983年版,第48页。

③ 参见向世陵等:《儒家博爱论》,高等教育出版社2022年版,第157—161页。

④ 杨伯峻编著:《春秋左传注》,中华书局1991年版,第1421页。

⑤ (魏)王弼注,(唐)孔颖达疏:《周易正义》,第26页。

四

上文涉及《文言》与《中庸》的异同，这里的“学问宽居”说也有与《中庸》相联系的内容。金德建云：

> 《中庸》“问学”和《文言传》相同。《中庸》说：“博学之，审问之，慎思之，明辨之，笃行之。”这话也符合《文言传》所说：“君子学以聚之，问以辨之。”不过《中庸》系统地分析，排列层次，《文言传》却只拣取其中的三层。“学以聚之”等于《中庸》的“博学”，“问以辨之”等于《中庸》的“审问”和“明辨”。彼此所说明的显然是同样的道理。[①]

我们认为二者的关系还须作进一步的分析。

先来看《中庸》原文：

> 诚者，天之道也；诚之者，人之道也。诚者，不勉而中，不思而得，从容中道，圣人也；诚之者，择善而固执之者也。博学之，审问之，慎思之，明辨之，笃行之。有弗学，学之弗能，弗措也；有弗问，问之弗知，弗措也；有弗思，思之弗得，弗措也；有弗辨，辨之弗明，弗措也；有弗行，行之弗笃，弗措也。人一能之，己百之；人十能之，己千之。果能此道矣，虽愚必明，虽柔必强。

很明显，这段话的中心思想是在讲“诚”，“诚为此篇之枢纽”[②]。《中庸》以诚为天道，也是人格修养的终极目标，“诚之”则是人追求诚、最终达到诚的基本的修养功夫，而“诚之”的基本途径就是“择善而固执之”，由此引出了博学、审问、慎思、明辨、笃行，正如朱熹所说，“此诚之之目也”[③]。因此，《中庸》的“博学审问”说是一种工夫论，即达到“诚”的修养工夫，也是后世儒者所必备的基本修养，成为一种具有一般性、普遍性的修养。

从修养的一般性而言，如金德建所言，《文言》的“学以聚之”可以理解为“等于”《中庸》的“博学”，“问以辩之”也可以理解为“等于”《中庸》的“审问”和“明辨”。但也要看到《文言》自身的特殊性。《文言》的“学问宽居”说，体现的是“君德”，“君德”是在儒家基本修养基础上的一种特殊修养。“学以聚之，问以辩之”，如上文所述，是属于特定条件下的修养功夫，即有君德而尚未取得君位之人，处在下位时通过学问增加自身的知识、技能、德行，为将来成为“君”所做的力量积蓄和储备，如孔颖达所云：“‘君子学以聚之’者，九二从微而进，未在君位，故且习学以畜其德。‘问以辩之’者，学有未了，更详问其事，以辩决于疑也。”[④]——《文言》的目标非常明确，是为将来成为“君”做准备，而《中庸》的博学审问则指向的是颇具形上意义的“诚”，相比起来，《文言》具有明显的功利性质，凸显了政治意义而缺乏形上层面的观照。

---

① 金德建：《先秦诸子杂考》，第172页。

② （宋）朱熹：《中庸或问》下，《朱子全书》第六册，上海古籍出版社2010年版，第594页。

③ （宋）朱熹：《四书章句集注》，中华书局1983年版，第31页。

④ （魏）王弼注，（唐）孔颖达疏：《周易正义》，第26页。

金德建云："《中庸》系统地分析，排列层次。"此说甚确。朱熹分析道：

> 学之博，然后有以备事物之理，故能参伍之以得所疑而有问；问之审，然后有以尽师友之情，故能反复之以发其端而可思；思之谨，则精而不杂，故能有所自得而可以施其辨；辨之明，则断而不差，故能无所疑惑而可以见于行；行之笃，则凡所学、问、思、辨而得之者，又皆必践其实而不为空言矣。此五者之序也。[①]

就这一理解而言，学、问、思、辨、行构成了一个环环相扣的逻辑序列，且五者之前所冠的限定词——博、审、慎、明、笃，是构成这一逻辑链条的必要条件。总体而言，五种修养，前者为相邻后者的基础和前提。

而《文言》的"学问宽仁"说则很难找出类似的内在逻辑。前半句，"学"和"问"属于"外在"的、更具操作性的修养；而后半句"宽"和"仁"似乎侧重于内在的德行。因此，简单地将这句话与《中庸》相关联，并寻找对应关系，尤其是将"问以辩之"拆解开来，生硬地对应到"审问之，明辨之"是不可取的。另外，"学问宽仁"也没有冠以限定词，后面的"聚""辩""居""行"更多的是体现了一种顺承关系，描述了一种效应或结果，这也是和《中庸》有本质区别的地方。

更重要的是，《文言》中的"仁以行之"与《中庸》论"仁"需要做一分析。

《中庸》"哀公问政"章云：

> 为政在人，取人以身，修身以道，修道以仁。仁者人也，亲亲为大；义者宜也，尊贤为大；亲亲之杀，尊贤之等，礼所生也。故君子不可以不修身；思修身，不可以不事亲；思事亲，不可以不知人；思知人，不可以不知天。天下之达道五，所以行之者三：曰君臣也，父子也，夫妇也，昆弟也，朋友之交也：五者天下之达道也。知、仁、勇三者，天下之达德也，所以行之者一也。……子曰："好学近乎知，力行近乎仁，知耻近乎勇。知斯三者，则知所以修身；知所以修身，则知所以治人；知所以治人，则知所以治天下国家矣。"

这里论"仁"是在"为政"的整体视域中进行的，由为政聚焦到仁，仁是为政的核心；又对仁的首重内涵作出解释——"亲亲"，从而引申出义、礼等。这里将儒家血亲伦理、家国一体的思想作了概括表达，其内涵远远超出了"仁爱"的一般意义，所蕴含的思想也要比《文言》"以仁恩之心，行之被物"丰富得多。

此外，《中庸》从主张"修身以仁"推衍至"知天"，这里的"天"朱熹阐释为"天理"，认为"亲亲之杀，尊贤之等，皆天理也"[②]；下文"知、仁、勇三者，天下之达德也，所以行之者一也"，朱熹云："一则诚而已矣。"[③]《中庸》中的"天"虽然还不能说就是朱熹所谓的"天理"，但其主宰、生化义还是很明显的，由此有较为突出的形上意义，这也和《中庸》整体的思想风格、特征相一致；而此处的"诚"虽然强调"人之道"，而《中庸》将其视为天人合一的枢

① （宋）朱熹：《中庸或问》下，《朱子全书》第六册，第593页。

② （宋）朱熹：《四书章句集注》，第28页。

③ （宋）朱熹：《四书章句集注》，第29页。

纽,人通过"诚之"的工夫追求并最终达到"天之道"的"诚"。因此《中庸》论"仁"也是直接和形上天道相关联,这也是《文言》"仁以行之"所不具备的内容。

最后,我们说《文言》的"仁以行之"和前面的"学以聚之,问以辩之,宽以居之"相并列,"学""问"属偏"外在"的"行",而"宽""仁"则是偏重"内在"的"德",就这里的具体语境,"宽""仁"甚至在某种意义上有"互文"的关系,因此此处的"仁"与"学""问",尤其是与"宽",可以说是一种并列对等的地位,"仁"并非这段文字的语义核心所在,而是隶属于"正中"和"君德"。如图 1 所示。

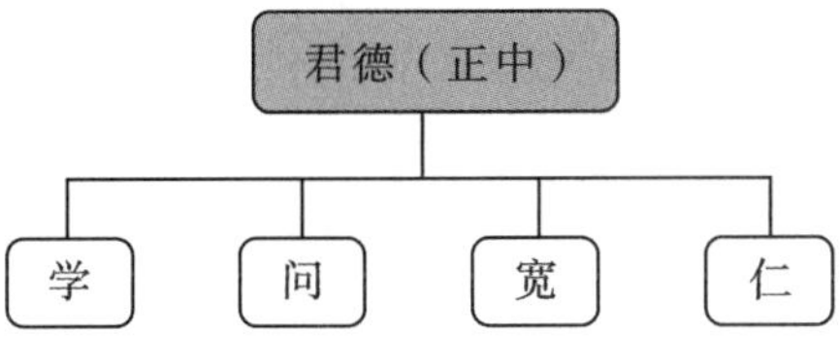

图 1

《中庸》中也将"仁"与"知""勇"并列为"三达德",但这一序列的内涵和旨趣与《文言》有很大差别。首先,"三达德"是为"五常道"服务的,"达道虽人所共有,然无是三德,则无以行之","知,所以知此也;仁,所以体此也;勇,所以强此也"。[①] "此"指"五常道";而《文言》之"仁"则是服务于"君德"。此外,《中庸》又道:"力行近乎仁。""力行"的对象即是此"五常道",对五常道的身体力行便近于仁德了。所以,《中庸》"仁"的核心内涵的揭示突出了"亲亲",又一再强调仁与践行五常道的关系,这与《文言》仅从推行"仁恩之心"角度的论述又是不同的。

① (宋)朱熹:《四书章句集注》,第 29 页。

《易经澹窝因指》版本及文献价值考证

李勇慧　卢贵珍　晋守亮　高山*

明张汝霖《易经澹窝因指》八卷，被收入《四库全书总目》，著录为明万历史继辰刻本，现该本已被《四库全书存目丛书》影印（以下简称"史本"）。作者在进行国家社科基金项目"海内外现存易经古籍版本目录的调查与研究"、国家留学基金资助项目"日本藏易类古籍版本目录的鉴定与著录"研究，以增补《易学书目》而编纂《易学总目》的过程中，在日本国立公文书馆阅书时发现我国缺藏的明万历还朴堂活字本张汝霖《易经澹窝因指》八卷（以下简称"日本还朴堂本"）。后又通过各大数据库多方检索，在浙江省图书馆、中共中央党校图书馆、中国国家图书馆三家各发现一部其本馆著录为"明万历本"者（上述三本以下简称"浙图本""党校汪1本""国图汪2本"），但经过对三馆提供的书影初步进行版本比对，发现均为不同版本，且均为孤本，令人惊奇。查阅杜泽逊教授《四库存目标注》①，对其著录亦有不一致之处。现略作考证。

一、《易经澹窝因指》版本与收藏考证

通过调查与考证，海内外现存张汝霖《易经澹窝因指》八卷可分为五个版本。

1.明万历三十年（1602）平陵史继辰刻本

海内外现存四部，分别藏于中国国家图书馆（索书号：SB14863）、安徽省图书馆（《四库全书存目丛书》影印所据底本，见图1）、日本蓬左文库、清翰林院（日本收藏家渡边千秋曾藏，2012年保利拍卖），这是《易经澹窝因指》最早刊本。

经考证其正确著录应为：《易经澹窝因指》八卷，明张汝霖著、明史继辰校，明万历三

---

* 作者简介：李勇慧，山东省图书馆副馆长、山东省古籍保护中心副主任，历史学博士，二级研究馆员，兼山东大学历史学博导；卢贵珍，聊城大学图书馆助理馆员；晋守亮，山东大学儒学高等研究院在读博士研究生；高山，青岛市图书馆助理馆员。

基金项目：本文系国家社科基金一般项目"海内外现存易经古籍版本目录的调查与研究"（17BTQ041）、国家社科基金后期资助项目"《易学总目》编纂"（23FTQB006）阶段性成果，同时接受国家留学基金项目资助"日本藏易类古籍版本目录的鉴定与著录"（2-1909370006）。

感谢山东大学林忠军教授暨日本国立公文书馆、浙江省图书馆、中共中央党校图书馆、中国国家图书馆同道的大力支持与帮助。

① 杜泽逊撰：《四库存目标注》第一册，上海古籍出版社2007年版，第42—43页。

十年(1602)平陵史继辰刻本，八册。九行二十字，白口，四周双边，单黑鱼尾，卷端首行题“周易澹窝因指卷之一”，次行题“山阴张汝霖著/平陵史继辰校刊”。该书刊刻精良，有刻工，多名手。

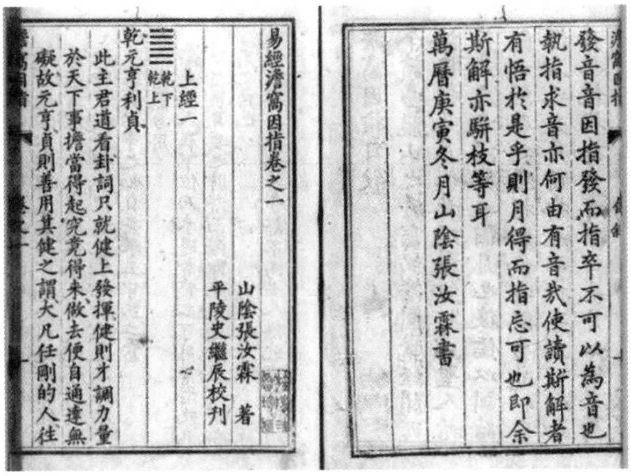
發音音因指發而指卒不可以為音也
執指求音亦何由有音哉使讀斯解者
有悟於是乎則月得而指忘可也即余
斯解亦駢枝等耳
萬曆庚寅冬月山陰張汝霖書

易經澹窩因指卷之一
山陰張汝霖 著
平陵史繼辰校刊
上經一
☰ 乾下乾上
乾元亨利貞
此主君道看卦詞只就健上發揮健則才調力量
於天下事擔當得起究竟得來做去便自通達無
礙故元亨貞則善用其健之謂大凡任剛的人往

图 1 史本(安徽省图书馆藏)

2.明万历海阳邵逢鼎校刻本

海内外现存一部，为孤本，藏于浙江图书馆(索书号：善 008118)。浙图将其版本著录为“明万历刻本”(见图 2)，现据其卷端题“海阳邵逢鼎重校”，将其版本增改为“明万历海阳邵逢鼎校刻本”。两本卷端次行均镌“平陵史继辰校”，但史本多一“刊”字，且浙图本多“海阳邵逢鼎重校”，故浙图本出自史本，但史本为九行本，而浙图本改为十行。

经考证其正确著录应为：《易经澹窝因指》八卷，明张汝霖著、明史继辰校、明邵逢鼎重校，明万历海阳邵逢鼎校刻本，残存二(存卷一至二)。十行二十四字，白口，四周单边，无鱼尾，卷端首行题“周易澹窝因指上经卷之一”，次行题“山阴张汝霖著/平陵史继辰校/海阳邵逢鼎重校”。该本刊刻较精良，无刻工。

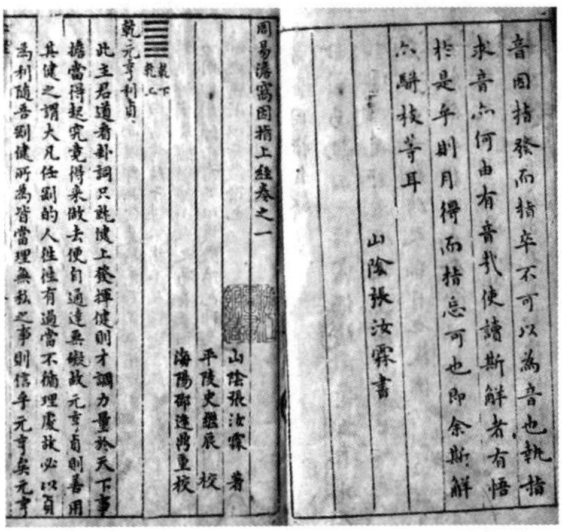
音因指發而指卒不可以為音也執指
求音亦何由有音哉使讀斯解者有悟
於是乎則月得而指忘可也即余斯解
亦駢枝等耳
山陰張汝霖書

周易澹窩因指上經卷之一
山陰張汝霖 著
平陵史繼辰 校
海陽邵逢鼎重校
☰ 乾下乾上
乾元亨利貞
此主君道看卦詞只就健上發揮健則才調力量於天下事
擔當得起究竟得來做去便自通達無礙故元亨貞則善用
其健之謂大凡任剛的人往往有過當不循理處故必以貞
為利隨吾剛健所為皆當理無私之事則信乎元亨矣元亨

图 2 浙图本

3.明万历还朴堂活字本

日本还朴堂本(见图 3)国内未见,海内外现存仅日本二部,分藏于日本国立公文书馆(索书号:汉 13117)、日本加贺市立图书馆。《日本藏先秦两汉文献研究汉籍目录》著为“明万历序刊本”。日本国立公文书馆本著录为“明还朴堂万历序刊本”,未著录为“活字本”,但该本活字风格明显。卷八“下系”P38 不避“玄”,说明该本的刊刻时间要早于康熙元年(1662)。该本卷端镌“史继辰校”,亦出于史本,又经“虎林张叔元、瞿钟元重订”。日本国立公文书馆本乃丰后佐伯藩主毛利高标献上本,有佚名朱笔批校。

经考证其正确著录应为:《易经澹窝因指》八卷,明张汝霖著,明史继辰校,明张叔元、瞿钟元重订,明万历还朴堂活字本,八册。十行二十六字,白口,四周单边,无鱼尾,卷端首行题“周易澹窝因指卷之一”,次行题“山阴张汝霖著/平陵史继辰校/虍林张叔元、瞿钟元重订”,无栏格,版心下镌“还朴堂”。

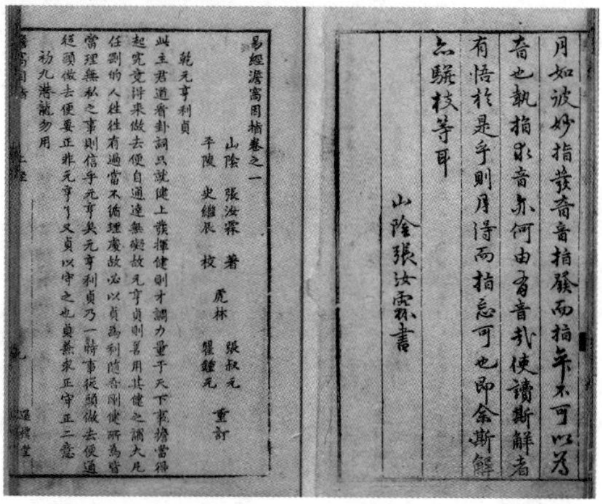
易經澹窩因指卷之一
山陰 張汝霖 著
平陵 史繼辰 校
虎林 張叔元 瞿鍾元 重訂
乾元亨利貞

月如波妙指發奇音指發而指無不可以為奇也執指以音亦何由有音哉使讀斯解者有悟於是乎則月得而指忘可也即余斯解亦騃枝等耳

山陰張汝霖書

图 3　日本还朴堂本(日本国立公文书馆藏)

日本国立公文书馆本有佚名批校,其校语有一定的学术价值。如卷八的第十五页“知微二句与中庸知微之显意合看”。《周易·系辞传》曰:“君子知微知彰,知柔知刚,万夫之望。”孔颖达疏曰:“‘君子知微知彰者’初见事机,是知其微;既见其机,逆知事之祸福,是知其彰著也。”强调微和彰的内在联系以及由微到彰的发展变化,万事之理从微以致彰。既知其始又知其末,所以为万夫所瞻望。《中庸》曰:“君子之道,淡而不厌,简而文,温而理,知远之近,知风之自,知微之显,可与入德矣。”朱熹注曰:“远之近,见于彼者由于此也。风之自,着乎外者本乎内也。微之显,有诸内者形诸外也。有为己之心,而又知此三者,则知所谨而可入德矣。”这里点明远近、风自、微显是一个互相依存相对的概念。此处和《周易·系辞传》“知微”二句结合起来理解,可以相互补充、相互发明。《大学》与《中庸》是儒门心法,《周易》则为儒家的密理。其实三者之间可以互阐互释、相得益彰。自孟子以后儒门心法失传,汉、宋之儒皆未得之,故不能开后世之教。《周易》所蕴含的“圣人之意”就是教导人们由“德”返“道”即由“后天”返“先天”。《大学》首揭“内圣外王”之道。“止至善”为道之体,“明明德”为道之用。“格致诚正”是内功,“修齐治平”则为外行。《中庸》的性情论与《周易》的性情论可以互相印证。《大学》《中庸》有助于人们理解《周易》的“继善成性”说。《周易》亦内蕴《中庸》的“中和”之意。《中庸》的“诚”兼具体用、包举内外。要实现儒家思想的现代化转化，就必须体悟并践行儒家的心法与密理。

4.明刻本

海内外现存一部，孤本，藏于中国国家图书馆(索书号:19650)。国图依卷端“新安汪嘉谕梓行”著录为“明汪嘉谕刻本”。此本与中央党校本初看相类，但经过国图馆员帮忙对照其异同如下:二书均为上下栏，但卷端上栏题名、著者不同，文字差异如图所示，上栏卷端首行:党校汪1本(见图5)题“增订周易澹窝因指集注上经卷之一”，国图汪2本题“增订周易衷旨合参集注卷之一”。上栏卷端次行:党校汪1本镌“山阴张汝霖著/张汝懋补”，国图汪2本镌“山阴张汝霖/张汝懋著集”;党校汪1本镌“仁和程翼龙校”，国图汪2本镌“仁和胡澄、程翼龙增订”;虽两本卷端均镌“平陵史继辰阅”，但国图本多一“校”字;两本卷端均镌“新安汪嘉谕梓”，国图本多一“行”字。国图汪2本与党校汪1本卷端异同比较见图4。

经考证其正确著录应为:《增订周易衷旨合参集注》四卷，明张汝霖、张汝懋著集，明史继辰校阅，明胡澄、程翼龙增订，明刻本，五册。此书分上下栏。上栏张汝霖《增订周易衷旨合参集注》，二十四行二十七字白口四周单边无鱼尾，无栏格。上栏卷端首行题“增订周易衷旨合参集注卷之一”，次行题“山阴张汝霖、张汝懋著集/平陵史继辰校阅/仁和胡澄、程翼龙增订/新安汪嘉谕梓行”。下栏为朱熹《周易本义》，十一行二十三字白口四周单边无鱼尾。

但该书的版本尚需全面调查，尤其要查是否避清讳，以确定其刊刻的真正时代。

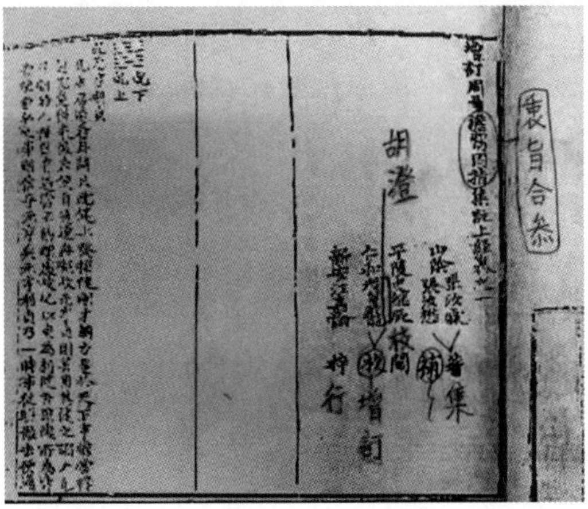

图4　国图汪2本与党校汪1本卷端异同比较

(红笔为国图汪2本)

5.清石语山房刻本

海内外现存一部，孤本，藏于中共中央党校图书馆。该校著录版本为“明石语山房刻本”，但据卷端“新安汪嘉谕梓”，应将“汪嘉谕”加入版本项。

《四库存目标注》著录为“清石镜山房刻本”[①]，“语”当为“镜”之误。又将版本时代著录为“清”[②]，这与该书的字体与版式风格是相符的。考该本卷四“下系”不避“玄”，说明该本的刊刻时间要早于清圣祖玄烨继位的康熙元年(1662)。但该本以上下栏的格式，在下栏列出朱熹《周易本义》原文，以方便举子备考，此类风格多见于清中期科举类书籍。此书之著者虽较史本“张汝霖”多“张汝懋补”，但亦应出于史本。

经考证暂定其著录为：《增订周易澹窝因指集注》四卷，清石语山房刻本，明张汝霖著、明张汝懋补、明史继辰阅、明程翼龙校，二册。封面题“石语山房订/周易因指/本府藏板”。此书分上下栏。上栏张汝霖《增订周易澹窝因指集注》，二十四行二十七字白口四周单边无鱼尾，无栏格，框高 12.7 厘米，宽 14.4 厘米，首行题“增订周易澹窝因指集注上经卷之一”，次行题“山阴张汝霖著、张汝懋补/平陵史继辰阅/仁和程翼龙校/新安汪嘉谕梓”。下栏为朱熹《周易本义》，十一行二十三字白口四周单边无鱼尾，框高 13.3 厘米，宽 14.4 厘米。

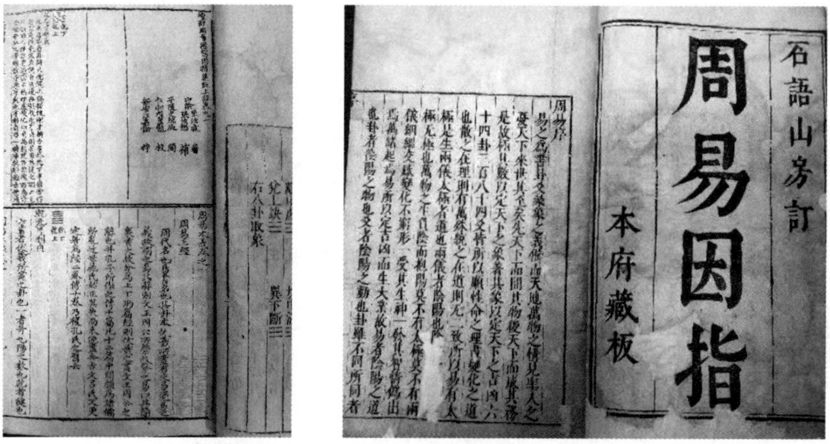

图 5　中央党校汪 1 本

二、《易经澹窝因指》校勘

“史本”“浙图本”“日本还朴堂本”三本均可校勘，但因“浙图本”不全，仅校勘日本还朴堂本与《存目》史本，发现二本内容基本相同，俗体字多同，异文仅在卷一、六，与文义影响不大。异文如下：

卷一，乾卦，第 3 页 B 面倒四行还朴堂本作“不测之意”，史本“意”后衍“也”字(P5，A 面正五行)

卷一，乾卦，第 4 页 A 面正六行还朴堂本作“生物”，史本无“物”字(P5，B 面倒二行)

卷一，乾卦，第 12 页 A 面第五行还朴堂本作“景气”，史本作“景象”(P17，B 面正一行)

---

① 杜泽逊撰：《四库存目标注》第一册，上海古籍出版社 2007 年版，第 42—43 页。

② 杜泽逊撰：《四库存目标注》第一册，第 42—43 页。

卷一，乾卦，第 12 页 B 面倒四行还朴堂本作“故风霜”，史本无“故”字（P18，A 面倒三行）

卷一，乾卦，第 15 页 B 面第一行还朴堂本作“功夫”，史本前衍“涵养”二字（P22，A 面正五行）

卷一，乾卦，第 16 页 B 面正二行还朴堂本作“未”，史本作“未曾”（P23，B 面倒四行）

卷一，乾卦，第 17 页 A 面正一行还朴堂本作“此句”，史本作“一句”（P24，B 面正一行）

卷一，坤卦，第 17 页 A 面倒二行还朴堂本作“顺理”，史本无“理”字（P25，A 面正一行）。虽说有“理”字没“理”字，对文意没有影响。但这个元亨只是柔顺中的元亨，比乾不同。人能虚心顺理，只就了他才力所及与他职分所能的行将去，亦自无不通，故元亨。然阴性多躁，不能固守。又以牝马之贞为利。顺而健非顺外别有健，只是守的这个顺（理）坚牢就是健。

卷一，坤卦，第 17 页 B 面第二行还朴堂本作“得明者”，史本作“得朋”（P25，A 面倒四行）

卷一，坤卦，第 17 页 B 面倒二行还朴堂本作“夫地”，史本作“天地”（P25，B 面正五行）

卷一，坤卦，第 19 页 B 面倒五行还朴堂本作“高下”，史本作“高”（P28，B 面正二行）

卷一，坤卦，第 21 页 A 面第三行还朴堂本作“不是”，史本作“非”（P30，B 面正一行）

卷一，坤卦，第 21 页 A 面倒一行还朴堂本作“是过”，史本作“是”后衍“个”字（P30，B 面倒一行）

卷一，坤卦，第 25 页 A 面倒二行还朴堂本作“坤之”，史本后衍“别也乾九二言此却言义者阴阳之”（P36，B 面正五行）

卷六，未济卦，第 133 页 B 面倒三行还朴堂本作“安得者利”，史本作“安得有利”（P63，B 面第五行）

卷六，未济卦，第 136 页正六行还朴堂本作“于求下”，史本作“以求下”（P67，B 面正二行）

三、张汝霖与《易经澹窝因指》研究

学界对作者张汝霖的研究较少。现国内外对《易经澹窝因指》的整理研究，仅有对撰者张汝霖事迹的辑考研究论文一篇，这也仅是元明清散文研究专家闽南师范大学教授张则桐研究著名文学家张岱时期的副产品《张岱〈家传・张汝霖传〉——张汝霖事迹进行辑考》[①]，该文以清张岱《家传・张汝霖传》所传内容，与晚明文人别集及其他史料钩辑有关张汝霖资料相考证，对张岱祖父张汝霖的生平事迹、交游状况作了比较详细的勾勒和描述，对研究张汝霖行实颇具参考价值。

---

① 张则桐：《张岱〈家传・张汝霖传〉笺证——张汝霖事迹辑考》，《中国典籍与文化》2005 年第 1 期。

另外，现可以查到关于张汝霖生平的最早史料有两种：《[崇祯]清江县志》张汝霖百余字小传、清张岱《家传》；关于《易经澹窝因指》内容与版本的资料主要有五种：明浙江左布政史平陵史继辰《易经澹窝因指序》、明新安范涞《易经澹窝因指序》、明张汝霖《易经澹窝因指自序》、清《四库全书总目提要》、杜泽逊《四库存目标注》①。

1.张汝霖生平与学术

张汝霖（约1557—约1625），字肃之，号雨若，晚年号砎园居士。山阴（今浙江绍兴）人，明隆庆状元张元忭长子，万历时大学士朱赓之婿、明清之际著名史学家与文学家张岱祖父。张汝霖是晚明江南士林颇有影响的人物，与陈继儒、陶奭龄、黄汝亨、王思任等名流过从甚密。他思想活跃，个性诙谐，喜爱文艺，带有鲜明的晚明时代特征。张汝霖继承了张元忭的以朱学的实际工夫补救王学空疏的治学思想，在读书治学时注重发挥知性主体精神，并强调实际的修养工夫。充分表现了晚明越中学风的特色。其孙张岱《四书遇序》云："余幼遵大父教，不读朱注。凡看经书，未尝敢以各家注疏横据胸中。"②张岱继承了张汝霖的学术思想和治学方法，形成了具有现代品格的文化精神。张岱《家传·张汝霖传》详述其祖父张汝霖的生平事迹，略云："大父（张汝霖）读书龙光楼，辍其梯，轴轳传食，不下楼者三年。"又云："上大主考九我李公……洗卷更置丹铅。《易经》以大父拟元。"③张汝霖醉心学术，治易功夫之深由此可窥其一斑。

2.《易经澹窝因指》学术史研究

明代学者对张汝霖《易经澹窝因指》持肯定态度。明浙江左布政史平陵史继辰《易经澹窝因指序》："今观其所笺注，其该数也核，其诠理也精。有经前人之所已谈而衍弥宏畅；有阐先哲之所未发而义非凿空。"认为该书象数义理兼备，象数精到，义理醇熟。既有对前贤旧说的继承，也有自己独到的创新之处。赞扬张汝霖此书："斯宁独世儒之所避舍当亦宣圣之所印可也。"明新安范涞《易经澹窝因指序》："赞易莫过乎圣，十翼以后寥寥矣……张君雨若家学渊源，名节继武，尝潜心易道，著《澹窝因指》八卷，发圣人精蕴，为艺苑筌蹄。"并进一步指出："今张君所指悉本之身心时位，简而明，奥而则，合开物成务大原，有助于《本义》。"

清四库馆臣对张汝霖《易经澹窝因指》评价较低，"其书随文训释，专为科举制艺而作，殊无足取"，认为此书专为科举制艺而作，无足取之处。然其孙张岱在《家传》中记载张汝霖："幼好古学，博览群书。"张汝霖教子"惟读古书，不看时艺"④。古学应当是指科举制艺之外的文史典籍和学问，这恰恰说明张汝霖在制艺盛行的时代不为风气所囿，知识视野十分开阔。且该书自作者于万历时期成书后，仅在万历时期就被刊刻五次之多，同一时期刊刻频率如此之高，说明其非常受举业士子追捧。且"新安汪嘉谕梓行"本又以上下两栏的形式，与朱熹《周易本义》上下参照。而馆臣对明代学术成就的评价本来就较低，这是学界一致的共识。因此，馆臣对此书的评价可作为参考，但未必允当。

---

① 杜泽逊撰：《四库存目标注》第一册，第42—43页。

② （明）张岱著，栾保群点校：《琅嬛文集：张岱著作集》卷四《家传》，浙江古籍出版社2013年版。

③ （明）张岱著，栾保群点校：《琅嬛文集：张岱著作集》卷四《家传》。

④ （明）张岱著，栾保群点校：《琅嬛文集：张岱著作集》卷四《家传》。

从学术史看，张岱继承其祖父张汝霖的思想学术，并将其发扬光大，故学者的研究多围绕张岱及其著作展开，而对张汝霖及其学术思想一笔带过。其中不乏苦于历史文献稀缺之故。纵观张汝霖一生，既有经世济民的思想，又不乏处理繁难事务的能力。但因种种因素的牵制，他大部分时间只能流连于山水园亭，这也使其治学理念深受儒家和禅宗的影响，在其解易之作《易经澹窝因指》中就有所体现。张汝霖于龙山之澹窝读易，偶翻《圆觉经》所言"因指见月"，继而顿悟"圣人精蕴载在六经，譬之犹月也，后儒以训诂解六经，譬之犹指也"，乃作《易经澹窝因指》，希冀读此经解者得以悟于此书，以期月得而指忘。

通过以上考察与分析可以发现，围绕张汝霖易学思想及《易经澹窝因指》尚有值得挖掘之处。四库馆臣的评价，随着时代的变化与古籍普查的深入，亦有进行再评价的必要。

浅析丁若镛的《易》思想的基本观点

方浩范*

易为何物，易为何而作，以及易如何产生和运用等问题是易学界长期探讨的话题，也是学者如何对待易学的根本问题。朝鲜易学家丁若镛（号茶山，1762—1836），通过《周易四笺》和《易学绪论》两部巨著系统地阐述了他的易学思想。另外，他又通过文学作品《易论》，阐述了易为何物、易如何产生和如何应用等问题。

一、易不是“幽”而是代表圣人之志

易为何物是丁若镛易学思想的首要问题，也是他的《易论一》的主要内容。其发端在于他质疑苏洵《易论》中“易为之幽”观点，阐述了不同于苏洵的易理论和基本主张，并明确提出了圣人之志的标准。

> 昔者苏洵氏言曰：“圣人之道，所以不废者，礼为之明，而易为之幽也。人之所以获尊者，以其中有所不可窥者也。于是因而作易，以神天下之耳目，而其道遂尊，此圣人用其机权，以持天下之心。”噫！苏氏于是乎失言矣。①

丁若镛引用了苏洵六经论之首《易论》的主要观点，但这不是苏洵《易论》的完整版，而是丁若镛对苏洵《易论》内容的重新归纳和整理。其核心内容包括以下几个方面：第一，圣人之道不废的原因在于一明一幽，即礼之明和易之幽，从而得出易之特点在于“幽”。第二，圣人之所以能够受世人的尊重，其原因在于世人无法窥视圣人之心。第三，圣人通过作易，使天下人耳目之神奇，达到尊道之目的。第四，圣人利用机略和权谋，挟持天下人之心。归纳而言，易是幽，圣人正是利用幽，使世人不能窥视圣人之心，反过来圣人以此要挟世人之心。综观苏洵《易论》的观点，他认为圣人作易是为了利用机略和权道，以此挟持天下人之心。苏洵认为圣人受尊重的理由有二，一是礼使社会文明化，二是易把圣人神秘化。苏洵认为礼虽然也是圣人之作，但由于礼之简单明了，没有树立起圣

---

* 作者简介：方浩范，哲学博士，教授，浙江越秀外国语学院东北亚研究中心首席专家，山东大学东北亚学院教授、国际儒学联合会理事，中国实学研究会常务理事。

① ［朝鲜］丁若镛：《定本与犹堂全书》（2）《文集》（Ⅰ），丁若镛学术文化财团 2012 年版，第 264 页。下引该书，仅随文标注书名全书简称“《与犹堂全书》集号”与页码。

人的价值与权威。为了确保圣人之自尊，圣人作易来构筑让世人难以接近的境界。也就是说，在苏洵看来圣人首先要把自己神秘化，然后使自己变成受人尊重的圣人，因此，圣人作易是以深奥和神秘作为前提的。

丁若镛对苏洵的这一观点提出了质疑，并进行了相应的解释、批判，并发表自己的观点和主张。丁若镛对“礼为之明”没有作出任何评价，说明可能对此没有异议或者认可。但他并不认同，甚至批判“易为之幽”观点。什么是幽？丁若镛认为“幽，不明也”[《与犹堂全书》(15)《周易四笺》(Ⅰ)，第 345 页]，“幽，昧也”[《与犹堂全书》(15)《周易四笺》(Ⅰ)，第 357 页]。也就是说，“幽”代表着不明和愚昧。当然，丁若镛作为易学家，并非不知道说卦中的“昔者，圣人之作《易》也，幽赞于神明而生蓍”。《易・说卦》中的“幽赞”之意在于“暗中受神明之赞助”，因此他可能认同“幽赞”，但不认同“易为之幽”的主张。丁若镛之所以不认同“易为之幽”的观点，其主要原因在于圣人并非利用易之幽，也不是利用所谓神秘来要挟世人。相反，他认为圣人之所以为圣人，是因为圣人能够以诚待物，并不存在任何不透明、不诚实的言行。他说：

> 夫圣人之所以为圣人者，以其能至诚以待物，使其所为与所言，昭乎若日月之耀乎天，而无纤毫幽翳有足以望而疑之者也。[《与犹堂全书》(2)《文集》(Ⅰ)，第 264 页]

丁若镛认为圣人之所以是圣人的标准，在于“诚以待物”，而“诚以待物”的表现则在于他的所为所言应该像“日月之耀”一样“无纤毫幽翳”，并足以让人没有任何怀疑。丁若镛认为如果世人因为不能通达事物的奥秘、不能穷事物发展的道理而彷徨，不知客观世界发展规律，只是由于世人缺乏足够的知识而已，并非圣人之志如此。换言之，圣人并非利用深奥道理使常人陷入困惑，而是世人没有掌握必要的和足够的知识而已。面对这样的问题，应该如何进一步教导世人，才是圣人之志的根本目的所在。他说：

> 故圣人又为之焦其唇敝其舌，指之以其手指，喻之以其诰训戒命之辞，冀其一悟也。有能微悟其所指喻者，则圣人又之欣愉说豫，喜动于色，因其所已知而进之，使达于其所未及知，必使之尽知吾所知者而后息焉。此圣人之志也。[《与犹堂全书》(2)文集(Ⅰ)，第 264 页]

丁若镛认为圣人之志在于通过不懈的努力，让世人觉悟和进步。这也是圣人受到尊重的根本原因，因为圣人的付出使世人得以开明和进步。但丁若镛认为，圣人之“尊”绝非圣人之志。为此，丁若镛认为圣人应该做到三个“教民”。一是，“为之登降揖让，以教民敬众”[《与犹堂全书》(2)《文集》(Ⅰ)，第 264 页]，即通过礼节教育，教导百姓知道敬重他人的道理；二是，“为之献酬醋馔①，以教民报本”[《与犹堂全书》(2)文集(Ⅰ)，第 264 页]，即通过祭拜祖上的方式，教育百姓懂得感恩祖上的道理；三是，“为之衰麻哭泣之纪，以教民仁死”[《与犹堂全书》(2)文集(Ⅰ)，第 265 页]，即通过葬送故人的法度，教育百姓应该追慕已故亲人的道理。

---

① “献酬”谓饮酒时主客互相敬酒。“醋馔”在韩国的“汉文”中如同“醋馂”，其意是祭祀时相互敬酒，吃祭祀品。

> 于是运智发谋，夜以继书，设为民所不可知之事，恍忽闪倏，瑰怪谲诡，无端无倪，变幻其体，投而扺之于愚夫愚妇之前，使其骇愕惶汗，逡巡退蹙，以之神天下之耳目，冀欲其屈躬伏地，攒手百拜以我，圣人固如是乎？［《与犹堂全书》(2)《文集》(Ⅰ)，第 265 页］

丁若镛认为上述这些行为绝非圣人所为。他认为这是“唯浮屠释氏之徒及后世庸老丑，为河图洛书之图附之壁，以盗名者为之耳。曾谓圣人之志如是乎?”［《与犹堂全书》(2)《文集》(Ⅰ)，第 265 页］也就是说，为了迷惑百姓，墙上挂起河图和洛书，并盗名欺世的行为是那些“浮屠释氏”和“后世庸老丑”(后世不动脑筋的庸俗的“儒者”)所为，绝非圣人之志。而且，所谓“夫设机权以持天下之心，此霸主之略，而兵家之所为算也。曾谓伏羲、神农、文王、周公、孔子之圣而有是乎?”［《与犹堂全书》(2)《文集》(Ⅰ)，第 265 页］是说，“设机权以持天下之心”绝非是圣人之志。因为圣人作易时为了解决其难读性，提供了读易之手段和方法：

> 为之《说卦》，以喻其羊牛马豕之象；为之《翼传》，以着其推移往来之迹；为之曰九而曰六，以显其变动迁流之用。占人占其故，下士八人，筮人辨其吉凶，中士二人，以决国疑，以前民用，《易》亦何幽之有?”［《与犹堂全书》(2)《文集》(Ⅰ)，第 265 页］

丁若镛认为《易》是要解决涉及国家与民生的重大问题，因此相关的占辞并不是根据某个人的单独判断来确定，而是通过具有一定资格的担当者的解释和讨论、判断，并经过合理的过程来形成。从丁若镛的视角来看，这足以证明《易》绝非“幽”，其目的也在于去《易》的神秘化。众所周知，读《易》之难是世人共认的事实，然而并不能因为《易》之难读性来说明它的神秘性。丁若镛认为，“《周易》者，周人礼法之所在，儒者不可以不明其微言妙义在所发挥也”［《与犹堂全书》(4)文集(Ⅲ)，第 194—195 页］。也就是说，丁若镛认为《周易》是周人的礼法所在，其功能并非用河图和洛书来强调《易》之神秘化，并以此来抬高所谓“圣人”的尊贵。

二、易出于请天之命和公正之善

《易》为何而作是丁若镛《文集·易论二》[①]中的核心问题。他说：“《易》，何为而作也？圣人所以请天之命而顺其旨者也。”［《与犹堂全书》(2)《文集》(Ⅰ)，第 265 页］也就是说，圣人作《易》具有两层意思，一是向天请命，二是顺其天命。而何为天命？丁若镛在文学《易论》中没有明确表述，然而在他的其他著作中对天命进行了系统的论述。

丁若镛首先从德性与天命的关系出发，对天命作了一个定义。他说：“德性者，天命也；尊德性者，至诚也。”［《与犹堂全书》(6)《中庸讲议补》，第 376 页］丁若镛通过天命与德性、尊德性与至诚的关系，连接了天命与至诚的逻辑关系，达到了“天命至诚”的境界。同时，丁若镛认为“受天命者，不敢不尊之”［《与犹堂全书》(6)《中庸自箴》，第 269 页］。

① 《易论二》也收录在《全书》(15)《周易四笺》(Ⅰ)，第 328—330 页

既然圣人是“请天之命”和“顺其旨者”，那么当然要受到尊重。

> 昔者圣人之作《易》也，将以顺性命之理，是以立天之道曰阴与阳，立地之道曰柔与刚，立人之道曰仁与义，兼三才而两之，故《易》六画而成卦。[《与犹堂全书》(16)《易学四笺》(Ⅱ)，第 324 页]

丁若镛虽然强调《易》是圣人为了请命而作，但他认为对人“请天之命”是有条件的，至少在以下三种情况下，圣人是不复“请天之命”。

一是“事之出于公正之善，足以天之助之成而予之福者，圣人不复请也”[《与犹堂全书》(2)《文集》(Ⅰ)，第 265 页]；

二是“事之出于公正之善，而时与势有不利，足以必其事之败而不能受天之福者，圣人不复请也”[《与犹堂全书》(2)《文集》(Ⅰ)，第 265—266 页]；

三是“夫事之不出于公正之善，而逆天理伤人纪者，虽必其事之成而徼目前之福，圣人不复请也”[《与犹堂全书》(2)《文集》(Ⅰ)，第 266 页]。

> 天命不但于赋生之初畀以此性，原来无形之体妙用之神，以类相入与之相感也。故天之儆告，亦不由有形之耳目，而每从无形妙用之道心诱之诲之，此所谓天诱其衷也。顺其诱而从之，奉天命者也。慢其诱而违之，逆天命者也。曷不戒慎，曷不恐惧，天之灵明，直通人心。无隐不察，无微为烛，照临此室，日监在兹，人苟知此，虽有大胆者，不能不戒慎恐惧也。[《与犹堂全书》(6)《中庸自箴》，第 233 页]

丁若镛认为天命赋之生之初本性，更是通过无形之体的妙用之神与人相感，即所谓的天人合一之境地。而且“儆造”形式的天之命，也是能通过无形之妙用之道，以心诱导和教诲，丁若镛把它称为“天诱其衷”。如果顺其天诱而从之的话，就是承受天命。如果怠慢天诱，甚至违背天诱的话就是逆天命。圣人必须要懂得戒慎和恐惧，因为天之灵明是直通人心的。

三、易之完成与玩易之诚吉

天之命不可能直通于人之心，它需要通过圣人承受天之命而顺其旨而传达。因此，即便是天之命，如果没有中间传递媒介的话，也不可能实现。而这个中间媒介，丁若镛认为就是《易》。因此，如何邀请天命，是圣人作《易》的主要目的。在丁若镛的易学思想中，如何接受天命成为重要内容和环节。如前所述，虽然出于公正之善向天请教未来，然而天无法直接告诉人类。因此，如何才能承天命而顺其旨，成为圣人必须要面对和思考的实际问题。《易》正是在圣人思考如何解决这一问题的过程中，才得以发明和完成。

> 圣人是悯，蚤夜(早晚)以思，仰而观乎天，俯而察乎地，思有以绍天之明而请其命者，一朝欣然拍案而起曰：“予有术矣!”[《与犹堂全书》(2)《文集》(Ⅰ)，第 266 页]

他以非常直观而通俗易懂的方式，描述了圣人们作《易》的全部过程。

第一，“八卦”的诞生。圣人经过苦思冥想，并恍然大悟说“予有矣术”以后，“以手画地，为奇偶刚柔之形，曰：‘此天地水火变化生物之象也。’【此八卦】”[《与犹堂全书》(2)《文集》(Ⅰ)，第 266 页]而初画八卦之人是谁？也是丁若镛所关注的主要问题。他在《易学绪言》中对始作八卦做了详细的论述，他说：“上古之时，人民无别，群物未殊，未有衣食器用之利。伏羲乃仰观象于天，俯观法于地，中观万物之宜，于是始作八卦。”[《与犹堂全书》(17)《易学绪言》，第 83 页]而且“伏羲画卦之初，专借仰观俯察。仰观俯察，先得两物，两分为四；又得四物，四化为八；遂得八物，八物者天地水火雷风山泽也。八物既得，乃画八卦。由是观之，所谓河图，必有八物之象，乃可为圣人所则”[《与犹堂全书》(17)《易学绪言》，第 173 页]。

第二，“十二辟卦”和“五十衍卦”。丁若镛认为圣人完成八卦之后，“因而之进退消长之势曰：‘此四时之象也。’【此十二辟卦】又取之为升降往来之状曰：‘此万物之象也。’”【此五十衍卦】而“十二辟卦之进退消长，其本已著于八卦”[《与犹堂全书》(2)《文集》(Ⅰ)，第 266 页]。

第三，“说卦”。说卦是为了解释《易》而产生。一般认为，《说卦》是《易传》之一，是以八卦对象之法对六十四卦进行解释。然则，丁若镛在《易》论中没有提到六十四卦，而是八卦之后谈到十二辟卦和五十衍卦，又接着论述了说卦。

第四，“蓍策五十”与“筮得一卦”。丁若镛说，“于是出于野，取芳草若干茎，与其所为升降往来者，合其数以相应，敬以藏之于室而待之也。【此蓍策五十】”，“每有事，出而握之，既又为之劈而四之曰：‘此四时之象也。’又于是散之聚之，参伍之变通之曰：‘此万物之象也。’既已算其数而着其形，形成而体立。【此筮得一卦】”[《与犹堂全书》(2)《文集》(Ⅰ)，第 266 页]。丁若镛在这里只是提出“蓍策五十”，而没有详细说明蓍占的具体方法。但通过利用了十二辟卦(“此万物之象也”)和五十衍卦(“此万物之象也”)之原理，充分说明了“筮得一卦”的过程。

第五，“占其吉凶”。筮卦的目的在于占其吉凶，对此丁若镛认为“于是取所谓马、牛、车、宫室、戈兵、弓矢仿佛之象，察其所升降往来之迹，而其形之或全或亏或相与或相背，其情之或舒或蹙或可悦或可忧可恃可惧可安可危者，无不以其者而玩之。【此占其吉凶】”[《与犹堂全书》(2)《文集》(Ⅰ)，第 266—267 页]。以上是八卦开始到占其吉凶的全过程，说明了圣人“蚤夜以思，仰而观乎天，俯而察乎地，思有以绍天之明而请其命者，一朝欣然拍案而起曰：‘予有术矣！’”的术，即易的产生、发展、应用的全过程。

> 玩之诚吉，于是乎作而言曰：“天其命予而行之矣。”玩之诚不吉，兢兢然莫之敢行，此《易》之所为作也，此圣人之所以请天之命而顺其旨者也。[《与犹堂全书》(2)《文集》(Ⅰ)，第 267 页]

丁若镛的这句话，具有两层含义：一是当“玩之诚吉”时，认为这是天命“予而行”；当“玩之诚不吉”而不敢贸然行动之时，认为这是作《易》的原因，也是圣人请天之命，并顺其旨的原因。问题在于为什么“玩之诚吉”时，没有“此《易》之所为作也”；但“玩之诚不吉”时，却说是“此《易》之所为作也”。显然，前后表述方式的不同，其内涵也存在着一定的区别。结合《易论二》论述来看，“玩之诚吉”而“天其命予而行之”倾向于“卜”，而“玩之诚不吉”而请天之命和顺其旨侧重于“易”。二者共同点在于都是请天之命和顺其旨者，“然而‘卜’亦然，亦所以请天之命而顺其旨者也。圣人何不尊之为六经，使其书亡也?”[《与犹堂全书》(2)《文集》(Ⅰ)，第267页]丁若镛虽然承认占卜是“请天之命而顺其旨者也”，但他认为占卜之术不能成为儒家学说的六经之一。其主要原因在于：“卜之兆也，直以着其吉凶之成象，方、功、义、弓各有定体，雨、霁、蟊、圛各具本色，体一百二十，而其繇什之，故不相用。[1] 不相用，则其升降往来之象，不寓于其中也。”[《与犹堂全书》(2)《文集》(Ⅰ)，第267页]也就是说，“卜之兆”之体有一百二十，但其繇辞是其体的十倍，所以无法包括升降往来之形象。

> 君子之喜《易》也，何哉？亦唯是升降、往来、进退、消长之象。是玩是戒耳。卦不推移，爻不变动，圣人将何所体万物之情，而自审其出处进退之义，以之避凶而趋吉哉？匪其位而据之，则戒之为凶，让其位而下之，则美之为吉，以柔乘刚，则谓之有厉，以贵下贱，则谓之大得，若是者非以其推移变去乎？以之修身而身无过恶，以之治民而民蒙利泽，以之处世而不陷机辟，以之观物而祥殃祸福之来，可以逆睹无错，夫然后方可谓圣人之书，而孔子之喜，孟子之用，为有所依靠也。[《与犹堂全书》(4)《文集》(Ⅲ)，第132页]

那么，《周易》之用途到底是什么？丁若镛说：“《周易》本有二涂，一为经学家所传，一为卜筮家所用。”[《与犹堂全书》17《易学绪言》，第76页]其中，“圣人以卜筮之法，佐其教化，导民以正也。善则得福，否则失之，明其报应以牖民也”[《与犹堂全书》16《易学四笺》(Ⅱ)，第50页]“卜筮家所用”之“卜筮家”不是占卜家而是圣人，是圣人通过卜筮教化百姓，并通过决定其吉凶的道理规劝百姓从善。丁若镛又认为周公赋予了《周易》每一个卦爻义理：

> 易主于筮，而义理寓焉。圣人察进退消长之势，(十二辟)玩升降往来之象，(五十衍)而寓义理于其间。然文王周公之词，其义所寓，陷而不彰，微而不著。……至于《大象传》则不干筮家，而纯为居观之用，因传以求经，则义可得矣。[《与犹堂全书》(15)《周易四笺》(Ⅰ)，第59—60页。]

丁若镛认为，易虽然是为了听天之命而从卜筮开始的，然而后来周公、文王、孔子使单纯以教化百姓的卜筮，逐渐向君子义理功夫的多样目的方向发展了。丁若镛又认为，“《易》所以筮也，一卦一爻，各具万事万物之象。(不变曰卦，变曰爻。)筮天下之万事万物，皆有遇此卦此爻之理”[《与犹堂全书》(15)《周易四笺》(Ⅰ)，第53页]。通过这些论述，我们能够进一步理解丁若镛所主张的易与筮的关系。

---

[1] “方、功、义、弓”是《周礼·春官》的龟卜中出现的四种占兆。“雨、霁、蟊、圛”是《书经·洪范》的龟卜中出现的占兆。

四、易主卜筮而义理寓之

丁若镛以易学史家独特的眼光，审视了易学史上象数与义理之争。[①] 象数与义理是表里的关系，韩国学界对茶山易学是象数还是义理持有不同的评价。一种是把丁若镛易学定义为象理学，与邵康节的数理易和程伊川的义理易相比较的观点。另一种观点认为，丁若镛的易学与象数学有一定的距离，可认定为义理易。[②] 也有学者认为，丁若镛易学虽然兼有象数与义理，但侧重卜筮。[③] 但很明显，丁若镛认为他的易学是以卜筮为主，而义理也寓之其中：

> "易主卜筮，而义理寓焉。圣人察进退消长之势（十二辟），玩升降往来之象，（五十衍）而寓义理于其间。然文王周公之词，其义所寓隐而不彰微而不着。至孔子彖传，则传阐义理其爻词之微隐者，《文言》《大传》又推演而为之戒。至于《大象传》则不干筮家，而纯为居观之用，因传以求经，则义可得矣。"（《全书·周易四笺·读易要旨》）

朱子说："《易》本为卜筮而作。古人淳质，初无文义。故画卦爻以开物成务。故（《系辞传》）曰'夫易何为而作也，夫易开物成务，冒天下之道如斯而已。'此易之大意如此。"（《语类·易二·卜筮》）据朱子的观点，古代人由于淳质，不知如何揣测事物而左右不定，所以圣人想出了卜筮的方法。朱子的这种思想与茶山在《易论》中将"请天之命而顺其旨"作为圣人作易的目的没有两样。但是，茶山认为由于百姓过于沉溺于卜筮，缺乏自己"推理"的意志，使卜筮最终发展为了一般的社会风俗。

丁若镛在《读易要旨》说："一曰抽象。易所以筮也，一卦一爻各具万事万物之象，不变曰卦变曰爻。筮天下之万事万物，皆有遇此卦此爻之理，文王周公于万象之中抽其一象，以为繇词"（《周易四笺·读易要旨》）。丁若镛之所以把"抽象"放在《读易要旨》第一位，是因为"抽象"是《周易》中最主要、最首要的问题。《周易》为一本占书，所有卦爻中具有万物之象，但丁若镛认为《周易》又不能随便用于占卜。而且，茶山认为，"卜筮之法其始也，禀天命以前民用也"（《全书·易学绪言·卜筮通义》）。"卜筮者，所以禀天命也。故将有为将有行而卜之筮之，后世之人既有为既有行乃卜乃筮，是探天机而试天意，大罪也。"（《全书·周易四笺·系辞上传》）而且，他认为"古人事天地神明以事上帝。故卜筮以听命孔子所言，明此义也。今人平居既不事神若，唯临事卜筮，以探其成败，则慢天渎神甚矣"（《全书·易学绪言·卜筮通义》）。

在茶山易学中，卜筮的活用被认为是促进人与天乃至神之间圆满交流关系的方法，同时《周易》也是为了实现人之道德生活的义理。值得关注的是，《易》的义理问题根源于卜筮的信仰世界，进而被用作个人的行动规范和社会判断标准。所以，茶山认为《周易》

---

① 林忠军：《论茶山对于汉代象数易学的反思与检讨》，《茶山学》2015 年第 26 号，第 167 页。

② 金旺延（音）：《丁若镛的〈邵子先天论〉批判》，《哲学》1994 年第 42 集。

③ 方仁：《茶山易的嗜好论世界观》，《大同哲学》2003 年第 21 集。

也是悔过之书。

> “《周易》悔过之书也。圣人之有忧患也，不怨天，不尤人，惟过之自悔。故文王拘于羑里，实始演《易》，孔子厄于陈蔡，厥有《十翼》，而六十四卦，多以悔吝立象。由是观之，圣人其无悔者邪？若圣人而无悔，则圣人者，非吾类也。”（《全集》3《文集》Ⅱ，第 87 页）

茶山认为，“颜子之所以为仁，不贰过也，子路之所以为勇，喜闻过也。诚悔之，不以过为咎也”（《文集》Ⅱ，《全集》3，第 87 页）。

“易者，圣人所以而迁义也。故孔子曰假我数年，卒以学易，庶无大过矣，斯可验也。改过曰悔，不改过曰吝。悔吝者，易家之大义也。或阴居阳位，阳居阴位者，卦既变迁，犹不悛改，则其占为吝。又或艮迷兑厉，依然不改，亦得为吝。不一例也。”（《易学四笺》，15册，第 84 页）

子曰：“加我数年，五十以学《易》，可以无大过矣。”（《论语·述而》）茶山对此处解释为，“《易》之为书，主于悔吝。悔者，改过也，吝者，不改过也，【能悔则改过不吝】故曰‘学《易》则可以无大过’”（《论语古今注》）。

如此而言，茶山虽然以卜筮为主，义理为补，但明显倾向于象数易。

总之，人类面对不确定的未来，越感到自己的能力有其局限性，就越会依赖超越的存在，即询问“神”的意思，把选择权交给超越者。作《易》的目的在于圣人求天命而遵之。《易》中请求天命有两个条件，一个是询问动机是否善良、正直，另一个是结果的可预测性问题。只有在动机善良、正确，且结果不能明确预测的情况下，才能问天意。

朝鲜王朝太宗和官员对《周易》的理解及其在治理中的运用

[韩]严连锡(Eom Yeonseok)*

太宗统治时期,有一个知识分子在国家典章体系的建立中发挥决定性作用的过程。可以说,太宗时期以郑道传、权近早期奠定的思想基础为根据,进行了经筵和各种文物制度的重组工作。《性理大全》等中国书籍是在太宗时期传入朝鲜的。具体来说,《易经》在朝鲜初期有为太子讲授学术、继承皇位、以《坤卦》作为防止不忠的象征意义以及在患病期间算命等用途,当时有一种明显的趋势即以经典为依据和原则来解决治理上的问题。

一、朝鲜初期《周易》研究动向

本文将重点考察以太宗(1367—1422)为中心的朝鲜早期官员对《易经》的理解,以及他们如何将《易经》应用于治理世界。太宗时期是以理学为指导思想的朝鲜王朝建立过程中,国家意识形态和典章制度尚未充分发展的时期。这一时期,知识分子们努力建立以儒学、性理学为思想体系的新国家秩序体系,克服高丽王朝的种种弊端和问题,开创新王朝。

这样,为王朝的建立奠定了思想和制度基础的代表人物就是郑道传(1342—1398)和权近(1352—1409)。他们都试图通过批判佛教来澄清新王朝的思想基础。佛教是高丽王朝宗教思想的基础,他们特别通过对《易经》的理解来批判佛教。例如,郑道传通过《佛氏杂辨》批评佛教,权近通过《周易浅见录》中的几句话批评佛教。翻看太宗在经筵时与各官员讨论的记录,可以发现他对儒家经典有着相当大的兴趣。让我们看一个例子。相传太宗七年(1407),太宗命张德良(又名成均司成)每天到宫中来,为担任顾问做准备。此时,国王正在读《易经》,据说是因为听到德良善于读《易经》的传言而下达了每日入宫的命令。①

这些官员讨论的内容包括通过《易经》的宇宙论、生成论批判佛教,以及《易经》的卦爻,卦爻辞的各种卦象的意义,如儒家统治的圣经依据等。它的目的是被用作治国原则。

---

* 作者简介:严连锡,韩国翰林大学校泰东古典研究所教授。

① 《太宗实录》十三卷,太宗七年(1407年)四月一日乙酉:"命兼成均司成张德良,逐日诣阙。备顾问也。时上读《易》,闻德良明《易》,故有是命。"

那么，作为灭高丽王朝、建立新王朝的初始阶段，我们将简要回顾太宗时期的历史和学术背景，并考察侍奉太宗的官员对《易经》的理解，以及《易经》应用于经世的具体体现。

二、高丽末期朝鲜初期《周易》的研究背景

高丽末年，新士成长起来，他们积极接受性理学，克服佛教思想，建立新王朝。在此过程中，白文宝(1303—1374)、李穑(1328—1396)、郑梦周(1337—1392)等知识分子在研究从中国明代传入的《易经》时批判了佛教。例如，白文宝主要研究邵雍的象数易学，李穑、郑梦周是研究程颐义理易学的代表学者。

白文宝接受了邵雍的先天易学理论，并以数字为首要焦点来解释世界。李穑受程颐易学的影响很大，强调《周易》的义理方面，重视道德的实践问题。李穑以乾卦强调文王、周公等圣人的德性。郑梦周也深受义理易学的影响，以义理的方式解释《周易》，他没有留下任何关于《易经》的专门著作。然而，对个别卦象的部分注释仍然存在。他通过体用论解释了乾卦、坤卦、坎卦、离卦，将复卦初九爻的天心解释为仁，重视理学家的观点。白文宝、李穑、郑梦周作为高丽后期儒学的枢纽学者，不仅研究了性理学，而且还通过研究儒家思想的核心经典《易经》，试图以此克服高丽后期佛教的弊端。

但他们并不希望高丽王朝本身被新王朝所取代，而是坚持通过渐进的方式革新政策。郑道传和权近则主张为了克服高丽末期的种种弊端，应该建立一个根本性的新王朝，并试图为新王朝奠定思想基础。根据这种立场的差异，我们认为郑道传和权近主要将《易经》作为批判佛教的依据。

郑道传在《佛氏杂辨》的《佛氏因果之辨》中引用《易经》中的乾卦，否定了佛教的因果论。"《易》曰：'乾道变化，各正性命。'前世儒家云'天道无心，而普万物'"(《佛氏杂辨·佛氏因果之辨》)，就是这个意思。他还说，"原夫太极有动静而阴阳生，阴阳有变合而五行具，于是无极太极之真，阴阳五行之精，妙合而凝，人物生生焉"。(《佛氏杂辨·佛氏因果之辨》)

郑道传引用《太极图说》，解释了无极和太极的本质与阴阳和五行的精髓的神秘结合，以及人和万物被创造的无尽过程。在这里，与佛教的轮回理论不同，他认为同一身份的延续，例如灵魂的不朽，从根本上是不可能的。[①] 相反，气化世界只不过是纯粹现象，是气的组合和集合的产物。这样，郑道传以《易经》中的气化说为基础，批判了佛教的轮回思想。

郑道传对佛教的批判，在《周易·系辞上》的鬼神论中也有体现。他特别提到：

> 天地阴阳之气交合，便成人物，到得魂气归于天，体魄归于地，便是变了。精气为物，是合精与气而成物，精魄而气魂也。游魂为变，变则是魂魄相离，游散而变。变非变化之变，即是变则坚者腐存者亡，更无物也。(《佛氏杂辨·佛氏因果之辨》)

---

① 柳正烨：《以朝鲜初期的周易为中心的儒佛对论研究》，《韩国禅学》2009年，第492页。

郑道传在回答“将灵魂视为鬼魂”问题时说：“火气灭矣，烟气灰烬，不复合而为火。则人死之后，魂气体魄，亦不复合而为物，其理岂不明甚也哉？”这种观点与佛教的灵魂轮回理论相差甚远。

权近也从《周易》中推导出了排佛论的理论基础。朝鲜中期以后的学者主要集中于对四书的思考，而朝鲜初期的学者对儒学的研究相对自由，主要集中在五经上。朝鲜初期虽有性理学研究，但尚没有像朝鲜中期退溪、栗谷之后那样对形而上的理论进行深入研究，这是因为，这一时期王朝思想基础和典章文物体系的建立更加迫切。权近在《周易浅见录》中，带着排佛的意思提到了以下内容：

> 此观草庐吴氏澄所著《纂言》，其于卦爻互体取象，多所发明，亦有功于此经者也。然其说务立奇异，容有牵强，又倍先儒之说，而淫于异端者，亦或有焉。不揆狂僭，辄疏鄙见之一二，以著于后聊以自备遗亡而已。（《周易浅见论》）

虽然权近在很多方面受到吴澄的《易纂言》的影响，但他对这部作品是否会陷入佛教异端保持警惕。随后，他又根据《易经》的《系辞传》批评不杀生：

> 盖欲兴利，先除其害。此网罟所以居制作之首也。………异端之教务为姑息之仁，禽兽无异同类，深戒以勿杀，而于人则禁绝人道，以灭其生生之理，是使禽兽多而人类小，率禽兽而戕人伦者也。（《周易浅见论》）

佛教虽然讲不杀生，但权近批评它并没有朝着拯救人类的方向前进。换句话说，权近认为，与儒家的逻辑相比，佛教的不杀生逻辑只不过是一句空洞的口号，对人的生命没有多大帮助。同样，郑道传、权近也试图以朝鲜初期性理学思想为基础，为朝鲜王朝建立秩序体系，这一阶段他们以《易经》理论为基础，批评佛教。

三、太宗与官僚学者的对《周易》的理解的特点

在本章中，我们将考察太祖时期官僚学者引用《易经》并将其作为具体治理问题的实践原则的几个案例，其中包括关于周易的经世学运用的例子。

首先，我们来看看太宗二年(1402)六月司谏院所发表的时务策中引用《周易》的段落。在这本《时务策》中，司谏院强调“勤听政”“御经筵”“元子入学”“谨巡绰”等规定，劝王好好遵照。司谏院强调了向元子传授学习的必要性，如下所示：

> 元子入学。《易》曰：“蒙以养正，圣功也。”盖纯一未发之蒙而养其正，乃作圣之功也。发而后禁，则扞格而难胜，养正于蒙，学之至善也。况元子，君之贰，将有宗社生灵之责于身，其可不素教而预养之乎？……愿卜吉辰，特遣元子入学，使其宾师及谕善侍学，朝夕不离左右，常以孝悌忠信之道，日讲于前，自然熏陶渐染，德器成就，国本永固。（《太宗实录》三卷，太宗二年六月十八日庚午）

司谏院引用了《易经》《蒙卦》《彖传》的一段话，强调必须通过教育国王的太子元子来巩固国家的基础。换句话说，在默默无闻的时代教育人们去做正确的事情是圣人的目标。

此外，太宗六年(1406)九月，权近写信给国王，告知他不要试图将王位交给年轻的皇太子。权近引述《周易·讼卦·大象传》中的“作事谋始”一词，如下所述：

> 《易》曰：“作事谋始。始之不谋，终必有患。”小事尚然，况大事乎？世子虽是嫡冢，以其幼弱，群情未附，则天意之未集，亦可知矣。殿下不恤国势之可虑，乃欲违天违众，强付幼弱，是轻宗社而弃之也。伏望殿下，深思而审处之，收还国玺，亲临万几，以待世子年纪既壮，功德益著，民情乐附，天命是集，然后先报朝廷，以俟明降而传之，宗社幸甚，国家幸甚。上虽不允，意稍感悟。(《太宗实录》十二卷，太宗六年八月二十四日庚戌)

上面，权近批评国王企图将王位让给太子，批评太子还年轻，不适合执掌国家大事，国王交出王位就是贬低宗社。在这里，他引用了揭示诉讼意义的《讼卦》《大象传》，并提到在进行某件事时，首先要做好计划。

太宗十五年，全罗道观察使朴习和永吉道都巡问使曹洽提出了该省要处理的事项，讨论所有小村庄哪里应该重建，哪里应该合并。这时，刑曹判书郑易说，前朝虽未吞并国家州县，但国家财用已足够，请沿用旧制。对此，太宗国王表示要学习《易经》《泰卦》，并提到如下内容：

> 上曰：“古法安可尽循？前朝之季，田制紊而太祖革之。”仍谓左右曰：“所为之事，若合于正，虽愚民怨咨，天其厌哉？若尽从民愿，则民岂欲赋役哉？若是则宰相安得收其租，而国家何由治乎？自古以来，有上下礼节而后，国家可得而治也。今凡设施，业已施行，而不顾事之是非，嚣嚣多言，类以为众怨，宜即改之，以烦予听。予观《文献通考》，纷更法制，以致旱灾，已行之事，不可更改。宰相须用读书人，卿等既读书而任事，观《易》泰卦，则为国之方盖可知矣。(《太宗实录》三十卷，太宗十五年八月一日乙丑)

太宗说，如果田制混乱了，改变是对的，即使人民抱怨，天也不会不愿意改变。他试图根据政策的妥当性来决定是否实施该政策。太宗命令试图以古典方式处理此事的郑易读《周易》《泰卦》，目的是做正确的事，最终使上级和下级和平。

太宗十八年，诚宁大君因豌豆热病重。于是，国王命总制成抑前往兴德寺进香精勤祈祷。在承政院，人们会通过算命来判断吉凶。关于此事，《太宗实录》记载如下：

> 诚宁大君发豌豆疮疾笃，命总制成抑奉香就兴德社，精勤祈祷之。命承政院召集善卜者，问吉凶，盲人韩觉云：“郑信悟等卜之，皆曰吉。”检校判内侍府事金龙奇赍奉诚宁大君救病愿状，如岊岭罗汉殿，以病日臻也。青城君郑擢以《易》占进于上，忠宁大君就解之甚明，世子心服之，左右皆叹美之。(《太宗实录》三十五卷，太宗十八年一月二十六日丁丑)

这时，太宗请承政院算命，善于算命的人就这样获得了好运。诚宁大君的病不见好转后，郑擢从《周易》中抽签，忠宁大君解读了它，并得到了明确的吉凶方向，而官僚感服。由此可见，拔《周易》卦算命的风俗，也是在国家有各种国事的时候就确立的。

另外，记录太宗十七年时期文章的《太宗实录》卷三十三中，也有关于文科教育的讨论。太宗提出了以下建议：

> 议文科事宜。上曰："三经以上，临文考讲可也。"礼曹判书下季良不可曰："虽不临文，尚有好恶。"上曰："何好恶之有？"季良曰："臣再掌国试，好恶岂可谓必无也？"上曰："有台谏，安有好恶？且三经不可。《礼记》则与史相近，不必师授，《易》虽难晓妙理，然亦易读。四经以上，临文考讲可也。且国之大事，予不可独断，与诸卿议。（《太宗实录》三十三卷，太宗十七年闰五月九日甲子）

太宗与诸大臣商议，三经以上需要测试背诵。并表示《易经》的奥妙道理虽然难以理解，但读起来却很容易，所以有必要好好研究它。他含蓄地透露自己有研读易经的经历。

总之，可见太宗和当时的官员对《周易》有相当的学识和认识。国王和官员以《易经》中的段落作为经文基础，将其应用于经济状况来处理各种问题。

四、太宗和政府官员对《坤卦》的认知和治理论的应用实例

本章中，有几个例子展示了太宗和他的官员如何运用《坤卦》中的"履霜"和"坚冰至"等短语，揭示对危机的警惕性问题与经世问题。从下面这段话可以看出，太宗自己研究了《易经》，并将其应用于经世事务。《太宗实录》七年九月记载了大王向闵无恤、无悔讲述闵氏兄弟罪孽的一段话：①

> 顾无恤、无悔曰："汝之二兄，得罪在外，其心必曰：'我有何不忠之心！'汝等亦谓：'吾兄有何不忠之罪！'汝父母之心亦然。今予详言其故，汝等宜往告于父母也。夫不忠非一端。古人云：'君亲无将。'有将则是不忠也。至于履霜之渐，亦未免为不忠。设若予为靖安公时，汝兄向我淡薄，则是为不睦，非不忠也。今予为一国之君，而彼乃怀淡薄之情，是诚不忠矣。昔李居易发不忠之言，其子伫以父之罪，亦贬于外。"（《太宗实录》十五卷，太宗七年九月十八日戊辰）

在这里，太宗提到坤卦"履霜"，对怀有冷酷卑鄙感情的闵无咎四兄弟，做出了不忠的行为。太宗以李居易为例表示，父亲犯罪，儿子也会因父受到惩罚。

司谏院在闵无咎兄弟犯罪之后，也上书陈述检校赞成事赵瑚、前总制金瞻和许应以及前恭安府尹朴惇之等人的罪责，提到必须在邪恶的种子结成党派、聚在一起谋取私利之前就被消灭掉。

> 台谏之臣，交章请罪，得蒙殿下好生之德，宜其悔悟自新，今也不顾一国臣民之愤，更与应、惇之等，托以博奕，常聚闵氏之门。应则以前日宪司之长，无所忌惮，而依阿取容；惇之则曾污风俗，附名刑书，滥受上慈，位至两府，图报圣恩，其分也，反与

---

① 闵无恤是左政丞闵霁的儿子，元庆王后的弟弟，世宗王的舅舅。朝鲜初期太宗时期，闵氏四兄弟以母系的身份走近权力中心，获得了元庆王后的权力，并晋升为知敦宁府事。在为了巩固王权而清除干涉官员的太宗看来，最不情愿的是母系闵氏。最终，由于太宗的退位浪潮，他的两个哥哥闵无疾和闵无垢以违抗国王命令的罪名被处决。

瑚等党不忠之家,其心必异,恐生乱阶。《易》曰:"履霜坚冰至。"盖欲制之于未然也。伏望殿下,令攸司收瑚、瞻、应、惇之职牒,鞫问其故,以杜朋党之源,以戒履霜之渐。(《太宗实录》十五卷,太宗八年五月十九日丁卯)

司谏院强调,像许应、朴惇之这样得到主上恩惠却心怀不轨的人,应该提前铲除,防止他们不报恩而支持不忠的闵氏,从而导致政局混乱。在此,司谏院还引用了《坤卦》初六爻中"履霜坚冰至"的象征意义,提到应在事态升级之前彻底控制此事。

太宗十六年(1416),又在司谏院发生了一次上诉。该上诉要求对被派往边境地区的军事领导人进行惩罚,因为他没有履行国防职责,而是秘密潜入汉阳并前往仁德宫,对国王不敬。这里也引用了《坤卦》中"履霜",要求严防不忠:

司谏院上疏:其一曰,近者刑曹请罪金训,殿下止令杖断、流窜。臣等窃谓,忠义人臣之大节,苟无忠义,何以为臣?训受命出镇,是掌兵者也,而擅自来京,累月潜隐,不即诣阙肃拜,而密进于仁德宫,无君之心著,而不忠之罪明矣。舍此不诛,于履霜坚冰之戒何?伏望殿下,断以大义,置之极刑,以为人臣怀二心者之戒。(《太宗实录》三十一卷,太宗十六年二月二十五日戊子)

司谏院强烈要求,驻守边防军营的将领,如果不履行国防职责、擅离职守,应处以极刑。在这里,司谏院以《坤卦》初六爻中所体现的"对危机和危险情况进行先发制人的应对"的象征意义进行了阐述。

五、朝鲜初期周易研究的经世论特征

本文试图重点探讨以太宗为中心的朝鲜早期官员对《易经》的理解,以及其在治国上的应用。朝鲜初期,重点是建立典章制度,而知识分子首先寻求建立以儒学和新儒学为经典基础的理想国家秩序及思想体系。因此,这一时期的君主和官员在学习和研究儒家经典时,首先关注的是儒家经典的治国应用和实际操作。

太宗统治时期,知识分子在国家典章体系的建立中发挥决定性作用。可以说,太宗时期以郑道传、权近早期奠定的思想基础为根据,进行了经筵和各种文章制度的重组工作。《性理大全》等中国书籍是在太宗时期传入朝鲜的。

具体来说,《易经》在朝鲜初期有为太子讲授学术、继承王位、以《坤卦》作为防止不忠的象征意义以及在患病期间算命等用途。当时有一种明显的趋势,即以经典的依据和原则来解决治理问题。不仅是《易经》,《四书》《诗经》《书经》以及《礼记》和《春秋》也同样被用于治理。

合则双美:浙东学派黄宗羲、黄宗炎易学综合研究

胡士颍*

浙江余姚黄宗羲是明末清初浙东学派的核心人物,其弟黄宗炎亦为浙东易学之代表。二人易学各具特色又相互补充,其中黄宗羲易学究极象数,撰著《易学象数论》传世,而黄宗炎则专研义理,辩驳图书,所著《周易象辞》《周易寻门余论》《图书辩惑》三书皆收入《四库全书》,二人易学堪称浙东易学的双子星。黄氏兄弟对易学象数与图书学讨论,在清初已产生广泛影响,此后朱彝尊、胡渭等有所称述、阐发;乾隆年间,四库选编时,浙江荐选提要、四库馆臣提要也代表了当时学界的评价,具有重要参考价值;皮锡瑞、梁启超等清代与民国学者,对黄氏兄弟的易学贡献多有赞辞。

黄宗羲是学界研究的"常青树",而黄宗炎论著散佚较多,虽存易著,仍鲜被关注。黄宗炎(1616—1686)少时受教于黄宗羲,及长学于节义大儒刘宗周,自此奠定了宗炎一生的学术方向与人格精神,与兄宗羲、弟宗会合称"浙东三黄"。明清易代之际,他顶踵尽捐以酬旧朝,几度陷于锋刃险难,此后甘于惨淡清苦,不食清粟,自称"鹧鸪"远处江湖。黄宗炎擅诗文、能绘画、研医术,学专多门而归本于易学,其对《周易》经传的释读与掘微之基本方法在于六书学,依据六书学及相关文字之学,黄宗炎形成了一以贯之、风格鲜明的解《易》方法,可谓清代通文字以诂经的探索者。

黄宗羲、黄宗炎易学是浙东学派经学的代表,综合研究两人具有多方面的学术意义。其一,从学派构成、学问渊源、著作内容与特点而论,黄氏兄弟易学各有所长、联系紧密、相互补充,在深入探讨黄宗羲易学的同时推动关于黄宗炎之论著辑佚、整理与研究,不仅能够弥缺补憾,亦能全面揭示黄宗羲之易学影响、黄氏家族之学乃至浙东经学互动之脉络。其二,黄氏兄弟生逢明季乱世,历经整个明末清初社会变迁的特殊历史时期,将之纳入明末清初学术背景和思想变迁脉络中进行专题考察,能够凸显黄氏兄弟学问与思想之特质,乃至二人治学、方法与行止之差别。其三,研究黄宗羲、黄宗炎及其易学思想,不仅可以揭示他们易学的思想架构与丰富内容,还有助于认识明清之际易学的发展与社会思想的演变,因而具有非常重要的学术意义。

不过,除了黄氏兄弟易学本身之外,还有与之紧密相关之问题,故达成以上研究目标尚存诸多挑战。他们的图书易学思想、观点、驳议影响日久,批评与反批评愈加层累繁

---

* 作者简介:胡士颖,中国社会科学院大学副教授,中国社会科学院哲学所副研究员。

乱,如何全面揭示二人易学思想,以及评判、定位和理解图书易学始终是一道难题。因而在全面研究黄氏兄弟易学的同时,还需重点关注他们对易学图书学的检讨,突出其中与易学、儒学有重要关联的议题,阐述其中有关经典认知、思想阐创、价值追求、文化批评等多方面内容,以及涉及的解经学、图书学史和诠释学的普遍疑难问题。

基于此,从黄氏兄弟易学观点、哲学思想和学术批评等方面,获取文本解读、史料分析和思想创新的经验,应注意以下几个方面的问题。

第一,黄宗羲、黄宗炎易学在内容、思想、观点等多个方面具有贯通性联系,但又致力于不同方面的工作,宜对二者综合研究,见其异同。

黄宗羲的《易学象数论》的特点在于简明、省要,观点颇为新奇、深刻,但是涉及面广,讨论的比较简单,论述、考证等方面还比较单薄,而宗炎有注有论,在《周易》经传的注疏方面的代表是《周易象辞》,这是宗羲所没有的;黄宗炎的《周易寻门余论》很大程度上是其易学研究的纲要和凡例,《图学辩惑》则对易学图书学之源流、内容、方法等等进行了详细的考证和全面的批判,并且显示其对于理学反思的深刻性和对道佛二教的文化批判性,其讨论与深度颇见其长,因而在此意义上,吴光认为"其学术门径近于乃兄,而经学造诣或有过之"(《国学新讲》)。黄氏兄弟易学是浙东学派易学研究的开创者和主干,对其后的清代易学、图书学发展产生极为复杂的影响。黄宗炎的易学在很大程度上是受到黄宗羲影响,同时受到当时思想风气和历史潮流的推动,在注疏和论述上又对黄宗羲有着明显的超越,二人易著构成了浙东派易学的主干部分。我们在看到黄宗羲影响较大的同时,不能忽略对于黄宗炎易学的研究,后者表现出的对经学的关注、对经世致用的重视、道德事功合而为一的主张、对宋明理学及佛道二教的批评等许多方面也都是浙东学派共同的思想特征。

第二,黄氏兄弟的图书易学批评及其再研究,已成为涉及图书易学、哲学、历史、考据、辨伪等诸多方面的重要研究议题。

黄氏兄弟对图书易学展开较为全面、集中的检讨,无论是在论证方法、驳辩逻辑,还是理论建构方面,都在前人的基础上取得了较大批评效果。他们的批评是明末清初反思风潮的重要组成部分,同时期顾炎武、王夫之、毛奇龄助推此风,此后的朱彝尊、胡渭、张惠言等人对此进行了宣说和完善,图书易学虽然仍被清代部分儒者尊奉,但指摘、批评之声不绝,图书易学在后世发展过程中与象数、算学、哲学的交涉部分也被殃及和忽视。比较而言,朱熹的河洛之说多服务于建立系统理学和以此为基础的整体文化学说的要求,黄氏兄弟则因艰难生活和痛苦精神的多重压迫,围绕河洛问题大肆批评汉宋儒学,一方面要求回到孔子和六经之学,以截断众流的方式总结历史和现实来开辟新的儒家思想形态,激进有余而综合不足,难以形成具有统摄性的理论体系;黄氏兄弟的"激进"表现也有所不同,黄宗羲体现出史家的明睿沉着,而黄宗炎体现了自身性格的冲动、激烈,以及明遗民的坚贞、愤懑、抑郁不平;相比而言,胡渭等人的图书批评则较多表现为单纯的学术总结,淡化了理论创造的激情,缺乏思想的批评和理论建设的冲动。双方就取证经书、历史考证和思想诠释等方面的攻辩,表明"过度"对"本义"立场而言是偏颇的,但"过度"又可能是一种建构意义的"误读",或者说,根据并克服"本义"作出"过度解释"往往是思想家为变化的历史和当下难题寻找出路的必然选择，黄氏兄弟的“过度批评”是构建儒家政治思想批判的重要途径，他们痛加批评的朱熹等人同样以其“过度融合”实现了河洛学说综合而系统的理论创新。

第三，在现代学术思想体系下，梳理黄氏兄弟易学及其研究史，揭橥其在现代文明语境下的学术价值与问题意识，不断深入探讨传统文化、文明遗产的继承与创新的历史经验和创新机制。

黄氏兄弟之于河洛的批评，一方面是二人困于王朝社会转折时的学术思想的自觉，另一方面，他们的批评征实有序，有强烈的思想反思和经世致用特点，又很大程度上被现代学者采纳或无意识地接受，将河洛学说推向绝地的境遇。河洛之于现代，不必然成为中国文化重建的重要部件、处理对象，但在重建过程中仍需给予河洛的历史文化遗存、精神遗产以适当位置。类似于河洛这种在历史与当前都存在争议的问题的存在，更加考验我们对中国历史思想进程、文化积累、观念演变的理解，帮助我们去定义和对待“传统”及其“中国”这一更为宏阔与本质的问题。

第四，做好相关文献的搜集、整理和解读，无疑是该研究工作的关键与保证。首先，黄宗羲全集整理已较完善，可在此基础上，将《易学象数论》之外的易学散论及相关内容加以抽绎、汇编，能够拓展当前对黄宗羲易学内容的认识，并以易学为线索洞察其编理学案、论究学术中的细微之见；其次，黄宗炎诗文散落已久，着手从清代诗文集、家谱、方志等辑佚其诗、赋、序、文及相关资料，无疑是深研掘微的重要工作；再次，黄宗炎易学著作三种：《周易象辞》《周易寻门余论》《图学辩惑》，篇幅较大，内容复杂，大陆和台湾学者虽在整理出版方面皆有推进，然而多有缺憾。提供更加准确、完备的整理本既是深入推动黄氏研究的重要体现，也将方便同仁研究和使用。

象即道:作为本真存在的易象

董春*

在易学哲学的理论体系当中,象乃是其最具特色的致思方式和言说方式,正如《系辞传》所言:“易者,象也,象也者,像也。”《周易》以阴阳符号为基础,通过六十四卦三百八十四爻之流动与转化建构了一套精密的哲学体系,而这套哲学体系之核心就在于“象”。近些年来,随着人们对于建构具有中国特色的哲学理论体系的自觉性与自主性不断增强,开始在传统易学思想的基础上积极建构具有中国特色的新理论,而“象思维”正是其中颇具代表性的理论之一。“象思维”乃是王树人在深入考察中西哲学之别的基础上提出的一个重要哲学观念,他认为:“‘象思维’作为中国传统思维的本质内涵与基本特征,乃是区别于概念思维或逻辑思维的一种思维。”①在这一思想理念的指导下,王树人对《周易》之象思维进行了系统的发掘和阐述②,学界对此问题亦展开了系列的研究和讨论,如何丽野、张祥龙、黄玉顺、康中乾等诸位学者均围绕《周易》象思维的特点、建构方式、思维方式等内容进行了深入的研究。③ 但与此同时,我们发现在“象思维”的相关研究中,虽然王树人提出了象思维的“非实体性”“非对象性”“非现成性”的特征④,但是并未在易学语境中展开详细论述,而对易象的这些特性的进一步研究有助于我们更为完整地展现“象思维”的内涵,本文拟以《周易》为契入点,通过阐明易象的“非实体性”“非对象性”“非现成性”三个特征,以期能推进“象思维”的研究。

---

* 作者简介:董春,山东大学易学与中国古代哲学研究中心副教授。

基金项目:本文系国家社会科学基金一般项目“《周易》象思维的历史源流与现代阐释研究”(21BZX077)阶段性成果。

① 王树人:《回归原创之思——“象思维”视野下的中国智慧》,江苏人民出版社2012年版,第17页。

② 如王树人:《〈周易〉的“象思维”及其现代意义》,《周易研究》1998年第1期;王树人:《“易之象”论纲》,《开放时代》1998年第2期;王树人、喻柏林:《论“象”与“象思维”》,《中国社会科学》1998年第4期;王树人:《“象思维”视野下的“易道”》,《周易研究》2004年第6期;王树人、喻柏林:《传统智慧再发现——常青的智慧与艺魂》,作家出版社1996年版;王树人:《回归原创之思——“象思维”视野下的中国智慧》等。

③ 何丽野:《〈周易〉象思维在现代哲学范式中的解读及意义》,《社会科学》2006年第12期;康中乾:《论〈易〉的“象”思维认识》,《中国哲学史》2007年第4期;张祥龙:《概念化思维与象思维》,《杭州师范大学学报》(社会科学版)2008年第5期;黄玉顺:《中国哲学的“现象”观念——《周易》“见象”与“观”之考察》,《河北学刊》2017年第5期;董春:《易道的显现与感通:以“象”为枢机的分析》,《东南大学学报》(哲学社会科学版)2020年第6期。这些文章皆从不同角度对易学之“象”进行了解读。

④ 王树人:《中国的“象思维”及其原创性问题》,《学术月刊》2006年第1期。

一、唯变所适：易象的非实体性

中西哲学的开端，无不试图为此纷繁复杂的世界寻求一个根源，而对此根源问题的不同解答形成了中西哲学发展进路的差异。古希腊之际的诸多哲学流派，聚焦于从变化之中寻求一个永恒的存在物，自柏拉图、亚里士多德之后，对超越现实世界、脱离人类生活的那个纯粹存在(being)的探索和追寻成为西方古典哲学的一个重要内容。而在中国哲学的发端之际，虽亦有“道”“无”“太极”等最高观念，但细而观之，无论是《周易》的阴阳之道，还是孔孟的“仁义”之道，均与我们的生活世界是息息相关的。故在中国哲学当中，并不执着于寻求一个超越于万物的、永恒存在的不动之实体。也因此，当西方古典哲学逐渐将“存在”视为一个认知对象之时，使得存在沦为了存在者，让人走向了存在的对面，从而造成了主客二元之对立。而中国哲学中的道不离器、天人相继之特点意味着道不是外在于人的一个认知对象，而是一涵摄天人、生生不息的过程，这也就决定了中国哲学的道从来不是游离于人的生活世界之外的纯粹原理。这样，中国哲学之当代发展不在于如何去解决主客二元之对立，而是在天人合一的语境当中，阐述这个道、这个世界如何向人呈现的问题。在易学理论体系当中，这种呈现方式被称为“象”。

《周易》中的“象”是一个含义非常丰富的概念，它既包括了外在世界的物象，也包括了人头脑中的意象，特别是还包括着《周易》以阴阳符号为基础的卦象。无论是哪一种，象所指称的都是处于我们生活世界当中的，与我们生活息息相关的内容。《周易》所有的象当中，以阴阳符号为基础的六十四卦卦象是最能展现其理论特色的内容，故曰：“易者，象也。”(《系辞传》)《周易》的这套卦象体系不是对外在世界的僵化的、静态的模仿，而是有人融入其中的动态的整体，其所展现的是《周易》“唯变所适”的哲学特征。正如《系辞传》所言：“其为道也屡迁，变动不居，周流六虚，上下无常，刚柔相易，不可为典要，唯变所适。”故这套易象体系的核心就在于“变”。以“变”为核心的易象体系，其所展现的不再是一个个固定的对象，甚至可以说这种阴阳符号为我们展现的乃是人与世界融为一体的生存世界，也就是“道”的世界，正如王树人所言：

> “象思维”之“象”亦可称为“精神之象”。这种“原象”或“精神”之象，在《周易》中就是卦爻之象，在道家那里就是“无物之象”的道象，在禅宗那里就是回归“心性”的开悟之象。借用海德格尔的“缘在”(Dasein)之义以及“自身缘构发生”(Ereignis)之义来说明这种“象思维”之“象”，那么，这种“象”都不是西方形而上学的“实体”。①
>
> “易道”无论多么广大深邃，都有得以生成的始源。这个始源，就是“象”。或者说，“易道”始于象，源于“象”。没有“象”，就没有“易道”。②

在这里，“象”成了道得以生成的根本，或者说象就是道的“始源”，易道依象而显，因象而成。道与象不再是简单的形上与形下的关系，或者说生与被生的关系。诚如王夫之

---

① 王树人：《回归原创之思——“象思维”视野下的中国智慧》，第19页。

② 王树人：《回归原创之思——“象思维”视野下的中国智慧》，第58页。

所言:“天下无象外之道。何也?有外,则相与为两,即甚亲,而亦如父之于子也;无外,则相与为一,虽有异名,而亦若耳目之于聪明也。父生子而各自有形,父死而子继;不曰道生象,而各自为体,道逝而象留。然则象外无道,欲详道而略象,奚可哉?”[①]当我们以西方传统的本体论来裁剪易道之时,无疑是割裂了象与道的这一本源性关系,象与道则“相与为两”,这实际上是通过人的认知去寻求一个指导规范万物的存在根源,也就是寻求一个“什么”。这种观点认为,一旦我们对这个“什么”有清晰的认知,那么一切存在对于我们就没有秘密可言了。故在近代以来,人们试图按照西方哲学的框架围绕“一阴一阳之谓道”“形而上者谓之道,形而下者谓之器”“易有太极”(《系辞传》)等论题展开易学哲学之建构,也从易学中提炼出了类似于西方哲学的“本体”。但是随着中国哲学主体性的觉醒,人们逐渐发现中国哲学的体用论与西方哲学的本体(ontology)有着根本性的差别。中国哲学家们关注的重心不在于存在之整体为何这个问题,而是将其精力放到了如何去处理现实世界(人的世界)与超越世界(天的世界)的关系之中。也因此中国哲学中的“体”不是一个永恒存在,而是一种生生不息的流动转化。故在易学思想当中,无论是“形上之道”还是“太极”从来就不是一个终极对象,在易学思想当中从来就不存在一个终极对象可供我们去思考,一切都处于生成变化当中。就《周易》的六十四卦卦序排列而言,以未济结尾,未济有事情尚未完成之意,之所以如此,乃因“物穷而不变,则无不已之理,易者变易而不穷也,故既济之后,受之以未济而终焉。未济则未穷也,未穷则有生生之义”[②]。故在易学中,道即生生不息,变化不已,它不是一个高高在上的存在者。以此观之,《周易》所寻求的这个道,“固非由存在问题所引导,但确乎同样以不息不殆之永恒运动为经验上的基本问题线索,且将存有(是)之意摄入运动原理之下”[③]。

在《周易》看来没有比人的生活本身更为本源的东西,故其通过阴阳符号的重叠与变化建构起的这套卦象体系,展现的便是与我们生活相关的“唯变所适”之过程。也因此,“夫易广矣大矣!以言乎远则不御,以言乎迩则静而正,以言乎天地之间则备矣”(《系辞传》)。以此观之,在《周易》中的“象”不再是简单的对外在事物的模拟,而是道得以展开的根源。在易学当中,道与象的关系,与西方哲学中的本体与现象不同,道并不是在易象背后的一个他者,易象所展现的就是道之全体,我们不需要去追问在易象背后的那个东西,甚至可以说易象就是道。那么易象就不是空洞的、无意义的抽象符号,也不是那个冷冰冰的最高实体。易象所承载的乃是我们生存世界的最原初之意义,通过易象这个世界才能真正地为我们所展现。这样作为依象而显的道或者说作为道的易象不再是一个实体化的对象,亦不是一个现成的、静止的死物,而是一个活生生的过程,通过象我们才能进入到易学所建构的生生不息的世界当中。在这个世界之中,“它能够领会到自己在它的‘天命’中已经同那些在它自己的世界之内向它照面的存在者的存在缚在一起了”[④]。

故《周易》六十四卦经由卦象、卦爻辞为我们所建构的象世界不再是那个高高在上的

① (明)王夫之:《周易外传》,《船山全书》第1册,岳麓书社2011年版,1038页。

② (宋)程颢、程颐:《二程集》,中华书局2004年版,第1022页。

③ 丁耘:《道体学引论》,华东师范大学出版社2019年版,第44页。

④ [德]海德格尔:《存在与时间》(修订译本),陈嘉映、王庆节译,生活·读书·新知三联书店2006年版,第66页。

存在者，“实际上，‘象’和象的思维就存在于我们生活当中，跟中国传统文化中的其它内容一样，‘象’也是‘极高明而道中庸’”[①]。例如坤卦初六爻曰：“履霜，坚冰至。”这一句话为我们描述了一派脚踩着霜，冬天即将到来的场景。但是《周易》所要告诉我们的并不局限于此，而是试图让人置身于此情景当中体悟到这种自然现象告知我们的生存智慧，正如《文言传》所言：“积善之家必有余庆，积不善之家必有余殃，臣弑其君，子弑其父，非一朝一夕之故，其所由来者渐矣，由辨之不早辨也，易曰：‘履霜坚冰至。’盖言顺也。”这个霜、坚冰不再是一个简单的感性经验直观，亦无法通过逻辑推理来解释履霜坚冰与积不善之家必有余殃二者之间的关系，这必须要将履霜坚冰之象与个人之生存体悟相结合，方能得出“小人始虽甚微，不可使长，长则至于盛也”[②]的经验智慧。故在易学当中只有当我们身处在具体的情景之中，方能体悟《周易》中“履霜”而“顺致其道”的经验，这不再是一种感性的经验直观，更多的是生命的体悟。这样，《周易》对象的这种阐述就与西方哲学区别开来，人们需要将自身的生存经验与此自然现象相结合，去领悟其中所蕴含的天人合一的智慧。

以此观之，象就不再仅仅是可被观察体悟的对象，而是具有了普遍性。但这种普遍性又与那种经由概念推演而得来的普遍本质不同，它不是一个现成的存在者，而是经由阴阳的交感、变化而展现出的全部可能性的态势。它也不是悬挂于人之上的形上之物，而是有人参与并融入其中的天然境域，这一境域乃是人与万物在生生不息的大化流行中不断构成的本源性状态，象只有与人在这种共在中方能将这种全部可能性充分显示。

二、见乃谓之象：易象的非对象性

在西方哲学的论域中，实体性与对象性是密不可分的，正如费尔巴哈所言：“一个实体是什么，只有从它的对象中去认识，一个实体必须牵涉到的对象，不是别的东西，只是它自己的明显的本质。”[③]而易象或者说作为易道之源的易象，它的非实体性意味着对于我们而言象不是一个外在于人的抽象对象。易象的这种非对象性的特点与《周易》的理论特色是息息相关的。作为圣人以卜筮觉世牖民的《周易》，并没有脱离人事而空谈天道，“推天道以明人事”的理论架构决定了在易学理论体系当中，人不再是处于天命流行之外的观察者，而是融入其中的参与者，也因此《系辞传》提出了“一阴一阳之谓道，继之者善也，成之者性也”的观点。这个道既不是受人崇拜的人格神，也不是那个孤立高悬于生活世界之上的实体，而是与人的生活存在息息相关的生化流行之过程。故方能“仁者见之谓之仁，知者见之谓之知”(《系辞传》)，也因此这个阴阳之道便具有了人生存于其间的当下构成之意。而易道之所以有“仁”“知”不同的展现，其中之关键就在于这个“见”。在易学当中，“见”乃是一种非常重要的活动，这个“见”不同于西方哲学的“看”，当“西方

① 何丽野：《中国哲学“象之思”的研究及其意义》，《社会科学》2012年第12期。

② (宋)程颢、程颐：《二程集》，第708页。

③ [德]路德维希·费尔巴哈：《费尔巴哈哲学著作选集》上卷，荣震华、李金山等译，商务印书馆1984年版，第126页。

哲学去'看'世界的时候,人就不知不觉地站到了世界的对面,即人与世界处于分离的状态。"①易学中的"见"是一种可以提升生命境界、展现人生体悟的方式,它是一种对存在的体悟,而非单纯观看。《系辞传》所讲的"见乃谓之象"之"见"有着两重含义,既可以读作见(xiàn)乃谓之象,这是从世界的角度来讲,描述了一个世界向人展现,由隐而显的过程;还可以读作见(jiàn)乃谓之象,这是从人的角度来讲,是人参与世界,让自身明亮起来的过程。虽然可以从见(xiàn)与见(jiàn)两个角度讲,但这二者是一个同时发生的过程。在这个过程中,世界不是如同外在于人的物体一般去显现,人也不是将世界视为对象去看见,而是人与世界在这个"见"的过程中互相成就。人与世界构成了易道生生不息的一体两面,在易学当中不存在人的生存经验之外的易道。也因此虽然"百姓日用而不知,君子之道鲜矣",但是其却"显诸仁,藏诸用,鼓万物而不与圣人同忧,盛德大业至矣哉"(《系辞传》)。道并不远离百姓之人伦日用,故不能将其视为一个单纯的远离于人的形而上者,其潜藏于我们的生活之中,故这个"盛德"不是一个现成的,单纯依靠遵守某个规定就可以达到的境地,而是在"鼓万物"的过程当中所形成的德性之智慧。

以此观之,《周易》所强调的象不再是独立于人的、可被观察的对象,而是一种当下构成的境遇。也因此它才能成为道之源头。正如《系辞传》所言:

> 圣人设卦观象,系辞焉而明吉凶,刚柔相推而生变化。是故吉凶者,失得之象也。悔吝者,忧虞之象也。变化者,进退之象也。刚柔者,昼夜之象也。六爻之动,三极之道也。是故,君子所居而安者。易之序也,所乐而玩者,爻之辞也。是故,君子居则观其象而玩其辞,动则观其变而玩其占,是以"自天佑之,吉无不利"。

《周易》中的象从其产生之时就不是一个单纯的认知对象,对它的观察和剖析并不会让人对"象"有更为透彻的了解。只有当你将象真正融入你的生命当中之时,其本性才会逐渐显现,而且你越不将其作为一个对象去思考,才能够越明白如何在"几微"之时运用对象的体悟,也才能真正地体会"失得""忧虞""进退"之象的内涵。如果人为地从天地万物中抽象、抽绎出其"几""神"的话,这是生吞活剥,就将天地万物的"几""神"弄死了,所抽象出的"几""神"也就成了僵死的概念而非事物活的本质了。② 也因此通过"居则观其象而玩其辞"活动去让象真正的处于上手状态(Zuhandenheit)中,这个状态就是王弼所讲的"得意忘象"。故王弼一方面强调"意以象尽,象以言著",另一方面又说"象者,所以存意,得意而忘象"。③ 在强调象能够展现全部意的同时又主张要忘象,在这里这个忘象,并不是说舍弃象,而是忘却了"象"的用具向度。海德格尔就认为:"严格地说,从没有一件用具这样的东西'存在'。属于用具的存在的一向总是一个用具整体。只有在这个用具整体中那件用具才能够是它所是的东西。"④真正的"忘象"是对"象"的用具性的瓦解,而非是对"象"本身存在的瓦解。"对'象'之存在的瓦解会导致人们误以为可以经由人心而

---

① 俞宣孟:《本体论研究》(第三版),上海人民出版社 2012 年版,"前言",第 11 页。

② 康中乾:《中国古代的本体论》,人民出版社 2016 年版,第 776 页。

③ (魏)王弼著,楼宇烈校释:《王弼集校释》,中华书局 2009 年版,第 609 页。

④ [德]海德格尔:《存在与时间》(修订译本),第 80 页。

直契道体，这种瓦解不是通过让心直契道体而否定‘象’的存在，这样就会使得易学对道的体认陷入对心的重视，成为有心无物的理论。”[①]这会使得易学中最具特色的表意方式被遮蔽。易学所强调的忘象，乃是强调人的存在与这个世界并不是截然二分的，而是与天地万物有着一种原本就冥然契合的关系，而忘象则是要回到这种处于前反思状态的、和谐融洽的关系当中。故处于忘象状态当中，就如同“为之四顾，为之踌躇满志”(《庄子》)的庖丁一般，获得了最自然、最本真的存在状态。这样《系辞传》所讲的“观其象”就意味着不是将象作为一个对象去观察，理解这种“观象”之关键在于“天垂象，见吉凶，圣人象之”。一般而言，如果将天地作为一个纯粹客观的对象去观察时，我们所观察到的只有天地变化的过程，而如何将这种天地变化与人事吉凶相联系才是易之“观象”的关键，这就体现出“易象”的非对象性。

这样，《周易》所展现的象不是一个简单的客观对象，而是有人存在于其中的生命的体验。易象为我们呈现道体的方式不能通过认识论去解决，认识论的主体——客体的理论框架会遮蔽易象的言说方式。这样看来，卦象为我们展示的也不再是一个个抽象的概念，而是人处于不同的境遇当中引出的如何生存的智慧。在易学当中的“象”实际上就是我们所生存的种种“境遇”，因此，无论是易象还是蕴含在其中的易道，都不再是一个单纯的可被我们观察的“存在者”，对这种象的“观”必须突破概念思维的束缚，回归到中国哲学所特有的象思维当中，体悟易象的本真。与此同时，我们还应该注意在易学理论体系当中，人不再是一个观察的主体，而是处于一种与世界的牵挂当中，人在宇宙中不是一个现成的、已经完成的存在者，而是在天人、物我、人己关系的处理过程中不断形成的存在。“因此，对于这些人，不应说他们是各自独立的现成的人，而最好用进行时态的‘人之生成’的语言来描述。”[②]《周易》通过象为我们所展现的，就是这天人、物我、人己之互相牵引，密不可分的境遇。在易象的世界当中，并没有人与世界的二元对立，人之本真乃是在世间所生存的活生生的人，而世界本质上就是有人生存的世界。二者不存在一方主导另外一方，一方迁就另一方的情况，而是在互相作用的过程中共同构成了一个有人参与的世界。在这种相互构成的理论当中，人与世界的关系不再是一个认知主体与认知对象的关系，而是一种相互依赖的，共生共存的关系，这种关系才是人与世界最为本源的构成方式。

《大象传》曰：“天行健，君子以自强不息，地势坤，君子以厚德载物。”这句话展现了易学中的象不是单纯的对这个世界对象的认知，而是展现着人的存在之境域。易象不是要去完整、真实地反映客体的存在，而是指向一种更为本源的主客之间的相互联系的境遇。“《易经》中的‘象’作为符号系统便既包含认知—理解之维的意义，也渗入了目的—价值之维的意义。”[③]因此，单纯的认识论或者是传统的形而上学是无法理解这套易象体系的，这是因为易象思维从其产生之初就不再将天地、道器视为一个纯粹的对象，而是将其视为一个与人息息相关的场域。只有身处其中，不再将天地视为外在的对象去观察时，才

① 董春：《易道的显现与感通：以“象”为枢机的分析》。
② 安乐哲、秦凯丽、关欣：《生生论(Zoetology)：一种传统思维方式的新名称》，《周易研究》2023 年第 1 期。
③ 杨国荣：《成己与成物：意义世界的生成》，北京大学出版社 2018 年版，第 45 页。

能更好地融入其中,体会到这种天人一体的关系,也才能真正地明白为何君子能将天之运行不息的状态与人之自相不息的精神相关联。在易学的领域当中,与这个世界打交道的方式不再是简单的知觉性的了解,而是融入其中,在生命的历程中突破自己与世界的界限,在不断融合的过程中将这个世界是其所是的本性当下显现出来。

以此观之,"象所启示的存在意图是最平凡之道,所谓'易简而天下之理得矣'。存在之道,无论天道人道,并非主观感悟,不是私密境界,而是事关万物终生之生存通理。"[①]故这套易象体系,不是从认识某个"什么"出发,通过概念之间的逻辑推演来解决人生意义、价值以及信仰等问题,而是将这些问题真正的落实在人的生存境遇当中,通过人的生存来展现这个天人合一之境。因此我们不能将象作为一个知识性的对象去研究认知,而是要将自身投入到生生不息的阴阳变化流转当中,才能真正的理解《周易》之象的所要传达给我们的价值和意义。

三、生生不息:易象的非现成性

在《周易》当中,以阴阳符号为基础建构的这套卦象体系,不是一个现成的道理在这里,它不是简单的"就事论事"。例如在《周易》的卦爻辞当中,乾卦以"龙"之"潜""见""或跃""飞""亢"之象告知人在不同阶段应该如何行为应对的道理。《周易》与其他经典之不同之处就在于它通过卦象、卦辞、爻辞描绘的很多并非现实中发生的事,如《春秋》之"善不可失,恶不可长",《尚书》之"不矜细行,终累大德"均依实理、实事来指导人们如何去应对。而在《周易》古经当中,虽亦有部分历史故事,但是大部分用以表意的是种种的象。正如来知德所言:"若易则无此事,无此理,惟有此象而已。有象,则大小、远近、精粗,千蹊万径之理咸寓乎其中,方可弥纶天地;无象,则所言者止一理而已,何以弥纶?"[②]亦如朱熹所言:"《易》如一个镜相似,看甚物来,都能照得。"[③]亦如冯友兰所言:"照《易传》的解释,《易经》可以说是一部事物规律的'代数学'。它认为,六十四卦,三百八十四爻及其卦辞、爻辞可以带入事物的一切规律。"[④]"代数学讲的是一些公式,公式中没有任何数目字,而任何数目字都可代入其中。"[⑤]而《易》之所以能如同镜子一般,或者说能够作为代数学,就在于易象的非现成性。

易象的非现成性意味着它不会表现为一种现成的、固化的概念。就人类理性而言,似乎总要落实到一个终极的头上。这以西方传统的形而上学为代表,自柏拉图之后,哲学家都试图从自己的角度来寻求这个"什么",但经由休谟的普遍怀疑之后,引发了人们对这种追寻那个终极存在的意义和价值活动的反思,也由此产生了康德对认识如何可能的思考,以及强调"直观自明构成"的胡塞尔现象学的诞生。在易学哲学当中,虽然《系辞

① 赵汀阳:《第一哲学的支点》,生活·读书·新知三联书店2013年版,第93页。

② (明)来知德:《周易集注·序》,中华书局2019年版,第9页。

③ (宋)黎靖德编:《朱子语类》,中华书局1986年版,第1647页。

④ 冯友兰:《中国哲学史新编》,人民出版社1998年版,第652页。

⑤ 冯友兰:《中国哲学史新编》,第432页。

传》亦有形上之道形下之器的区分，但是其对于道也就是这个终极的理解与西方哲学不同，它不是一个脱离现实生活的对象，也不是那个远离于人的高高在上的存在者，而是有人参与其中的，终极不离人的世间境域。故对易象的理解，就不能再将其拆分为一个个概念进行分析，概念式的分析无法揭示出象思维的关键特性——天人合一的终极境域，因为“凭借任何被现成化了的观念绝不足以达到思想与人生的至极”[①]。故《周易》虽只有六十四卦，但却不是六十四个现成的对象，其所描述的不是一个个现成的状态，也不是最终要指向一个终极的存在，这些象最终点示的乃是在不同的境遇当中如何生存的道理。

易象的非现成性展现为一个生生不息的过程。《系辞传》曰：“易者，象也。”又曰：“生生之谓易。”这样，易象之核心就在于生生，体现为生生的象所展示的正是人生存于其间的全部可能性。这就意味着易象所展现的世界，乃是人与世界都处于不断生化流行中的世界，这一理论的核心包含着两个方面：首先这个世界是一个生生不息的过程，没有一个至高的存在者去生化万物，一切皆从生生而出。这就是说生生为一切的本源，任何实体化的现成的终极的追寻都会遮蔽此生生的意蕴。其次，这个世界的最终目标也是生生，一切皆为了生。这样，生生既是原因又是目的，是万物之所以生、之所以成之根本。这样，由易象所展现的便是万物之生生不息的过程，这个过程更类似于赫拉克利特的becoming，如同朱熹所言：“易是变易，阴阳无一日不变，无一时不变。”[②]

易象的非现成性最终指向的是人的生存。“我们感知的生生世界是人的生生世界，没有人的世界是不存在的，没有人的生生世界之道也是不存在的。”[③]《周易》六十四卦为我们所勾勒出的，便是有人生存于其间的生而又生的世界。这种生生的世界所显现出的便是那个主客尚未二分、某种前反思中的一种状态。在这个世界中人与这个世界之间处于圆融无碍的最恰当的状态，它与人的生命体悟是密切相关的，蕴含了对人生命的最终极的了解。故《周易》所展现的是我们最本源的生活状态，卦象所描述的便是我们日常生活的存在方式，其所彰显的乃是我们与这个世界如何打交道的智慧，故在卦爻辞当中我们经常可以看见“利见大人”“利涉大川”等围绕我们生活展开的情景。在易象的理论架构中，当我们与世界相处之时并不会刻意的关注它，但是当我们处于一种不恰当的境遇当中，如否卦所勾勒的天地否塞不通，小人之风盛，而君子之德息之时，我们才会注意到君子小人之别，与这个世界的对象性就会凸显出来。人作为主体开始对这个世界进行打量和思考，这样我与世界的二分，主客二元的对立才会显现。而一旦“否极泰来”这种对立就会消解，人重新又与这个世界融而为一。

在这种非现成性的易象境遇中，阴阳之道向人充分开放，“宗教的，道德的，审美的，实用的溶于一象”[④]。经由易象，人真正融入这个世界当中，以最恰当的姿态而生存，从而能够自由的面对整个世界。这意味着在易学哲学当中虽然没有西方哲学的本体、逻格

---

① 张祥龙：《海德格尔思想与中国天道》（修订版），生活·读书·新知三联书店2007年版，第347页。

② （宋）黎靖德编：《朱子语类》，第1895页。

③ 林忠军：《〈易传〉“生生”哲学之我见》，《周易研究》2023年第3期。

④ 宗白华：《宗白华全集》第1卷，安徽教育出版社2008年版，第611页。

斯、理念等哲学观念,但是却达到了西方传统形而上学未曾达到的那种非现成的构成状态。但是要真正地做到融到易象当中并非易事,因为在此生生不息的世界当中,人们所要做的既不是对这个世界进行一个清醒的反思,亦不是进行道德的省察,而是要融入此生活之流当中进行体验。在这种体验中,人总是对他生存的世界充满了关切,注意观察天、地、山、泽、水、火、风、雷等自然现象。但与此同时,其更关注这些象对于不同生存境遇中的人的意义,即在不同的时态中如何保持自强不息、厚德载物、果行育德等道德品质。这样,人生命展开的过程便是此"阴阳之道"的显现过程,这决定了人总是以这样或那样的方式将他的存在作为最本己的存在。这种特殊的存在者,他既存在着又不能被规定为什么,这就是《周易》为我们描述的"此在"(Dasein)。此在不是"什么",而只是生存着,故而我们在对人的考察过程当中不能追问这个此在是什么,而应该追问他如何?《象传》中的"君子以经纶""君子以果行育德""君子以饮食宴乐"等语意味着此易象所勾勒的便是我们所生存的活生生的世界。这样易象中的君子不同于西方主客二分视野下的"主体",人在这种种的观象过程中成就自身,是一种真正朝向自身的最切己的生存状态,让人自发地选择真正的生存状态。它是以人的生命体验为出发点,将那个超世间而又不离世间的终极融入不断生成的、发生流动的生命过程当中。这样,"观象"的活动不是一个抽象概念的衍生过程,而是一个活生生的生存活动。阴阳之道由此生存活动而向人展现,经"观象玩占"而挺立的此在,作为人最原本的存在状态,其存在的意义不需要外界的赋予,自身便有着积极的意义,一切的意义都由此而发,我们不需要在此之外另寻一个标准,我们在生存着这个经验本身就是自足的。

故易象体系不是一个现成的、僵化的、静态的系统,而是以人之存在为根本的动态整体。"静态之象只能展示对象的一个角度、一个侧面的僵滞状态,不可能具有无限包容性。相反只有活生生的动态之象,才能从各个角度,各个侧面展示对象的变化与发展,从而具有无限包容性。"[①]易象的这种非现成性决定了对其的理解和领悟必须在生生不息的动态过程中,其核心在于展示人如何更好生活的智慧,一旦将其固化,一切事物的本真就会被遮蔽。故我们要理解易象,就不能将其作为一个对象去看,而是要真正融入这一生生不息的大化流行当中。这就意味着,《周易》真正地将易象的"观"或者体悟纳入到了存在论维度,将易象作为一个非现成的、动态的、生生不息的过程,体现了人之生命的本真。

结　语

在易学哲学的理论框架当中,象即是道,因而我们不能粗暴地以西方哲学的本体与现象去解读《周易》中的象与道的关系。在易学当中不存在象外之道,其所具有的"非实体性""非对象性""非现成性"决定了它能够直接呈现存在,它克服和超越了西方哲学中

---

① 王树人、喻柏林:《传统智慧再发现》,作家出版社1996年版,第79—80页。

一与多、主体与客体的矛盾,这种表达方式甚至可以成为海德格尔毕生所向往的那个未经污染的,能将事物存在直接呈现的最高明的语言。故对这个象单纯的依靠感觉以及概念思维是无法感受到它,经由易象而获得的那种生命的直观感受既不是一个理智的观念,同时又不违反理性,是一种清晰明白的终极的境遇,人只有借助易象真正的融入世界当中才能更好的去观照这个世界,才能获得真正的自由。

元明《古太极图》考论

张克宾*

明代是易学图书学大为繁盛的时代，在继承宋元易图学的基础上，明儒或依旧图而阐发新义，或据易理再制新图，取得了引人瞩目的成就。其中当以明儒对《古太极图》的诠释与流布最为耀眼，影响最为深远，甚至于后来该图与八卦符号并驾齐驱，成为易学思想乃至中华文化的代表性符号之一。虽经前贤时哲考证，关于《古太极图》的产生与流传的历史情况已经大致清晰，但在该图之所以产生所涉及的易学问题、演化理路及其内蕴的哲学观念等方面，仍有进一步爬梳、辨析与解读的必要。有鉴于此，本文即拟通过对北宋至明代诸多太极图象的考证，在呈现历史上太极图象形态不断演变发展的同时，揭示元明时期产生《古太极图》的思想动因及其背后的哲学意蕴。

一

所谓《古太极图》，即俗称“阴阳鱼太极图”之原形，在明代文献中其名称有多种，如“天地自然河图”（赵㧑谦《六书本义》，见图1），“龙马真相图”（季本《易学四同别录》），“古太极图”（章潢《图书编》），“伏羲太极图”（杨向春《皇极经世心易发微》），“太极图”（来知德《瞿塘先生日录》），清儒胡渭又称之为“先天太极图”“太极图”（《易图明辨》）等等，而且它们虽然都是阴阳回互之圆图，但在具体形态上并不完全一样。

图1　天地自然河图

经查考，现存最早载有此种图象的文献当属明初赵㧑谦（1351—1395）的《六书本义》，其《六书本义图考》云：

> 天地自然之图，虙戏时龙马负而出于荥河，八卦所由以画者也。《易》曰“河出图，圣人则之”，《书》曰“河图在东序”，是也。此图世传蔡元定得于蜀出隐者，秘而不传，虽朱子亦莫之见。今得之陈伯敷氏，当熟玩之，有大极函阴阳、阴阳函八卦自然

---

* 作者简介：张克宾，山东大学易学与中国古代哲学研究中心教授。

之妙，实万世文字之本原，造化之枢纽也。①

可知，赵氏得此图于陈伯敷，而远源于蔡元定（1135—1198，字季通），且其名并非《太极图》，而是《天地自然河图》。陈伯敷，名绎曾，元儒，官至国子监助教，“尝从学于戴表元，而与陈旅友善，师友渊源具有所自，故所学颇见根柢”②，其著述颇丰，但未见有易学作品。

而在赵㧑谦之前，明初大儒宋濂（1310—1381）即对此种图象有文字描述。其《河图洛书说》云：“新安罗端良尝出《图》《书》示人，谓建安蔡季通传于青城山隐者，《图》则阴阳相合，就其中八分之，则为八卦；《书》则画井文于方圈之内，绝与前数者不类。江东谢枋得，又传《河图》于异人，颇祖于八卦，而坎离中画相交流，似于方士抽坎填离之术。”③约略同时，王祎（1322—1373）有《河图辨》一文，所言与宋濂所述一般。“新安罗端良尝以《河图》示人，谓建安蔡季通得于蜀隐者。其体如车轮，白黑交错，而八分之以为八卦，纯白者纯阳而为乾，纯黑者纯阴而为坤，黑白以渐杀之而为余卦。此其一也。江东谢枋得以为尝传《河图》于异人，其为状依仿八卦以为体，坎离中画而相交焉，乃与方士抽坎填离之术相仿佛。此其二也。”④据二氏所述，宋儒罗愿（1136—1184，字端良，号存斋）所传之图应当大体就是将陈伯敷《天地自然河图》八分之形象，状如胡渭《易图明辨》所载之“《古太极图》”（见图2）。⑤而谢枋得（1226—1289）所传《河图》究竟作何形象，仅据宋、王所述，难以图画。

图2　古太极图

史载谢枋得著有《易三图》十卷，已佚，有袁桷（1266—1327）《易三图序》传世。序文云：

> 上饶谢先生遁于建安，番阳吴生蟾往受《易》焉。后出其《图》曰：“建安之学为彭翁，彭翁之传为武夷君，而莫知所授。”或曰：“托以隐秘，故谓之武夷君焉。”……始晁以道纪传《易》统绪，截立疆理，俾后无以伪。至荆州袁溉道絜，始受于薛翁，而《易》复传。袁乃以授永嘉薛季宣士龙。始薛授袁时，尝言洛遗学多在蜀汉间，故士大夫闻是说者，争阴购之。后有二张，曰行成，精象数；曰演，通于《玄》。最后，朱文公属其友蔡季通，如荆州复入峡，始得其三图焉。或言洛书之传，文公不得而见。今蔡氏所传书，讫不著图，藏其孙抗，秘不复出。临卬魏了翁氏尝疑之，欲经纬而卒不可得。季通家武夷，今彭翁所图，疑出蔡氏。惜彭不具本始。⑥

① （明）赵㧑谦：《六书本义》卷一，《景印文渊阁四库全书》第228册，台湾商务印书馆1983—1986年版，第296页。

② （清）永瑢等：《四库全书总目》卷一百九十六，中华书局1965年版，第1791页。

③ （明）宋濂：《宋濂全集》第一册，浙江古籍出版社1999年版，第43页。

④ （明）王祎：《王忠文集》卷四，《景印文渊阁四库全书》第1226册，第78页。

⑤ （清）胡渭：《易图明辨》卷三，中华书局2008年版，第84页。

⑥ （元）袁桷著，杨亮校注：《袁桷集校注》，中华书局2012年版，第1075—1076页。

袁桷指出，谢氏易图得于彭翁，彭翁得于武夷君。但此彭翁、武夷君究为何人，袁桷也不清楚，只是猜测武夷君可能为蔡元定，并说蔡氏曾遵朱熹嘱入蜀寻得三种易图，但秘而不宣。问题是谢枋得的《易三图》都是什么图，蔡元定所得三图是什么图，袁桷在序文中并未言明。观其言下之意，当是认为谢氏三图就是蔡氏三图。如据袁桷与宋濂、王祎及赵㧑谦之说可知：罗愿、谢枋得、陈伯敷之易图皆源自蔡元定，其中罗、谢二氏所传之《河图》不同，而罗氏与陈氏所传之《河图》一致。此类“易图”既然皆源自蔡元定，但所传又有所不同，其中必定有问题。

清儒胡渭认为，袁桷的《易三图序》是“君子之言，信而有征”，并且说：“季通所得三图，一为《先天太极图》(引者案：《古太极图》)无疑。其二盖九宫图与五行生成图，而希夷未尝名之为《洛书》，故或言《洛书》朱子不得见。”①然而胡渭的观点是站不住脚的，其所指明的蔡元定所得之三图并没有史实根据，更何况蔡元定入蜀得易图之事也不可信。蔡元定入蜀地寻得易图而秘藏之的故事，元明诸儒文献中多有记述，其中当以袁桷《易三图序》为最早。蔡元定师从朱子四十年，师生间情深义厚，非比寻常。朱子自言，其与蔡元定“交游四十年，于学无所不讲，所赖以祛蒙蔽者为多”②。蔡元定临终前写信于朱子，“笔才绝而先生已逝”③。其信中说：“定辱先生不弃，四十余年随遇，未尝不在左右，书穷命薄，听教不终。……唯以不见先生为恨。天下未必无人才，但师道不立为可忧。先生所以寿如乔松者，上天传斯文之大任也。《楚辞》略看得几处，即书，候完奉寄。今将邵氏历法、诗、易等纂述未全者呈上，先生以成之也。”④蔡元定至死仍以光大师门为念，并将其尚未编纂完成的作品寄呈于老师。蔡元定与朱子相契如此之深，怎么可能发生得到珍稀易图却秘而不宣之事？又朱、蔡书信往来频繁，纵使蔡元定得易图而秘不相告，但袁桷所谓朱子嘱托蔡元定寻觅易图之事，则当在朱、蔡书信文章中有所反映，但实际上并没有相关记载。今人李申先生在稽考蔡元定行实后，指出：“朱熹嘱蔡氏入蜀，蔡得三图，秘而不宣的事，纯属虚构。”⑤此可为定谳。

对蔡氏传易图之事，明儒季本(1485—1563)早有明通之论，他说：

> 赵氏(即赵伯敷)以此图为龙马所负以出河者，谓蔡元定得于蜀，隐秘而不传，虽朱子亦莫之见。然西山考论邵子所传于李之才《河图》，语甚详悉，未尝及此图，则此图必非出于陈抟、穆修之派。然其阴阳消长，各得其中，理与天数二十有五、地数三十之图相合，以之画卦，法象显然，据此图所列卦位可见矣。盖必山林有道之士，依仿古《河图》而为之者，其徒自秘，至陈伯敷而始有传耳。若谓蔡元定得之，而朱子亦莫之见，则元定于朱子无书不相讲明，岂有秘而不与之言哉！至谓龙马所负即此图，

---

① (清)胡渭：《易图明辨》卷三，第81页。

② (宋)朱熹：《与刘公度书》，《晦庵先生朱文公别集》，朱杰人等主编：《朱子全书》第25册，上海古籍出版社、安徽教育出版社2002年版，第4857页。

③ (明)蔡有鹍编：《临终别文公书》，《蔡氏九儒书》，《宋集珍本丛刊》第106册，线装书局2004年版，第322页。

④ (明)蔡有鹍编：《临终别文公书》，《蔡氏九儒书》，第322页。

⑤ 李申：《易图考》，北京大学出版社2001年版，第77页。

则自神其说，亦太过矣！[①]

季本一方面认为此种《河图》不是蔡元定所传，而是山林隐士之作，另一方面又认为其符示阴阳消长之象，以之画卦，法象显然，其理与五十五数图相合，但如果认为此确为龙马所负之图则又是自神其说，不足为信。笔者认为，季本的论断是明智而可信的。这也是本文的基本论调。而胡渭认为，此《河图》又名《太极图》，渊源于《参同契》，传之于陈抟，光大于邵雍，之后流传于蜀汉间，后为蔡元定所得。[②] 其说则多出于想象与臆测，差缪殊甚。

袁桷《易三图序》中又说到，晁说之曾记述传《易》谱系（其谱系中宋代所录即陈抟、邵雍一系，见晁氏《嵩山文集·传易堂记》），此谱系后为袁溉（字道洁）所接续。袁溉学易于薛翁，薛季宣（1134—1173，字士龙）又受学于袁溉。此薛翁乃是民间隐士，卖香为生，学行无考。王应麟云："袁道洁之学得于富顺监卖香薛翁。"[③]袁溉著述无考，而考诸薛季宣著述，他既没有提到过此种阴阳回互的圆形易图，也不赞成当时流行的由黑白数点构成的《河图》《洛书》。他说："《河图》《洛书》乃山经之类，在夏为《禹贡》，周为职方氏所掌，今诸路闰年图经、汉司空舆地图、地理志之比也。"[④]因此，袁溉传薛季宣易图之事殊难令人相信。纵使袁溉从薛翁处得传易图，但其图也未被薛季宣所领受。

至于宋濂、王祎所言罗愿传布蔡元定所得易图之事，更为荒谬。据曹泾《鄂州太守存斋罗公传》，罗愿卒于宋孝宗淳熙十一年（1184）。[⑤] 而蔡元定则病逝于宋宁宗庆元四年（1198）。也就是说，罗愿至少要在蔡元定去世前十四年得到其易图。蔡氏既不肯将其易图告诉其尊师，又怎会示之于罗氏，更何况罗愿与朱子也多有往来。所以，所谓罗愿传此阴阳回互之圆形易图，纯粹是无稽之谈。

综上所述，认为阴阳回互之《古太极图》为蔡元定所传，查无实据，不可信；此图究为何人所创，今已难考明。"惟是图也，不知画于何人，起于何代，因其传流之久，名为《古太极图》焉。"[⑥]至于其较早之传布者，宋濂、王祎所谓传于罗愿之说，于实难通；而谢枋得所传图，据宋、王所述非此阴阳回互、可分八卦之圆图；赵撝谦所谓得于陈伯敷之说，当属可信，但陈氏治《易》传《易》之事又无可考见。陈伯敷与袁桷同为戴表元（1244—1310）之弟子，而戴氏在易学上并无建树，故陈氏所传易图未必受之于师门。但由陈、袁二人对此种易图均极为重视来看，此阴阳回互之圆形《古太极图》确系在宋末元初正式流传开来的。

二

虽然《古太极图》究竟起于何人已难以考明，但根据现有史料，我们依然可以勾勒其

① （明）季本：《易学四同别录》卷二，明嘉靖四十年刻本。

② （清）胡渭：《易图明辨》卷三，第85页。

③ （宋）王应麟著，（清）翁元圻等注：《困学纪闻》卷十五，上海古籍出版社2008年版，第1752页。

④ （宋）薛季宣：《河洛图书辨》，《艮斋先生薛常州浪语集》卷二十七，《宋集珍本丛刊》第61册，第383页。

⑤ （明）程敏政：《新安文献志》卷九十四下，《景印文渊阁四库全书》第1376册，第567页。

⑥ （明）章潢：《图书编》卷一，广陵书社2011年版，第4页。

逐渐演变形成的历史脉络，并揭示其背后蕴含的思想问题。众所周知，在易学思想系统中，太极是天地万物生化之本源，并非可以图画的有形有象之物。所以，自先秦以至汉唐，并没有所谓“太极图”之说。但入宋以后，易学象数学不仅在思想理论上有了新的发展，而且在表现形式上出现了图象化的潮流，产生了较为专门的“易学图书学”，其中以《河图》《洛书》《太极图》、先后天八卦六十四卦诸图等为主要内容，而后来出现的《古太极图》便和这些易图有着较为复杂的思想关联。

说起太极图，学界所熟知的就是周敦颐(1017—1073)之《太极图》(见图4)。[①] 此图总体表现的是无极而太极，太极动静生阴阳，阴阳变合而生五行，五行顺布，四时周流，从而万物生生而人立于其中的天人宇宙图景。此图上下分五个层次，具体而言，是以最上之○表太极之本体，而下之数层表太极阴阳五行的生化过程而已。朱熹说：“○，此所谓无极而太极也，所以动而生阳、静而生阴之本体也。”[②]所以严格来说，此图整体上是太极生化图，而以○表示太极之图象。所以，以朱熹为代表的一批理学家以及宋末道教学者(譬如俞琰《易外别传》、李道纯《中和集》)都是以○形为太极之图象。

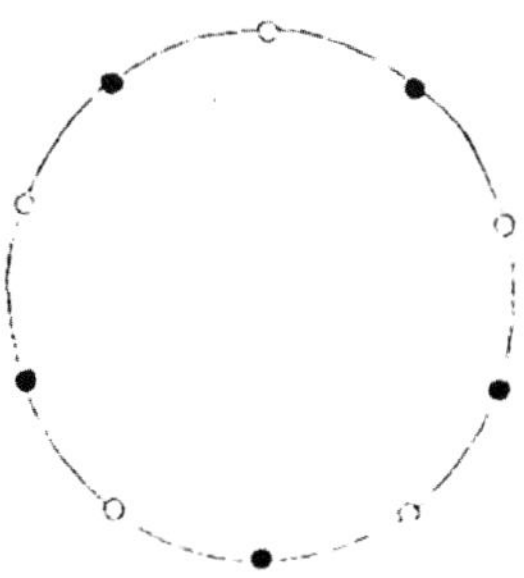

图3　黑白点太极图

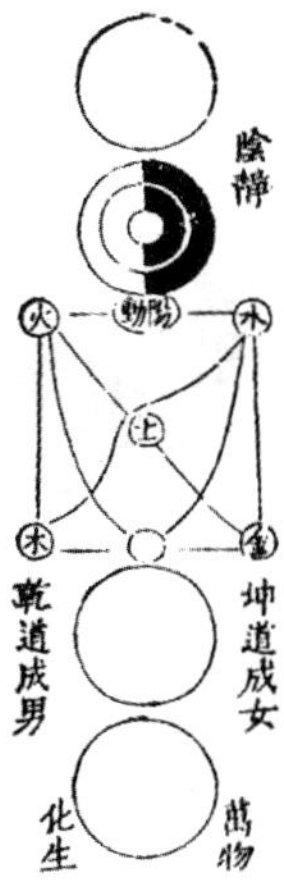

图4　太极图

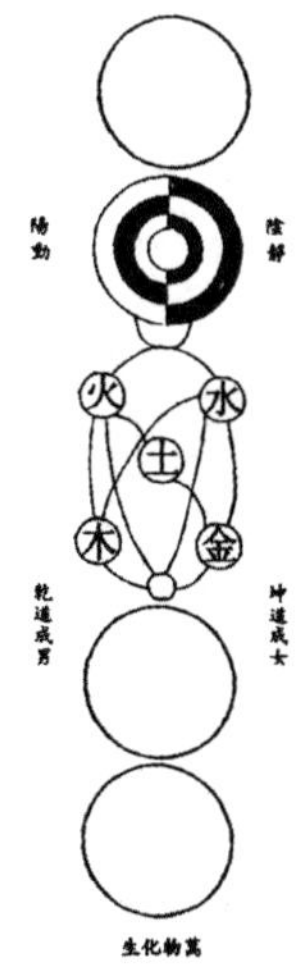

图5　太极图

图6　多层同心圆太极图

与周敦颐同时的刘牧作《易数钩隐图》，其书中所画太极之图也是圆形，但其上又标有黑白点(见图3)。刘牧说：“太极无数与象，今以二仪之气混而为一以画之，盖欲明二仪所从而生也。”又说：“太极者一气也，天地未分之前元气混而为一。一气所判，是曰两仪。”[③]可见其太极图是表阴阳二气混而为一之状。

南宋绍兴中有杨甲(字鼎卿)作《六经图》，其首卷有“易有太极图二”，其一为周敦颐《太极图》(见图4)，与朱子所定之图(即图5)略有差异；其二则为内涵太极阴阳五行八卦

① (宋)周敦颐：《周敦颐集》，中华书局1990年版，第1页。

② (宋)朱熹：《太极图说解》，朱杰人等主编：《朱子全书》第13册，第70页。

③ (宋)刘牧：《易数钩隐图》卷上，《景印文渊阁四库全书》第8册，第127页。

的多层同心圆图(见图 6,此图又见于南宋道教文献《周易图》、元代李简《学易记》,所载文字解说亦同),并题“旧有此图”,以示此图传于前代,非杨氏所自作。[①] 书中解“旧有此图”说:“太极未有象数,惟一气耳。一气既分,轻清者上为天,重浊者下为地,太极生两仪也。两仪既分,则金、木、水、火四象之位列,两仪生四象也。水数六,居坎而生乾;金数九,居兑二生坤;火数七居离而生巽;木数八居震而生艮,四象生八卦也。”[②]显而易见,两种《易有太极图》,在形式上,周氏图是由上而下逐层分化,“旧有此图”则是由内而外逐层扩展;在内容上,周氏图是太极—阴阳—五行的模式,“旧有此图”则是太极—两仪—四象—八卦的模式。

朱熹之弟子林至(字德久)着《易裨传》,书中取法其师黑白格之《伏羲八卦次序图》(见图 7)[③],而将其由横向黑白格子表示太极—两仪—四象—八卦和六十四卦,转变为以圆形黑白相分来表示[④],亦即由太极○到两仪◑,继而四象(见图 8 之左图),再分则成八卦(见图 8 之右图)。如将其图继续推衍,最后可以得到圆形黑白相分的六十四卦图(见图 9)。[⑤] 此外,还有与图九有所差别的另一种黑白相分的六十卦圆图,即洪迈(1123—1202)的《六十四卦生自两仪图》(见图 10)。[⑥]

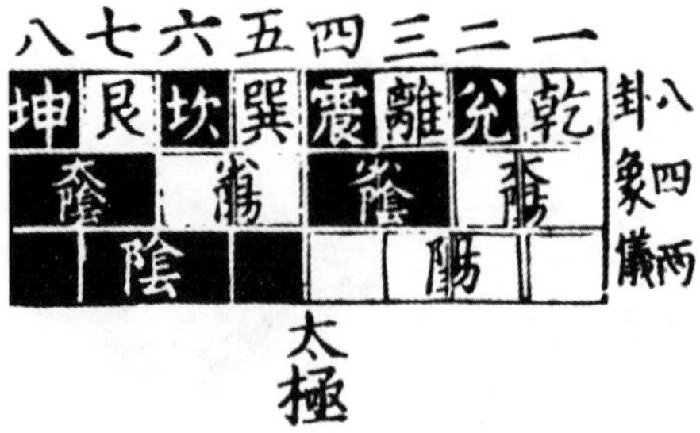

图 7 伏羲八卦次序图

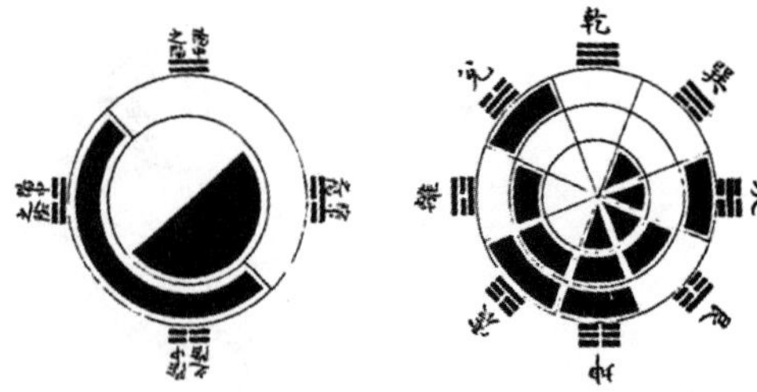

图 8 两仪四象八卦图

① (宋)杨甲:《六经图》卷一,明万历四十三年刻本。

② (宋)杨甲:《六经图》卷一,明万历四十三年刻本。

③ (宋)朱熹:《周易本义》卷首,福建人民出版社 2008 年版(影宋咸淳元年吴革刻本),第 9 页。

④ 以黑白相分表阴阳,周敦颐《太极图》中已然,但具体以黑白条块表阴阳爻则系朱子之发明。朱子《答袁机仲》云:“来教又论黑白之位尤不可晓。然其图亦非古法,但今欲易晓,且为此以寓之耳。”(《晦庵先生朱文公文集》,朱杰人等主编:《朱子全书》第 21 册,第 1677 页)胡一桂有云:“朱子《本义》伏羲六十四卦横图用黑白以别阴阳爻,《答袁枢》曰:黑白之位,亦非古法,但今欲晓且为此以寓之耳。今愚本文公法,作为此图,白者为阳,黑者为阴,了然在目矣。”(胡一桂:《周易启蒙翼传》,影印《钦定四库全书荟要》,吉林出版集团有限责任公司 2005 年版,第 38 页)故知林至乃是效法朱子,进一步以黑白条块表先天八卦方位图。

⑤ (宋)林至:《易裨传》,影印《钦定四库全书荟要》,第 342 页。

⑥ (元)李简:《学易记》,影印《钦定四库全书荟要》,第 16 页。

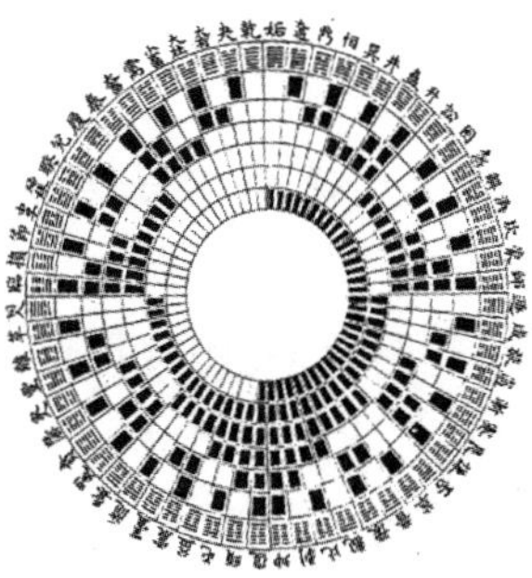

图 9　六十四卦图

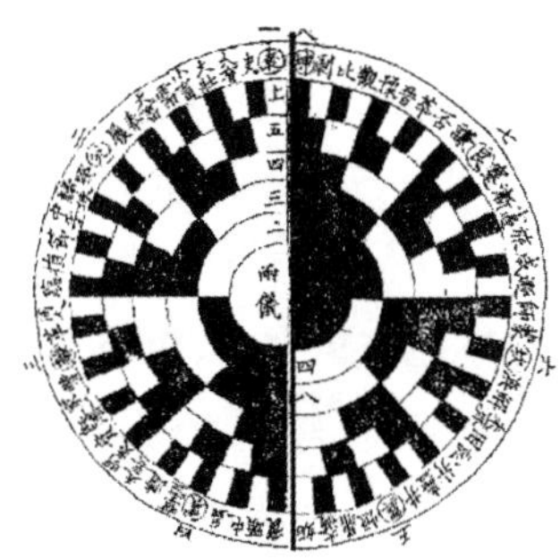

图 10　六十四卦生自两仪图

与以上诸图不同，元儒陈应润(字泽云)在所著《周易爻变易蕴》中也制有一种《易有太极图》(见图 11)①，并作《太极图说》。他认为，周敦颐的《太极图》一方面言“无极而太极”有涉嫌老学之争，一方面又“以阴静阳动为两仪，易水火木金土之位，恐非‘易有太极’之本旨”②。因此其新作《易有太极图》，对太极—两仪—四象—八卦之内涵与相生之理进行了新的诠释。主要表现为将二十八宿、木火金水、春夏秋冬、东南西北等统括于四象，并提出“阳动生阴”“阴动生阳”，将乾坤生六子卦纳入其中。这就与周敦颐《太极图》有很大不同。

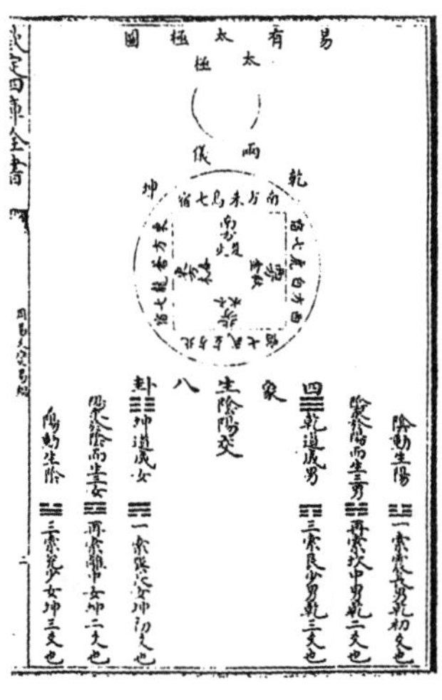

图 11　易有太极图

由上可见，自周敦颐《太极图》以〇表示太极本体，并将太极—阴阳—五行—万物的宇宙生化模式以图象表示之后，易学史上逐渐出现了一股以图象表征此种宇宙生化模式的潮流，由此出现了多种样式的太极图。③这些图象共同的特征是以〇表征太极本体，并多以黑白相分表阴阳，含太极、两仪、四象、八卦于其中。所不同的是，它们普遍由周敦颐《太极图》之太极—阴阳—五行的模式转变为太极—两仪—四象—八卦的模式，以更契合易学话语体系。杨甲之“旧有此图”、林至之《黑白相分圆图》、陈应润之《易有太极图》，就是具有代表性的三种太极图象。其中前二图与阴阳回互之《古太极图》有明显的形象关联。它们都由周敦颐《太极图》上下多层结构转变为内外多层同心圆结构，当然二者的差别也很大，落实到八卦层面上，杨甲之“旧有此图”匹配的是离南坎北之“后天八卦方位”，而林至之图匹配的则是乾南坤北之“先天八卦方位”。而与

① (元)陈应润:《周易爻变易蕴》卷首，《景印文渊阁四库全书》第 27 册，第 6 页。

② (元)陈应润:《周易爻变易蕴》卷首，第 6 页。

③ 北宋刘牧在其《易数钩隐图》中也有分别表示太极、太极生两仪、两仪生四象、四象生八卦的图象，其图象由黑白数点构成。如细分之，周敦颐之太极图可谓易象图，刘牧诸图可谓易数图。准此，阴阳回互的《古太极图》属于易象图，因而本文对刘牧式的易数图不作讨论。

《古太极图》相配的乃是“先天八卦图”(如图 2)。可以说,所配八卦图式由后天八卦方位转变为先天八卦方位是阴阳回互之太极圆图得以产生的重要环节。

这是因为先天八卦方位图式中阴阳二气的消长是渐次变化的,后天八卦图式则不然。在先天八卦方位图中,按顺时针方向,阳气由震之一阳生,到离、兑息为二阳,至乾三阳而极,转至巽消为二阳,再至坎、艮消为一阳,终至纯阴无阳之坤;阴气由巽之阴生,到坎、艮息为二阴,至坤三阴而极,转至震消为二阴,再至离、兑消为一阴,终至纯阳无阴之乾。对此,朱熹说:“须如此方见阴阳消长次第,……虽似稍涉安排,然亦莫非自然之理。”[①]如将朱熹《周易本义》卷首所载《伏羲八卦方位》(见图 12)[②]以黑白条块的形式表示出来,则其形即如《熊氏太极图》(见图 13)[③]。此图式之特征是阴阳二气皆始生于内而渐息而终消止于外。如将图十三之黑白条块连成一片并转化为流畅的黑白线条,则其形状大体就是来知德(1525—1604)《太极图》(见图 14)[④]的样子。

图 12 伏羲八卦方位

图 13 熊氏太极图

图 14 来知德太极图

除了经朱熹阐扬而广为流行的卦爻自内而外的先天八卦方位图外,宋元时期还有一种卦爻自外而内的先天八卦方位图,如杨甲《六经图》所载之《伏羲八卦图》(如图 15)[⑤]、宋末《六经奥论》之《宓牺画八卦》等图。如将此种先天图以黑白条块的形式表示出来,则形如图 16。此图式之特征是阴阳二气皆始生于外而渐息而终消止于内。如将图 16 之黑白条块连成一片并转化为流畅的黑白线条,则其形状大体就是《龙马真象图》(图 17)[⑥]的样子。如将图 16 之中心○去除,则其形状即如图 18。如将图 18 之黑白条块连城一片并转化为流畅的黑白线条,则其形状大体就是《古太极图》(如图 2)的样子。可见,由于存在两种卦爻方向的先天八卦方位图式,也就演化产生了两种阴阳回互的圆形太极图,一种为《古太极图》,一种则以来知德《太极图》为代表。

① (宋)朱熹:《答黄商伯》,《晦庵先生朱文公别集》卷六,朱杰人等主编:《朱子全书》第 25 册,第 4963 页。

② (宋)朱熹:《周易本义》卷首,第 11 页。

③ (元)熊良辅:《周易本义集成》卷首《易图》,清通志堂本。

④ (明)来知德:《重刻来瞿塘先生日录》内篇卷一,《续修四库全书》第 1128 册,上海古籍出版社 2002 年版,第 7 页。

⑤ (宋)杨甲:《六经图》卷一,明万历四十三年刻本。

⑥ (明)季本:《易学四同别录》卷二,明嘉靖四十年刻本。

当然，以上将先天八卦图演化为阴阳回互之太极图的过程存在一个不容忽视的问题，即坎离两卦之象在阴阳渐次消息的系统中有些不够融洽。因为震、兑、乾、巽、艮、坤六卦首尾相接，均匀呈现了阴阳渐次消长之象，但坎离二卦由于阴阳主爻在中间而与其余六卦体现的阴阳渐变之象不协调，因而要想将黑白条块转化为流畅的黑白线条就必须对坎离两卦作特别处理。

图 15　伏羲八卦图

图 16　黑白条块先天图

图 17　龙马真象图

图 18　文王十二月卦气图

我们知道，最能够条理井然地体现阴阳渐次消息的卦图乃是十二消息卦图。此十二卦，即复䷗、临䷒、泰䷊、大壮䷡、夬䷪、乾䷀、姤䷫、遁䷠、否䷋、观䷓、剥䷖、坤䷁，前六卦阳息阴消，后六卦阴息阳消。如按其方位以黑白条块表示，则其形如图 19（《文王十二月卦气图》[①]）。如将其进一步转化为流畅的黑白线条则为来氏太极图（图 14）形状。其实，在来知德之前，明儒韩邦奇（1479—1556）在所著《启蒙意见》中就载有此种黑白线条流畅的饼图（见图 20）[②]。该书中虽然未标此图名称，但观其图中阴阳五行之象及图前文字[③]，此图就是区别于周敦颐的另样"太极图"。较之于韩邦奇，来知德的太极图则是将此种图式中心之〇缩小了。与先天八卦方位图有卦爻自内而外与自外而内两种一样，十二消息卦图也有此两种，其卦爻自内而外者即如图十九，其卦爻自外而内者如杨甲《六经图》之《复姤小父母图》、朱震《汉上易传 · 卦图》之《七日来复图》等。而如果将卦爻自外而内之图式以流畅的黑白线条表示出来，则其形就如图十七一般。如将其中心的〇形去掉，则其形就如《古太极图》（见图 2）。不同之处就在于《古太极图》之阳仪中有个白点、阴仪中有个黑点，而单纯由十二消息卦转化而来的阴阳回互圆图就不会有这两个点。

---

① （元）胡一桂：《周易启蒙翼传》，影印《钦定四库全书荟要》，第 37 页。

② （明）韩邦奇：《启蒙意见》卷二，《景印文渊阁四库全书》第 30 册，第 140 页。

③ 该图前文字云："此节何以不用濂溪之图？夫为图之所以立象也。阴阳五行万物，不在天地之外。阴阳有渐，无遽寒遽热之理。知觉运动，荣瘁开落，卵荄之化也。"（韩邦奇：《启蒙意见》卷二，《景印文渊阁四库全书》第 30 册，第 140 页）章潢《图书编》卷七称此图为《造化象数体用之图》。

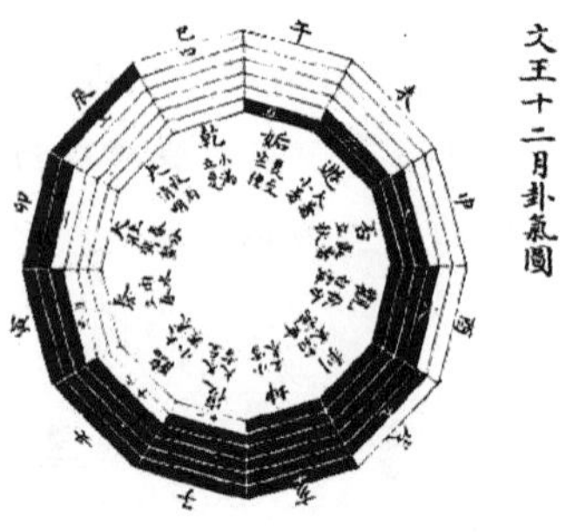

图 19　文王十二月卦气图

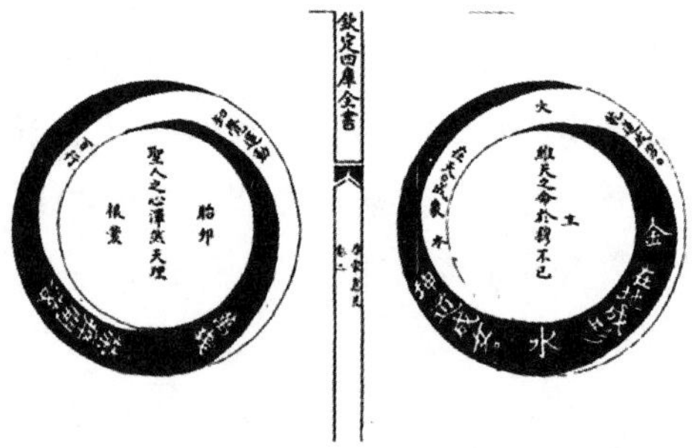

图 20　韩氏太极图

行文至此，不难想见，如果将先天八卦方位图与十二消息卦图结合起来的话，《古太极图》的创制问题就可以得到较为完整的解答。也就是说，先天八卦方位图以黑白条块表示出来之后，可以总体上呈现阴阳渐次消息之情状，但由于坎离二卦爻画的特殊性，尚难以直接产生将其转化为流畅的黑白线条圆图的考虑，而以黑白条块表示的十二消息卦图恰好可以转化为流畅的黑白线条圆图。很可能正是受此十二消息卦图的启发，黑白条块的先天八卦图才被进一步转化为流畅的黑白线条图，与此同时，为了解决坎离二卦的卦象表达问题，就在黑色阴仪中加一白点，在白色阳仪中加一黑点，从而分别表示坎卦与离卦。我们看《天地自然河图》（见图 1），于离卦注“对过阴在中”，于坎卦下注“对过阳在中”，就是以阳中有阴为离之象，阴中有阳为坎之象，只是阳中有阴在西而离位于东，阴中有阳在东而坎位于西，故而坎离成象于“对过”。除此以外，还有一种处理方式，如章潢（1527—1608）《图书编》中有《先天画卦图》（见图 21），图中注云：“象阳中阴故画离”“象阴中阳故画坎”。① 此图黑白两点的形状和位置与《天地自然河图》有所不同，这样使得坎离二卦可以成象于东西本位，而不必成象于对过。因此，《古太极图》中的黑白两点，虽然有着更为重要的思想意蕴，但从发生学的视角看，它们产生之初乃是为了解决坎离二卦的成象问题。

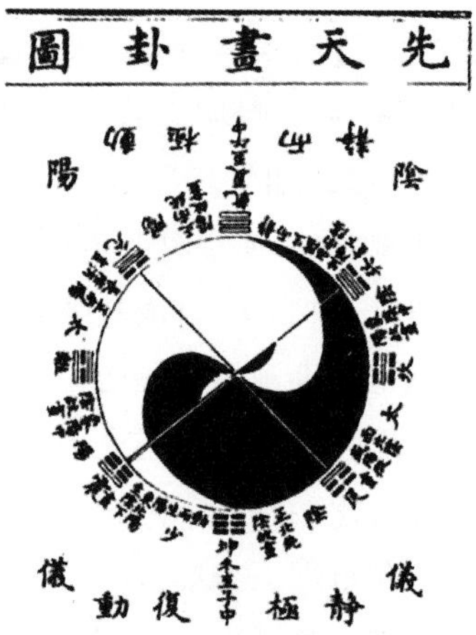

图 21　先天画卦图

约而言之，《古太极图》是在周敦颐《太极图》之后诠解和创新太极图的潮流中产生的，是在先天八卦方位图式与十二消息卦图式的不断演化中综合创新的产物。无论名之为“天地自然河图”还是“古太极图”，其直接理论目的是要回应圣人则之以画卦的问题，所以其基本表达思路乃是由太极而两仪而四象而八卦。由于在卦爻排布上，先天八卦图式较之于后天八卦图式更具有条理性规则性，因此先天八卦图式成为《古太极图》的“底

① （明）章潢：《图书编》卷二，广陵书社 2011 年版，第 32 页。

片”，同时以黑白条块表示先天八卦图的方式为《古太极图》的产生迈出了关键一步。十二消息卦图式所呈现的流畅的黑白线条，则为黑白条块式先天八卦图演化为《古太极图》提供了重要的参照和启发。而《古太极图》中之所以有黑白两点，最初应当是为了解决坎离二卦的成象问题。以上即是受周敦颐《太极图》之影响在先天象数学的发展中逐渐演化产生出《古太极图》的基本情况。

三

发皇于宋代的易学图书学，作为易学象数学的新发展，较之于汉易象数学最为突出的思想特点在于由汉易之诠释易象之丰富内涵转进为探寻易象之所以如此之根由，此思想特点便集中表现为古圣如何画卦问题的探讨。由黑白数点构成的《河图》《洛书》以及备受朱子推崇的邵雍先天八卦六十四卦图式，都是在这一问题意识下产生的理论成果，而《古太极图》则是这些理论成果进一步演化的产物。

如前所述，《古太极图》最早被称为“河图”，赵㧑谦、宋濂、王祎所述皆是如此。之所以名之为“河图”，一则或如季本所谓“自神其说”，视之为“龙马所负以出河者”，是天地自然之法象；二则或是因为其较之于黑白数点构成的《河图》更能贴合“圣人则之”以画卦的问题。无论认为《河图》为十数还是九数，其以数点所表征的阴阳五行之象和以三重阴阳爻画所构成的八卦之间有明显的思维鸿沟，难以弥合。因而朱熹在论述如何由《河图》而画八卦时，也未能将数象转化为卦象，而只是大而化之地说：“析四方之合以为乾、坤、离、坎，补四隅之空以为兑、震、巽、艮者，八卦也。”[①]而此阴阳回互之圆形“河图”则不同，将其八分之，白者为阳，黑者为阴，纯阴者为坤，微阳生于下者为震，阳息壮而阴消者为兑，纯阳者为乾，微阴生于下者为巽，阴息壮而阳消者为艮，“离正东，取西之白中黑点”“坎正西，取东之黑中白点”[②]，所以季本说“以之画卦法象显然”。而后来为何改名为《古太极图》呢？胡渭说：“盖其时既从《启蒙》以五十五数为《河图》，而濂溪又自有所为《太极图》者，故不名《河图》，曰《太极图》而加‘古’以别之。”[③]此图既无经籍记载，又无宗师之推崇与官学之认可，自然难以与数点之《河图》相颉颃。为了能让人接受并凸显该图之重要意义，故结合该图象之特征而名之为“古太极图”。

观胡渭《易图明辨》所引文献，其中首称《古太极图》的是明儒赵仲全之《道学正宗》。赵氏此书今佚，据考赵氏生于明正德元年（1506）前后，年八十八[④]，则其《道学正宗》很有可能作于嘉靖年间（1522—1566），或要早于章潢始著《图书编》之嘉靖壬戌（1562）。又阳明弟子薛侃（1486—1546）于嘉靖甲辰（1544）作《图书质疑》，书中亦载《古太极图》。而季本在嘉靖己未（1559）完成的《易学四同别录》中，仍名之为《天地自然河图》，并未用《古太极图》之名。检索明儒文献，虽然究竟何时何人最早名之为《古太极图》今已难确证，但可

① （宋）朱熹：《易学启蒙·本图书》卷一，朱杰人等主编：《朱子全书》第1册，第215页。
② （清）胡渭：《易图明辨》卷三，第83页。
③ （清）胡渭：《易图明辨》卷三，第85页。
④ 参见刘骏勃：《阳明学重镇里的程朱派——赵仲全夫子与水西学风》，《朱子学研究》第35辑，第37页。

以确定《古太极图》这一名称是在嘉靖年间真正流传开来的。与此同时,《古太极图》的形状也开始有所变化,如薛侃《图书质疑》中载有两种《古太极图》(见图 22)①,均有别于赵㧑谦所传之图式(见图 1),从思想意蕴上看二图均不如赵㧑谦所传旧图。至崇祯年间乔中和(字还一)作《说易》,书中所载《古太极图》(见图 23)②已经与今日所常见之太极图一样了。此图貌似更美观,但已经不能八分之而成八卦之象了。

图 22　古太极图

图 23　《说易》古太极图

在流传过程中,《古太极图》也遭到一些学者的批评。大儒湛若水(1466—1560)就对薛侃书中之《古太极图》很不以为然,他说:

> 盖太极者,乃至极之理。此理初何形象?濂溪不得已而画之一圈,亦已多矣。……太极者,至理浑然未分之时也。今所传《古太极图》,则于未分之时而强加之以黑白,惑矣。夫太极未形,一理浑然,黑白何分,阴阳何判?其此图有分有判者,此乃二仪图也,非太极图也。盖后儒好事者为之,伪称古图也。盖"有不知而作者",此之谓也。③

在他看来,太极乃浑然之至理,无形无象,周敦颐以〇表太极已是不得已而为之,更何况《古太极图》以黑白分判阴阳,显然与太极之理相悖,可名为"两仪图",而不能名为"太极图",更不能名为"古太极图"。湛氏之说虽有道理,但也不尽然。若如其所说,周敦颐的《太极图》也不能称为"太极图",因为其分为上下五层,含有阴阳五行之分判与交合。其实对这个问题,刘牧已经做过论说,如前文所引:"太极无数与象,今以二仪之气混而为一以画之,盖欲明二仪之所从而生也。"仅以一圈表太极,虽然能揭示太极浑然之象,但又有空虚之嫌,无法表诠太极生生之妙,而通过阴阳变易与流转之象豁显太极生生之妙,说

① (明)薛侃:《图书质疑·古太极图》,明万历四十五年薛茂杞刻本。

② (明)乔中和:《说易·图说》,明崇祯刻跻新堂集本。

③ (明)湛若水:《岳游纪行略》,《湛甘泉先生文集》卷二十九,广西师范大学出版社 2014 年版,第 1755—1756 页。

其不可说，象其不可象，也不失为一个好的表诠方法。“不可得而图者，从而图之，将以形容造化生生之机耳。”[①]可以说，将阴阳回互之圆图名为“太极图”，符合《易传》“易有太极是生两仪”以及“一阴一阳之谓道”之说，在易学图书学上具有重要的理论价值和学术贡献。

明儒将《古太极图》推向新的理论境地和历史高度的首推章潢。其《图书编》开篇即论《古太极图》，位列《河图》《洛书》《先天八卦次图》等众图之前。他说：

> “易有太极”，凡两仪、四象、八卦皆于此乎备具。故《河图》其数十而左旋相生，《洛书》其数九而右旋相克，先天图卦象对待不易，后天图卦象流行不停，要皆太极中两仪、四象、八卦变化之不可测者是也。虽《古太极图》浑浑沦沦，渊渊浩浩，本无象也，其象至于不可纪；本无数也，其象至于不可穷。特《图》《书》、先后天图、《周易》卦爻皆从此出。彼上而天文，下而舆地，中而人情物理、国家礼乐制度，千变万化，孰非太极之运用哉？此《古太极图》所以为图书之冠。惟于此图透彻其底里，则诸图皆在范围中矣。[②]

这是从太极作为天地万物之本体的高度肯认《古太极图》的思想涵摄力和理论地位。在他看来，《河图》、《洛书》、先后天诸图都是《古太极图》所示之太极生生之机的不同象数表达，所谓“其本同者道也，不同者象数之多寡云耳”[③]。譬如，章潢认为，《古太极图》中一阳生于下，此阳虽然微弱，但“天地生生化化，变通莫测，悉由此以根源之耳”，由此观之，《河图》《洛书》皆是以”一”居下，先天六十四卦圆图始于一阳在下之复卦，后天八卦方位始于“帝出乎震”，六十四卦经文始于乾卦初九，等等，也都是一阳在下而万物资始的不同表诠方式。其书中具体又有《太极河图》《太极先天画卦图》《太极先天后天总图》等直接表现《古太极图》与诸图之关系。在他看来，《古太极图》是易学诸图之体，而易学诸图则是《古太极图》的不同之用。

以章潢之见，《古太极图》呈现了太极—两仪—四象—八卦之象及其关系，除了可与《系辞传》“易有太极”一节等直接对应外，也可与《系辞传》首章之内容相应。他说：“总图即太极也。黑白即阴阳两仪，天地卑高、贵贱、动静、刚柔之定位也。黑白之多寡，即阴阳之消长，太阴、太阳、少阴、少阳，群分类聚，成象成形，寒暑往来，乾男坤女，悉于此乎见也。以卦象观之，乾坤定位上下，坎离并列东西，震巽艮兑随阴阳之升降而布于四隅，八卦不其备具矣乎！”[④]虽然图中诸象皆备，但太极生生之机又当如何体现出来呢？“其实阴阳由微而至着，循环无端，即其生生之机也。”[⑤]图中之阴阳不是静态的阴阳分立，而是动态的阴阳摩荡、消长与流转，正是在阴阳此消彼长的变易与流转中太极生生之机才得以展现与达成。在章潢看来，就其本体而言，“太极不过阴阳之浑沦者耳”，而就其发用而

① (明)章潢：《图书编》卷一，第4页。
② (明)章潢：《编首古太极图说》，《图书编》卷一，第5—6页。
③ (明)章潢：《图书编》卷一，第6页。
④ (明)章潢：《古太极图说一》，《图书编》卷一，第4页。
⑤ (明)章潢：《图书编》卷一，第4页。

言，太极就在两仪—四象—八卦之中。他说："原非先有太极而后两仪生，既有两仪而后四象八卦生也。又岂两仪生而太极遁，四象生而两仪亡，八卦生而四象隐，两仪、四象、八卦各为一物，而别有太极宰其中、统其外哉？……何必别立图以生之，又何必别立名象以分析之也。"[①]太极就在两仪—四象—八卦的生成与流转中，除此以外，并没有独立的空言绝象的太极存在。由此观之，《古太极图》所体现的太极—两仪—四象—八卦之关系是圆融一体的，而《伏羲八卦次序图》则是将此种关系层层展示出来，是脉络分明的。

图 24　来知德太极图

与章潢同时代的来知德所用《太极图》[②]（见图 24）与《古太极图》有所不同。除图中阴阳消长之内外方向有别外，其图中心又有一〇以表太极。他说："白者阳仪也，黑者阴仪也。黑白二路者阳极生阴，阴极生阳，其气机未尝息也，即太极也。其中间一圈，乃太极之本体也。"[③]他既以阴阳消息流转之气机为太极之体现，又特别以中心之〇表太极本体，意在凸显太极在阴阳变易与流转中的主宰性地位。究竟要不要专门以〇形表之太极本体，章、来二氏有不同的认识和理解，姑且置之不论。而另一个更大的差异是，《古太极图》阴阳仪中有黑白点，而《来氏太极图》中没有。有论者以为，来氏图阴阳仪中有黑白二直线，以之表示阳中有阴、阴中有阳之象。问题是如此重要的观点在来氏本人著作中未有表述，且考诸来知德《周易集注》之明万历虎林刻本、清康熙二十七年宝廉堂刻本以及康熙六十一年刻本，该图均无黑白二线（如图 24）。因此，笔者认为《来氏太极图》中并不具有阳中含阴、阴中含阳之象。换言之，《来氏太极图》不能直观呈现坎离二卦之象，亦即不能与八卦之象一一相对应，这可能是其未能如《古太极图》般广为流传的一个重要原因。

上文已言，《古太极图》阴阳仪中有黑白点，最初是为了解决坎离二卦的成象问题，但其思想意义则不限于此。一方面，此图以黑白回互之形表示阴极而生阳，阳息阴消，阳极而生阴，阴息阳消，此可视为阴阳对待形态下的互为消长。其如双鱼般之图形，直观地表征了阴阳二气的摩荡与周流。另一方面，此图以两仪中之黑白二点表示阳中生阴，阴中生阳，阳中含阴，阴中含阳，此可视为阴阳含融形态下的转易相生。如果将前者理解为阴

① （明）章潢：《古太极图说一》，《图书编》卷一，第 4 页。

② （明）来知德：《周易集注·易注杂说》，清康熙二十七年宝廉堂刻本。

③ （明）来知德：《弄圆篇》，《重刻来瞿塘先生日录·内篇》卷一，第 4 页。

阳外部间的消息变易的话，那么后者则可以理解为阴阳内部的消息变易。换言之，阴阳之消息变易既产生于事物之间，也产生于事物内部。从动态演化的视野来看，《古太极图》中的黑白二点也具有由微小而强大的发展趋势，其强大至极就是阴阳二仪，或者说就是纯阳之乾与纯阴之坤。不难发现，该图中的黑白二点并不是两个圆点(见图 1)，而是呈蝌蚪状，其实也就是阴阳二仪的微缩形态，将二者拼合起来就是一个小太极图。所以说，《古太极图》中的黑白二点就是缩小了阴阳二仪，阴阳二仪就是变大了的黑白二点；在此过程中，也实现了阴阳二仪之互转，黑点息长至极则转阳仪为阴仪，白点息长至极则转阴仪为阳仪。由此来看，《古太极图》在表现阴阳消息、阴阳互根、阴阳相生、阴阳转化等思想方面，确有其他易图所不具备之特色与优势。

当然，对于《古太极图》(无论是其原型还是变形)的思想意蕴以及文化价值，今天我们需要历史地理性地加以考察和审视，既不能否定其理论意义认为其哲学水平很低，也不能盲目地崇拜，视之为开启宇宙奥妙的密钥。我们需要看到，《古太极图》是在宋明时期诠释与创新太极图的易学潮流中所演化产生的，是先天八卦方位图式与十二消息卦图式不断演化综合创新的产物，有其问题意识和演化理路，既不是神秘的远古图象，也不是道士陈抟所传，而是宋明易学图书学不断发展的理论结晶。它以图象化的形式表诠了太极—两仪—四象—八卦圆融一体的关系，是对周敦颐《太极图》和朱熹先天象数图式的进一步发展与改造。其所蕴示的太极阴阳之间的生成机制，以及阴阳之间互根互生、消息转化之关系，直观而精妙，意蕴深邃而丰赡，具有重要的哲学意义，其思想内涵及其所体现的文化意识都值得进一步深入思考和研究。

《易经》中“君子”的出处及其审美特征

谢金良[*]

“君子”一词，在先秦典籍中可谓是司空见惯，以致许多学人在阅读《周易》时，也容易对其熟视无睹。大多数接触过《周易》的人可能都比较熟知《易传》中有不少的“君子”，但对《易经》中是否有“君子”一词就不太敢确定了，至于《易经》中共出现几处“君子”以及具体的出处在哪，恐怕不是专门有所研究的人是很难确知的。有鉴于此，本文拟从这个最基本的问题入手，在精确统计和细致分析的基础上，进一步理清《易经》中“君子”的形象特征。

一、《易经》中“君子”的出处情况分析

在通行本《易经》(不包括《易传》)中共有20处出现“君子”一词，其中上经三十卦中共有13处，约占全经总数的三分之二，依次是[①]：

1.九三：君子终日乾乾，夕惕若，厉无咎。(《乾》卦九三爻辞)

2.君子有攸往，先迷；后得主，利。西南得朋，东北丧朋。安贞吉。(《坤》卦卦辞)

3.六三：即鹿无虞，惟入于林中；君子几，不如舍，往吝。(《屯》卦六三爻辞)

4.上九：既雨既处，尚德载；妇贞厉，月几望；君子征凶。(《小畜》上九爻辞)

5.否之匪人，不利，君子贞；大往小来。(《否》卦卦辞)

6.同人于野，亨，利涉大川，利君子贞。(《同人》卦辞)

7.谦：亨，君子有终。(《谦》卦卦辞)

8.初六：谦谦君子，用涉大川，吉。(《谦》卦初六爻辞)

9.九三：劳谦，君子有终，吉。(《谦》卦九三爻辞)

---

* 作者简介：谢金良，复旦大学中文系教授、博士生导师，兼任复旦大学中国学研究中心副主任、国际易学联合会副会长、中国周易学会常务理事、上海周易研究会副会长等，主要从事易学与美学、易学与儒佛道文化、中国古典美学的教学与科研。

项目来源：本文系上海市哲学社科规划课题一般项目“中和之美：《周易》与中华审美文化史论”(2014BWY008)阶段性成果。

① 按：对于通行本《易经》的文本内容，本文主要参考黄寿祺、张善文：《周易译注》，上海古籍出版社1989年版。为了便于精确统计，以下每条涉及统计“君子”一词的引文中，在开头都特地加了序号，并对“君子”一词加下划线。

10.初六：童观，小人无咎，君子吝。(《观》卦初六爻辞)

11.九五：观我生，君子无咎。(《观》卦九五爻辞)

12.上九：观其生，君子无咎。(《观》卦上九爻辞)

13.上九：硕果不食，君子得舆，小人剥庐。(《剥》卦上九爻辞)

稍作分析，在以上 13 处中，属于卦辞的仅有 4 处(《坤》《否》《同人》《谦》)，属于爻辞的有 9 处，其中属于阳爻的 6 处(兆辞显示依次是“无咎”“征凶”“吉”“无咎”“无咎”“得舆”)，属于阴爻的 3 处(兆辞显示依次是“往吝”“吉”“吝”)；属于初爻的 2 处(兆辞显示“吉”和“吝”)，属于第三爻的 3 处(兆辞显示“无咎”“吝”“吉”)，属于第五爻的 1 处(兆辞显示“无咎”)，属于上爻的 3 处(兆辞显示“征凶”“无咎”“得舆”)；《谦》和《观》卦中各出现 3 处，《谦》卦中有 2 处属于爻辞，《观》卦中有 3 处属于爻辞。在上经中与“君子”直接相关的卦象依次是：《乾为天》《坤为地》《水雷屯》《风天小畜》《天地否》《天火同人》《地山谦》《风地观》《山地剥》等九卦，这九卦中除了《屯》以外每卦中都包含有经卦乾或坤(九卦共由 18 个经卦组成，其中含经卦乾 5 个，含经卦坤 6 个)。“君子”一词，在下经三十四卦中，仅出现 7 处，占全经的三分之一，依次是：

14.九四：好遁，君子吉，小人否。(《遁》卦九四爻辞)

15.九三：小人用壮，君子用罔；贞厉，羝羊触藩，羸其角。(《大壮》卦九三爻辞)

16.初九：明夷于飞，垂其翼；君子于行，三日不食。有攸往，主人有言。(《明夷》卦初九爻辞)

17.六五：君子维有解，吉。有孚于小人。(《解》卦六五爻辞)

18.九三：壮于頄，有凶；君子夬夬独行，遇雨若濡，有愠，无咎。(《夬》卦九三爻辞)

19.上六：君子豹变，小人革面；征凶，居贞吉。(《革》卦上六爻辞)

20.六五：贞吉，无悔；君子之光，有孚吉。(《未济》卦六五爻辞)

稍作分析，在以上 7 处中，没有一处是属于卦辞的，属于爻辞的有 7 处，其中属于阳爻的 4 处(兆辞显示依次是“吉”“贞厉”“有言”“无咎”)，属于阴爻的 3 处(兆辞显示依次是“吉”“居贞吉”“吉”)；属于初爻的 1 处(兆辞显示“有言”)，属于第三爻的 2 处(兆辞显示“贞厉”“无咎”)，属于第四爻的 1 处(兆辞显示“吉”)，属于第五爻的 2 处(兆辞显示都是“吉”)，属于上爻的 1 处(兆辞显示“吉”)；此 7 处分布在 7 个卦中，即未有在同一个卦中多次出现的情况。在下经中与“君子”直接相关的卦象依次是：《天山遁》《雷天大壮》《地火明夷》《雷水解》《泽天夬》《泽火革》《火水未济》等七卦，这七卦的卦时大多是处于某种趋于极端的背景，如“逃遁退避”“大为强盛”“光明陨伤”“舒解险难”“以刚决柔”“推行变革”“未济之难”，大多是处于某种极度忧困之中的情状。

不妨再进一步加以归纳：在以上 20 处中，属于卦辞的仅有 4 处且都在上经中(《坤》《否》《同人》《谦》)，属于爻辞的有 16 处(其中属于阳爻的 10 处，属于阴爻的 6 处；属于初爻的 3 处，属于第三爻的 5 处，属于第四爻的 1 处，属于第五爻的 3 处，属于上爻的 4 处，第二爻中未出现)；《谦》和《观》卦中各出现 3 处，是全经中出现最多的两卦。在上经四个卦辞有“君子”的四个卦象中(《坤》《否》《同人》《谦》)，主要是由乾、坤、离、艮等三爻经卦组成的六爻别卦，其中包含经卦乾有 2 个（《否》和《同人》），包含经卦坤有 4 个（《坤》2 个、《否》《谦》），包含经卦离有 1 个（《同人》），包含经卦艮有 1 个（《谦》）；这 4 条卦象文辞对应的征兆结果主要是吉和亨（《坤》“安贞吉”、《否》“君子贞”、《同人》“亨”、《谦》“亨”）。在上下经 16 条有“君子”的爻辞中，兆辞显示主要是“无咎”和“吉”，其中显示“无咎”的有 4 处，显示“吉”的有 6 处，显示“得舆”与“有言”的各 1 处，显示“吝”的有 2 处，显示“厉”的 1 处，显示“征凶”的仅 1 处（未必是“凶”）。由此可见，与“君子”一词相关的卦爻辞对应的征兆结果绝大部分是“吉”“亨”“无咎”。这一现象充分表明：君子为人处世的思维方法是有利于趋吉避凶的，这无疑也是《易经》作者所倡导的。

此外，上下经中出现“君子”的卦象共有十六个，这十六个卦象在汉代的《八宫卦图》中，属于乾宫的有 5 个（上经 4 个：《乾》《否》《观》《剥》；下经 1 个：《遁》），属于坎宫的有 3 个（上经 1 个：《屯》；下经 2 个：《明夷》《革》），属于震宫的有 1 个（下经《解》），属于巽宫的有 1 个（上经《小畜》），属于离宫的 2 个（上经《同人》、下经《未济》），属于坤宫的 3 个（上经《坤》、下经《大壮》和《夬》），属于兑宫的有 1 个（上经《谦》），在艮宫中未出现。联系前面对与“君子”相关卦象的初步分析，大致可以判定这十六个卦象在六十四卦中都是比较有代表性的（大多数包含经卦乾和坤，有半数属于乾、坤两宫卦），与君子的德位较为般配（大多数处于初、三、五、上爻，居处阳位和上位）。

通过以上的分析和归纳，我们试图寻找“君子”一词在卦爻辞中分布的特点，尽管已经发现“君子”一词所处的卦爻有一定的特殊性和倾向性，但仍难以得出一些基本规律。也许，其中并无基本规律可言。如果真有一定基本规律的话，那么仅仅从卦爻辞的表面恐怕是很难总结出来的，这必须有待日后更为全面深入的研究才有可能搞清楚卦爻辞作者的用意所在。但是，从总的来看，我们似乎有理由相信，不论是卦辞的作者，还是爻辞的作者，在使用“君子”一词时都不是随意的，更有可能是与作《易》的旨意密切相关的。相关问题，留待后文再探讨，暂不述及。

二、《易经》中与“君子”相关的词语比较

在先秦典籍中，“君子”一词是很常见的。① 但似乎仍有几个基本问题难以说清：一是“君子”的本义是什么？是指“君王之子”吗？或是指“有学问有修养的人”？二是从什么时候开始出现和使用“君子”这个词语？是在哪本著作中最早出现的？三是《易经》的作者是以“君子”自居？还是以“君子”作为理想榜样？诸如此类的问题不少，看似无关紧要，在我看来不仅牵涉到《周易》甚至是包括儒家经典的核心思想问题，都离不开对这些基本问题的解答。但是这些问题都非常复杂，非本文所能完美解决的，有鉴于此，倘若我们能借助《易经》的“君子”问题作为突破口，或许将有助于问题的进一步解决。基于以上粗浅的想法，本文拟先初步探讨一下“君子”在《易经》中究竟属于什么样的社会角色，以

① 一般而言，研究“君子”至少要做好两方面：一是梳理此前学者对相关问题的研究；二是考察与《易经》同时代的作品中对“君子”的表述。但是，必须指出的是，本文是就《易经》文本内容展开对“君子”的研究，而不是研究君子文化的演变史。回到本义的研究，如果再和以往的君子文化研究过多地扯在一起，就跟以往的研究没有差别了。

及其所体现的审美形象。

我们知道，在现存的古籍中，《易经》《诗经》《尚书》等经典是最为古老的，这三部经典中都有出现“君子”一词且较多使用，但又很难确定哪一处是最早出现的（主要是《易》《诗》《书》所反映的时代较为接近，被尊奉为经典的经历也大体相当，因此学术界向来难以判定其写作时代孰先孰后）。问题还在于，在这三部最古老的经书中，都没有直接给“君子”作下定义式的阐释，因此后人始终找不到相关问题的标准答案，只能借助各种史料文献的相关记载作一些带有推测性的理解，以致难以解决相关的基本问题。在我看来，在早期史料的前提下，尽可能深入挖掘经典文本中的思想蕴涵与倾向，或许能从一些端倪中找到蛛丝马迹，进而找到发现和解决疑难问题的突破口。因此，以下拟通过比较《易经》中与“君子”相关的词语，使“君子”形象得到更加清晰的体现。相关的词语主要有：

其一，“小人”。在《论语》中，“君子”与“小人”经常对举并见。这早在《易经》中已不罕见，上下经中共有 6 处出现“君子”与“小人”对举并见，即出现在上经《观》卦初六和《剥》卦上九、下经《遁》卦九四、《大壮》九三、《解》卦六五、《革》卦上六爻辞中。“小人”在《易经》中单独出现的还有 4 处，即《师》卦上六“小人勿用”、《否》卦六二“包承，小人吉”、《大有》卦辞“公用亨于天子，小人弗克”、《既济》卦九三“高宗伐鬼方，三年克之，小人勿用”。值得注意的是，在《易经》中，“小人”既与“君子”对举，也有 1 处与“大人”并举出现，即《否》卦六二“小人吉，大人否”，还与“大君”“天子”“高宗”一起出现，与“大君”同时出现的有 1 处，即《师》卦上六“大君有命，开国承家，小人勿用”，与“天子”同时出现的有 1 处，即《大有》卦辞“公用亨于天子，小人弗克”，与“高宗”同时出现的有 1 处，即《既济》卦九三“高宗伐鬼方，三年克之，小人勿用”。由此可见，在《易经》中，“君子”既与“小人”相对而言，又与“大君”“天子”等有明显区别。

其二，“大人”。在《易经》中共出现 12 处“大人”，依次是上经《乾》卦九二、九五爻辞“利见大人”、《讼》卦辞“利见大人”、《否》卦六二爻辞“大人否”、九五爻辞“大人吉”；下经《蹇》卦辞和上六爻辞“利见大人”、《萃》卦辞“利见大人”、《升》卦辞“用见大人”、《困》卦辞“大人吉”、《革》卦九五爻辞“大人虎变”、《巽》卦辞“利见大人”。“大人”与“小人”在同一条爻辞中出现的仅有 1 处（《否》卦六二），在同一卦的爻辞中出现的也仅有 1 处（《革》卦九五爻辞“大人虎变”与上六爻辞“小人革面”）。不难发现，凡是出现“大人”的卦爻辞，兆辞显示大多数是非“吉”即“利”，最常见的是“利见大人”。从这里也可以发现，“君子”与“大人”有别，“大人”可能是指具有爵位、掌管权力和利益的官员。《易经》中不言“利见君子”，而常见“利见大人”，可以说明什么呢？我以为，这至少可以说明在社会角色上“君子”与“大人”不仅都与“小人”相对而言，而且在地位、功能上是有明显区别的。问题是，在社会地位上，“君子”与“大人”孰高孰低呢？这是值得进一步探究的。

其三，“小子”与“夫子”。《易经》中出现 3 处“小子”，依次是《随》卦六二爻辞“系小子，失丈夫”和六三爻辞“系丈夫，失小子”、《渐》卦初六爻辞“小子厉”。很明显，“小子”与“丈夫”相对而言，意思可能是指小孩子或未成年的儿子。单从字面上理解，“小人”也可以有“幼小”“矮小”之人的意思（如今沪语称“小人”，即指小孩子），但这个意思在《易经》

中已经由“小子”这个词来指代了,由此可见“小人”是指人格意义上的。也就是说,这反过来可以证明,《易经》中的“小人”不是指年龄低或身躯小的“小子”,而是特指人格低下、气量狭小或地位卑微的人。由此反证,与“小人”相对的“大人”,乃是地位高显的人;与“小人”相对的“君子”,乃是人格高尚、胸怀坦荡的人。“夫子”一词仅见于《恒》卦六五爻辞“妇人吉,夫子凶”,此处“夫子”与“妇人”相对出现,是指成人男子,与“君子”也是有明显区别的。当然,从这里我们也可看出一点端倪:“子”字在《易经》中是常见词,共出现33处,除了前引“君子”20处、“小子”3处,还有《屯》卦六二爻辞“女子贞不字”、《蒙》卦九二爻辞“子克家”、《师》卦六五爻辞“长子帅师,弟子舆尸”、《大有》卦九三爻辞“公用亨于天子”、《蛊》卦初六爻辞“干父之蛊,有子考”、《明夷》卦六五爻辞“箕子之明夷”、《家人》卦九三爻辞“妇子嘻嘻”、《鼎》卦初六爻辞“得妾以其子”、《中孚》卦九二爻辞“鸣鹤在阴,其子和之”等10处。“子”字在《易经》中主要指儿女、孩子、对人的称呼、对人的尊称等,如果说“天子”是“天之子”(即君王),那么说“君子”就是“君之子”(即王子);如果说“箕子”之“子”是一种尊称,那么“君子”之“子”也可以是一种尊称;如果说“小子”“长子”“夫子”之“子”是指男子,那么“君子”的性别也应该是男子。有鉴于此,我以为《易经》中的“君子”不是一般的男子,也不只是社会地位和道德修养高尚的男子,还可能同时具备贵族“王子”的身份。这对我们研究《易经》的作者问题和写作目的,无疑是至关重要的!

其四,“丈人”与“武人”。“丈人”在《易经》中只出现1处,见《师》卦辞“丈人吉”“丈人”,李鼎祚《周易集解》引崔憬曰,“《子夏传》作‘大人’”[①],可见“丈人”与“大人”意义较为接近,也可能是指有作战经验的贤明长者,并非指“君子”。“武人”在《易经》中出现2处,即《履》卦六三爻辞“武人为于大君”和《巽》卦初六爻辞“利武人之贞”,可见“君子”与“武人”(勇武之人)也是有明显区别的。除了“天子”“大君”“大人”“丈人”“武人”以外,在《易经》中还出现“帝”“王”“公”“侯”“王侯”“王臣”“臣”“官”“宫人”等带有专称的词语,可见这些都与“君子”有明显区别。

其五,“贞”。“贞”在《易经》中是常见字,按《易传》的理解意思是“贞正”“守正”,现当代有不少人以为是与“占”通,有“占卜”之义。笔者发现,卦爻辞中出现“君子”时较常出现“贞”字,如《坤》“安贞吉”、《小畜》上九“贞厉”、《否》“不利,君子贞”、《同人》“利君子贞”、《大壮》九三“贞厉”、《革》卦上六“居贞吉”、《未济》六五“贞吉”,可见“贞”与“君子”的立身行德是有密切关联的,如果再与《屯》六三“君子几,不如舍,往吝”、《小畜》上九“君子征凶”等爻辞相联系,更能说明“贞”与“持中守正”的意思较为吻合,而与“占卜”之义相去甚远。从中我们也可以进一步推测,鉴于“君子”身份的特殊(君之子),在行为举止方面要做到合乎礼节,在言行品德方面要成为榜样,必须尽可能“守贞”才是适宜的。

---

① 转引自黄寿祺、张善文:《周易译注》,上海古籍出版社1989年版,第73页。

三、《易经》中“君子”的审美形象简析

通过前面的分析和归纳，我们发现《易经》中的“君子”不是一般人，而是有重要担当的角色，很可能是社会地位崇高和品德兼优的“君之子”（王子）。以下拟以《易经》中有直接出现“君子”的20处卦爻辞文本内容为依据，从审美思维、审美思想等角度进一步彰显“君子”的光辉形象。“君子”的形象特征，大致可归纳出以下十个方面[①]：

（1）终日乾乾，谦虚谨慎。详见《乾》和《谦》两卦。君子处九三之凶位时，不懈怠，不退缩，始终健健不已，自强不息，日夜警惕，以求无咎。君子居社会之高位时，不得意，不骄傲，始终谨慎行事，谦卑待人，勤恳劳作，为求有终。君子因乾乾而有业绩功勋，因谦谦而有德行风范，故能无咎有终。可见，君子的操行风范与《易经》注重德才兼备的指导思想高度一致。

（2）见几行事，审时度势。详见《屯》和《小畜》两卦。君子“即鹿”入于林中，不穷追，不妄动，懂得知微见著，见几知几，及时停步，以免往吝。君子处“既雨”“德载”之时，不妄进，不过盈，明晓物极必反，月圆必亏，审慎防危，避免征凶。君子因知几而能全身而退，因知极而能防备守身，故能不吝免凶。可见，君子的生存智慧与《易经》的保守变通思想是一致的。

（3）立德守贞，安贞居贞。详见《坤》《否》《同人》《革》《未济》诸卦。君子处阴暗迷途之中，寻找有利方向，安贞而吉；君子遇匪人不利之时，敢于坚守正道，由否通泰；君子同人于野之时，善于与人和同，得亨守贞；君子处于革故鼎新之时，善于助成变革，静居守正；君子处于未济未成之时，继续守持贞固，诚信待人。综而观之，无论是阴暗、否闭、野处，还是变革、未济之时，君子都能坚守正知，笃行正道，耐心等待而化险为夷。可见，君子的德行素养与《易经》的守中持正思想是一致的。

（4）注重观仰，善于隐退。详见《观》和《遁》两卦。君子处于观仰事物之时，不浅见，不短视，端正观仰心态，反观内省，保持正观，免除咎害；君子处衰坏之世，不苟且，不合污，及时忍痛割爱，逃避乱世，从容隐退，贞定自守。君子因观仰事物而知反观、正观之重要，因洁身自好而明归隐、退避之意义。可见，君子的审美心态与《易经》崇尚光明的思想是一致的。

（5）遇壮用罔，无为处世。详见《大壮》卦。君子处于强壮盛大之时，不逞强，不用壮，仍然守正养德，守贞防危，以无为用，进退自如，免除纠葛。君子因无为而无不为，因无用而无不用，刚柔并济，应付自如。可见，君子的处世之道与《易经》刚柔并用的思想是一致的。

（6）转危为安，有孚而吉。详见《解》和《未济》两卦。君子处于舒解险难之时，不忧

---

① 之所以列出十个方面，乃是因为这些卦的文辞中有与君子直接相联系的。因学界尚罕有人从审美的角度对此进行总结和概括，所以本文侧重加以分析和说明。从根本上说，《易经》中“君子”的审美特征并非仅有十个方面，甚至可以说整部《周易》所言皆可视为君子之审美特征。但是，如果我们一开始就直接把整部《周易》所言都直接视为君子的审美特征，恐怕学术界更难以理解和接受！

惧,不失信,从容面对险境,正气凛然,以诚待人,以信服人,以致脱险。君子处于未济艰险之时,不后悔,不妄为,秉持贞正之道,励精图治,持正守信,化凶趋吉。君子因有孚而使小人诚服无怨,因守正而使自己光辉焕发,促邪归正,怀信得吉。可见,君子真诚处世的立场与《易经》坚守正道的思想是一致的。

(7)奋勇前行,三日不食。详见《明夷》卦。君子处于光明陨伤之时,不滞留,不遑食,及早潜隐避难,志急于行,忍饥挨饿,垂翼内敛,用晦而明。君子因有志而不甘堕落黑暗,因有言而不敢招摇前往,怀惧而行,行不敢显。可见,君子弃暗投明的心志与《易经》崇阳抑阴的思想是一致的。

(8)夬夬独行,有愠无咎。详见《夬》卦。君子处于以刚决柔之时,不犹豫,不徇私,行动刚毅果断,独行无悔,有愠无惧,决除小人,免遭咎害。君子因夬夬而能果决其决,因有凶而能独行其行,虽有麻烦,且遭人怨,但无过错。可见,君子难容小人的态度与《易经》以阳决阴的思想是一致的。

(9)助成变革,犹如豹变。详见《革》卦。君子处于变革创新之时,不保守,不阻碍,善于把握时机,遵循正道,推陈出新,取信于人,居贞得吉。君子因助成变革而使小人洗心革面,因安居正道而使自己免遭凶险,善于变革,厥功至伟。可见,君子知变善变的思维与《易经》阴阳变通的思想是一致的。

(10)硕果不食,得舆济世。详见《剥》卦。君子处于阳气剥落之终,不为利,不为害,坚持仁慈济世,其德刚直,其行得舆,爱护硕果,与人分享,造福四方。君子因不独吞胜利硕果而得民众拥护,因不擅自剥庐害民而能驱车济世,有福同享,安抚万民。可见,君子阳刚不灭的形象与《易经》崇尚阳刚的思想是一致的。

通过以上的简析和引述,《易经》中"君子"的光辉形象跃然纸上。从审美的角度来看,"君子"的形象特征趋于完美,在审美的思维、方法、心态、志趣、智慧等方面颇与《易经》之道融通。此"君子"倘若不是精通易道而知行合一之人,何以至此?若是,那么如此趋于完美的"君子",不仅是一位地位和道德崇高的"王子"(君之子),而且是一位与《易经》作者关系密切的得道高人,有可能是《易经》作者本人,也有可能是《易经》作者心目中的理想榜样。当然,是否果真如此,还有待进一步的探究取证。但是,毋庸置疑,君子之道与《易经》中正和谐之道显然是一致的,也与先秦儒家宣扬的中庸之道契合相通。因此,立足原典,考镜源流,全面深入探究君子文化的历史演变,无论是对于易学、儒学乃至中国学术思想的研究都是至关重要而意义深远的。[①]

---

① 近十几年来,学术界对君子文化研究方兴未艾,已有多个君子文化研究中心相继成立。2016年末,笔者有幸参加江苏省社会科学院君子文化研究中心主办的"《周易》与君子思想"座谈会,在参会之前即已初步形成本文的观点和思路,但未撰成文稿。在参会过程中,才发现已有业余学人何泽华先生专门研究《周易》与君子文化,并有著作问世(冰火:《君子乾坤》,黄山书社2016年版),该书深入浅出,通俗易懂,有所创获,令人感动,非常难得。在此,也表达对何先生由衷的敬意!但是,有点遗憾的是,该书作者毕竟未经严格的学术训练,在史料考辨和理论推阐方面有所欠缺,以致出现些许统计上的失误,而且过于把经传混为一谈,有碍于对君子文化本源的细考。有鉴于此,本文不揣谫陋,从最基本的问题入手,考查出处,注重文本,细致分析,庶几有补于对《周易》与君子思想文化的深入研究。限于篇幅,未能对"君子"的文化背景加以考察,仅凭对《易经》的主观理解或想象来理解"君子"的涵义,难免有疏漏,仅供参考!

余 论

关于《易经》的作者问题，向来说法不一。一般认为是周文王所作，但也有说法认为是文王作卦辞、周公作爻辞。如果确是由文王、周公先后完成的，或者说卦辞与爻辞的作者不是同一个人，那么又该如何来理解“君子”与《易经》作者的关系呢？我们知道，有四则卦辞出现“君子”，说明卦辞作者已经重视“君子”了；又有十六则爻辞出现“君子”，似乎也可说明爻辞作者更加重视“君子”了。假设卦辞的作者是“君子”，爻辞的作者也是“君子”，那么可能因此反证卦辞与爻辞的作者是同一个人；即使“君子”在卦辞与爻辞中不是同一个人，也确实是具有大致相同的审美形象。因此，通过对《易经》中“君子”问题的初步研究，我们似乎有理由相信《易经》卦爻辞的作者是同一个人，而且可能是同一个“君子”；当然，也不排除其作者是分属两个不同的“君子”（文王是“君之子”，周公也是“君之子”）。由于尚缺乏足够的史料依据佐证，本文的推论暂且只能当作一种猜想而已。

伊藤东涯《太极图说管见》及《太极图说十论》之探究

史少博*

伊藤东涯(いとうとろがい),名长胤,字原藏,号东涯、京都人,伊藤仁斎(いとうじんさい)的长子,生于1670年,卒于1736年,是日本江户中期的儒学者,在学术上属于江户时代的“堀川学派”。“堀川学派”也叫作“古义学派”,属于“古学派”。“古义学派”的创始人就是伊藤东涯的父亲伊藤仁斎,“古义学派”一般认为中国汉唐宋各个时代的哲学家,对儒学经典著作的解读、注释、阐释,大都偏离违背了原著作者的本义,所以提倡撇开后人的解读、注释,直接研读中国古代的经典著作,提倡依据原著,探讨、阐发中国儒家古典经典著作的古义。“古义学派”是“古学派”中的一个学派,而“古学派”的创始人是山鹿素行(やまがそこう,1622—1685)。山鹿素行认为朱子学与阳明学都是“异端”,不是真正的孔孟之道,如果恢复真正的儒学,必须钻研先秦儒学,认真研读儒学经典著作。伊藤东涯按照“古学义派”的思维方式,对我国宋代周敦颐的《太极图说》进行了研究,于1704年写了《太极图说十论》、1707年写了《太极图说管见》,发表了自己对周敦颐的《太极图说》的独到见解,一方面,伊藤东涯认为朱熹《太极图说解》中的阐释,偏离了周敦颐《太极图说》的本义;另一方面,伊藤东涯认为周敦颐《太极图说》中的阐释,偏离了儒家经典的本义,伊藤东涯的思想反映了日本的“古义学派”的特点。

一、伊藤东涯《太极图说管见》关于“无极”“太极”之阐释

“在我国的哲学史上,很多哲学家对‘本体论’的阐释,关注于‘本体论’中的‘体’,往往与‘用’对应……从而论证其‘本体论’的根据。”①伊藤东涯虽然排斥讲“体用”说,但是伊藤东涯谈论的“无极”为“理”,“太极”为“元气”,以及谈论朱熹“太极即理”的问题,还是没能超越关于“本体论”的问题。伊藤东涯在《太极图说管见》中,认为朱熹《太极图说解》中的阐释,偏离了周敦颐《太极图说》的原意。

其一,伊藤东涯在《太极图说管见》中,认为朱熹对周敦颐的《太极图说》中对“太极本无极”的阐释,已经脱离了周敦颐的本义。伊藤东涯认为周敦颐的本义是:“无极”即

* 作者简介:史少博,西安电子科技大学马克思主义学院教授、博士生导师。

基金项目:本文系国家社科基金西部项目2019年“日本近代公德流变探究”(19ZXZ007)阶段性成果。

① 史少博:《〈周易〉的“宇宙论”和“本体论”》,《东方论坛》2020年第1期。

"理",而被朱熹曲解成了"太极"即"理";并且伊藤东涯认为在周敦颐《太极图说》中"无极"与"太极"是生化关系,而被朱熹阐释成了"无极"与"太极"的等同关系。伊藤东涯主张周敦颐"太极本无极也"本义是"太极"生于"无极",即"太极"本于"无极","太极本无极也"中的"本"是"本于"的意思,而不是"本来"的意思,伊藤东涯认为"太极本无极"中的"本",就像人本乎于祖先,伊藤东涯指出:"其'本'云者,犹人本乎于祖,万物本乎于天意,推'太极'元气之所以然,而'本'之于'无极'之理也。倘若朱子之说,则言'太极即无极'可以矣,不须著'本'字。故知周子所谓'无极'者指'理'……《图解》乃曰:上天之载,无声无臭,而实造化之枢纽,品汇之根柢也。非太极之外,复有无极也。此非周子之意矣。"① 伊藤东涯认为如果周敦颐认为"太极即无极",就直言罢了,何必说"太极本无极",由此看出,伊藤东涯认为"太极本无极"中的"本"不等同于"即",而等同于"本于"。由此伊藤东涯认为周敦颐所谓的"无极"是指"理"。实际上,朱熹在《太极图说解》中有"太极,形而上之道也"、"太极,本无极也",认为"无极"是比喻"太极"的"无形无象",朱熹认为"无极"非本体,"无极"只是形容修饰"太极"的"无声无臭",而"太极"是"实造化之枢纽,品汇之根底也",即"太极"是本体,正如陈来先生分析:"'无极而太极'就是指'无形无象的太极'。朱子解义最突出的一点,就是明确把太极解释为'本体'。"②伊藤东涯否认了朱熹理论中"太极"本体的地位,而认为"无极"是本体,并且认为"无极"本体才是周敦颐《太极图说》中阐释的原意。

其二,伊藤东涯认为周敦颐《太极图说》中阐释的本义是"太极"为"元气",非朱熹所说的"太极"是本体。"元气"是形而下的,是被形而上的"无极"生出来的,故而伊藤东涯认为朱熹对"太极即理"的阐释已经偏离了周敦颐"太极即气"的本义。伊藤东涯强调"太极"为"气",是为了说明:按照周敦颐的本义是"无极"生"元气",即"无极"生"太极",从而论证"理"生"气"是"无极"生"太极",正如伊藤东涯在《太极图说管见》中指出:"所谓太极也者,仍指一元气之混然者,而加'无极'二字,以说一理,盖言'理'生'气'也。……'五行一阴阳也,阴阳一太极也,太极本无极也',盖推五行而本之阴阳,推阴阳而本之太极,推太极而本之无极。"③伊藤东涯在《太极图说管见》中又指出:"无极而太极,首提起一句,言理之生'气',无极理也,太极气也,易曰:'易有太极,是生两仪','太极'即'元气'也。而其所以然,则无声臭之可言,即所谓'理'也,故曰'无极'而'太极'。宋国史旧传,作'自无极而太极',其意也同。岂周子之旧本欤?《图解》以'太极'亦为'理'之名。"④这里的"图解"是指朱熹的《太极图说解》,伊藤东涯指出朱熹所说的"太极"以"理"之名,"岂周子之旧本欤",认为"太极"是"气"而非"理"。伊藤东涯论证"太极"即"气"时还指出:"太极二字,庄列之书屡言之,而其于儒者之书,则始见于易之大传,曰易有太极,是生两仪,正义云:太极谓天地为分之前,元气混而为一。混元既分,即有天地,故曰太极生两仪,是也。汉律历志曰:太极元气,……是古者之言太极者,皆做一元气说,而未尝有以此为理之名

① [日]伊藤东涯:《太极图说管见》,东京早稻田大学2010年影印版,第1页。

② 陈来:《朱子〈太极解义〉的哲学建构》,《哲学研究》2018年第2期。

③ [日]伊藤东涯:《太极图说管见》,第1页。

④ [日]伊藤东涯:《太极图说管见》,第1页。

者也。而至‘无极’二字，古无其语，柳子厚曰：无极之极，邵康节先天图说，无极之前，阴含阳也，此亦皆以做‘气’说，而不言‘理’也。至周子，则曰无极而太极。朱子解之，以为无极即太极，盖自无形之体之可指而言，则曰无极，自为万化之根柢而言，则曰太极，随其所指，本无差别，今推周子之意，盖不在此。”[①]伊藤东涯认为“太极”之词道家等常言之，而儒家言“太极”始于《易传》，而证明“太极”即“元气”，采用了《周易正义》、汉代《律历志》、康节先天图说作论据，而论证了“太极”即“元气”之观点，并且认为周敦颐《太极图说》中沿用了“太极”即“元气”之观点，断定：“而‘太极’者乃说‘气’耳。”[②]伊藤东涯在确定了“太极”即“元气”的基础上，反对朱熹认为的“太极即理”，故言“今推周子之意，盖不在此”。伊藤东涯用中国前秦的理论作论据，把朱熹形而上的“太极”，直接还原为形而下的“气”，由此认为“太极”即“气”是周敦颐的原本之意，从而断定朱熹的阐释歪曲了周敦颐的本义。

二、伊藤东涯《太极图说十论》关于“太极”与“阴阳”“动”“静”之思想

伊藤东涯关于“太极”与“阴阳”“动”“静”之思想，虽然没有谈论宇宙生成论问题，然而在其论述中，还是涉及了宇宙生成论和世界万物的动静问题。

伊藤东涯在《太极图说十论》中，认为“太极”与“阴阳”的关系，并不是“体”“用”关系。关于“太极”与“阴阳”的关系，最早的论述是《周易·系辞传》中的“易有太极，是生两仪”，其中“两仪”就是指的“阴阳”。周敦颐在《太极图说》中，这样论述了“太极”与“阴阳”的关系：“太极动而生阳，动极而静，静而生阴，静极复动，一动一静，互为其根，分阴分阳，两仪立焉。”[③]朱熹在《太极图说解》中这样阐释“太极”与“阴阳”的关系：“盖太极者，本然之妙也；动静者，所乘之机也。太极，形而上之道也；阴阳，形而下之器也。”[④]伊藤东涯对“太极”与“阴阳”的理解与朱熹不同，认为朱熹对周敦颐关于“太极”与“阴阳”的解读，已经偏离了周敦颐的本意。伊藤东涯的观点与我国历史上黄宗羲的观点有点相似，黄宗羲对“太极”的阐述也曾与朱熹不同，黄宗羲曾经指出：“朱熹由对太极与阴阳之相互关系的理解直接导出其理气二元论，与周敦颐‘气外无理’‘理气不二’的观点相背离，因而只不过是朱熹自己的主张罢了。”[⑤]伊藤东涯在《太极图说十论》中，对朱熹的《太极图说解》(在伊藤东涯的著作中，他把朱熹的《太极图说解》，简称为《图解》)的观点进行了分析：“以‘太极’为气，则《易》系为语‘气’而不语‘理’之书，《图解》之说，毋乃虑此也乎。然圣人之言‘道’，言‘用’而不及‘体’，何用嫌为，或曰：‘易有太极，是生两仪。’周子亦曰‘太极动而生阳，静而生阴’，此‘太极’与‘阴阳’，分明是二项事。若以‘太极’为‘元气’，则即是‘阴

---

① [日]伊藤东涯：《太极图说管见》，第1页。

② [日]伊藤东涯：《太极图说管见》，第1页。

③ (宋)周敦颐：《太极图说》，上海古籍出版社1992年版，第4页。

④ (宋)朱熹：《太极图说解》，朱杰人主编：《朱子全书》第十三册，上海古籍出版社2002年版，第72页。

⑤ (清)黄宗羲原著，(清)全祖望补修，陈金生、梁运华点校：《宋元学案》第1册，中华书局1986年版，第508—509页。

阳'，何须言'生'。岂有一物之非'无极'非'阴阳'，而名之为'太极'者乎哉。天地之间，一气之屈伸往来耳，其动之谓阳，其静之谓阴，合而言之，则曰'太极'，分二言之，则曰阴阳，故曰是生两仪，其下继之曰，两仪生四象，四象生八卦，盖'仪'与'象'皆'气'也。而谓之生者，以渐分渐细而言焉耳。然则太极生两仪，亦何容疑。"[①]伊藤东涯认为"太极""阴阳""两仪""四象"都是"气"，即"天地之间，一气之屈伸往来耳。"由此可见，伊藤东涯在《太极图说十论》中关于"太极"的观点，与他在《太极图说管见》中"太极即气"的观点是一致的，由此，伊藤东涯把"太极"与"阴阳"的关系，论证为"气"的聚散，即"气"动为"阳"，"气"静为"阴"，"阴阳"合而言之就是"太极"，"太极"分二言之就是"阴阳"，也就是伊藤东涯认为"太极"与"阴阳"的关系，只是气的聚散不同。

实际上伊藤东涯的《太极图说十论》中并没有以"气"为"本"的词语，也没有涉及本体论，相反他认为"古者无体用之说"，伊藤东涯认为宋代讲"理"本论，是与孔孟之道的原典著作相背离的，伊藤东涯《太极图说十论》中指出："论古者无体用之说而又不可以'阴静'为'太极'之体，《图解》云：'太极者，本然之妙也；动静者，所乘之机也。太极，形而上之道也；阴阳，形而下之器也。'可见'太极'之为'体'，而动静之为'用'也。而又曰阴之静也，太极之体所以立也，阳之动也，太极之用所以行也。乃曰，体立而后用有以行，然则所谓太极云者，即阴之静者，而非统动静之'理'也，此不唯与大易贵阳之意乖驰。……盖古者无体用之说，而其修为之方，皆就用处而言之。《易·象》屡言'时用''义用'，皆唯言卦之材用，而非对体之用也。其曰'《易》无体'者，亦形体之体，而非言理也……《易》学者流，或言体用……盖其学专以'理'为主，则亦自不能不言体用之说，亦自不能不倡主静之说，而不觉与《易》《论》《孟》等书相枘凿也……或曰：'形而上者谓之道，形而下者谓之器，安得谓'古者无体用之别'乎哉，不然也。夫形者方圆大小轻重多寡，手可持，足可履者。在目为色，在耳为声，《大传》所谓'形而下者'，盖指'蓍龟之类'而言，故谓之'器'；而吉凶悔吝，之所以为'道'者，乃非'方圆多寡之可'言者，故谓之'形而上'，安得以卦爻阴阳为器，而其'理'谓之'道'乎哉，又安得有一个无形无影物，为之主宰，而谓之'道'乎哉。又曰：'见乃谓之象，形乃谓之器'，若卦爻阴阳为器，则亦安得别言象也哉，何必执此语。以为'古有体用之说'耶，盖易本明阴阳消长之变，以示'人事之得失'，故尚可'言其异同'也。至于论孟，则素无此说。然则体用之说，学者不讲可矣"[②]由此可见，伊藤东涯认为宋代理学家把"太极"与"阴阳"的关系阐释为"体"和"用"的关系，已经偏离了孔孟之道，偏离了《易》的古义。并且伊藤东涯认为《易传》中"形而上者谓之道，形而下者谓之器"，也不是本体论的论述，并且《论语》《孟子》原典没有此说。

在宇宙生成论中，《太极图说》的宇宙生成论的描述，是按照"太极""阴阳""五行""万物"的顺序。周敦颐在《太极图说》中这样阐释："五气顺布，四时行焉。五行一阴阳也，阴阳一太极也，太极本无极也。五行之生也，各一其性。无极之真，二五之精，妙合而凝。乾道成男，坤道成女。二气交感，化生万物。万物生生而变化无穷焉。"[③]朱熹在《太极图

① [日]伊藤东涯：《太极图说十论》，东京早稻田大学昭和二年影印版，第2页。

② [日]伊藤东涯：《太极图说十论》，第15—16页。

③ (宋)周敦颐：《太极图说》，第8—9页。

说解》中对周敦颐《太极图说》中的有关论述，进行了这样的解读："所谓'妙合'者也。'真'以理言，无妄之谓也；'精'以气言，不二之名也；'凝'者，聚也，气聚而成形也。盖性为之主，而阴阳五行为之经纬错综，又各以类凝聚而成形焉。阳而健者成男，则父之道也；阴而顺者成女，则母之道也。是人物之始，以气化而生者也。气聚成形，则形交气感，遂以形化，而人物生生，变化无穷矣。自男女而观之，则男女各一其性，而男女一太极也；自万物而观之，则万物各一其性，而万物一太极也。盖合而言之，万物统体一太极也；分而言之，一物各具一太极也。……盖二气五行，化生万物。"[①]伊藤东涯对"阴阳"生化万物的过程，与朱熹的观点不同，认为"太极""动而生阳，静而生阴"，就是指浑然的"元气"，分而言之则为"阴""阳"两仪。伊藤东涯认为《太极图说》中的"无极之真，二五之精，妙合而凝"源出于《老子》"孔德之容"，反对朱熹把"无极"与"太极"合二为一，反对朱熹"无极之真"为"太极"的观点；伊藤东涯以"太极"为"元气"，反对朱熹的"二五之精"为"气"的观点，由此，伊藤东涯指出了朱熹以"理"与"气"的"妙合"而产生人、万物之观点的弊端，伊藤东涯在《太极图说十论》中这样论述："今玩周子之意，'太极动而生阳'一节，就阴阳造化上，而说所以动静之理，未尝及人物化育之事。……至无极之真，二五之精，妙合而凝，乾道成男，坤道成女，而后始说万物生生之理。而《图解》于'动生阳'下，既言人物禀受之理，其说似早计矣。而其所谓'动而生阳静而生阴'者，乃语气也。若言其所以然之理，则曰'无极而太极'……此周子说'气'，而朱子以'理'释之也。"[②]

伊藤东涯研究周敦颐《太极图说》的层层结构，认为讲阴阳动静时，尚未言及万物化生之事，不能直接据此谈人、物禀受之理。这也正是因为伊藤东涯认为"太极"只能代表"气"的缘故，由此认为朱熹的阐释远离了周敦颐的本义。伊藤东涯认为：明朝儒学家罗钦顺已经指出朱熹的理气论根源于其对"妙合"的阐释，并批判了由此带来的割裂理气、形上形下，视"理""气"为二物的弊端。伊藤东涯认为根本不存在超验的"理"，"太极"就是天地间的"元气"。伊藤东涯认为关于"太极"与"阴阳"的关系，不是理气的体用关系，从而反对朱熹的理气体用之说。伊藤东涯研究《周易》古义，指出了周敦颐的《太极图说》的"太极""阴阳""五行""万物"之理论，偏离了《易》的古义，他以还原历史原典的方式，认为周敦颐强调"五行"非《易》之本旨，认为"五行"在《周易》经传中未见，"五行"与《易》学的关系是后人建构的结果。伊藤东涯追溯了《洪范》之后的五行概念变化，在《太极图说十论》中曰："今观《洪范》所叙……皆就其见于用者而言之，而未尝有质具于地而气行于天之说也……且《夏书》说六府三事，则曰'水火金木土谷惟修'，则是五行可六而府之；《礼运》曰'水火金木，饮食必时'，则是五行可四而时之……则亦其语民用，而非言人物之生受此气而生也可知已……而至后世，以易范图书，引而一之，牵搭攙合，强求其合，而其语相生相克运行之序，则亦穿凿矛盾，有不必合者，则固不暇举也。……故《易》言'阴阳'，而未曾言'五行'也。"[③]伊藤东涯认为周敦颐说明万物化生基础时引入五行，认为"理"的概念在经验上和古代儒学文献上均缺乏依据，并且认为《周易》的《经》《传》中根本

① (宋)朱熹著，朱杰人主编：《朱子全书》第十三册，第73—74页。

② [日]伊藤东涯：《太极图说十论》，第5页。

③ [日]伊藤东涯：《太极图说十论》，第6页。

没有"五行",故而认为周敦颐说明万物化生基础时引入五行偏离了《易》的古代典籍之本义。

在宇宙的动静观方面,伊藤东涯在《太极图说十论》中,崇尚"动",反对周敦颐的《太极图说》中周敦颐的"主静,立人极焉";也反对朱熹"主静"的关键即在于做到"无欲",反对朱熹《太极图说解》中的"无欲故静。立人极焉"的提法,认为其中包含的"理""气"二元论以及充满恬淡虚静意味的工夫,绝非孔孟之教。正如伊藤东涯《太极图说十论》中指出"《易》之取象也,因阴阳消长之变,而名世道升降,人事之得失,'阳'为'动'、为'善'、为'君子'、为治世'阴'为'恶'、为'小人'、为乱世。故其于乾坤否泰剥复夬姤之际,每寓抑阴扶阳之意,故曰'复其见天地之心乎'……可见《易》以'阳'动为天地生物之本心,而取象于善也。……周朱之旨,以虚静为之本……《易》虽不废阴,而其所贵则常在于阳。朱子固不舍动,而其所主则必于静,则其本旨总脑处,已大不同。"[①]伊藤东涯认为终极实体便是会活动、化生万物的一元气,并且相信这种看法最合乎《易》的本旨,肯定"动"的作用,认为"动"具有创生力量,"动"也是人伦交感的象征,认为"《易》以'阳'动为天地生物之本心",从而极力排斥周敦颐、朱熹的"主静"说。伊藤东涯在《太极图说十论》中指出周敦颐、朱熹的"无欲主静"偏离了《易》的本义。并且批驳朱熹《太极图说解》背离了《周易》古义,"与《周易》之旨背驰矣",伊藤东涯指出"与《周易》之旨,不啻天渊矣。夫推'动'之'本',则故归于静,寻元之始,则必在于贞,然再溯而求之,则不可不归于动兴元。而天地化育,人事之设施,皆在'动'可见,而静不与焉,所以程子曰:阴阳无端,动静无始,而以动之端为天地生物之心,真合《周易》贵'阳'之意也。老庄之学,专贵乎静,王辅嗣祖其说以解《易》复象曰:'静见天地之心,故程子之所深非其说云,非知道者,孰能识之'。《图说》之意,自符于王辅嗣之说,而程子之所深斥之者,其皆出于老子,而与《周易》之旨背驰矣。"[②]也就是说,伊藤东涯认为朱熹《太极图说解》中的观点符合"王辅嗣之说",其贵"静"之思想,出自老子,与《周易》贵"动"的思想相背离,偏离了《周易》本义。

三、对《太极图说管见》及《太极图说十论》之评价

(一)伊藤东涯《太极图说管见》及《太极图说十论》的特点

伊藤东涯在学术上属于"古义学派",其思维方式具有"古义学派"的特点。《太极图说管见》及《太极图说十论》中,一方面,伊藤东涯认为朱熹的《太极图说解》的解读,偏离了周敦颐《太极图说》的本义;另一方面,伊藤东涯认为周敦颐的《太极图说》以及朱熹的《太极图说解》的解读,亦偏离了儒家经典的本义。伊藤东涯指出《太极图说》及《太极图说解》与儒家原典有悖处。伊藤东涯将周敦颐所说的"太极"解释成"元气"确实是以汉唐古注作为其依据的,这也就是伊藤东涯所追求的"古义","古义"在这里就是古典原籍的

① [日]伊藤东涯:《太极图说十论》,第11—12页。

② [日]伊藤东涯:《太极图说管见》,第4—5页。

本义。伊藤东涯反驳了朱熹以“太极”为“理”的“理本论”解释，力求复归于“太极”的汉唐古义，即“太极”即“元气”。伊藤东涯认为周敦颐以“无极”为“理”，然而朱熹对“太极”的阐释，偏离了周敦颐对“太极”的认识的原义，从而演绎成了“太极即理”。由此可见，伊藤东涯重视《周易》的特点，关注《周易》原典的本义。伊藤东涯在“古义学派”的思维方式下，对周敦颐《太极图说》的解释力求以扣紧《周易》本义为主，并且认为在原始儒家思想中并不具有宇宙论中万物化生基础的意义，宇宙论是经过汉代以后的发展才被重视，也就是说宇宙论不是儒家古义，而本体论是宋代哲学家们谈论、思考的热点之一，更不是原始儒学的本义。伊藤东涯的《太极图说管见》中，他也揭示了自己研究周敦颐的《太极图说》的主旨：“甲申之秋，今刑部尚书藤公，请先君子讲《太极图说》。予时受其说，作论十篇，以演其旨。今兹豫州学生义准，就予求讲，为告予所得于家庭者。既而辑著其说，名曰管见，直述周子之意。其图解之说，乖周子之意者，亦稍见其下。若夫周子之说，戾圣人之旨者，亦不无也。”[①]也就是说，伊藤东涯著《太极图说管见》《太极图说十论》，就是因为朱熹的《图解》“乖周子之意”，又“周子之说，戾圣人之旨”，所以伊藤东涯要以“圣人之旨”纠正朱熹、周敦颐对太极图研究之偏颇，从而恢复其本义。伊藤东涯在其著作中，关注对《周易》原典的研究，伊藤东涯还认为《周易》原典中没有论及“理”“气”以及“体用”，《周易》原典中只是论及“仁义”，也没有论及仁义礼智信，故而，伊藤东涯在其著作中，以“仁义”为人极而不谈仁义礼智，对“圣人定之以中正仁义”的诠释，也呈现与朱熹完全不一样的阐释，这充分显示了日本江户时代“古义学派”重视原典著作的学术特点。

（二）伊藤东涯《太极图说管见》及《太极图说十论》对日本江户时期儒学的贡献

伊藤东涯的《太极图说管见》及《太极图说十论》，在江户时代具有很大的影响，推动了日本哲学对《太极图说》的关注，也推动了日本易学的发展。例如日本著名的儒学家太田锦城（1765—1825），在他的著作《九经谈》中，有论述伊藤东涯：“太极之妄，毛奇龄《河洛原舛编》、《太极遗议》、朱彝尊《经义考》，辨之具矣。晦庵解《太极图说》，舛于茂叔原意者，近时伊藤东涯先生《太极管见》，辨之具矣。”[②]可见，伊藤东涯对《太极图说》的研究，推动了日本学界对中国《太极图说》研究的关注，也促进了江户时期日本儒学者对《周易》的多种角度研究。伊藤东涯及其“古义学派”重视“动”而贬抑“静”，揭示了宇宙是动而无静，“静”也是“动”的一种存在方式，主张《周易》的《经》《传》重视“动”的意义，揭示了生生运动的辩证法。伊藤东涯继承、发展了父亲伊藤仁斋的学术，对日本易学的发展产生了很大影响，日本江户后期著名的《先哲丛谈》卷四中，这样赞扬伊藤东涯：“东涯声动四海内，四方后学多辅凑。……敢问东涯先生之为人如何？越温厚之长者也，博识洽闻，不减徂徕。”[③]荻生徂徕（おぎゅうそらい）是当时日本公认的江户时代最有影响的儒学家之一，荻生徂徕是古学派之一的萱园学派（又称古文辞学派）的创始人，《先哲丛谈》中“博识洽闻，不减徂徕”，可以说是给伊藤东涯很高的评价。由此可见，伊藤东涯的《太极图说管

---

① ［日］伊藤东涯：《太极图说十论》，第4页。

② ［日］太田锦城：《九经谈》，［日］关仪一郎编：《日本儒林丛书》第6卷，东京凤文馆出版社1978年版，第11页。

③ ［日］原念斋：《先哲丛谈》卷四，庆元堂、拥万堂文化一三年（1816）庚寅版，第7—9页。

见》及《太极图说十论》的学术贡献，不仅仅表现在其促进了江户时代易学的发展，而且也表现在促进了儒学在日本的发展，正如早稻田大学著名儒学家土田健次郎所说："江户时代儒学的丰富与鼎盛，主要是因为朱子学与反朱子学的存在。"[①]《太极图说管见》及《太极图说十论》中，伊藤东涯反朱子学的阐述，在当时的学术价值被"古学派"所推崇，被日本易学界、儒学界所认可。从哲学的意义上讲：虽然伊藤东涯不讲"体用"，但从他的观点看，从本体论方面，还是偏向了"气本论"；从宇宙论的世界发展看，还是坚持了万物皆"动"，"静"是"动"的存在方式的辩证法。

（三）伊藤东涯《太极图说管见》及《太极图说十论》存在的不足

伊藤东涯关于"无极""太极"的论述，是建立在周敦颐以"无极"为"理"，"太极"为"气"这个基础上的，伊藤东涯之论断，除了依循汉唐诸儒的思路，将"太极"认定为"元气"，另一个理论前提就是"周敦颐有意建立理气二元论"，伊藤东涯试图将朱熹的诠释套到周敦颐之理论上，误以为理气二元论是宋代理学家们的共同特征，忽略了周敦颐的《太极图说》只是提供了理气论的框架而已，可见伊藤东涯对朱熹、周敦颐观点的批判，存在证据不足的弊端，也难以避免主观推断的缺陷。伊藤东涯认为朱熹"无极而太极"的诠释偏离了周敦颐本义，也具有主观判断的成分，也难于避免偏颇。

实际上，我们应该一分为二地看待以江户时代伊藤东涯及其父亲伊藤仁斋为代表的"古义学派"，他们认真地钻研儒学的原典，复古儒学，在《太极图说管见》及《太极图说十论》中，反对周敦颐及朱熹的学说，认为周敦颐及朱熹的学说都偏离了《易》的古义，尽管伊藤东涯推崇研读古儒学经典著作，有积极的方面，让人们不忘原著作者的初心，不能偏离作者意图太远，这种严谨的治学态度是值得赞扬和欣赏的，但是人们对古代儒学经典著作进行研读的时候，总会出现"仁者见仁，智者见智"的体会和感想，研读者总会著书立说并且按照自己的想法阐释经典，诸如周敦颐的《太极图说》、朱熹的《太极图说解》都是公认的经典著作，伊藤东涯对其进行质疑和反驳，也是对他人著作阐发自己的意见，不一定真正理解了其作者的真意，故而也难免会犯主观臆断的错误。

---

① [日]土田健次郎：《江户の朱子学》，筑摩书房出版社 2014 年版，第 94 页。

象数模型构建原理简论[*]

冉景中[**]

“气”是中国哲学的一个基本范畴，古人很早就有“气生万物”的玄想，并感悟到“同气相求”的道理。[①] 所谓“同气相求”，用今天的话来说就是同一类的“东西”互相感应。《易传》说：“同声相应，同气相求。水流湿，火就燥，云从龙，风从虎，圣人作而万物睹；本乎天者亲上，本乎地者亲下，则各从其类也。”[②]又说：“二气感应以相与。……天地感而万物化生，圣人感人心而天下和平，观其所感，而天地万物之情可见矣。”[③]

同类的事情相互感召，是象数模型的构建原理，也是占筮的依据。古人说“天垂象，见吉凶，圣人象之。”[④]“圣人有以见天下之赜，而拟诸其形容，象其物宜，是故谓之象。”[⑤]“是故变化云为，吉事有祥。象事知器，占事知来。”[⑥]“是故君子居则观其象而玩其辞，动则观其变而玩其占。”[⑦]这些表述中多处提到“象”，古人认为事物表现的现象相似或相同，其原因就是它们有共同的“气”，将相同、相似表象的事物归类并与数字相配形成一套体系，总结成一套学问，这便是象数易学，其基础就是象数模型。

所谓象数模型就是指将天地万物依照数字、阴阳、五行、八卦、干支、神煞诸要素分类纳入一个共同的时空模型之中，用以模拟天地万物和人事的运行，这样的实物便是式盘，刻画在简帛上便是式图。[⑧]

象数模型的构建经历了一个漫长的过程。庞朴先生认为阴阳、五行、八卦各有起源，

---

* 注：所谓“模型”，原是科学研究的一个基本术语，指为了研究一个客观事物（或现象）的运动变化，建构一个数学（或物理学、化学、生物学等等）的模型来模拟这个客观事物（或现象）的运动变化，以便找出其中的规律。此处为了研究方便，直接借用“模型”二字。如此借用并非笔者的发明。

** 作者简介：冉景中，哲学博士，曲阜师范大学东亚易学研究中心研究员。

① 参见冉景中：《大六壬的古天文学原理及心智哲学机理研究》，花木兰文化出版社（台北）2019 年版，第 189—191 页。

② 陈鼓应、赵建伟注译：《周易今注今译》，商务印书馆 2005 年版，第 13 页。

③ 陈鼓应、赵建伟注译：《周易今注今译》，第 288 页。

④ 陈鼓应、赵建伟注译：《周易今注今译》，第 627 页。

⑤ 陈鼓应、赵建伟注译：《周易今注今译》，第 607 页。

⑥ 陈鼓应、赵建伟注译：《周易今注今译》，第 694 页。

⑦ 陈鼓应、赵建伟注译：《周易今注今译》，第 586 页。

⑧ 李零：《中国方术正考》，中华书局 2006 年版，第 69—140 页。

到战国时期才逐渐合流。[①] 如果按照时间顺序梳理传世文献与出土文物，我们就可以看到这个模型的建构过程包含发生、发展和成熟的不同阶段。

早期的时空模型，如 6500 年前的西水坡 M45 墓葬形制（如图 1）、4500 年前的安徽含山凌家滩龟板（如图 2），学者多有讨论。[②] 笔者认为，其中可以看到阴阳、五行、八卦要素的萌芽。

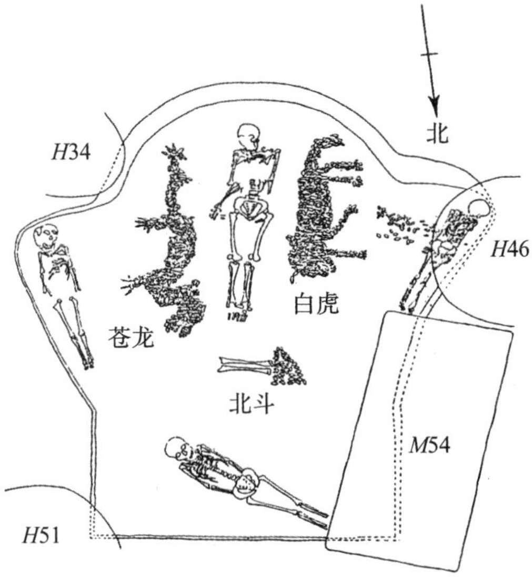

图 1　西水坡 M45 墓葬形制

（摘自《河南濮阳西水坡遗址发掘简报》，《文物》1988 年第 3 期）

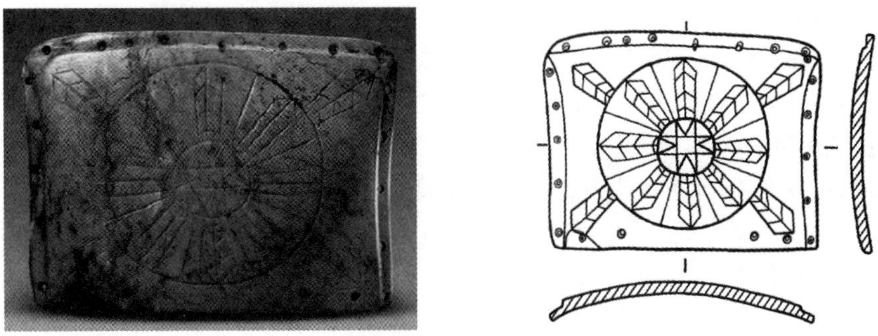

图 2　西水坡 M45 墓葬形制

（摘自《安徽含山凌家滩新石器时代墓地发掘简报》，《文物》1989 年第 4 期）

新近出土的陕西韩城梁带村 M27 西周时期兽面纹芮伯铜尊，已经有了五行与时空相配的思想。其尊盖作天空穹窿状，具体形制如图 3 所示。

---

① 庞朴：《庞朴学术思想文选 · 阴阳五行探源》，上海古籍出版社 2013 年版，第 114—138 页。

② 参见李零：《中国方术正考》，第 45—46、87 页。冯时：《中国天文考古学》，中国社会科学出版社 2010 年版，第 374—384、503—523 页。

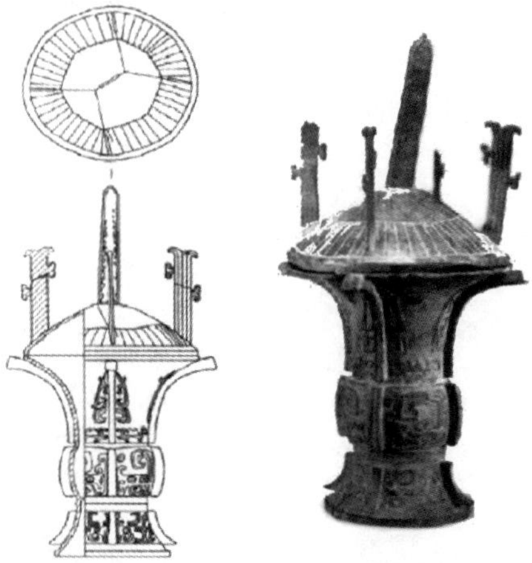

韩城梁带村出土　　韩城梁带村西周铜尊

图 3　陕西韩城梁带村 M27 西周时期兽面纹芮伯铜尊

（摘自《祖槷考》,《考古》2014 年第 8 期）

据冯时先生介绍：尊盖已分为四正四维、八方九宫，对维的相同位置分别铭刻一“己”字，传统以十干配五位，又据晚殷所见之先周龟甲的这种配伍形式，冯时先生认为古人以十干配五方九宫的制度至迟殷周已经建立。[①]

具体说，甲乙木配东方，丙丁火配南方，庚辛金配西方，壬癸水配北方，戊己土配中央并出入四维。这样的思想至少在西周时期便已经形成了。

五行最初指五个方位（东南西北中），最后演变为万物的五种分类。传世文献最早记载五行象数模型的当属《洪范·五行》，它说：“一，五行：一曰水，二曰火，三曰木，四曰金，五曰土。水曰润下，火曰炎上，木曰曲直，金曰从革，土曰稼穑。润下作咸，炎上作苦，曲直作酸，从革作辛，稼穑作甘。”[②]很明显，在这一段描述中，数字并不单纯是数字，数字背后还蕴含着丰富的意义，代表了一定的事物、特性、味道，等等。这便是最早的五行象数模型。

不过，我们要深究为什么一配水，二配火，三配木，四配金，五配土？有人认为这个五行配数是没有意义的[③]，笔者认为这个结论需要重新讨论。事实上，至少在 7500 年前，古人就学会了立表测影，认识了东西和南北，并且他们一直是把北极当作最尊贵的方位，因为那是上帝居住的地方，也是万物起源的地方。古时天子冬至祭天都是面对北极，天子治理国家坐姿是面南，大臣朝拜天子是面北。[④] 这是其一。

其二，象数学的传统是水配北方，火配南方，木配东方，金配西方，这种思想有非常古老的渊源，而且从来只有这一种配法，没有之二。

那么《洪范·五行》一配水，实际上是指一配北方，其中暗含的逻辑是怎样的呢？先民最早认识的数字就是一，一为万数之始；北方为最尊贵的方位，因为北方是万物的发源

① 冯时：《祖槷考》,《考古》2014 年第 8 期。

② （清）孙星衍：《尚书古今文注疏》,中华书局 1986 年版，第 296—297 页。

③ 刘起釪：《洪范成书时代考》,《中国社会科学》1980 年第 3 期。

④ 冉景中：《“天南地北”真义考》,《海南师范大学学报》(社会科学版)2018 年第 2 期。

之处，因此一配北方是理所当然的事情。我们说，思想的产生比数字和文字要早得多，所以“一曰水”是很早就有的思想，因此以一配水并非毫无意义的事情。

又因为认识了北的同时就认识了南，认识了东的同时就认识了西，所以“二曰火，三曰木，四曰金，五曰土”就是顺理成章的事情了。

更为复杂的五行象数模型在《管子·幼官》①《礼记·月令》②中可以清楚看到。这种归类思想暗含着这样一种逻辑，比如说：北方冷，冬天冷、水冷，半夜又黑又冷；南方热，夏天热，火热，中午温度火热；所以北方配冬季、配水、配夜半、配黑色，南方配夏季、配火、配中午、配红色。春天草木生长，颜色青青，如同日出东方欣欣向荣，所以春天配东方、配木、配青色；秋天草木凋零，庄稼收割，犹如日落西山，秋天既是收获的季节也是为新一轮的生长做准备的季节，犹如金气之变革，所以西方配秋天、配金、配白色。

我们将《洪范·五行》《管子·幼官》《礼记·月令》中的核心元素提取出来整理成表格（详见表1），就可以更直观地看到五行象数模型的演变。

表1 《五行》《幼官》《月令》核心要素对应表

《洪范·五行》	数字	一	二	三	四	五
	五行	水	火	木	金	土
	特性	润下	炎上	曲直	从革	稼穑
	味道	咸	苦	酸	辛	甘
《管子·幼官》	数字	六	七	八	九	五
	颜色	黑	赤	青	白	黄
	声音	徵	羽	角	商	宫
	味道	咸	苦	酸	辛	甘
	五气	阴气	阳气	燥气	湿气	和气
	动物	介	羽	鳞	毛	倮

① （清）黎翔凤：《管子校注·幼官》，中华书局2004年版，第134—181页。原文如下：五和时节，君服黄色，味甘味，听宫声，治和气，用五数，饮于黄后之井，以倮兽之火爨。藏温儒，行欧养，坦气修通。凡物开静，形生理。……八举时节，君服青色，味酸味，听角声，治燥气，用八数，饮于青后之井，以羽兽之火爨。藏不忍，行欧养，坦气修通。凡物开静，形生理。……七举时节，君服赤色，味苦味，听羽声，用七数，治阳气，饮于赤后之井，以毛兽之火爨。藏薄纯，行笃厚，坦气修通。凡物开静，形生理。……九和时节，君服白色，味辛味，听商声，治湿气，用九数，饮于白后之井，以介虫之火爨。藏恭敬，行搏锐，坦气修通。凡物开静，形生理。……六行时节，君服黑色，味咸味，听徵声，治阴气，用六数，饮于黑后之井，以鳞兽之火爨。藏慈厚，行薄纯，坦气修通。凡物开静，形生理。

② （清）孙希旦：《礼记集解》，中华书局1989年版，第399—505页。原文如下：孟春之月，日在营室，昏参中，旦尾中。其日甲乙，其帝大皞，其神句芒，其虫鳞，其音角，律中大蔟。其数八，其味酸，其臭膻，其祀户，祭先脾。……孟夏之月，日在毕，昏翼中，旦婺女中。其日丙丁，其帝炎帝，其神祝融，其虫羽，其音征，律中中吕。其数七，其味苦，其臭焦，其祀灶，祭先肺。……中央土，其日戊己，其帝黄帝，其神后土，其虫倮，其音宫，律中黄钟之宫。其数五，其味甘，其臭香，其祀中霤，祭先心。天子居大庙大室，乘大路，驾黄骝，载黄旗，衣黄衣，服黄玉，食稷与牛，其器圜以闳。……孟秋之月，日在翼，昏建星中，旦毕中。其日庚辛，其帝少皞，其神蓐收，其虫毛，其音商，律中夷则。其数九，其味辛，其臭腥，其祀门，祭先肝。……孟冬之月，日在尾，昏危中，旦七星中。其日壬癸，其帝颛顼，其神玄冥，其虫介，其音羽，律中应钟。其数六，其味咸，其臭朽，其祀行，祭先肾。……

续表

	数字	六	七	八	九	五
《礼记·月令》	五行	水	火	木	金	土
	天干	壬癸	丙丁	甲乙	庚辛	戊己
	声音	羽	徵	角	商	宫
	味道	咸	苦	酸	辛	甘
	嗅觉	朽	焦	膻	腥	香
	五脏	肾	肺	脾	肝	心
	时节	孟冬	孟夏	孟春	孟秋	
	日在	尾宿	毕宿	营室	翼宿	
	帝	颛顼	炎帝	太皞	少皞	黄帝
	神	玄冥	祝融	句芒	蓐收	后土
	动物	介	羽	鳞	毛	倮

三者相比较，我们可以看到除了内容不断增加、丰富之外，主要有两点不同。

首先是配数不同，《洪范·五行》是一水、二火、三木、四金、五土，《管子·幼官》和《礼记·月令》是六水、七火、八木、九金、五土。其实它们没有本质的不同，因为象数模型以一二三四五为生数，以六七八九十为成数，即一六水、二七火、三八木、四九金、五十土。[①]文献记载还有另一种干支配数，比如杨雄说："子午之数九，丑未八，寅申七，卯酉六，辰戌五，巳亥四。……甲己之数九，乙庚八，丙辛七，丁壬六，戊癸五。"[②]这种配数在《五行大义》和《协纪辨方书》中都有记载[③]，在近年出土的放马滩秦简中也可以看到。[④] 这可能是战国晚期的古人为了推衍纳音五行而发明的东西，与本文关系不大，此处不展开讨论。

其次是所配声音不同，《管子·幼官》北方水配徵，南方火配羽，《礼记·月令》正好相反。在新出的简帛材料比如《放马滩秦简》和《孔家坡汉简》中，以宫配中央土，徵配东方木，羽配南方火，商配西方金，角配北方水。[⑤]《鹖冠子·泰鸿》也见到这种配法[⑥]，与《幼官》《月令》又不相同。这说明从战国到西汉，五音配五方的方案尚未统一，古人有一个不断摸索和实践的过程。将五行、数字、方位相配绘制成图4所示。

---

① 《礼记·正义》引郑玄注："天一生水于北，地二生火于南，天三生木于东，地四生金于西，天五生土于中。阳无偶，阴无配，未得相成。地六成水于北与天一并，天七成火于南与地二并，地八成木于东与天三并，天九成金于西与地四并，地十成土于中与天五并。"

② （宋）司马光集注：《太玄集注》，中华书局1998年版，第234—235页。

③ （隋）萧吉著；刘鸿玉、刘炳琳译解：《五行大义白话全解》，气象出版社2015年版，第51页。（清）允禄等撰，孙正治译：《协纪辨方书》，中医古籍出版社2012年版，第51页。

④ 程少轩：《放马滩简式占古佚书研究》，复旦大学博士学位论文，2011年，第31—32页。

⑤ 程少轩：《放马滩简式占古佚书研究》，第73—74页；王强：《孔家坡汉墓简牍校释》，吉林大学2014年硕士学位论文。

⑥ 黄怀信：《鹖冠子校注》，中华书局2014年版，第229—230页。

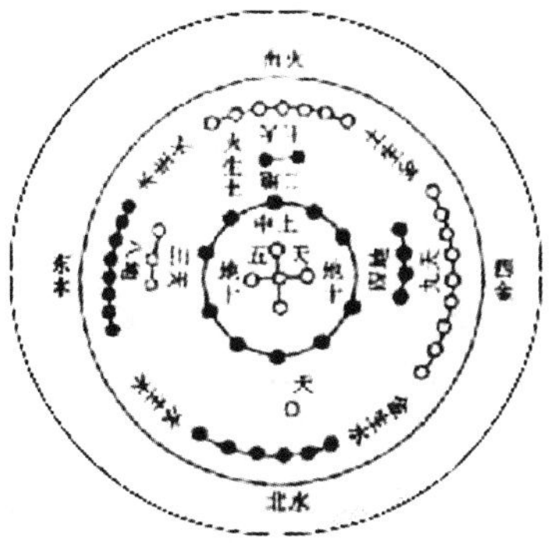

图 4　五行数字方位相配图

(摘自黄宗羲《易学象数论》)

图 4 就是宋以来所谓的河图,我们可以清楚看到五行象数模型。

此外,八卦也是象数模型的重要内容。《周易・系辞》说:“古者包犧氏之王天下也,仰则观象于天,俯则观法于地,观鸟兽之纹与地之宜,近取诸身,远取诸物,于是始作八卦,以通神明之德,以类万物之情。”这是讲八卦是如何产生的,其实质是将万事万物纳入八卦系统,分成八类。战国清华简《筮法》附有一个卦图(见图 5)。

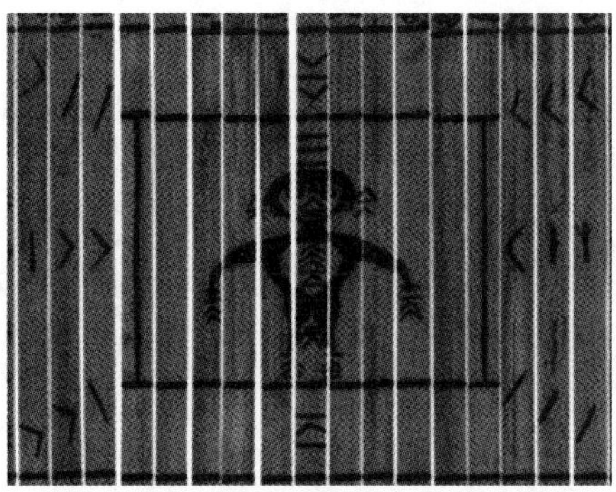

图 5　八卦图

[摘自《清华大学藏战国竹简》(肆)]

这是目前看到的最早的一幅八卦图,其北方配离卦,南方配坎卦,与后世流传的后天八卦图正好颠倒。这种配法大概想表达“冬至阳生,夏至阴生”的思想吧。因为离为火,火为阳,坎为水,水为阴。但是这种配法与坎为阳卦、离为阴卦的属性不符合,也与火主南方主夏季主炎热,水主北方主冬季主寒冷的传统观念不符,所以这种配法并没有流传下来。《易传》说:“帝出乎震,齐乎巽,相见乎离,致役乎坤,说言乎兑,战乎乾,劳乎坎,成言乎艮。万物出乎震,震,东方也。齐乎巽,巽,东南也,齐也者,言万物之洁齐也。离也者,明也,万物皆相见,南方之卦也,圣人南面而听天下,向明而治,盖取诸此也。坤也者,地也,万物皆致养焉,故曰致役乎坤。兑正秋也,万物之所说也,故曰说言乎兑。战乎乾,乾,西北之卦也,言阴阳相薄也。坎者水也,正北方之卦也,劳卦也,万物之所归也,故曰劳乎坎。艮,东北之卦也,万物之所成终而所成始也,故曰成言乎艮。"①

将后天八卦与方位和数字相配,得到一个图示(见图 6)。

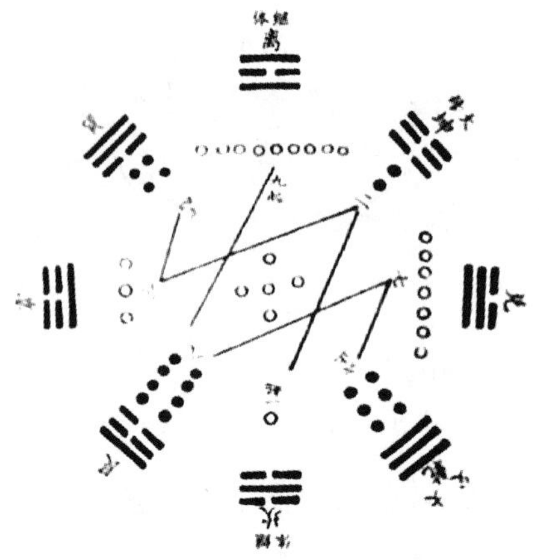

图 6　后天八卦与方位数字相配图

(摘自黄宗羲《易学象数论》)

图 4 和图 6 中的黑白点便是传说中的河图、洛书。需要指出的是,后天八卦配数与五行配数并不相同,具体说:一六水、二七火、三八木、四九金、五十土,这是五行配数;而八卦配数是坎一、坤二、震三、巽四、中央五、乾六、兑七、艮八、离九,这是源于九宫数图与九宫八卦图的合并(见图 7、图 8)。

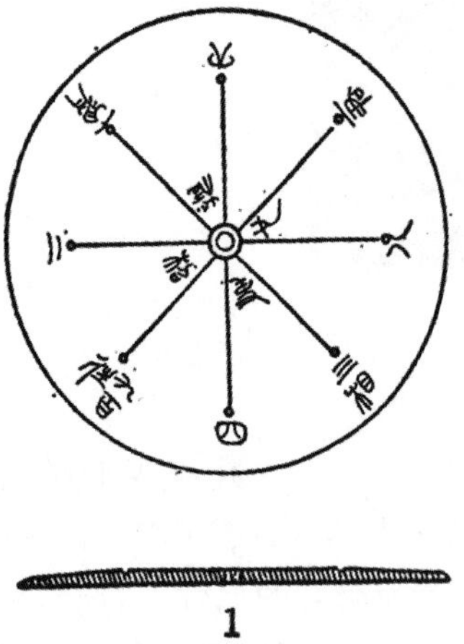

图 7　西汉汝阴侯夏侯灶墓出土式盘

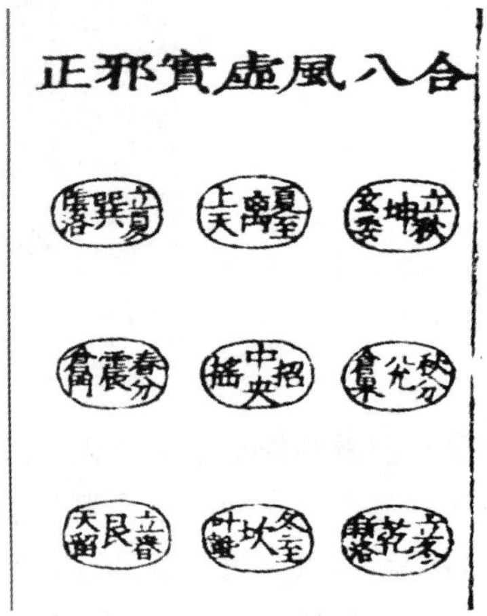

图 8　《黄帝内经·灵枢》九宫八卦图

需要说明的是:古人将空间分为八方九宫由来已久,至少 7000 年前的安徽蚌埠双墩新石器时代陶文(见图 9)可以说明这一点,但是将九宫配上九个数字形成所谓的"九宫三

① 陈鼓应、赵建伟注译:《周易今注今译》,第 710 页。

阶幻方图”,并由此形成太一行九宫的说法是战国至西汉年间才出现的。这个问题笔者将另外撰文来详细讨论。

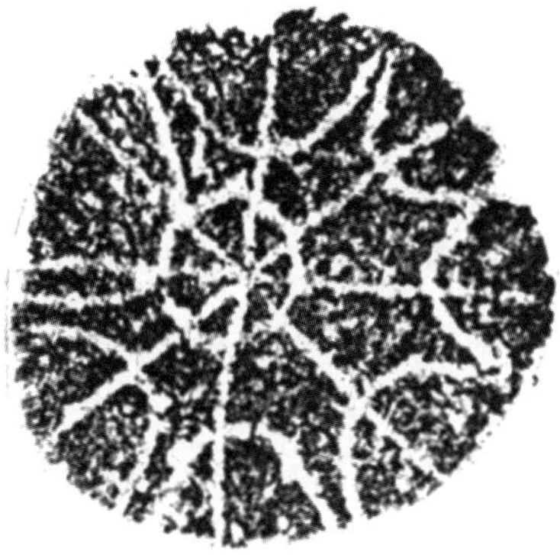

图9 蚌埠双墩遗址出土陶符

(摘自《中国古代物质文化史·天文历法》)

八卦除了与数字相配,还与万物相配,比如“乾,健也。坤,顺也。震,动也。巽,入也。坎,陷也。离,丽也。艮,止也。兑,说也。乾为马,坤为牛,震为龙,巽为鸡,坎为豕,离为雉,艮为狗,兑为羊……”①意思是说,万物中具有刚健特性的事物就归入乾类,具有柔顺特性的就归入坤类,余仿此,那么马属乾,牛属坤,等等。

从出土的西汉式盘上还看不到八卦因素,但是《龟策列传》说:“卫平乃援式而起,仰天而视月之光,观斗所指,定日处乡。规矩为辅,副以权衡。四维已定,八卦相望。”这里显然存在八卦要素。在东汉式盘(朝鲜乐浪遗址王盱墓出土六壬漆木式盘)已经可以清楚看到八卦分列四方四维了(见图8—图10)。

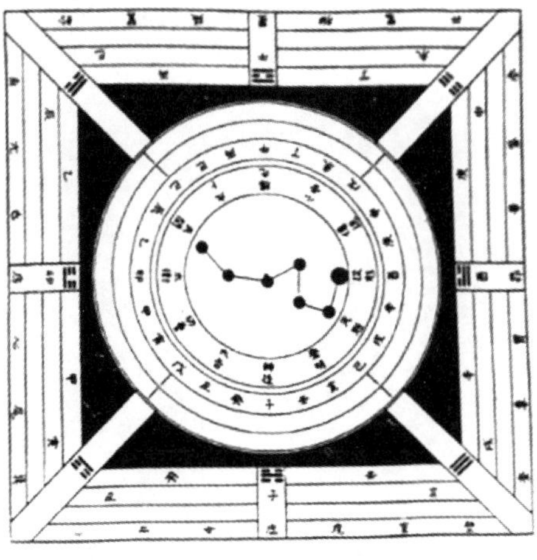

图10 东汉式盘

(摘自《中国方术正考》)

① 陈鼓应、赵建伟注译:《周易今注今译》,第719—726页。

同理,大六壬的天将和月将系统也是一种分类法。比如天将中腾蛇主惊恐,朱雀主文书,六合主庆贺……意思是说:腾蛇表示惊恐一类的事,朱雀表示文书一类的事,六合表示庆贺一类的事,等等。月将中神后主妇女,大吉主田农,功曹主迁邦……意思是说,神后(子)表示与成年女性或女主人有关的事,大吉(丑)表示与土地和农民有关的事,功曹(寅)表示与迁移封国有关的事,等等。[①]

其实阴阳、五行、八卦、干支以及神煞的产生都是古人在长期的生产实践中观察大自然而不断总结提炼出来的知识体系,它们实际上是不同的分类方法。需要说明的是,这些不同的分类法虽然各有起源,但是到战国秦汉时代便互相渗透,融为一体了,万物中有数字、阴阳,有五行也有八卦,也分主于不同的神煞。连分类法本身也是互相贯通的,比如天干甲的五行属木,属阳,方位为东,八卦属震,自然数为一,天地数为三和八,六壬月将属功曹;又比如乾卦的五行属金,属阳,先天数为一,后天数为六,等等。这些分类法在六壬式盘上的表现有限,大量知识靠文献和师门传承。

在东汉时代,象数模型便基本成熟(后世还有所发展),万事万物都可以纳入阴阳、五行、八卦体系,这便是中国独特的象数易学。那么,古人在漫长的生产实践中观察自然万物、观察自身,体悟出“气生万物”和“同气相求”的道理,并以此为基础形成的这一套象数知识体系,能否经得起时间的检验呢?这个问题笔者将另外撰文研究讨论。

---

① 参见(隋)萧吉著,刘鸿玉、刘炳琳译解:《五行大义白话全解》,气象出版社2015年版,第319—330页。

寿命是如何算命的:解析“轨限盈缩法”

[日]藤田卫*

《周易命期略秘传》(以下简称《命期略》)中描述了“轨限盈缩法”的占法。《命期略》是日本人根据《周易命期经》(以下简称《命期经》)等中国文献整理出的易占的精华,仅在日本流传。《命期经》据说由唐初人李淳风和释士英撰写①,书中主要解释了迄唐初为止发明的各种的易占方法,“轨限盈缩法”也是其中之一。

“轨限盈缩法”是一种从人的出生年月开始,推算其初期、中期和终期寿命的占卜技术。《命期经》的显著特点是与纬书中的《易纬》密切相关,特别是与现存《易纬稽览图》的卷下有许多共通之处②。比如,“轨限盈缩法”与《易纬稽览图》卷下记载的“推帝王即位法”③相似,“推帝王即位法”是一种推算帝王即位时间的占法,将帝王的即位时期分为初期、中期、终期。可以说,“轨限盈缩法”是将“推帝王即位法”应用到了人寿命的推算上。现存中国文献中并未保留“轨限盈缩法”的记载,《命期略》是唯一可窥见其内容的资料。并且,《命期略》中还记载了许多日本运用“轨限盈缩法”的例子。

本文主要说明“轨限盈缩法”的算命方法。本研究所使用的《命期略》是京都大学图书馆所藏桃源瑞仙(1430—1489)《百衲袄》(原名《易抄》)中收录的文献。④

一、“轨限盈缩法”的推导程序

首先,介绍一下“轨限盈缩法”的推导程序。

(1)计算出从历元到出生年份的积累年数。

---

* 作者简介:藤田卫,任职于日本广岛大学。

① 《日本国见在书目录》记载“周易命期。释氏英撰”,但此记载未见于中国的图书目录中。释氏英很可能是以《庄子疏》著名的成玄英。孙孟又指出,释氏英与《大正新修大藏经》中的《往生西方瑞应传》善导禅师第十二“东都英法师讲华严经四十遍”的“英法师”关联。参见孙孟:《日本国见在书目录详考》,上海古籍出版社2015年版,第1076页。

② 有关《命期经》与《易纬稽览图》卷下的关系,参见藤田卫:《〈易緯〉八種の真偽問題について》,《东洋古典学研究》第四十三集,2017年。

③ “推帝王即位法”的先行研究有崔朝辅:《〈易纬〉占术——帝王享国及遭厄占》,《周易文化研究》第六辑,社会科学文献出版社2014年版;藤田卫:《易緯の総合的研究》第四章“‘推帝王即位法’の解析”,广岛大学硕士学位论文,2019年。

④ 京都大学贵重资料数据存档(京都大学貴重資料デジタルアーカイブ),https://rmda.kulib.kyoto-u.ac.jp/item/rb00008079。

(2)将(1)中得到的数字除以三十二,取其余数,以余数从乾坤开始数,从而得出出生年份的主岁卦。

(3)在(2)中得到的主岁卦内,用爻辰说找出与出生月份相对应的卦爻。

(4)确认(3)中得到的出生月份所属卦爻的寿命年数。

第(1)步"计算出从历元到出生年份的积累年数",也就是从天地开辟之年到出生年之间的年数,天地开辟之年即从孔子获麟之年(前 481 年)上溯 2,759,946 年,这种说法见于纬书之中,是纬书独有的理论。①

第(2)个步骤,求出生年的主岁卦。主岁卦说是将六十四卦分配至每一年的理论。这个系统的原理是,一个月主一爻,两卦一组为一年,一年之中的十二个月就可以由两卦的十二个爻来循环配对。卦的顺序根据《易经》的卦序。也就是说,从乾、坤开始,第二年是屯、蒙,第三年是需、讼,第四年是师、比,最后以既济、未济结束。这样一来,六十四卦在三十二年内就会走完一圈。所以,将(1)中得到的数字除以三十二,取其余数从乾坤开始数,最后数到的就是该出生年的主岁卦。

第(3)个步骤,查找出生月份所属的卦爻。此处应该使用"爻辰说"的理论。爻辰说的原理是,给每个爻配对一个地支和一个月份,两卦十二爻循环一年十二月的理论。现行《易纬》中包含两种类型的爻辰说。分别见于《易纬乾凿度》卷下和《易纬稽览图》卷下。②《命期略》中的爻辰说与《易纬稽览图》卷下一致,"轨限盈缩法"使用后者的爻辰说。(见表 1)。

第(4)步是确认第(3)步骤中得到的出生月份所属卦爻的寿命年数。每个卦爻对应特定的寿命年数,这是"轨限盈缩法"特有的方法。接下来,我们来看一下它们是如何导出的。

二、轨限的导出方法

在"轨限盈缩法"中,每个卦爻对应的寿命年数都有初期、中期和终期三个限度。初期即最初的寿命限度,中期即中间的寿命限度,终期即最后的寿命限度。如果行善积德,就可以延长寿命限度,而如果作恶多端,就会在到达寿命限度之前死亡。各卦爻对应的寿命年数参考表 2。此表根据京都大学图书馆收藏的清原家家学书三十四种中的《命期秘传》制作③。不过,《命期秘传》原本中有部分计算错误的地方,表 2 是经过笔者修正后的版本。

为了确定初期、中期和终期的寿命年限,首先必须算出轨限。

在说明轨限的计算方法之前,我们还要了解"七均"和"轨数"。"七均"指宫、商、角、徵、羽、变宫、变徵的七种音律。"七均"被配对到每个卦爻上,具体配对情况可以参考表 2

① 参见[日]武田时昌:《纬书历法考》,山田庆儿编:《中国古代科学史论》,京都大学人文科学研究所 1989 年版;部积意:《"五际"说历的"殷历"背景—兼释〈汉书·翼奉传〉中的六情占》,《两汉经学的历术背景》,北京大学出版社 2013 年版。

② 参见[日]藤田卫:《'易緯'爻辰説の考察》,《日本中国学会》第六十九集,2017 年。

③ 京都大学贵重资料数据存档,https://rmda.kulib.kyoto-u.ac.jp/item/rb00007931。

中的“七均”一行。七均与六十四卦的配对是以与八卦的配对为基础的,形式可以参考表3。各爻按照“宫、商、角、变徵、徵、羽、变宫”的顺序与七均配对,如乾卦的初爻是宫,二爻是商,则上爻的配对为羽。震卦将乾的配对向后推移了一位,坎卦将震的配对向后推移一位,艮卦将坎的配对向后推移一位。另一方面,坤从徵开始,然后依次分配。巽卦将坤的配对向后推移了一位。离卦将巽的配对向后推移一位,兑卦将离的配对向后推移一位。六十四卦的配对直接套用八卦的配对结果。举中孚卦而言,中孚是巽上兑下,于是,其上卦沿用巽的上卦,下卦则沿用兑的下卦。表2当中的“七均”就是按上述方式排列的。

七均中最重要的是每个音律所对应的数值。即:宫八十一,商七十二,角六十四,徵五十四,羽四十八,变宫四十二,变徵五十六。这些数字可以用易学中的老阳九、老阴六、少阳七和少阴八来解释。如八十一由9×9,七十二由8×9,六十四由8×8,五十四由6×9,四十八由6×8,四十二由6×7,五十六由7×8得到。

“轨数”是给六十四卦的每一卦赋予的数值。[①] 各卦轨数的计算方法不仅见于《命期略》,《易纬稽览图》卷下中也有描述。在此我简略地说明一下轨数的计算方法。老阳九和少阴七各乘以四,而得到策数,各自翻倍后相加,得到一百二十八。这就是一个阳爻的数值。同样,将老阴六和少阳八各乘以四,而得到策数,各自乘以二后相加,得到一百一十二。这就是一个阴爻的数值。以卦的阳爻及阴爻的数量乘以上述阳爻及阴爻的数值,然后相加,就可以得到此卦的轨数。因此轨数的数值是固定的。即:阳六为七百六十八,阳五阴一为七百五十二,阳四阴二为七百三十六,阳三阴三为七百二十,阳二阴四为七百零四,阳一阴五为六百八十八,阴六为六百七十二。表2中的“轨数”就是这样导出来的。

各个卦爻所配对的七均数值除该卦的轨数,就可以得出轨限。但并不是简单地直接除轨数,而是先要进行一定的操作。这种操作与爻的正位或失位有关。比如,若是阳爻,那么初、三和五的奇数爻才是正位;若是阴爻,那么二、四和上的偶数爻才是正位。反之,就是失位。如果阳爻得到正位,则以其卦的轨数乘以老阳之数“九”,如果阳爻失位,则乘以少阴之数“七”;如果阴爻得到正位,则以轨数乘以老阴之数“六”,如果阴爻失位,则以轨数乘以少阴之数“八”。然后将这个数值除以七均的数值,结果就是“轨限”。

以乾卦为例。它的初爻是阳爻,乃为正位,所以用乾的轨数七百六十八乘以九,再除以初九对应的七均数值,即宫的八十一,即768×9÷81=85.333…,那么八十五就是它的轨限值。如果是乾卦的二爻,阳爻失位,七均为商,即768×7÷72=74.666…,那么七十五就是它的轨限值。按上述算法得到的就是表2中的“轨限”。

三、初期、中期、终期的推导程序

轨限对初期、中期和终期阶段的推导非常重要。根据轨限值的多寡,推导方法也各不相同。推导方法在《命期略》记载的“轨限盈缩法”中有详细描述。根据文献记载说明如下。

---

① 关于轨数的导出方法,参见藤田卫:《〈易緯〉“推厄所遭法”の解析—“周易命期略秘伝”を参考にして—》,《东洋古典学研究》第四十五集,2018年。

如果轨限值少于五十六，就要乘以九，除以六。为什么以五十六为分界线，并要乘以九、除以六呢？《命期略》中说："经曰：其轨限不盈变徵者，如阳得位九以乘之，阴得位六以除之。"也就是说，"五十六"的分界线基于变徵的数值，"九"代表老阳之数，"六"代表老阴之数。

如果等于五十六，则要乘以四，再除以三。曰："齐变徵之数者五十六者、乘之以四时之四、除之以三才之三、而叶上生之变。""四"来自春、夏、秋、冬四季，"三"来自天、地、人三才。并且，乘以四再除以三的方法也符合三益损分法的上生之法。不过，《命期略》中没有轨限正好是五十六的例子。目前还不清楚为什么会有这个规定。或许还有其他推导轨限的方法。

如果大于五十七，小于九十，则要乘以五，除以三。曰："不盈商（羽）极之数、故以五行乘之、以三才除之。""九十"来自商的极数，"五"来自五行，"三"来自三才。不过，所谓商之极数的九十，不知是如何得来的。

如果等于九十，则要乘以四，除以五。曰："齐商极之数九十者，乘之以四时，除之以五行，而总阴阳之用。""四"来自四季，"五"来自五行。

如果在九十一到一百一十九之间，就说要乘以六，除以九。曰："盈商极之数九十一者，必阴得位以乘之，阳得位以除之"。"六"是阴爻得正位的数，"九"是阳爻得正位的数。

如果等于一百二十，则要乘以二而除以三。曰："齐八象策一百二十者，即乘之以两仪，除之以三才，而叶下生之变。百二十以上、又用此法。""二"来自"两仪"，即天地，"三"来自三才，这与三益损分法的下生之法相一致。"一百二十"的分界线被称为"八象策一百二十"，这是基于老阳三十六、老阴二十四、少阳二十八、少阴三十二的总和。此外，轨限超过一百二十的时候，也采用这个计算方法。

这是《命期略》中最初提到的计算方法。另外，这套计算方法与《命期秘传》中有些许不同。《命期秘传》的推导方法如下。

轨限小于五十六：乘以九，再除以六。

轨限在五十七以上，九十以下：乘以七，再除以八。

轨限在九十一以上，一百一十九以下：乘以六，再除以九。

轨限为一百二十：乘以二，再除以三。

轨限在一百二十一以上：除以二。

以上导出的数值要么是初期，要么是终期，这是由爻的正位或失位来决定的。若爻为正位，则将导出的数值作为初期数值；若爻为失位，则作为终期数值。然后，如果爻为阳而正位，就在初期上加九为中期，再在中期上加九为终期；如果爻为阴而正位，则在初期上加六位中期，再在中期上加六为终期。反之，如果爻为阳而失位，就在终期上减去七为中期，再在中期上减去七为初期；如果为阴而失位，则在终期上减去八为中期，再在中期上减去八为初期。也就是说，正位的时候，就在初期数值上补加老阳、老阴、少阳或少阴之数；失位的时候，则在终期数值上减去老阳、老阴、少阳或少阴之数。这样就得到了表 2 中的初期、中期和终期。

四、“轨限盈缩法”的运用实例

最后，展示一下简化后的“轨限盈缩法”的推导方法。

首先，求出被算命者的出生年份的主岁卦。

2,759,946＋481＋X＝Y

你需要把西历的出生年份代入 X。

Y 除以 32＝Q…R

把得到的 Y 除以三十二。在表 1 中，确认余数 R 所对应的位置。这就是被算命者出生年份的主岁卦。接下来，在上面得到的主岁卦中，确认哪一个爻与出生月份相对应。

然后，在表 2 中查找与出生年月相对应的卦爻。其初期、中期、终期就是被算命者的寿命。

举例来说，我们要算公元 1989 年 7 月出生的人的寿命。先要求出从天地开辟之年到出生年之间的积累年数，即：2,759,946＋481＋1989＝2,762,416。接下来，我们要导出主岁卦：2,762,416÷32＝86,325…16。

查看表 1，我们能确认第十六是咸、恒，在咸、恒中与七月相对应的爻是咸的六二。然后，查看表 2 中的咸六二，得知其初期是七十九，中期是八十五，终期是九十一，这就是他的寿命。

表 1　爻辰表

八		七		六		五		四		三		二		一		
豫	谦	大有	同人	否	泰	履	小畜	比	师	讼	需	蒙	屯	坤	乾	主岁卦
六月未	十一月子	八月酉	九月戌	十月亥	七月申	十二月丑	五月午	二月卯	三月辰	四月巳	正月寅	六月未	十一月子	八月酉	九月戌	上爻
八月酉	九月戌	十月亥	七月申	十二月丑	五月午	二月卯	三月辰	四月巳	正月寅	六月未	十一月子	八月酉	九月戌	十月亥	七月申	五爻
十月亥	七月申	十二月丑	五月午	二月卯	三月辰	四月巳	正月寅	六月未	十一月子	八月酉	九月戌	十月亥	七月申	十二月丑	五月午	四爻
十二月丑	五月午	二月卯	三月辰	四月巳	正月寅	六月未	十一月子	八月酉	九月戌	十月亥	七月申	十二月丑	五月午	二月卯	三月辰	三爻

续表

八		七		六		五		四		三		二		一		
二月卯	三月辰	四月巳	正月寅	六月未	十一月子	八月酉	九月戌	十月亥	七月申	十二月丑	五月午	二月卯	三月辰	四月巳	正月寅	二爻
四月巳	正月寅	六月未	十一月子	八月酉	九月戌	十月亥	七月申	十二月丑	五月午	二月卯	三月辰	四月巳	正月寅	六月未	十一月子	初爻
十六		十五		十四		十三		十二		十一		十		九		
恒	咸	离	坎	大过	颐	大畜	无妄	复	剥	贲	噬嗑	观	临	蛊	随	主岁卦
二月卯	三月辰	四月巳	正月寅	六月未	十一月子	八月酉	九月戌	十月亥	七月申	十二月丑	五月午	二月卯	三月辰	四月巳	正月寅	上爻
四月巳	正月寅	六月未	十一月子	八月酉	九月戌	十月亥	七月申	十二月丑	五月午	二月卯	三月辰	四月巳	正月寅	六月未	十一月子	五爻
六月未	十一月子	八月酉	九月戌	十月亥	七月申	十二月丑	五月午	二月卯	三月辰	四月巳	正月寅	六月未	十一月子	八月酉	九月戌	四爻
八月酉	九月戌	十月亥	七月申	十二月丑	五月午	二月卯	三月辰	四月巳	正月寅	六月未	十一月子	八月酉	九月戌	十月亥	七月申	三爻
十月亥	七月申	十二月丑	五月午	二月卯	三月辰	四月巳	正月寅	六月未	十一月子	八月酉	九月戌	十月亥	七月申	十二月丑	五月午	二爻
十二月丑	五月午	二月卯	三月辰	四月巳	正月寅	六月未	十一月子	八月酉	九月戌	十月亥	七月申	十二月丑	五月午	二月卯	三月辰	初爻
二十四		二十三		二十二		二十一		二十		十九		十八		十七		
井	困	升	萃	姤	夬	益	损	解	蹇	睽	家人	明夷	晋	大壮	遁	主岁卦
十月亥	七月申	十二月丑	五月午	二月卯	三月辰	四月巳	正月寅	六月未	十一月子	八月酉	九月戌	十月亥	七月申	十二月丑	五月午	上爻
十二月丑	五月午	二月卯	三月辰	四月巳	正月寅	六月未	十一月子	八月酉	九月戌	十月亥	七月申	十二月丑	五月午	二月卯	三月辰	五爻

续表

二十四		二十三		二十二		二十一		二十		十九		十八		十七		
二月卯	三月辰	四月巳	正月寅	六月未	十一月子	八月酉	九月戌	十月亥	七月申	十二月丑	五月午	二月卯	三月辰	四月巳	正月寅	四爻
四月巳	正月寅	六月未	十一月子	八月酉	九月戌	十月亥	七月申	十二月丑	五月午	二月卯	三月辰	四月巳	正月寅	六月未	十一月子	三爻
六月未	十一月子	八月酉	九月戌	十月亥	七月申	十二月丑	五月午	二月卯	三月辰	四月巳	正月寅	六月未	十一月子	八月酉	九月戌	二爻
八月酉	九月戌	十月亥	七月申	十二月丑	五月午	二月卯	三月辰	四月巳	正月寅	六月未	十一月子	八月酉	九月戌	十月亥	七月申	初爻

三十二		三十一		三十		二十九		二十八		二十七		二十六		二十五		
未济	既济	小过	中孚	节	涣	兑	巽	旅	丰	归妹	渐	艮	震	鼎	革	主岁卦
六月未	十一月子	八月酉	九月戌	十月亥	七月申	十二月丑	五月午	二月卯	三月辰	四月巳	正月寅	六月未	十一月子	八月酉	九月戌	上爻
八月酉	九月戌	十月亥	七月申	十二月丑	五月午	二月卯	三月辰	四月巳	正月寅	六月未	十一月子	八月酉	九月戌	十月亥	七月申	五爻
十月亥	七月申	十二月丑	五月午	二月卯	三月辰	四月巳	正月寅	六月未	十一月子	八月酉	九月戌	十月亥	七月申	十二月丑	五月午	四爻
十二月丑	五月午	二月卯	三月辰	四月巳	正月寅	六月未	十一月子	八月酉	九月戌	十月亥	七月申	十二月丑	五月午	二月卯	三月辰	三爻
二月卯	三月辰	四月巳	正月寅	六月未	十一月子	八月酉	九月戌	十月亥	七月申	十二月丑	五月午	二月卯	三月辰	四月巳	正月	二爻
四月巳	正月寅	六月未	十一月子	八月酉	九月戌	十月亥	七月申	十二月丑	五月午	二月卯	三月辰	四月巳	正月寅	六月未	十一月子	初爻

表 2 轨限盈缩表

上六	六五	六四	六三	六二	初六	坤卦	上九	九五	九四	九三	九二	初九	乾卦
阴得	阴失	阴得	阴失	阴得	阴失	轨数	阳失	阳得	阳失	阳得	阳失	阳得	轨数
6	8	6	8	6	8	672	7	9	7	9	7	9	768
角	商	宫	变宫	羽	徵	七均	羽	徵	变徵	角	商	宫	七均
64	72	81	42	48	54	律数	48	54	56	64	72	81	律数
63	75	50	128	84	100	轨限	112	128	96	108	75	85	轨限
初期	终期	初期	终期	初期	终期		终期	初期	终期	初期	终期	初期	
55	66	75	64	74	67		75	64	64	72	66	74	
中期	中期	中期	中期	中期	中期	盈缩	中期	中期	中期	中期	中期	中期	盈缩
61	58	81	56	80	59		68	73	57	81	59	83	
终期	初期	终期	初期	终期	初期		初期	终期	初期	终期	初期	终期	
67	50	87	48	86	51		61	82	50	90	52	92	

上九	六五	六四	六三	九二	初六	蒙卦	上六	九五	六四	六三	六二	初九	屯卦
阳失	阴失	阴得	阴失	阳失	阴失	轨数	阴得	阳得	阴得	阴失	阴得	阳得	轨数
7	8	6	8	7	8	704	6	9	6	8	6	9	704
角	商	宫	宫	变宫	羽	七均	变徵	角	商	商	宫	变宫	七均
64	72	81	81	42	48	律数	56	64	72	72	81	42	律数
77	78	52	70	117	117	轨限	75	99	59	78	52	151	轨限
终期	终期	初期	终期	终期	终期		初期	初期	初期	终期	初期	初期	
67	68	78	61	78	78		66	66	52	68	78	76	
中期	中期	中期	中期	中期	中期	盈缩	中期	中期	中期	中期	中期	中期	盈缩
60	60	84	53	71	70		72	75	58	60	84	85	
初期	初期	终期	初期	初期	初期		终期	终期	终期	初期	终期	终期	
53	52	90	45	64	62		78	84	64	52	90	94	

续表

上九	九五	九四	六三	九二	初六	讼卦	上六	九五	六四	九三	九二	初九	需卦
阳失	阳得	阳失	阴失	阳失	阴失	轨数	阴得	阳得	阴得	阳得	阳失	阳得	轨数
7	9	7	8	7	8	736	6	9	6	9	7	9	736
羽	徵	变徵	宫	变宫	羽	七均	变徵	角	商	角	商	宫	七均
48	54	56	81	42	48	律数	56	64	72	64	72	81	律数
107	123	92	73	123	123	轨限	79	104	61	104	72	82	轨限
终期	初期	终期	终期	终期	终期	盈缩	初期	初期	初期	初期	终期	初期	盈缩
71	62	61	64	62	62		69	69	53	69	63	72	
中期	中期	中期	中期	中期	中期		中期	中期	中期	中期	中期	中期	
64	71	54	56	55	54		75	78	59	78	56	81	
初期	终期	初期	初期	初期	初期		终期	终期	终期	终期	初期	终期	
57	80	47	48	48	46		81	87	65	87	49	90	

上六	九五	六四	六三	六二	初六	比卦	上六	六五	六四	六三	九二	初六	师卦
阴得	阳得	阴得	阴失	阴得	阴失	轨数	阴得	阴失	阴得	阴失	阳失	阴失	轨数
6	9	6	8	6	8	688	6	8	6	8	7	8	688
变徵	角	商	变宫	羽	徵	七均	角	商	宫	宫	变宫	羽	七均
56	64	72	42	48	54	律数	64	72	81	81	42	48	律数
74	97	57	131	86	102	轨限	65	76	51	68	115	115	轨限
初期	初期	初期	终期	初期	终期	盈缩	初期	终期	初期	终期	终期	终期	盈缩
65	65	50	66	75	68		57	67	77	60	77	77	
中期	中期	中期	中期	中期	中期		中期	中期	中期	中期	中期	中期	
71	74	56	58	81	60		63	59	83	52	70	69	
终期	终期	终期	初期	终期	初期		终期	初期	终期	初期	初期	初期	
77	83	62	50	87	52		69	51	89	44	63	61	

续表

上九	九五	九四	六三	九二	初九	履卦	上九	九五	六四	九三	九二	初九	小畜卦
阳失	阳得	阳失	阴失	阳失	阳得	轨数	阳失	阳得	阴得	阳得	阳失	阳得	轨数
7	9	7	8	7	9	752	7	9	6	9	7	9	752
羽	徵	变徵	变徵	角	商	七均	商	宫	变宫	角	商	宫	七均
48	54	56	56	64	72	律数	72	81	42	64	72	81	律数
110	125	94	107	82	94	轨限	73	84	107	106	73	84	轨限
终期	初期	终期	终期	终期	初期		终期	初期	终期	初期	终期	初期	
73	63	63	71	72	63		64	74	71	71	64	74	
中期	中期	中期	中期	中期	中期	盈缩	中期	中期	中期	中期	中期	中期	盈缩
66	72	56	63	65	72		57	83	77	80	57	83	
初期	终期	初期	初期	初期	终期		初期	终期	初期	终期	初期	终期	
59	81	49	55	58	81		50	92	83	89	50	92	

上九	九五	九四	六三	六二	初六	否卦	上六	六五	六四	九三	九二	初九	泰卦
阳失	阳得	阳失	阴失	阴得	阴失	轨数	阴得	阴失	阴得	阳得	阳失	阳得	轨数
7	9	7	8	6	8	720	6	8	6	9	7	9	720
羽	徵	变徵	变宫	羽	徵	七均	角	商	宫	角	商	宫	七均
48	54	56	42	48	54	律数	64	72	81	64	72	81	律数
105	120	90	137	90	107	轨限	68	80	53	101	70	80	轨限
终期	初期	终期	终期	初期	终期		初期	终期	初期	初期	终期	初期	
70	80	79	69	79	71		60	70	80	67	61	70	
中期	中期	中期	中期	中期	中期	盈缩	中期	中期	中期	中期	中期	中期	盈缩
63	89	72	61	85	63		66	62	86	76	54	79	
初期	终期	初期	初期	终期	初期		终期	初期	终期	终期	初期	终期	
56	98	65	53	91	55		72	54	92	85	47	88	

续表

上九	六五	九四	九三	九二	初九	大有卦	上九	九五	九四	九三	六二	初九	同人卦
阳失	阴失	阳失	阳得	阳失	阳得	轨数	阳失	阳得	阳失	阳得	阴得	阳得	轨数
7	8	7	9	7	9	752	7	9	7	9	6	9	752
宫	变宫	羽	角	商	宫	七均	羽	徵	变徵	徵	变徵	角	七均
81	42	48	64	72	81	律数	48	54	56	54	56	64	律数
65	143	110	106	73	84	轨限	110	125	94	125	81	106	轨限
终期	终期	终期	初期	终期	初期		终期	初期	终期	初期	初期	初期	
57	72	73	71	64	74		73	63	63	63	71	71	
中期	中期	中期	中期	中期	中期	盈缩	中期	中期	中期	中期	中期	中期	盈缩
50	64	66	80	57	83		66	72	56	72	77	80	
初期	初期	初期	终期	初期	终期		初期	终期	初期	终期	终期	终期	
43	56	59	89	50	92		59	81	49	81	83	89	

上六	六五	九四	六三	六二	初六	豫卦	上六	六五	六四	九三	六二	初六	谦卦
阴得	阴失	阳失	阴失	阴得	阴失	轨数	阴得	阴失	阴得	阳得	阴得	阴失	轨数
6	8	7	8	6	8	688	6	8	6	9	6	8	688
徵	变徵	角	变宫	羽	徵	七均	角	商	宫	变宫	羽	徵	七均
54	56	64	42	48	54	律数	64	72	81	42	48	54	律数
76	98	75	131	86	102	轨限	65	76	51	147	86	102	轨限
初期	终期	终期	终期	初期	终期		初期	终期	初期	初期	初期	终期	
67	65	66	66	75	68		57	67	77	74	75	68	
中期	中期	中期	中期	中期	中期	盈缩	中期	中期	中期	中期	中期	中期	盈缩
73	57	59	58	81	60		63	59	83	83	81	60	
终期	初期	初期	初期	终期	初期		终期	初期	终期	终期	终期	初期	
79	49	52	50	87	52		69	51	89	92	87	52	

续表

上九	六五	六四	九三	九二	初六	蛊卦	上六	九五	九四	六三	六二	初九	随卦
阳失	阴失	阴得	阳得	阳失	阴失	轨数	阴得	阳得	阳失	阴失	阴得	阳得	轨数
7	8	6	9	7	8	720	6	9	7	8	6	9	720
角	商	宫	羽	徵	变徵	七均	变宫	羽	徵	商	宫	变宫	七均
64	72	81	48	54	56	律数	42	48	54	72	81	42	律数
79	80	53	135	93	103	轨限	103	135	93	80	53	154	轨限
终期	终期	初期	初期	终期	终期		初期	初期	终期	终期	初期	初期	
69	70	80	68	62	69		69	68	62	70	80	77	
中期	中期	中期	中期	中期	中期	盈缩	中期	中期	中期	中期	中期	中期	盈缩
62	62	86	77	55	61		75	77	55	62	86	86	
初期	初期	终期	终期	初期	初期		终期	终期	初期	初期	终期	终期	
55	54	92	86	48	53		81	86	48	54	92	95	

上九	九五	六四	六三	六二	初六	观卦	上六	六五	六四	六三	九二	初九	临卦
阳失	阳得	阴得	阴失	阴得	阴失	轨数	阴得	阴失	阴得	阴失	阳失	阳得	轨数
7	9	6	8	6	8	704	6	8	6	8	7	9	704
商	宫	变宫	变宫	羽	徵	七均	角	商	宫	变徵	角	商	七均
72	81	42	42	48	54	律数	64	72	81	56	64	72	律数
68	78	101	134	88	104	轨限	66	78	52	101	77	88	轨限
终期	初期	初期	终期	初期	终期		初期	终期	初期	终期	终期	初期	
60	68	67	67	77	69		58	68	78	67	67	77	
中期	中期	中期	中期	中期	中期	盈缩	中期	中期	中期	中期	中期	中期	盈缩
53	77	73	59	83	61		64	60	84	59	60	86	
初期	终期	终期	初期	终期	初期		终期	初期	终期	初期	初期	终期	
46	86	79	51	89	53		70	52	90	51	53	95	

续表

上九	六五	六四	九三	六二	初九	贲卦	上九	六五	九四	六三	六二	初九	噬嗑卦
阳失	阴失	阴得	阳得	阴得	阳得	轨数	阳失	阴失	阳失	阴失	阴得	阳得	轨数
7	8	6	9	6	9	720	7	8	7	8	6	9	720
角	商	宫	徵	变徵	角	七均	宫	变宫	羽	商	宫	变宫	七均
64	72	81	54	56	64	律数	81	42	48	72	81	42	律数
79	80	53	120	77	101	轨限	62	137	105	80	53	154	轨限
终期	终期	初期	初期	初期	初期	盈缩	终期	终期	终期	终期	初期	初期	盈缩
69	70	80	80	67	67		54	69	70	70	80	77	
中期	中期	中期	中期	中期	中期		中期	中期	中期	中期	中期	中期	
62	62	86	89	73	76		47	61	63	62	86	86	
初期	初期	终期	终期	终期	终期		初期	初期	初期	初期	终期	终期	
55	54	92	98	79	85		40	53	56	54	92	95	

上六	六五	六四	六三	六二	初九	复卦	上九	六五	六四	六三	六二	初六	剥卦
阴得	阴失	阴得	阴失	阴得	阳得	轨数	阳失	阴失	阴得	阴失	阴得	阴失	轨数
6	8	6	8	6	9	688	7	8	6	8	6	8	688
角	商	宫	商	宫	变宫	七均	角	商	宫	变宫	羽	徵	七均
64	72	81	72	81	42	律数	64	72	81	42	48	54	律数
65	76	51	76	51	147	轨限	75	76	51	131	86	102	轨限
初期	终期	初期	终期	初期	初期	盈缩	终期	终期	初期	终期	初期	终期	盈缩
57	67	77	67	77	74		66	67	77	66	75.25	68	
中期	中期	中期	中期	中期	中期		中期	中期	中期	中期	中期	中期	
63	59	83	59	83	83		59	59	83	58	81.25	60	
终期	初期	终期	初期	终期	终期		初期	初期	终期	初期	终期	初期	
69	51	89	51	89	92		52	51	89	50	87.25	52	

续表

上九	六五	六四	九三	九二	初九	大畜卦	上九	九五	九四	六三	六二	初九	无妄卦
阳失	阴失	阴得	阳得	阳失	阳得	轨数	阳失	阳得	阳失	阴失	阴得	阳得	轨数
7	8	6	9	7	9	736	7	9	7	8	6	9	736
角	商	宫	角	商	宫	七均	羽	徵	变徵	商	宫	变宫	七均
64	72	81	64	72	81	律数	48	54	56	72	81	42	律数
81	82	55	104	72	82	轨限	107	123	92	82	55	158	轨限
终期	终期	初期	初期	终期	初期	盈缩	终期	初期	终期	终期	初期	初期	盈缩
71	72	83	69	63	72		71	62	61	72	83	79	
中期	中期	中期	中期	中期	中期		中期	中期	中期	中期	中期	中期	
64	64	89	78	56	81		64	71	54	64	89	88	
初期	初期	终期	终期	初期	终期		初期	终期	初期	初期	终期	终期	
57	56	95	87	49	90		57	80	47	56	95	97	

上六	九五	九四	九三	九二	初六	大过卦	上九	六五	六四	六三	六二	初九	颐卦
阴得	阳得	阳失	阳得	阳失	阴失	轨数	阳失	阴失	阴得	阴失	阴得	阳得	轨数
6	9	7	9	7	8	736	7	8	6	8	6	9	704
变宫	羽	徵	羽	徵	变徵	七均	角	商	宫	商	宫	变宫	七均
42	48	54	48	54	56	律数	64	72	81	72	81	42	律数
105	138	95	138	95	105	轨限	77	78	52	78	52	151	轨限
初期	初期	终期	初期	终期	终期	盈终	终期	终期	初期	终期	初期	初期	盈缩
70	69	63	69	63	70		67	68	78	68	78	76	
中期	中期	中期	中期	中期	中期		中期	中期	中期	中期	中期	中期	
76	78	56	78	56	62		60	60	84	60	84	85	
终期	终期	初期	终期	初期	初期		初期	初期	终期	初期	终期	终期	
82	87	49	87	49	54		53	52	90	52	90	94	

续表

上九	六五	九四	九三	六二	初九	离卦	上六	九五	六四	六三	九二	初六	坎卦
阳失	阴失	阳失	阳得	阴得	阳得	轨数	阴得	阳得	阴得	阴失	阳失	阴失	轨数
7	8	7	9	6	9	736	6	9	6	8	7	8	704
宫	变宫	羽	徵	变徵	角	七均	变徵	角	商	宫	变宫	羽	七均
81	42	48	54	56	64	律数	56	64	72	81	42	48	律数
64	140	107	123	79	104	轨限	75	99	59	70	117	117	轨限
终期	终期	终期	初期	初期	初期	盈缩	初期	初期	初期	终期	终期	终期	盈缩
56	70	71	62	69	69		66	66	52	61	78	78	
中期	中期	中期	中期	中期	中期		中期	中期	中期	中期	中期	中期	
49	62	64	71	75	78		72	75	58	53	71	70	
初期	初期	初期	终期	终期	终期		终期	终期	终期	初期	初期	初期	
42	54	57	80	81	87		78	84	64	45	64	62	

上六	六五	九四	九三	九二	初六	恒卦	上六	九五	九四	九三	六二	初六	咸卦
阴得	阴失	阳失	阳得	阳失	阴失	轨数	阴得	阳得	阳失	阳得	阴得	阴失	轨数
6	8	7	9	7	8	720	6	9	7	9	6	8	720
徵	变徵	角	羽	徵	变徵	七均	变宫	羽	徵	变宫	羽	徵	七均
54	56	64	48	54	56	律数	42	48	54	42	48	54	律数
80	103	79	135	93	103	轨限	103	135	93	154	90	107	轨限
初期	终期	终期	初期	终期	终期	盈缩	初期	初期	终期	初期	初期	终期	盈缩
70	69	69	68	62	69		69	68	62	77	79	71	
中期	中期	中期	中期	中期	中期		中期	中期	中期	中期	中期	中期	
76	61	62	77	55	61		75	77	55	86	85	63	
终期	初期	初期	终期	初期	初期		终期	终期	初期	终期	终期	初期	
82	53	55	86	48	53		81	86	48	95	91	55	

续表

上六	六五	九四	九三	九二	初九	大壮卦	上九	九五	九四	九三	六二	初六	遯卦
阴得	阴失	阳失	阳得	阳失	阳得	轨数	阳失	阳得	阳失	阳得	阴得	阴失	轨数
6	8	7	9	7	9	736	7	9	7	9	6	8	736
徵	终徵	角	角	商	宫	七均	羽	徵	变徵	变宫	羽	徵	七均
54	56	64	64	72	81	律数	48	54	56	42	48	54	律数
82	105	81	104	72	82	轨限	107	123	92	158	92	109	轨限
初期	终期	终期	初期	终期	初期	盈缩	终期	初期	终期	初期	初期	终期	盈缩
72	70	71	69	63	72		71	62	61	79	81	73	
中期	中期	中期	中期	中期	中期		中期	中期	中期	中期	中期	中期	
78	62	64	78	56	81		64	71	54	88	87	65	
终期	初期	初期	终期	初期	终期		初期	终期	初期	终期	终期	初期	
84	54	57	87	49	90		57	80	47	97	93	57	

上六	六五	六四	九三	六二	初九	明夷卦	上九	六五	九四	六三	六二	初六	晋卦
阴得	阴失	阴得	阳得	阴得	阳得	轨数	阳失	阴失	阳失	阴失	阴得	阴失	轨数
6	8	6	9	6	9	704	7	8	7	8	6	8	704
角	商	终	徵	变徵	角	七均	宫	变宫	羽	变宫	羽	徵	七均
64	72	81	54	56	64	律数	81	42	48	42	48	54	律数
66	78	52	117	75	99	轨限	61	134	103	134	88	104	轨限
初期	终期	初期	初期	初期	初期	盈缩	终期	终期	终期	终期	初期	终期	盈缩
58	68	78	78	66	66		53	67	69	67	77	69	
中期	中期	中期	中期	中期	中期		中期	中期	中期	中期	中期	中期	
64	60	84	87	72	75		46	59	62	59	83	61	
终期	初期	终期	终期	终期	终期		初期	初期	初期	初期	终期	初期	
70	52	90	96	78	84		39	51	55	51	89	53	

续表

上九	六五	九四	六三	九二	初九	睽卦	上九	九五	六四	九三	六二	初九	家人卦
阳失	阴失	阳失	阴失	阳失	阳得	轨数	阳失	阳得	阴失	阳得	阴得	阳得	轨数
7	8	7	8	7	9	736	7	9	6	9	6	9	736
宫	变宫	羽	变徵	角	商	七均	商	宫	变宫	徵	变徵	角	七均
81	42	48	56	64	72	律数	72	81	42	54	56	64	律数
64	140	107	105	81	92	轨限	72	82	105	123	79	104	轨限
终期	终期	终期	终期	终期	初期	盈缩	终期	初期	终期	初期	初期	初期	盈缩
56	70	71	70	71	61		63	72	70	62	69	69	
中期	中期	中期	中期	中期	中期		中期	中期	中期	中期	中期	中期	
49	62	64	62	64	70		56	81	76	71	75	78	
初期	初期	初期	初期	初期	终期		初期	终期	初期	终期	终期	终期	
42	54	57	54	57	79		49	90	82	80	81	87	

上六	六五	九四	六三	九二	初六	解卦	上六	九五	六四	九三	六二	初六	蹇卦
阴得	阴失	阳失	阴失	阳失	阴失	轨数	阴得	阳得	阴得	阳得	阴得	阴失	轨数
6	8	7	8	7	8	704	6	9	6	9	6	8	704
徵	变徵	角	宫	变宫	羽	七均	变徵	角	商	变宫	羽	徵	七均
54	56	64	81	42	48	律数	56	64	72	42	48	54	律数
78	101	77	70	117	117	轨限	75	99	59	151	88	104	轨限
初期	终期	终期	终期	终期	终期	盈缩	初期	初期	初期	初期	初期	终期	盈缩
68	67	67	61	78	78		66	66	52	75.5	77	69	
中期	中期	中期	中期	中期	中期		中期	中期	中期	中期	中期	中期	
74	59	60	53	71	70		72	75	58	84.5	83	61	
终期	初期	初期	初期	初期	初期		终期	终期	终期	终期	终期	初期	
80	51	53	45	64	62		78	84	64	93.5	89	53	

续表

上九	九五	六四	六三	六二	初九	益卦	上九	六五	六四	六三	九二	初九	损卦
阳失	阳得	阴失	阴失	阴得	阳得	轨数	阳失	阴失	阴得	阴失	阳失	阳得	轨数
7	9	6	8	6	9	720	7	8	6	8	7	9	720
商	宫	变宫	商	宫	变宫	七均	角	商	宫	变徵	角	商	七均
72	81	42	72	81	42	律数	64	72	81	56	64	72	律数
70	80	103	80	53	154	轨限	79	80	53	103	79	90	轨限
终期	初期	终期	终期	初期	初期	盈缩	终期	终期	初期	终期	终期	初期	盈缩
61	70	69	70	80	77		69	70	80	69	69	79	
中期	中期	中期	中期	中期	中期		中期	中期	中期	中期	中期	中期	
54	79	75	62	86	86		62	62	86	61	62	88	
初期	终期	初期	初期	终期	终期		初期	初期	终期	初期	初期	终期	
47	88	81	54	92	95		55	54	92	53	55	97	

上九	九五	九四	九三	九二	初六	姤卦	上六	九五	九四	九三	九二	初九	夬卦
阳失	阳得	阳失	阳得	阳失	阴失	轨数	阴得	阳得	阳失	阳得	阳失	阳得	轨数
7	9	7	9	7	8	752	6	9	7	9	7	9	752
羽	徵	变徵	羽	徵	变徵	七均	变宫	羽	徵	角	商	宫	七均
48	54	56	48	54	56	律数	42	48	54	64	72	81	律数
110	125	94	141	97	107	轨限	107	141	97	106	73	84	轨限
终期	初期	终期	初期	终期	终期	盈缩	初期	初期	终期	初期	终期	初期	盈缩
73	63	63	71	65	71		71	71	65	71	64	74	
中期	中期	中期	中期	中期	中期		中期	中期	中期	中期	中期	中期	
66	72	56	80	58	63		77	80	58	80	57	83	
初期	终期	初期	终期	初期	初期		终期	终期	初期	终期	初期	终期	
59	81	49	89	51	55		83	89	51	89	50	92	

续表

上六	九五	六四	九三	九二	初六	井卦	上六	九五	九四	六三	九二	初六	困卦
阴得	阳得	阴得	阳得	阳失	阴失	轨数	阴得	阳得	阳失	阴失	阳失	阴失	轨数
6	9	6	9	7	8	720	6	9	7	8	7	8	720
变徵	角	商	羽	徵	变徵	七均	变宫	羽	徵	宫	变宫	羽	七均
56	64	72	48	54	56	律数	42	48	54	81	42	48	律数
77	101	60	135	93	103	轨限	103	135	93	71	120	120	轨限
初期	初期	初期	初期	终期	终期		初期	初期	终期	终期	终期	终期	
67	67	53	68	62	69		69	68	62	62	80	80	
中期	中期	中期	中期	中期	中期	盈缩	中期	中期	中期	中期	中期	中期	盈缩
73	76	59	77	55	61		75	77	55	54	73	72	
终期	终期	终期	终期	初期	初期		终期	终期	初期	初期	初期	初期	
79	85	65	86	48	53		81	86	48	46	66	64	

上九	六五	九四	九三	九二	初六	鼎卦	上六	九五	九四	九三	六二	初九	革卦
阳失	阴失	阳失	阳得	阳失	阴失	轨数	阴得	阳得	阳失	阳得	阴得	阳得	轨数
7	8	7	9	7	8	736	6	9	7	9	6	9	736
宫	变宫	羽	羽	徵	变徵	七均	变宫	羽	徵	徵	变徵	角	七均
81	42	48	48	54	56	律数	42	48	54	54	56	64	律数
64	140	107	138	95	105	轨限	105	138	95	123	79	104	轨限
终期	终期	终期	初期	终期	终期		初期	初期	终期	初期	初期	初期	
56	70	71	69	63	70		70	69	63	62	69	69	
中期	中期	中期	中期	中期	中期	盈缩	中期	中期	中期	中期	中期	中期	盈缩
49	62	64	78	56	62		76	78	56	71	75	78	
初期	初期	初期	终期	初期	初期		终期	终期	初期	终期	终期	终期	
42	54	57	87	49	54		82	87	49	80	81	87	

续表

上九	六五	六四	九三	六二	初六	艮卦	上六	六五	九四	六三	六二	初九	震卦
阳失	阴失	阴得	阳得	阴得	阴失	轨数	阴得	阴失	阳失	阴失	阴得	阳得	轨数
7	8	6	9	6	8	704	6	8	7	8	6	9	704
角	商	宫	变宫	羽	徵	七均	徵	变徵	角	商	宫	变宫	七均
64	72	81	42	48	54	律数	54	56	64	72	81	42	律数
77	78	52	151	88	104	轨限	78	101	77	78	52	151	轨限
终期	终期	初期	初期	初期	终期		初期	终期	终期	终期	初期	初期	
67	68	78	76	77	69		68	67	67	68	78	76	
中期	中期	中期	中期	中期	中期	盈缩	中期	中期	中期	中期	中期	中期	盈缩
60	60	84	85	83	61		74	59	60	60	84	85	
初期	初期	终期	终期	终期	初期		终期	初期	初期	初期	终期	终期	
53	52	90	94	89	53		80	51	53	52	90	94	

上六	六五	九四	六三	九二	初九	归妹卦	上九	九五	六四	九三	六二	初六	渐卦
阴得	阴失	阳失	阴失	阳失	阳得	轨数	阳失	阳得	阴失	阳得	阴得	阴失	轨数
6	8	7	8	7	9	720	7	9	6	9	6	8	720
徵	变徵	角	变徵	角	商	七均	商	宫	变宫	变宫	羽	徵	七均
54	56	64	56	64	72	律数	72	81	42	42	48	54	律数
80	103	79	103	79	90	轨限	70	80	103	154	90	107	轨限
初期	终期	终期	终期	终期	初期		终期	初期	终期	初期	初期	终期	
70	69	69	69	69	79		61	70	69	77	79	71	
中期	中期	中期	中期	中期	中期	盈缩	中期	中期	中期	中期	中期	中期	盈缩
76	61	62	61	62	88		54	79	75	86	85	63	
终期	初期	初期	初期	初期	终期		初期	终期	初期	终期	终期	初期	
82	53	55	53	55	97		47	88	81	95	91	55	

续表

上九	六五	九四	九三	六二	初六	旅卦	上六	六五	九四	九三	六二	初九	丰卦
阳失	阴失	阳失	阳得	阴得	阴失	轨数	阴得	阴失	阳失	阳得	阴得	阳得	轨数
7	8	7	9	6	8	720	6	8	7	9	6	9	720
宫	变宫	羽	变宫	羽	徵	七均	徵	变徵	角	徵	变徵	角	七均
81	42	48	42	48	54	律数	54	56	64	54	56	64	律数
62	137	105	154	90	107	轨限	80	103	79	120	77	101	轨限
终期	终期	终期	初期	初期	终期		初期	终期	终期	初期	初期	初期	
54	69	70	77	79	71		70	69	69	80	67	67	
中期	中期	中期	中期	中期	中期	盈缩	中期	中期	中期	中期	中期	中期	盈缩
47	61	63	86	85	63		76	61	62	89	73	76	
初期	初期	初期	终期	终期	初期		终期	初期	初期	终期	终期	终期	
40	53	56	95	91	55		82	53	55	98	79	85	

上六	九五	九四	六三	九二	初九	兑卦	上九	九五	六四	九三	九二	初六	巽卦
阴得	阳得	阳失	阴失	阳失	阳得	轨数	阳失	阳得	阴失	阳得	阳失	阴失	轨数
6	9	7	8	7	9	736	7	9	6	9	7	8	736
变宫	羽	徵	变徵	角	商	七均	商	宫	变宫	羽	徵	变徵	七均
42	48	54	56	64	72	律数	72	81	42	48	54	56	律数
105	138	95	105	81	92	轨限	72	82	105	138	95	105	轨限
初期	初期	终期	终期	终期	初期		终期	初期	终期	初期	终期	终期	
70	69	63	70	71	61		63	72	70	69	63	70	
中期	中期	中期	中期	中期	中期	盈缩	中期	中期	中期	中期	中期	中期	盈缩
76	78	56	62	64	70		56	81	76	78	56	62	
终期	终期	初期	初期	初期	终期		初期	终期	初期	终期	初期	初期	
82	87	49	54	57	79		49	90	82	87	49	54	

续表

上六	九五	六四	六三	九二	初九	节卦	上九	九五	六四	六三	九二	初六	涣卦
阴得	阳得	阴得	阴失	阳失	阳得	轨数	阳失	阳得	阴得	阴失	阳失	阴失	轨数
6	9	6	8	7	9	720	7	9	6	8	7	8	720
变徵	角	商	变徵	角	商	七均	商	宫	变宫	宫	变宫	羽	七均
56	64	72	56	64	72	律数	72	81	42	81	42	48	律数
77	101	60	103	79	90	轨限	70	80	73	71	120	120	轨限
初期	初期	初期	终期	终期	初期		终期	初期	初期	终期	终期	终期	
67	67	53	69	69	79		61	70	49	62	80	80	
中期	中期	中期	中期	中期	中期	盈缩	中期	中期	中期	中期	中期	中期	盈缩
73	76	59	61	62	88		54	79	55	54	73	72	
终期	终期	终期	初期	初期	终期		初期	终期	终期	初期	初期	初期	
79	85	65	53	55	97		47	88	61	46	66	64	

上六	六五	九四	九三	六二	初六	小过卦	上九	九五	六四	六三	九二	初九	中孚卦
阴得	阴失	阳失	阳得	阴得	阴失	轨数	阳失	阳得	阴得	阴失	阳失	阳得	轨数
6	8	7	9	6	8	704	7	9	6	8	7	9	736
徵	变徵	角	变宫	羽	徵	七均	商	宫	变宫	变徵	角	商	七均
54	56	64	42	48	54	律数	72	81	42	56	64	72	律数
78	101	77	151	88	104	轨限	72	82	105	105	81	92	轨限
初期	终期	终期	初期	初期	终期		终期	初期	初期	终期	终期	初期	
68	67	67	76	77	69		63	72	70	70	71	61	
中期	中期	中期	中期	中期	中期	盈缩	中期	中期	中期	中期	中期	中期	盈缩
74	59	60	85	83	61		56	81	76	62	64	70	
终期	初期	初期	终期	终期	初期		初期	终期	终期	初期	初期	终期	
80	51	53	94	89	53		49	90	82	54	57	79	

续表

上九	六五	九四	六三	九二	初六	未济卦	上六	九五	六四	九三	六二	初九	既济卦
阳失	阴失	阳失	阴失	阳失	阴失	轨数	阴得	阳得	阴得	阳得	阴得	阳得	轨数
7	8	7	8	7	8	720	6	9	6	9	6	9	720
宫	变宫	羽	宫	变宫	羽	七均	变徵	角	商	徵	变徵	角	七均
81	42	48	81	42	48	律数	56	64	72	54	56	64	律数
62	137	105	71	120	120	轨限	77	101	60	120	77	101	轨限
终期	终期	终期	终期	终期	终期	盈缩	初期	初期	初期	初期	初期	初期	盈缩
54	69	70	62	80	80		67	67	53	80	67	67	
中期	中期	中期	中期	中期	中期		中期	中期	中期	中期	中期	中期	
47	61	63	54	73	72		73	76	59	89	73	76	
初期	初期	初期	初期	初期	初期		终期	终期	终期	终期	终期	终期	
40	53	56	46	66	64		79	85	65	98	79	85	

表 3　七均配当表

	乾	震	坎	艮	坤	巽	离	兑
上爻	羽	徵	变徵	角	角	商	宫	变宫
五爻	徵	变徵	角	商	商	宫	变宫	羽
四爻	变徵	角	商	宫	宫	变宫	羽	徵
三爻	角	商	宫	变宫	变宫	羽	徵	变徵
二爻	商	宫	变宫	羽	羽	徵	变徵	角
初爻	宫	变宫	羽	徵	徵	变徵	角	商

栗谷李珥《易数策》证释析论

赖贵三*

一、知人论世：栗谷生平概述

李珥(1536—1584)，字叔献，号栗谷(以下皆以栗谷敬称之)，1536年出生于江原道江陵府北坪村申进士命和氏宅内(乌竹轩)，籍贯德水。为李元秀之子，其母申师任堂(仁善，师任堂、思任堂、师妊堂、妊师斋、任堂，1504—1551)[①]在诗文和书画上有很高的造诣，栗谷因从小受到母亲的熏陶，七岁时即为文《陈复昌传》，讽刺表里不一的政丞；八岁时更于坡州作汉诗《花石亭》，诗中流露出其宽大的胸怀；九岁时画《兄弟奉父母同居图》，表现其对父母的孝心与兄弟的友爱。1548年，年仅十三岁考中进士初试，震惊了当时江原道的教育界；十六岁时母亲病逝，服心丧三年；十九岁时，入金刚山拜佛，并于此专研佛书一年；二十岁时因不认同佛家思想，而返乡攻读儒学典籍；二十三岁时在陶山拜儒学大师李滉(景浩，退溪，1501—1570)为师，后与退溪李滉并称朝鲜思想界的双璧；二十九岁时明经及第，历任户曹佐郎、吏曹佐郎、弘文馆副提学、户曹判书、吏曹判书等官职，在职期间向君王提出多项改革方案，谋求国家的安全与繁荣富强；三十三岁时代表朝鲜出使明朝首都宣扬国威，使中国体认朝鲜乃东方礼仪之国。栗谷几次因病辞官，皆返回坡州，从事学术及教育工作，为国家培养了一批经国济世的人才。1584年，年四十九岁的栗谷于京城大寺洞之寓所与世长辞。

《易数策》记录在《栗谷全书》卷十四中，一定程度反映出栗谷在《易》方面的学术思想。本来是以策文的形式写成，是他在玉堂中讲论与《易》有关的内容时，回答提问并进行论述的纪录。根据不同的论题，而展开辨说。《易数策》中涉及的内容，包括《易》数的原理、学术开展过程，以及作为学者的栗谷对此的态度。

---

* 作者简介：赖贵三，台湾师范大学国文学系、国际汉学研究所合聘教授，汉学所创所所长，曲阜师范大学东亚易学研究中心客座教授，研究方向包括中国经学、中国哲学、文字学、训诂学、文献学等。

① 2006年发行的新版大韩民国五千圆的纸币肖像画，正面即为李珥及其出生地点江陵(乌竹轩)图案和竹子，而背面则为李珥母亲申师任堂的一幅名画草虫图。而2009年发行的新版五万韩圆纸币肖像画，正面即为申师任堂。

二、辨章学术：栗谷学术思想简介

宋儒以形而上学来解释先秦儒学，将宇宙与人生的根源体系化，并展开其实践理论。而随着对先秦时代《易》中所谓"《易》有太极"的太极一词产生解释上的差异，不同的理论开始发展，其中以程、朱的理气论最具代表性。程、朱的理气论到了韩国朝鲜时代，在政治、社会、学术等各方面，具有极大的影响力，且这种影响力在退溪李滉与栗谷李珥的专精研究中达到了高峰。在此先就栗谷与《易》相关的学术思想进行简介，以利后文针对《易数策》的理解与诠释。

（一）太极论

太极[①]一词最早见于《周易・系辞传》"《易》有太极，是生两仪……"，随着如何解释太极及其与阴阳的关系，产生了许多不同的主张，对此栗谷的主张如下。

首先，太极（即引文中之理）与阴阳本就在一起，有太极则阴阳即在，有阴阳则其中亦必有太极存在，两者不是互相独立而单独存在之物：

> 未尝有不动不静之时，一动一静、一阴一阳，而理无不在，故圣贤极本穷源之论。不过以太极为阴阳之本，而其实本无阴阳未生、太极独立之时也。[②]

其次，阴阳本有，并非太极所产生之物，而阴阳既为本有，为无法认定"未生时"之物，太极与之同存并在，故亦同样无法确定太极"未生时"的状态，无法确定太极"如何生"。然太极流贯于阴阳中，为万化的枢纽与万品的根柢，即太极在阴阳变易之中为变易之理，而非从阴阳外部变易阴阳。

> 大抵阴阳两端，循环不已，本无其始，阴尽则阳生，阳尽则阴生，一阴一阳而太极无不在焉，此太极所以为万化之枢纽，万品之根柢也。今若曰澹一寂然之气乃生阴阳，则是阴阳有始也，有始则有终矣，然则阴阳之机其息也久矣，其可乎？且澹一之气，是阴阳耶？[③]
>
> 动静之机非有以始之也，理气亦非有先后之可言也，第以气之动静也，须是理为根柢。故曰："太极动而生阳，静而生阴。"若执此言，所谓太极独立于阴阳之前，阴阳自无而有，则非所谓阴阳无始也，最宜活看而深玩也。[④]

他对于"生"字不采生成论的解释，而采根柢之义。作为阴阳动静的根柢，太极一方面使阴阳之无始与动静之无端成为可能，一方面又在阴阳不息的运行中，显示出自己本身的存在。

---

① 《周易・系辞上传・第十二章》："是故《易》有太极，是生两仪，两仪生四象，四象生八卦，八卦定吉凶，吉凶生大业。"

② ［朝鲜］李珥：《栗谷全书》卷九《书一・答朴和叔》，成均馆大学校大东文化研究院1971年版，第184页。

③ ［朝鲜］李珥：《栗谷全书》卷九《书一・答朴和叔》，第184页。

④ ［朝鲜］李珥：《栗谷全书》卷二十《圣学辑要二》，第446页。

(二)理气论

栗谷提出不同于朝鲜传统朱子学者的理气二元论，试图调和退溪李滉的理一元论，以及徐敬德(花潭，1489—1546)的气一元论，此说成为后来朱子学的一个新的发展方向，其主张如下。

首先，一切自然现象皆因气之阴阳变化、凝结聚散而产生，气本身即具有活动性及能动性，并非有外在的使之者。而理则是乘于气者，作为其枢纽与根柢、动静之所以然，本身是无活动、非能动的：

> 窃谓万化之本，一阴阳而已，是气动则为阳，静则为阴，一动一静者气也，动之静之者理也。①
>
> 阴静阳动机自尔也，非有使之者也，阳之动则理乘于动，非理动也；阴之静则理乘于静，非理静也。②

其次，太极即理，阴阳即气，正如太极论所提及，两者是密不可分的，故从其关系来看，二者可视作一物。然两者关系虽密切却不是相互夹杂，故亦可分开来看，视为两物：

> 既非二物，又非一物；非一物，故一为二，非二物，故二而一也。非一物者，何谓也，理气虽相离不得，而妙合之中，理自理，气自气，不相挟杂，故非一物也。非二物者，何谓也，虽曰"理自理，气自气"，而浑沦无间无先后无离合，不见其为二物，故非二物也。是故动静无端，阴阳无始；理无始，故气亦无始也。③
>
> 理无形也，气有形也；理无为也，气有为也。无形无为，而为有形有为之主者，理也；有形有为，而为无形无为之器者，气也。④

理是无形、抽象之物，是非现实的思维对象，若想将之现实化、具体化，必须借由气的作用，即理依气的作用而产生万物的个别性、差别性，理成为主宰("使实现"之意)。而气也借此主宰之理而得以成为一种现象，此便是所谓"气发理乘"。

(三)理有善恶

理在儒家被视为天理与道，当其流行于人间即为性，是内在于人之间的气禀之具体展现。气禀随着气化的清浊厚薄，刚柔缓急而有善恶之不同，故与气禀相关联的理，亦有善恶之别。关于此概念，栗谷的主张如下：

首先，有善恶之理是乘气流行之理，其受到气禀的影响产生差异，而有善恶美丑之别。而本然之理，即天理，则是纯粹的善：

> 其所谓理者，指其乘气流行之理，而非指理之本然也。本然之理固纯善，而乘气

① [朝鲜]李珥：《栗谷全书》卷十四《天道》，第308页。
② [朝鲜]李珥：《栗谷全书》卷十《书二·答成浩原》，第209页。
③ [朝鲜]李珥：《栗谷全书》卷十《书二·答成浩原》，第197页。
④ [朝鲜]李珥：《栗谷全书》卷十《书二·答成浩原》，第208页。

流行其分万殊，气禀有善恶，故理亦有善恶也。[①]

其次，本然之理与流行之理的关系为“理一分殊”，即同一物的体用之别。“体究”便是亲自做体验和究明，而能在看到现象之多样时，亦同时见其本体之同：

> 夫本然者理之一也，流行者分之殊也。舍流行之理，而别求本然之理，固不可；若以理之有善恶者，为理之本然，则亦不可。“理一分殊”四字，最宜体究。[②]
>
> 本然之性使之蔽者，气也；使之复者，亦气也耶，曰“理无为，气有为”，君言亦然也。[③]

理虽本为纯善，然受气影响可能失去本然，因而导致性有善恶。人亦可借由内心修养，使气质由浊变清，而成为圣人，此即见人之主体性与自由意志。

（四）“理通气局”说

在“理一分殊”的基础之上，栗谷提出了“理通气局”说。此学说自理的侧面与性的侧面作出独特的解释，在扩充“理一分殊”之理气观的同时，更进一步补足其逻辑上的缺失，其主张如下：

首先，理是无形无为、形而上的客观存在，并非任何感觉经验所能把握者，只能在气之中，借由气之实质显示理的存在性。因此，理可说无所不在，且具有圆通性、活泼性，一方面乘气流行，另一方面又能在不失其本然之妙的前提下，显现出事物多样的本性，此即“理通”：

> 理气元不相离，似是一物，而其所以异者，理无形也，气有形也；理无为也，气有为也。无形无为，而为有形有为之主者，理也；有形有为，而为无形无为之器者，气也。理无形，而气有形，故理通而气局；理无为，而气有为，故气发而理乘。“理通”者，何谓也？理者，无本末也，无先后也，无本末无先后，故未应不是先，已应不是后（程子说），是故乘气流行，参差不齐，而其本然之妙无乎不在。气之偏，则理亦偏，而所偏非理也，气也；气之全，则理亦全，而所全非理也，气也；至于清浊、粹驳、糟粕、煨烬、粪壤、污秽之中，理无所不在，各为其性，而其本然之妙，则不害其自若也，此之谓“理之通”也。[④]

其次，气是有形有为、形而下的主观存在，会随着本身的升降飞扬，而成为有限的、被局限之物。因此，气之本然虽可无所不在，但气可能失其本然，故只能是多有不在，此即“气局”：

> “气局”者，何谓也？气已涉形迹，故有本末也，有先后也。气之本，则湛一清虚而已，曷尝有糟粕、煨烬、粪壤、污秽之气哉？惟其升降飞扬，未尝止息，故参差不齐，

---

① ［朝鲜］李珥：《栗谷全书》卷九《书一·答成浩原》，第194页。
② ［朝鲜］李珥：《栗谷全书》卷九《书一·答成浩原》，第194页。
③ ［朝鲜］李珥：《栗谷全书》卷三十一《语录》，第231页。
④ ［朝鲜］李珥：《栗谷全书》卷十《书二·答成浩原》，第208页。

而万变生焉。于是，气之流行也，有不失其本然者，有失其本然者，既失其本然，则气之本然者已无所在，偏者，偏气也，非全气也；清者，清气也，非浊气也；糟粕、煨烬，糟粕、煨烬之气也，非湛一清虚之气也；非若理之于万物，本然之妙，无乎不在也，此所谓“气之局”也。[①]

理通气局，要自本体上说出，亦不可离了本体，则求流行也，人之性非物之性者，气之局也，人之理即物之理者，理之通也，方圆之器不同，而器中之水一也。大小之瓶不同，而瓶中之空一也。气之一本者，理之通故也；理之万殊者，气之局故也。本体之中，流行具焉，流行之中，本体存焉，由是推之，“理通气局”之说果落一边乎？[②]

相对于理一分殊倾向从理的方面，说明理一与理分殊的体用关系，“理通气局”提出“气一本”的概念，此气即本然之气。理一的本然之理，即依着于本然之气；而气一的本然之气，亦以本然之理为根柢。理一之所以成为分殊，是因气的局限性，即气的分殊所造成。同时，重视理气而不偏向二者任何一方，则是发展“理通气局”说最大的用意。

三、探赜索隐：玉堂听讲者问题之提出

《易数策》是栗谷在玉堂中，讲论与《易》有关的内容时，回答提问并进行论述的记录。以下将先针对提问部分内容，进行分段标点，以明白提问者所关心的议题为何。

（一）对天地之生与天意所示之惑

问儒者，耻一物之不格，而况天地之大、象数之变乎？厥初混沌未分，睢盱渺茫，二仪肇辟，万象系焉。其所以阖辟者，孰主张是欤？伏羲首出，仰观俯察，《河图》[③]出而始画八卦，若非图出则八卦终不能画欤？圣前后一揆，道古今一致，《洛书》[④]见而大禹则之，列《洪范·九畴》之序。二圣所见，何据而有？繁简不同，抑有微意欤？图画互位，易置生克，奇耦之数，大相悬绝，亦天示人之意，有前后之异欤？[⑤]

全文之初，发问者即点出儒者皆以穷究事物的道理为目标，故对于广大天地所蕴含之道理，必然无法忽视，而欲求其深意之念。紧接着，针对天地之生成、自然现象之产生，提出根源性的疑问，以伏羲据《河图》画八卦、大禹见《洛书》列《洪范·九畴》二事为据进

---

① [朝鲜]李珥：《栗谷全书》卷十《书二·答成浩原》，第209页。

② [朝鲜]李珥：《栗谷全书》卷十《书二·答成浩原》，第216页。

③ （汉）孔安国《尚书·洪范·传》：“伏羲王天下，龙马出河，遂则其文，以画八卦，谓之《河图》，及典谟皆历代传宝之。”

④ （汉）孔安国《尚书·洪范·传》：“天与禹，洛出书，神龟负文而出，列于背，有数至于九。禹遂因而第之，以成九类，常道所以次叙。”《洪范》是中国非常古老（秦代以前）的历史文献，它的起首第一段，记周武王访问箕子，请教治国的方法，箕子说治国方法都是由天帝所传授，最重要的就是《洪范·九畴》：“初一曰五行，次二曰敬用五事，次三曰农用八政，次四曰协用五纪，次五曰建用皇极，次六曰乂用三德，次七曰明用稽疑，次八曰念用庶征，次九曰向用五福、威用六极。”

⑤ [朝鲜]李珥：《栗谷全书》卷十四《易数策》，第431页。

行思考。伏羲、大禹两人所得皆为天赐，然《河图》《洛书》间存在着差异，《河图》《洛书》的内涵为何？上天所欲传达之概念是否有所不同？

（二）对六十四卦明万象与《易》数占卜示行止之惑

> 逮至文王、周公、孔子，推而策之，衍而翼之，《易》道大显于世。[①] 如非三圣，则八卦五福之用不能变转，而六十四卦终不可成欤！天地之情无穷，六十四卦之变有限，而圣人以谓，虽鬼神莫能遁其情状。以有限之变，尽无穷之情者，何欤？蓍短龟长，明告吉凶，圣人之意必欲使人人行止，一依龟蓍而然欤？[②]

本段赞三圣于《易》道传承发扬之贡献，肯定文王、周公、孔子对《易》之推衍，使六十四卦得以完成、《易》之理得以显示于世。对于圣人所言之卦象之数有限，然天地之间的变化、展现之情无穷无尽一事，栗谷产生如何以有限之卦象，认识无穷之天地的疑惑。而面对圣人借由蓍龟策算，让世人明白知道吉凶之事，栗谷更兴起欲使众人只依照策算结果而行动的质疑。

（三）对学《易》态度之影响、方圆图、《易》之预知能力之惑

> 秦汉以下，《易》道泯绝，扬雄、郭璞、淳风、一行之徒，纷纭迭起，互为争长，其有补益于画《易》之遗意欤？洛阳邵子学究天人，发前圣之未发，作方、圆之二图，何所法而然欤？且于圆图之中，必置姤于乾之后，置复于坤之后者，何意欤？天津鹃叫，知小人用事；枯枝自落，识元夫之来伐。圣人作《易》之际，其能逆知千载之下，匠石之名、竖儒之祸而然欤？[③]

对于秦汉以下谈《易》之人，如西汉扬雄（子云，公元前 53—公元 18）、东晋郭璞（景纯，276—324）、唐李淳风（道之，602—670）等人互争长短之现象，栗谷提出了学《易》态度，以及对《易》之理解、易学流传等疑问。栗谷亦在肯定后世《易》学代表之一邵雍（尧夫，安乐先生、百源先生，谥康节，1011—1077）[④]继承前人精神并有所创发表示的同时，对其所创的《六十四卦方圆图》之来源，以及相关安排表示了好奇。进而栗谷针对从自然现象便能预测未来之事，提出对于圣人作《易》之时，是否真能预见未来的疑问。

（四）对后代《易》注语差异，以及个人修养在学《易》中的重要性之惑

> 程、朱两贤传义于羲经，而或有注语之不同，何得而何失欤？方今选玉堂之士，

---

① 《易经》全书分为上、下经，上经计有三十卦，下经则有三十四卦。上经“借天道以明人事”，下经则“用人事以推天道”。

② ［朝鲜］李珥：《栗谷全书》卷十四《易数策》，第 431—432 页。

③ ［朝鲜］李珥：《栗谷全书》卷十四《易数策》，第 432 页。

④ 邵雍，字尧夫，范阳人，自少慷慨有大志，周游四方，后拜北海李挺之为师习先天象数，而李挺之学自陈希夷老祖。三十余岁时，葬亲伊水之滨，遂定居于此，邵雍一生淡薄功名，闭门学理，悠然自得，自称“安乐先生”，所居之处，名为“安乐窝”。闲来研究命理，言必有中，深受当时士大夫敬重，熙宁十年七月五日卒，享年六十七岁。

> 俾之专业学《易》，轮递讲论，若使有研核洁净精微之义者，则其有益于国家之治，而虽无格致诚正之学可乎？愿闻其说。①

针对宋代程颐、朱熹传世的《易》学作品——《易程传》与《周易本义》，在注语上并不完全相同一事，栗谷提出对二书各自得失之探问。且对于当时之世，是否有专业士人能对《易》之内容加以讲述，使听者掌握《易》中之精要，而有助于国家，栗谷进一步提出了个人修养是否为学《易》的必要条件的问题。

四、钩深致远：栗谷针对提问之回应

《易数策》中栗谷根据不同的论题提出不同的说法，以下将先对原文进行分段标点，并对各部分的重点进行整理，以掌握栗谷《易》数的原理、学术开展的过程，以及栗谷对此的态度。

（一）《易》之作用与传衍

> “对一理浑成，二气流行，天地之大，事物之变，莫非理气之妙用也。”如此说者，可与论《易》也。今执事先生特举《易》学之微意，下询承学，欲闻研核之说，愚也。糟粕浅见，韦编未绝，枕书未破，安足以仰塞明问？既辱盛意，不敢囚舌，而为之说曰：“万物一五行也，五行一阴阳也，阴阳一太极也，太极亦强名耳。其体则谓之《易》，其理则谓之道，其用则谓之神。”是故有天地自然之《易》，有伏羲之《易》，有文王、周公之《易》，有孔子之《易》。自然之《易》则不可以八卦求也，伏羲之《易》则不可以文字求也。有文王、周公，然后《易》道之用明于世；有孔子，然后《易》学之义昭于后。厥后道统不传，人怀异见，虽窥《易》学，不本其初，文辞象数，或肆或拘。有宋真儒克绍遗绪，发前圣之余蕴，而斯道复明矣。②

栗谷于最初，便清楚道出，欲认识《易》必须先明白“万事万物皆理气之用”的概念，唯有建立了正确的基本认知，才能进一步言《易》之道。而面对提问，栗谷以孔子“韦编三绝”与邵雍“枕破得《周易》”的事迹为例③，谦虚表示自己所下之工夫、学养皆不足。然因不愿辜负提问者求问之心，便仍以所知勉强作出相关回应。

---

① [朝鲜]李珥：《栗谷全书》卷十四《易数策》，第432—433页。

② [朝鲜]李珥：《栗谷全书》卷十四《易数策》，第433—434页。

③ 此事据传与《梅花易数》的创出有关。时邵雍隐居山林，全心学《易》，忘其寒暑，每日画卦象糊于壁上，专心浏览玩索，欲造《易》数而未获诀窍，适逢一日午睡，有淘鼠扰其眠，恼怒举瓷枕投击，鼠走枕破，竟于破枕中发现字条：“此枕卖与贤人康节，某年某月午时击鼠枕破。”邵雍觉得玄妙，遂向卖瓷者询问，卖瓷者说：“昔日有一人手执《周易》，休憩于此，举枕书字，至今已久，此人必老矣。”邵雍偕卖瓷者往访，及家门时，正逢此人刚逝，不过家无恒产，难以殓葬，但遗书一册，曾向家人嘱咐：“某年某月某时，有一秀士到吾家来，可以将此书赠他，这人能安排我的后事。”家人依言以书授之，邵雍一看始知是《周易》之书，并得书中之秘，以前不解卦理，豁然顿悟，当下推演卦象，谓其家人：“汝父生前存有白金，藏于睡床西北角的地窖之中。”家人如言寻得藏金，营葬后事有余，日后生活无忧。邵雍得书归来，演练先天《易》数，得心法真传，观梅以雀争，得知有邻人少女折花而堕伤其股，因其灵验无比，故相传后世，遂名“梅花易数”。事详清黄宗羲《梅花易数》序。

栗谷先言万物与《易》之关联，万物乃由五行、阴阳、太极变化而成，《易》为其本体，当《易》运行于万物之中则成理，落实于现象世界即为用。简单几句介绍便使《易》不再只是玄虚的存在，而能与人间之事产生连结。进而阐述朱子《周易本义》卷前所提《易》之演进，即由天地自然之《易》至伏羲之《易》，再至文王、周公、孔子之《易》，并论及后世《易》一度衰败，直至宋代邵雍才又有复兴之势。

（二）理气不二分

> 愚请因事而白之："夫形而上者，自然之理也；形而下者，自然之气也。"有是理，则不得不有是气，有是气，则不得不生万物。是气动则为阳，静则为阴。一动一静者，气也；动之静之者，理也。阴阳既分，二仪肇辟，二仪既辟，万化乃生。其然者，气也；其所以然者，理也。愚未知孰主张是，不过曰："自然而然耳。"①

栗谷对于作为万物根本之理、气，指出两者特质有差别，一为形而上之抽象存在，一为形而下之具体存在，然而两者间亦有浑沦不分之关系，有理则有气，有气亦必有理。世间一切现象皆因气之自发运行，在动而为阳、静则为阴的过程中所形成，即气为万物形成之质料，然在气之内亦有理作为其根柢，为万物之所以然之因。

（三）天道之无私

> 混沌之气虽为天地之始，而又未知混沌之前，天地万物几聚几散耶？往复无际，终始无端，眇而视之，其惟无极乎？若稽古昔，伏羲首出，道统悠始，天不爱道，地不爱宝，于是龙马负图，予以则之，乃画八卦。盖天地必待圣人，然后乃以是数示之人，圣人必待文瑞，然后乃以是理著于世。天不得不生圣人，亦不得不出文瑞也，此则自然之应，而天人交与之妙也。②

气为万物生成之始，然其循环不已并无始终，故在万物生成前的事，其真相难以得知。唯一可知的是，伏羲乃第一位以自然为本而有所创制之人，天地无私，使龙马负图而出，示意伏羲，使之画成八卦，伏羲亦顺此将天地所示之理，借由卦象彰显于世。天地与圣人于显道方面乃相辅相成，而《易》道之发扬，必将有益于世间百姓，此既为天道爱人之具体展现，亦为圣人回应天地美意的实际作为，实天人相交互通之玄妙所在。

（四）天理本存于心

> 然而《易》有太极，是生两仪，两仪生四象，四象生八卦，圣人仰观俯察天地之间，万物之众无非一阴一阳之理，有是理，则有是象，有是象，则有是数，岂独《河图》为然哉？一草一木亦可因之画卦，则《河图》未出之前，八卦之形已具于伏羲方寸中矣，愚于程子卖兔之说深有感焉。及乎大禹治水，地平天成，神龟贡书，于以则之，以叙九

---

① ［朝鲜］李珥：《栗谷全书》卷十四《易数策》，第434—453页。

② ［朝鲜］李珥：《栗谷全书》卷十四《易数策》，第435页。

> 畴，人君为治之心法于是乎在焉！①

万物生成后，《易》即内化为万物之理，故万物中本具天地之理，且此理可借由其形象、现象所显示。由此可知，并非《河图》出现才给了伏羲画卦的灵感，此卦之灵感应早已存在伏羲意识中，《河图》仅是最后将灵感引出之物，使伏羲对心中本具之概念清楚掌握，进而完成原只存在于脑海中的构想。而“程子卖兔”②一事正可与此推测相互呼应。而大禹因《洛书》以叙九畴，使心底的治国之方具体列出，亦是同样的道理。

（五）书图异而理相同

> 《河图》之数主全，故极于十，而天地自然之象也；《洛书》之数主变，故极于九，而人事当然之道也。伏羲独得乎图，大禹独得乎书，虽若烦简之不同，其实则《河图》《洛书》相为经纬，八卦九畴互为表里，前后一揆，古今一致，又何疑哉？盖一六居北，二七居南，三八居东，四九居西，五十居中，耦赢而奇乏，左旋而相生者，《河图》之数也。戴九履一，左三右七，二四为肩，六八为足，五数居中，奇赢而耦乏，右旋而相克者，《洛书》之数也。③

关于伏羲与大禹所见之《河图》《洛书》在内容上有繁简之别一事，栗谷以为仅是上天在显现方式上的不同而已。实则“前后一揆，古今一致”，上天同样示意于圣人，同样传达天道之理，因此《河图》、《洛书》、八卦、九畴，虽表面看来有所差别，其实是互为表里，相辅相成，吾人见时不必困于表面之异，而对天所示之深意感到疑惑。

（六）理以不同面向示人

> 微伏羲，孰能揭其全以示常数之体？微大禹，孰能叙《洪范》以示变数之用耶？然而，《洛书》之数亦可因之以画八卦，《河图》之数亦可因之以叙九畴，图未始不为书，书未始不为图，奇耦生克虽曰悬绝，而其理则一也。此理在天而为八卦，在人而为九畴，愚未见前后之有异也。④

八卦与九畴对于世人明天理有极大助益，而两者之出，其创作者功不可没。然而，栗谷在肯定伏羲与大禹的同时，亦承上所述，再次点出《河图》《洛书》提供的仅是一种意象，皆可以画成八卦或叙成九畴，而非一定是“《河图》—八卦”“《洛书》—九畴”之配对关系，两者所传达之理相同，只是从自然万物来看则是八卦，若反映在人事施用法则上则为九畴。

---

① ［朝鲜］李珥：《栗谷全书》卷十四《易数策》，第435—436页。

② 《朱子语类》卷六十二：程子曰：“天地万物之理，无独必有对，皆自然而然，非有安排也。”程子见卖兔者曰：“圣人见《河图》《洛书》而画八卦，然何必图书，只有此兔亦可画八卦。”

③ ［朝鲜］李珥：《栗谷全书》卷十四《易数策》，第436—437页。

④ ［朝鲜］李珥：《栗谷全书》卷十四《易数策》，第437页。

(七)卦爻辞产生之缘由

> 噫!伏羲之《易》,只有卦爻,初无文字,天地之理,阴阳之变,必具于此。降及中古,民伪日滋,文王是忧,乃本卦义,以系彖辞。爰及周公,因事设教,钩深阐微,昭示天下。周德既衰,斯道复晦,惟我夫子,乃作《系辞》,发挥经义,三圣一心,以衍羲《易》,垂象千古,如日之中。箕子之陈《洪范》于武王者,亦述大禹之意也。夫圣人德合天地,明并日月,与四时合其序,与鬼神合其吉凶,求之于心术之动,得之于精神之运,非圣人,乌能知《易》之微意乎?大《易》之义,实理而已,真实之理,不容休息,则上天安得不生三圣,三圣安得不衍大《易》哉?若六十四卦,则伏羲已画其象,不待三圣然后乃成也。①

伏羲之《易》原是以卦象示天地之理,并未用文字加以诠释。然至后世,人心衰败日益严重,文王因忧心故为《易》系彖辞,希望借此使人民从中有所学习,而能导正心念。周公更以《易》作为教化之根本,明白阐释《易》之精神,使百姓以此为榜样。后周礼崩化,《易》道之理不显于世,幸而有孔子作《系辞》,重新发挥了《易》之精要。因为有文王、周公、孔子三代圣人在《易》方面的用心,才使《易》之深意得以流传千古。

栗谷更进一步表示,《易》之存在与《易》所存之义,皆实质之理而已,可其所传达的天之真实之理是流转变化的状态,需要能知《易》之微意的圣人,才可以随时变动作出适当诠释,故上天生三圣,而三圣亦在机缘之下传衍《易》之内涵。至于六十四卦,其实早在伏羲时已画出,而非后世所言为文王重八卦而成。

(八)《易》之不定与无穷

> 大哉!《易》也。以之顺性命之理,以之通幽明之故,以之尽事物之情。其体至大而无不包,其用至神而无不存,人知六十四卦之变有限,而不知六十四卦之用无尽也。自一而二,则一者二之本也,其可谓二多而一少乎?自二而四,自四而八,自八而六十四卦,亦犹此也。自六十四而至于无穷,则六十四亦无穷之本也,其可以无穷为多,而六十四为少乎?其卦则六十四,而其理无穷,其用亦无穷也。是故时不一而卦无定象,事不一而爻无定位。先儒氏曰:"以一时而索卦,则拘于无变,非《易》也;以一事而明爻,则窒而不通,非《易》也。必也穷其理而尽其变,然后可谓知《易》矣!"圣人所谓鬼神莫能遁其情状者,岂欺我哉?②

栗谷对于提问者质疑如何以有限之卦明万象,给出了明确的回应。《易》之理遍及天道、自然、人事各方面,所含广泛。就表面看仅有六十四卦,然实际运用之处就如"自一而二,自二而四,自四而八,自八而六十四卦",无限延展而无穷尽。因此,随着时机不同,同一卦象所能给予的启发便不相同,而随着所遇之事不同,每一爻所传达之义,亦随之改

① [朝鲜]李珥:《栗谷全书》卷十四《易数策》,第437—438页。
② [朝鲜]李珥:《栗谷全书》卷十四《易数策》,第438—439页。

动。由此可知，面对《易》，不可拘限于时与事，唯有真正明白《易》之不定之理与无尽之变，才可能明白《易》之广大。

(九)“诚”为卜筮之本

> 《易》者，所以定吉凶，而生大业者也，吉凶之兆必稽卜筮。盖人谋未免乎有心，有心未免乎有私。是故古之圣王皇极虽建，而不敢自是，国有大事参诸鬼谋以决，其疑必择建立卜筮，人乃命卜筮所以洗心斋戒，以听天命也。武王以至仁伐至不仁，尚曰：“朕梦协朕卜。”则圣人之谋及卜筮斯可知矣！但后世不择其人，其龟蓍又出于私心，则与不卜何异哉？[①]

栗谷对于卜筮之事，提出关键提醒：至诚则灵。国家大业是否可成与各方面的吉凶相关，知晓事之吉凶必须通过卜筮。因为人的谋略难免有自身主观意识与私心之局限，不易公正客观分析事理以求得较佳之行事方法。故即便是已建立功业之古代圣王，在面对国事时，依然会通过虔诚地占卜以明天意，并以此作为决策的重要参考，而不敢师心自用。然而，传到后世，卜筮之法虽存，过程却皆出自私心，已失去最初之虔诚，如此占卜便就失去了意义。

(十)《易》之邪说与真知

> 呜呼！秦汉以下圣学不传，《易》道遂泯。知《易》之全体者，固不可得；知《易》之一端者，亦不世出。盖《易》者，万事之本也。善恶由是而生，邪正由是而出。是故，学《易》而失其宗，则流于邪说者，亦有之矣！汉之扬雄、晋之郭璞，唐之李淳风、一行之徒，或著《太玄》，或谈性命，或推历数，可谓知《易》之一端矣！然而惟求于《易》，而不求于理，徒见其然，不见其所以然，卒失《易》学之宗，则安能有补于四圣之遗意欤？不知理而能知《易》者，愚未之闻也。若魏伯阳之《参同契》，亦学《易》而流于邪说者也。岂特扬雄辈为然哉？若其生于千载之下，得契四圣之心，学究天人，通乎性理者，其惟邵子乎！[②]

关于《易》学在后代流传的情况，栗谷感叹秦汉以下《易》学不传、《易》道泯绝，即便有少数看似知《易》者，也仅是知其一端而不全面。更直言《易》为万事之本，若不明其深意、任意诠解，便会造成邪说流行，如：西汉之扬雄作《太玄》、东晋之郭璞谈性命、唐之李淳风推历数、东汉魏伯阳(云牙子)之《参同契》皆仅知《易》之一端，仅求其表象而未明其根本之理，不明根本之理，便不可能契得《易》之深意。然而，在那看似《易》道已然难存之时，宋代邵雍的出现，为《易》道之传提供了可能性。

---

① [朝鲜]李珥：《栗谷全书》卷十四《易数策》，第439—440页。

② [朝鲜]李珥：《栗谷全书》卷十四《易数策》，第440—441页。

(十一)邵雍"六十四卦方圆图"

> 邵子之学出自陈希夷,而其独知之妙,则青出于蓝,而青于蓝者也。推伏羲之卦,作方圆之图,圆于外者为阳,动而为天者也;方于中者为阴,静而为地者也。天地之理皆在是矣!圆图之中,《乾》尽午中,《坤》尽子中,《姤》卦则阴之始生者也,《复》卦则阳之始生者也。《乾》阳极而生阴,故置《姤》于《乾》后;《坤》阴极而生阳,故置《复》于《坤》后。皆可以理推也。冬至为《复》一阳初动,夏至为《姤》一阴初萌,岂不与此图相应欤?邵子既明《易》理,又精《易》数,于伏羲先天之学,文王后天之数,剖析精微,游刃无碍,尽天地之终始,尽物化之感应,能知未来,运智如神,夫岂《易》言哉?①

邵雍随陈希夷学《易》有所得,并继承先人以圆为天,以方为地的说法,配以伏羲所作六十四卦,作《六十四卦方圆图》(见图1)。以圆图在外象征阳,而方图在中象征阴,圆图代表动、为天,方图代表静、为地,将天地之理蕴含于其中。圆图乃由"伏羲先天六十四卦"横图从中分之所为而成,借卦之排序显示阴阳消长,连续而循环不已之理,如:乾卦后接姤卦,表示阳气尽头是阴气始生之时;而同理,坤卦后接复卦,亦即阴气到尽头,阳气便开始增长。且此卦理可与日常节令互为呼应,如:冬至是一年之中黑夜最长的一日,在这天之后,白天的时间便会渐增,而夏至是一年之中白天最长的一日,在这天之后,黑夜时间便会渐增。由此,可知天道与人世现象有相应之处。从六十四卦方圆图,即可清楚知道邵雍为既明易理,又通易数,有通明之智慧,而能知未来之人。

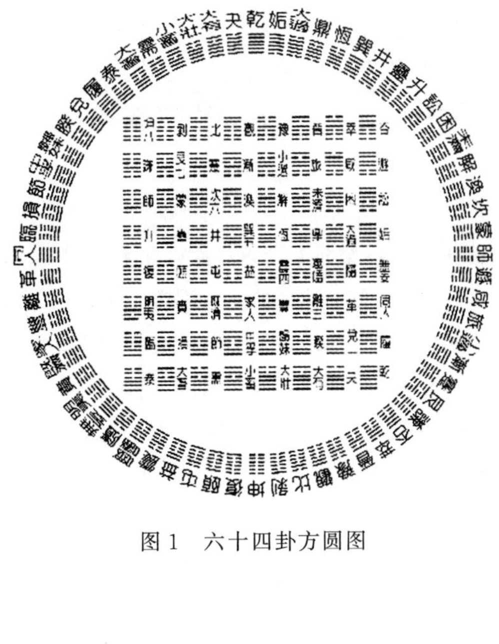

图1 六十四卦方圆图

① [朝鲜]李珥:《栗谷全书》卷十四《易数策》,第441—442页。

(十二)《易》与卜筮之理

天气自南而北,则便知小人之用事,此则以理观时,而逆见其未然也;枯枝无风而坠,则便知匠石之来伐,此则以数推物,而预知其将然也。以理而推,则不待占而可见矣!何必天津鹃叫,然后乃知国步多艰耶?以数而推,则非占不可也。必待寓物成卦,然后乃知物数当尽也。圣人作《易》寓无穷之用于一简编耳,岂必为某事而画某卦哉?其理至微,其象至著,惟穷理者可以尽其变耳。若元夫之名则偶然也,尤不可逆料也。《易》理无穷,而必欲事事牵合,则无乃一曲乎![1]

在其他推知世事的方法中,栗谷顺着提问者的话,指出由气之流行变化预知小人将作乱,为观天理所得,因是天之自然运行,故不需借由卜筮来推知;由枯叶落下的现象,预知木匠将来伐木[2],这是观自然之象所得,因是象之变化,故需借由卜筮来推算。天理微妙,现象显明,然而必须是真懂《易》道之人,才能不受局限而明白其万变之理。求事事有定理,而无法变通、延伸思考,是对《易》之曲解。

(十三)对程、朱之作的评断

若夫程、朱二贤俱传道统,洞明《易》学,悼斯道之湮晦,示学者以真源。程子之《传》,则发圣人之遗旨焉!朱子之《本义》,则明吉凶之定数焉!其所独见者,不可求之言语文字间也。虽或注语之不同,愚安敢轻议其得失哉?[3]

在邵雍之后,又有程、朱继承《易》之道统,而对于提问者提出的程、朱所传著作之注解有所不同的疑惑,栗谷以为,程颐《易传》续前圣之言对《易》理有所阐发,而朱熹《本义》则针对《易》道所述吉凶之数有所发挥。两人有各自独到的见解,难以借由语言文字全然表达,故即便在注解上有所差异,后辈亦不宜轻易判定其得失。

(十四)《易》之要义总述

恭惟圣朝斯文大振,玉堂之士专业学《易》,深明洁净精微之义,阐扬开物成务之道,承我王文明之德,示我民当行之理。伫见治教休明,凤至图出,岂曰小补之哉?然而,《易》之为道,体用一源,显微无间。苟非格物致知,则不得见其理;苟非诚意正心,则不得践其实。格致诚正,《易》中之一事也。不格致而欲见圣人之道,则譬如航于断港,而求泛大洋也;不诚正而欲之圣人之道,则譬如不移寸步,而求陟泰华也。欲学大《易》者,舍是何以哉?愚既对执事之问,而又有复于执事焉?夫"上天之载,

① [朝鲜]李珥:《栗谷全书》卷十四《易数策》,第442页。

② "枯枝坠地占"——戊子日辰时,偶行至中途,有树蔚然,无风,枯枝自坠地于《兑》方。占之,槁木为《离》,作上卦,《兑》方为下卦,得火泽《睽》。以《兑》二《离》三,加辰时五数,总十数,去六零四,变山泽《损》,是《睽》之九四。《易》曰:"睽孤,遇元夫。"卦火泽《睽》变《损》,互见《坎》、《离》,《兑》金为体,《离》火克之,且《睽》、《损》卦名,俱有伤残之义。断曰:"此树十日当伐。"果十日,伐树起公廨,而匠者适字"元夫"也。

③ [朝鲜]李珥:《栗谷全书》卷十四《易数策》,第442—443页。

无声无臭"者,《易》之至微者也;"鸢飞戾天,鱼跃于渊"者,《易》之至显者也。天之高,地之厚,日月之明,人物之繁,山川之流峙者,《易》之用也;天之所以高,地之所以厚,日月之所以明,人物之所以繁,山川之所以流峙者,《易》之体也。大而天地之外,小而秋毫之末,安有出于大《易》之外者哉?伏羲画卦,则此《易》寓于卦爻;文王作《彖》,则此《易》寓于《彖》《象》;孔子《系辞》,则此《易》寓于《系辞》。卦爻、彖辞,则《易》之已形、已见者也。须知伏羲未画八卦,此《易》未形、未见之前,不可谓无《易》也。执事以为何如?谨对。[①]

以上部分,栗谷先肯定国家当时的整体状况,即文明振兴,君王有德,使《易》之道得以示民。再从《易》所发挥的教育功效,谈到其出现对人世间之重要性。紧接着,就提问者所问,针对《易》与个人修养之关联性作出回应,强调人必须通过"格物致知"与"诚意正心"的修养工夫,才能真切掌握《易》所传达的天理,并于日常生活中实践。

最后,栗谷则为前文所述做一简单统整,提及《易》为宇宙、万事万物之本,其内涵可从两方面观之:(1)一切世间现象皆为"《易》之用",而使一切世间现象所以如此者为"《易》之体"。有用即有体存在于其内,而有体亦需借由用来显示自身存在,故体用是不离的,究其根源为一而无分。(2)早在"伏羲画卦",彖辞、系辞出现前《易》便在,只是借由有形可见之卦象,以及卦爻辞,显现于世人面前。

结论:原始要终

栗谷李珥《易数策》是其在玉堂中,讲论与《易》有关的内容时,回答提问并进行论述的记录,乃根据不同的论题,而展开的辩说。借由提问,栗谷可以系统地将自己对《易》之理解传达出来,故透过此文便可一窥其思想内涵。

全文从万物之源与理气观切入,使读者先对万物之生与理气之二而一的基础概念有所掌握。紧接着,透过《易》之显于世以及传衍,点出"天不爱道,地不爱宝"之情,使天对人世间的宽容展露无疑。而人要知天意,并遵循其道,则需通过圣人传递:

> 天地必待圣人,然后乃以是数示人;圣人必待文瑞,然后乃以是理著于世。天不得不生圣人,亦不得不生文瑞也,此则自然之应,而天人交与之妙也。[②]

天对圣人有期望,而圣人亦实现此期望以回应天。然而,这并非表示圣人具有优越性,高于其他人之上,相反地,圣人必须在天所期望的某个特定时刻为世人的利益发声,并有所行动。伏羲所画之八卦,即为圣人之心象,经长久酝酿后,与天意互感而出。

然而,随着时间推移,人道日渐衰败,文王、周公以及孔子,不得不对卦爻辞加以诠释,以启发百姓,使百姓有足以学习的规准。也因三圣之努力,才使《易》之理如日光般散发耀眼光芒。然而,《易》到后世难以流传,究其原因,可以文章开头的一段话来看:

---

① [朝鲜]李珥:《栗谷全书》卷十四《易数策》,第443—444页。

② [朝鲜]李珥:《栗谷全书》卷十四《易数策》,第435页。

> “对一理浑成，二气流行，天地之大，事物之变，莫非理气之妙用也。”如此说者，可与论《易》也。[①]

在这段话中，栗谷清楚表达了“理气”在其《易》学中的重要性，并指出唯有明根本，才能真正理解《易》。在此基础上，他批判由汉至唐的学者——“惟求于《易》，而不求于理，徒见其然，不见其所以然，卒失《易》学之宗”。只重表面之学，而未得其中心精神，这便是无法学好《易》，使《易》学于后世近乎衰亡的关键所在。他又进而肯定宋儒，特别是邵雍、程颐、朱熹等人，通过对象数的研究，恢复《易经》本义的努力。

栗谷在全文最后更强调个人功夫修养的重要性，徒知《易》理亦是不足，唯有借由格物、致知、诚意、正心，才能使所学深刻领会并付诸实践，知而能行才是真正的通达，也才能对国家社会有正向的助益。

---

① [朝鲜]李珥:《栗谷全书》卷十四《易数策》，第433页。

17世纪末至20世纪初越南《周易》节要趋势之研究

[越]裴伯钧*

前　言

《周易》作为儒家五经体系中的重要经典，其传入越南的时间一直以来有多种说法。不少研究越南儒学的历史著作常提到1009年黎明昶带“九经”回越①；或1075年越南第一次选明经博学②。根据王国维(1877—1927)的《五代两宋监本考》研究成果，我们认为黎龙铤(1005—1009在位)时期收到的“九经”系列《周易》版本就是三国时期王弼的《周易注》(全十卷)。③ 自13世纪以来，宋学，特别是程朱理学，已经渗透到越南，并影响了这一时期儒家知识分子的思想。1419年，明朝在安南开设的学府中颁布了《大全》。④ 这一事件标志着宋学在越南经学史上正式占据了独特地位。

此后，《四书》《五经》和《性理大全》迅速成为官方教材，应用于科举教育、人才选拔等课程。因此《周易大全》(又名《周易传义大全》或《易经大全》)对中世纪越南的思想、学术

---

* 作者简介：裴伯钧，越南河内国家大学下属人文与社会科学大学讲师，曲阜师范大学东亚易学研究中心客座教授。

① 关于此事，《安南志略》和《宋会要辑稿》也有类似的记载。例如，《钦定越史通鉴纲目》云：“丁未十四年(宋景德四年)，春，遣弟明昶如宋。遣明昶与掌书记黄成雅献白犀于宋，表乞《九经》及《大藏经》文。宋帝许之。”

② 根据《大越史记全书》《见闻小录》《历朝宪章类志》《钦定越史通鉴纲目》等史料的记载，越南学者认为越南第一次开课是李仁宗太宁四年(1075)，目的是“选明经博学”。《钦定越史通鉴纲目》记载该考试方式是三场，考试大致内容为儒家学问，但以现有文献资料，我们无法清楚、详细地了解本次考试的具体内容。丁清孝认为本次考试“一定”要以儒家经典为中心内容，因为这才是“选明经博学”的目的。如果是这样，《周易》可能在李朝科举已被引用。这种推测是完全有根据的，因为据《禅苑集英》记载，李朝有“宝鉴禅师(？—1173)，中瑞乡人也。姓娇氏，讳浮。为人忠信恪实，恬澹简素。幼习儒业，《诗》《书》《礼》《易》，无所不究”。根据李朝碑文记载可见《明净寺碑文》(1090)和《大越国李家第四帝崇善延龄塔碑》(1121)的作者已引用《易传》，并提到阴阳、八卦、五行、乾坤、河洛等内容。因此，从《九经》传入越南到“选明经博学”考试的68年间，李朝必定有过普及经典的政策。可推测，这一时期的越南知识分子对经典尤其是《周易》都有一定的接触和教育。参见[越]佚名：《禅苑集英》，河内汉喃研究院藏1715年版，编号：VHv.1267，第48页。Đinh Thanh Hiếu: *Văn chương khoa cử triều Nguyễn* (*Thi Hội, thi Đình* (Hà Nội: Nhà xuất bản Đại học Quốc gia Hà Nội, 2020), tr. 57-58。Nguyễn Văn Thịnh (Chủ biên): *Văn bia thời Lý* (Hà Nội: Nhà xuất bản Đại học Quốc gia Hà Nội, 2010), tr. 39-58, 141-191。

③ 王国维：《五代两宋监本考》，谢维扬、房鑫亮主编：《王国维全集》第七卷，浙江教育出版社2009年版，第208页。

④ [越]吴士连等撰，陈荆和编校：《大越史记全书·黎皇朝纪·太祖高皇帝》，东京有限会社兴生社1984年版。该书云：“己亥(明永乐十七年)，春二月，明遣监生唐义颁赐《五经》《四书》《性理大全》《为善阴骘》《孝顺事实》等书于府州县儒学，俾僧学传佛经于僧道司。”

和社会生活的许多领域都产生了深远的影响。但由于多种原因，目前没有发现在15—17世纪诞生的越南易学专著。《周易》只在阮廌(1380—1442)、梁如鹄(1420—1501)、阮如堵(1423—1525)、黎苏(？—?)、黎圣宗(1442—1497)、福王铮(1467—1500)、吴士连(？—?)、阮秉谦(1491—1585)、冯克宽(1528—1613)等诗文著作中留下痕迹。

有文献表明，从16世纪中叶起，《大全》和许多中国书籍就在越南广泛传播。[①] 然而，从儒学的内在发展看来，黎圣宗(1460—1497在位)去世之后，政治局势不断变动：莫氏篡位，郑主专权，阮主割据。这种情况引起了"儒教正统思想的严重危机"，使越南儒者必须对儒教理论系统中的一些问题进行反思和解决，而对儒家经典进行研究、考论、演义、撮要和节要就是他们所采用的办法之一。[②] 在经学的总体发展趋势中，从18世纪中期到19世纪上半叶，越南易学在许多方面都取得了长足的发展。根据现有资料的内容和性质，我们可以将其分为三大趋势：(1)节要，(2)解义演歌(亦称经典喃译)，(3)考论。其中趋势(1)、(2)与解读《周易》有关，趋势(3)与研究《周易》有关。

一、节要是科举考试的必然产物

节要意思是从原文中删减、缩短和提炼要点。越南的儒家经典节要作品有许多不同的名称，如节要、撮要、纂要、节略、略抄、说约、捷录、约解。节要方式主要是保存经文，只纪要传注(包括大注和小注)。节要的主要目的是为学习者提供一份简短、简单的资料，以适合科举考试。换言之，节要经典，特别是《周易》节要，是科举制度的必然产物。

如前所述，《大全》传入越南后不久，越南历代帝王将其确定为教育和人才选拔等的标准资料。因此，黎朝、阮朝为全国各地的府学、省学雕刻、印刷和颁发《大全》。从正史和其他一些文献中，我们可以统计出一些关于《大全》的刊刻、颁发或议论，具体时间为1435年、1470—1497年、1676年、1729—1732年、1734年、1736年、1836年、1846年。

一般来说，历代朝廷都对《大全》的颁发、刻印占有独权。《大全》的刊刻都是在明朝的底本上完成的。由于《大全》数量相当大，分配自然会限制数量。府学、省学所收到的《大全》主要用于所在学校的教学材料。[③] 朝廷对《大全》的垄断完全是为了显示资料的正统性和"阐扬儒教"，"以回儒风于邾鲁，济世道于唐虞"，另一方面，也是为了加强对危害教化的非正统资料的引入和传播的控制。[④] 这些主意在郑杠主的禁买北书和绍治帝

---

① 参见(明)严从简著，余思黎点校：《殊域周咨录》卷六，中华书局2000年版，第238—239页。

② Nguyễn Kim Sơn: *Nho học Việt Nam nửa cuối thế kỷ XVIII và nửa đầu thế kỷ XIX* (*Mấy khuynh hướng và vấn đề*) (Hà Nội: Nhà xuất bản Đại học Quốc gia Hà Nội, 2018), tr. 49-73.

③ Nguyễn Phúc Anh: "Từ việc khảo sát các hệ bản *Tứ thư*, *Ngũ kinh đại toàn* ở Việt Nam bàn về vai trò của hệ thống Đại toàn trong khoa cử truyền thống", *Tạp chí Hán Nôm* số 1 (110), 2012, tr. 27-45.

④ 参见[越]黎贵惇：《见闻小录》卷二，汉喃研究院藏1777年版，编号：VHv.1322，第57—58页。[越]潘叔直：《陈黎外传》，河内国家大学下属人文与社会科学大学历史系资料室，编号：HV.162，"熙宗""永治四书""正字通"，第72、84—89、100—102页；[越]阮辉僅：《五经纂要大全·序》，河静长留阮辉氏家藏1758年版，第1页；阮朝国史馆：《钦定越史通鉴纲目》卷三十七，越南国家图书馆藏1884年版，编号：R.523，第22b—23a页；阮朝国史馆：《大南实录》卷五十八，东京庆应义塾大学言语文化研究所1971年版，第14集，第148页。

(1841—1847 在位)对江文显和邓明珍提议的回应中显而易见。①

为了克服学习资料的短缺,黎朝、阮朝允许学习者自由抄写《大全》和“公相授受”。然而,对于像《大全》这样的大体量书籍来说,抄写显然是不可能的。为了接近经典,学习者只能尝试“断章摘句,率行削略,求其义理之淹博”。这种情况多年来一直存在,形成了“读经者搜寻小注而多阙正文,读史者涉猎外编而却遗《纲目》”的情况。1732 年,为了振兴学风,推崇经学,郑杠主颁布政令,如“乃申饬诸学生悉熟经文,余如集注、小注,择其粹者读之”②。该令突出了经典节要的方针和精神。对于这一点,郭秋贤曾经提出过恰当的论定:1732 年禁诸子书(程朱诠释学体系之外学者的注解经典书籍)和 1736 年禁买北书的政令,都是鼓励越南私家刊刻书籍(刊刻越南儒家编纂的经典)。郭秋贤的研究结果也指出,17—19 世纪私学的完备发展,家族书院和学堂两种教育模式,正是导致这一时期节要、纂要书籍诞生的直接原因。郭秋贤认为,这种私立教育模式的创立者都是名儒,他们大多是会试、廷试的中榜者,自己拥有许多经典书籍并经过管理、编撰、考核(出题、审阅、主考等)的经历,因此他们应该有很多学习和考试的经验。除了上述活动外,他们还本着严格遵守学校规范的精神,积极编写和印刷资料。③ 因此,我们可以在这一时期私塾学校的书柜中找到许多具有经学价值的书籍,例如:阮辉僦的《性理纂要大全》,阮辉𠑐的《五经纂要大全》、潘伯达的《五经》《性理节要》,裴辉壁的《四书》《五经》《性理节要》《少微节要》等。

总体而言,越南儒者的节要工作主要是基于《大全》书系,并辅以来自其他相关书籍的注释,特别是“所主”注——规定的标准注释版本。例如,对于《周易》,“所主”注是程颐的《程传》和朱熹的《本义》。实际上,这两本书都已被收入《周易大全》的大注之中——此书系编于明朝永乐年间。越南儒者对《周易》进行节要基于《周易大全》,与科举制度及科举考试命题密切相关。正如黎贵惇(字允厚,号桂堂,1726—1784)所写:“中兴以后,只以《五经》《四书》《性理大全》《少微通鉴》《提纲》《呆斋》《四道长策》《源流至论》命题。”④然而,在流传过程中,《大全》书系本身不断被增补和重新校订,这又引发了众多辅助性书籍

---

① “时,经史印板颁行,令学者公相授受,禁买北书。”(《大越史记续编》卷之三《懿宗徽皇帝》,河内汉喃研究院藏,编号:A.1415,第 26b、35a 页)“[绍治六年(1846)]科道江文显、邓明珍等上封事,曰:圣经贤传,载道之文,而明道开人,圣人则主张乎是。是故,传书赐经,皆所以广作成、资陶淑者也。明命年间,在京国子监颁《四书》、《五经大全》各五部,在外省学、府学各一部,以备学臣讲肄而已。学者如欲抄写,则卷帙太繁,继晷穷年,殆难为力,讨买无由,遂不免断章摘句,率行削略。求其义理之淹博,其可得乎?此学者之通弊也。兹请在京由国子监监臣详检《四书》、《五经大全》原本,有舛谬者,量行补刻。在外左畿由平定,右畿由乂安,南圻由嘉定,北圻由河内、南定,各镌刻《四书》、《五经大全》印板各一本,仍由所在学堂尊置。凡所在府省,并附近各辖,不拘官民士庶,情愿印刷者并听。夫如是,书籍流布,天下共之,万世传之,人人仰无穷之教泽矣。疏入,帝曰:原给经籍,可资讲肄,如有何辖向未颁给者,准礼部会同国子监臣将在监现藏《五经》、《四书大全》印板,详加检正,续印增给。士人有愿印刷者,听就国子监印刷。至如所请在外诸省开局镌刻,多有行不着处,着不准行。”(阮朝国史馆:《大南实录·正编·第三纪》,东京庆应义塾大学言语文化研究所,1971 年,第 14 集,第 148 页)。

② 阮朝国史馆:《钦定越史通鉴纲目》卷三十七,第 30a 页。

③ Quách Thị Thu Hiền:“Toản yếu, Tiết yếu kinh điển và đặc trưng thuyên thích học Nho gia Việt Nam trong giáo dục Tư học thế kỷ XVIII”, in trong Nguyễn Kim Sơn (Chủ biên): *Nghiên cứu Nho giáo Việt Nam: Quan điểm và phương pháp* (Hà Nội: Nhà xuất bản Đại học Quốc gia Hà Nội, 2018), tr. 99-136.

④ [越]黎贵惇:《见闻小录》卷二,第 57—58 页。

的参照使用,如《增订》《引解》《备旨》《体注》以及清朝的官修注解。这些都成为节要活动的资料来源,并在每次印刷中不断更新。

据研究者丁青孝的观点,节要类书籍与科举教育的要求紧密相连,特别是对经典考试的规定,最直接的就是经义考试的规定。科举中的经义考试要求考生准备相关的学习和参考资料,而节要正是直接为此要求服务的重要资料之一。在越南,经义考试应用于陈朝、黎朝和阮朝,是乡试和会试的首个考试科目。此类考试旨在考核考生的知识、对经典的理解能力和对义理的领会水平。因此,为了在经义考试中取得好成绩,考生需要熟悉经典,掌握依照标准注释的义理。基于这一需求,节要编者通常选择《大全》及相关书系中的注释,从而编写出支持学生系统理解经典义理的资料,侧重科举考试中常见的重点问题。[①] 然而需要注意的是,儒家经典的学习不仅仅依赖节要书,而是贯穿整个学习过程,从幼学到中集、大集,学生需长期学习全文,讲解书籍并锻炼文体。节要书或许主要服务于义理的理解、义理系统的构建及作文的参考文献支持,因此并非经典学习的入门读物,而是对科举考试中关键问题的系统梳理和补充。[②]

二、从观点与编撰方式看《周易》节要活动

自 18 世纪中期以来,经典节要一直是儒家普遍采用的解决方案。为了满足科举的迫切要求,许多私塾根据科举的一般法规主动编写了自己的教材。阮辉僋(字舒轩,号硕亭,1713—1789)指出,在编撰《五经纂要大全》已经参考了武晟(1664—?)、阮卓伦(1700—?)、杜辉琪(1695—1748)、武公镇(1685—1755)、何宗勋(1697—1766)、阮林泰(1686—?)、陈文熺(1716—?)、潘漼(1733—1800)、范晖基(1717—1767)和阮辉儆(1690—1750)等十位名家的经典解读意见。《五经节要》、《四书节要》和《五经节要演义》的序文也指出之前"诸家各有私本",而"裴氏本深有取焉"。[③] 另外,1752 年武钦璘编撰的《丹銮券例》指出武晟曾编撰《四书译义》和《春秋左传解音》来授课。[④] 关于《周易》,1811 年陈公宪和陈辉朴所撰的《海阳风物志》记载陈文熺"学问该博,尤邃于《易》"。[⑤] 根据陈文玾研究,陈文熺曾编撰《易疑说》。[⑥] 与《五经纂要》的《凡例》对照[⑦],可确定陈文熺节要《周易》的版本。另外,陈文玾也指出"潘伯达(1786—?),河静省罗山县越安村人,曾

---

① Đinh Thanh Hiếu: *Văn chương khoa cử triều Nguyễn* (*Thi Hội, thi Đình*), Sđd, tr. 56-125.

② 本文第二节中关于节要书籍与越南科举教育关系的若干观点,直接参考了丁青孝老师的研究成果。在此,谨向丁老师表示诚挚的感谢!

③ [越]佚名:《五经节要演义》,河内汉喃研究院藏版,编号:AB.539/1,第 1—4 页。

④ Nguyễn Hữu Mùi (2018), "Hành trạng của Thám hoa Vũ Thạnh qua ghi chép của Vũ Khâm Lân", *Kỷ yếu Hội thảo khoa học Thám hoa Vũ Thạnh-Con người và sự nghiệp*, Trung tâm Hoạt động VHKH Văn Miếu- Quốc Tử Giám, tr. 295-303.

⑤ [越]陈公宪、陈辉朴:《海阳风物志》,河内越南国家图书馆藏 1811 年版,编号:R.42,第 37 页。

⑥ Trần Văn Giáp (Chủ biên): *Lược truyện các tác gia Việt Nam* (Hà Nội: Nhà xuất bản Khoa học xã hội, 1971).

⑦ 参见[越]阮辉僋:《羲经大全》,《五经纂要大全》,河静长留阮辉氏家藏 1758 年版。

撰《五经》《性理节要》”。[①] 若该信息准确的话，可能还有潘伯达的《周易》的版本，但这个信息还需要进一步考证。

可以看出，从 17 世纪中叶到 20 世纪初，越南曾存在多种类型的经典解读和经典节要。然而，由于种种原因，我们目前只剩下五种《周易》节要[②]，包括：(1)阮辉𠐓的《羲经大全》；(2)裴辉壁（字希章，号存庵、黯章，1744—1818）的《易经大全节要》（又名《易经节要》）；(3)佚名的《周易》抄写本；(4)段仲萱（字春韶，号应溪，1808—1882）的《读易略抄》；(5)杨琳（字秋元、梦石，号橘亭、橘叟，1851—1920）的《周易撮要》。又，据钟彩钧的研究《周易》抄写本成书于 19 世纪后叶，节要《周易大全》的内容，主要保存有关（朱子）象数的内容。[③]《读易略抄》（又名《应溪先生修辑》，撰于嗣德甲寅 1854 年）抄录《周易大全》和《周易折中》中的《易图》《易例论说》。[④]《周易撮要》是在科举改革时期（1916—1919）编写的，其性质与传统考试完全不同。[⑤] 因此，本论文主要探讨《羲经大全》和《易经节要》两部作品。

（一）《羲经大全》

《羲经大全》又名《羲经纂要大全》和《易经纂要大全》（简称为《羲经纂要》）。这是一部属于历时 10 年编撰的《五经纂要大全》的作品之一。这部书现在只存雕版，藏于河静长留村阮辉家族祠堂。这部《五经纂要大全》现在只剩下一本书，是“古兰经”中的一本书。《五经纂要序》云：

> 五经是我圣人删定。明朝永乐始集诸家传注而为《大全》。我越永庆年间仍取原本刊刻，颁布天下。第卷帙浩繁，有博无约，务该洽者因之而求义理固有余，志青紫者读之而应科举则太洽。𠐓早岁从师，盖尝举要删烦，专为趋时捷径以待发问。钩改校正十年而成，虽曰管窥蠡测，若不足以尽义理之精微。然于子弟门生私淑之以进身者甚众，其有补于下学者，良不少矣。千载之下，罪我者谓之章句之学也诚宜，知我者谓之务实之学也亦宜。遂不顾浅陋，手书付锓，用广其传。时景兴戊寅春月，赐戊辰科第一甲进士及第第三名朝列大夫东阁大学士署山南处参政罗山莱石阮辉𠐓书。[⑥]

从《序》文可见，在纂要五经时，阮辉𠐓根据了永庆年的《五经大全》刻本。《序》文所记载的成书时间是 1758 年，而从潘灌的《五经纂要大全叙》部分可见，《五经纂要》基本上

---

① Trần Văn Giáp (Chủ biên): *Lược truyện các tác gia Việt Nam*, Sđd, tr. 377.

② 此外，越南汉喃研究院藏《周易问解撮要》(A.2044)版本，扉页写作者为范贵适（字与道，号立斋，别号草堂居士，1760—1825）。不过，该版本的内容与《易义存疑》（以问答的形式对《朱子图说》进行评论）很相似。因此，我们将该版本归为朱子易图说类的组别。

③ ［越］佚名撰，钟彩钧校点：《周易》，台北“中央研究院”中国文哲研究所 2019 年版。

④ ［越］佚名：《桂堂易肤丛说》，河内：汉喃研究院藏，编号：AC.189。［越］段仲萱：《应溪文选》，河内汉喃研究院藏 1854 年版，编号：A.288/1。

⑤ ［越］杨琳：《周易撮要》，《中学五经撮要》，河内汉喃研究院藏 1907 年版，编号：A.2608/1。

⑥ ［越］阮辉𠐓：《五经纂要大全・序》，河静长留阮辉氏家藏 1758 年版。

完成于1756年。① 此外，该书的《五经凡例》部分指出，在编写该书时，阮辉僐从上述10位名家的10本经典解读中参会出了该书。

阮辉僐说明本书的编撰源于他在学习经典时总结基本内容的习惯。此后，阮辉僐参会名家的节要，经过多年的修正，决定刊刻"用广其传"。阮辉僐表示，这是一本"务实之学"书籍，属于下学工夫，为方便摘句寻章。阮辉僐把学问分为"义理之学"和"科举之学"等两类。学习者要想追求渊奥精微的义理，不能不读大全，但这是长期的事情，眼下为了满足科举的要求，学习者要懂得总结必要的内容，符合科举的规定。

总体来看，阮辉僐是根据今文经学(《诗》《书》《礼》《易》《春秋》)派来排列五经。该书的目录列出五经的目录为(1)仁集:《葩经》，二卷；(2)义集:《壁经》，二卷；(3)礼集:《礼经》，二卷；(4)智集:《羲经》；(5)信集:《麟经》，二卷。这种安排与《五经大全》的顺序完全不同。众所周知，自唐代以来，历代都遵循古文经学派的观点，将《周易》视为儒家五经之首。这就是为什么所有历史文献对五经的排列顺序是:《易》《书》《诗》《礼》《春秋》。在越南，这一观点在黎朝、阮朝的科举制度和一些相关资料中也得到了一致体现。② 阮辉僐改变《五经》的排列顺序是否源于每部经典在当时的性质和普遍性？

《五经纂要》是本着"举要删烦"的精神进行编撰的。但什么是"要"、什么是"烦"，完全取决于阮辉僐对经典的认知和科举教育的经验。阮辉僐纂要《周易》时，仍沿袭《周易大全》的布局，但不分卷，并在书末增设《易经考异》一节，是从王应麟的《困学纪闻》书中节要出来的。但请注意，这一部分并不是为了一个殊校异文，而是为了呈现一些爻和卦的义理。因此，本书增加这一部分的目的是帮助学习者更好地理解经文的义理。我们推测阮辉僐可能是根据某一种版本的《周易大全》进行删改的，但这个问题需要进一步研究。

位置颠倒的现象只出现在《易说纲领》。在《周易大全》，该部分本是在《上下篇义》《朱子图说》《周易五赞》之后，而《羲经纂要》却放在《上下篇义》之前。全部删除有《伏羲六十四卦次序》、《文王八卦次序》、《朱子图说》中诸图、《朱子筮仪》和全部六十四卦的符号。综观越南易图著作，我们发现越南儒者少讨论《伏羲六十四卦次序》和《文王八卦次序》，也许是两者义理已经在《周易大全》具有明显说明。③ 同样，《朱子筮仪》讲解蓍筮之法，朱子仍看重《周易》的占筮，但实际上科举考试实践中可以看出，这个内容很少被问

① 参见《五经纂要大全》。该《叙》有云:"甲戌，予亦登第，青云缔订，不忝平生。于以见趋庭诗礼之训，吾夫子之所不私焉。丙子夏，东南分任，云树在怀。偶值大礼赴京，因往谒公。适见案头《五经》新本。披阅之，则公平昔诵习书也。"

② 详见《策学提纲》《策学纂要》《方亭随笔录》《聚奎书院总目册》《内阁书目》《新书院守册》《古学院书籍守册》《北书南印版目录》等书。

③ Bùi Bá Quân: *Dịch đồ học tại Việt Nam* (Hà Nội: Nhà xuất bản Đại học Quốc gia Hà Nội, 2021), tr. 246-255, 314-317.

到。[1] 因此，阮辉僜删除的内容或多或少与考试有关。

六十四卦的符号全部删除是值得注意的现象。按传统观念，《周易》是由四位圣人(伏羲、文王、周公、孔子)完成的。伏羲时代，“易”只有卦象，就是六十四卦的符号。到了文王撰卦辞，周公撰爻辞，孔子撰《易传》后，《周易》才得完备。虽然阮辉僜很明白这一点，但因为想写出最精简的书，阮氏还是去掉了卦象，并根据上卦下卦之象更改了六十四卦的命名。例如《周易大全》中的屯、蒙、需等卦，在《羲经纂要》被记为水雷屯、山水蒙、水天需。

总之，《羲经纂要》节要最多是经传。通过对《河图洛书》的对比，我们发现《羲经纂要》的容量减少了《周易大全》的约四分之三。[2] 删减程度在各部分或卦有些不同。删略部分或卦包括《上下篇义》、水天需、风天小畜、泽山咸、风火家人、山泽损、地风升、泽水困、八纯震、八纯艮、雷泽归妹、火山旅、雷山小过、《序卦传》、《杂卦传》。事实上，有些卦被删减全部，具体如下：

(1)泽水困。困，亨，贞，大人吉，无咎，有言不信。《象》曰：泽无水，困；君子以致命遂志。推致其命，以述其志，如拘羑里以演《易》，厄陈、蔡而弦歌，此皆善处困也。

(2)雷泽归妹。《象》曰：泽上有雷，归妹，君子以永终知敝。六五：帝乙归妹，良月几望，吉。朱子曰：《易》中言“帝乙归妹”、“箕子明夷”(六五)、“高宗伐鬼方”之类，疑皆当时帝乙、高宗、箕子曾占得此爻，故后人因而记之，而圣人以入爻也。如《汉书》“大横庚庚，夏启以光”，亦是启曾占得此爻也。《火珠林》亦如此。

(3)火山旅。《象》曰：山上有火，旅，君子以明慎用刑，而不留狱。君子观无所不照之象，则以明慎用刑；观火行不处之象，则于狱不可留滞淹久也。明则无遁情，慎则无滥罚，明慎既尽，断决随之。圣人取象于旅正，恐其留狱也。[3]

可见，在困卦，《羲经纂要》中只保存彖辞和象传；归妹卦只保存象传和部分六五爻辞；旅卦只保存象传。同样，在《序卦传》，《羲经纂要》只收一句“坎者，陷也。陷必有所丽，故受之以离。离，丽也”，以及杨时(字中立，号龟山，1053—1135)的注解：“杨氏曰：坎者，阳也，必有所丽则庶，可以扶危拯溺。作《易》者，于坎后必继以离，岂无仁民爱物之心哉？”[4]

在许多卦中，彖传或爻辞和小象传是通常全部或部分被省略的。如表1所示：

---

① Nguyễn Văn Thịnh (Chủ biên): *Văn sách thi Đình Thăng Long-Hà Nội* (Tập 1, 2) (Hà Nội: Nhà xuất bản Hà Nội, 2010). Nguyễn Văn Thịnh, Đinh Thanh Hiếu, *Văn sách thi Đình Thăng Long-Hà Nội* (Tập 3) (Hà Nội: Nhà xuất bản Hà Nội, 2019). Đinh Thanh Hiếu: *Văn chương khoa cử triều Nguyễn* (*Thi Hội, thi Đình*) (Hà Nội: Nhà xuất bản Đại học Quốc gia Hà Nội, 2020).

② 《周易大全》的《河图洛书》共9294字(除了《羲经大全》雕版相应，有6067字)，然而《羲经大全》只有1324字。

③ 参见《羲经大全》。

④ 参见《羲经大全》。

表 1 《周易大全》《羲经纂要》对照表

		《周易大全》	《羲经纂要》
彖传	咸卦	《彖》曰：咸，感也。柔上而刚下，二气感应以相与。止而说，男下女，是以亨，利贞，取女吉也。天地感而万物化生，圣人感人心而天下和平，观其所感，而天地万物之情可见矣。	《彖》曰：天地感而万物化生，圣人感人心而天下和平，观其所感，而天地万物之情可见矣。
	恒卦	《彖》曰：恒，久也。刚上而柔下，雷风相与，巽而动，刚柔皆应，恒。恒，亨，无咎，利贞，久于其道也。天地之道，恒久而不止也。利有攸往，终则有始也。日月得天而能久照，四时变化而能久成。圣人久于其道，而天下化成。观其所恒，而天地万物之情可见矣。	《彖》曰：天地之道，恒久而不已也。日月得天而能久照，四时变化而能久成。圣人久于其道，而天下化成。
爻辞	损卦	初九：已事遄往，无咎，酌损之。《象》曰：已事遄往，尚合志也。九二：利贞，征凶，弗损益之。《象》曰：九二利贞，中以为志也。六三：三人行，则损一人，一人行，则得其友。《象》曰：一人行，三则疑也。六四：损其疾，使遄有喜，无咎。《象》曰：损其疾，亦可喜也。六五：或益之十朋之龟，弗克违，元吉。《象》曰：六五元吉，自上祐也。上九：弗损益之，无咎，贞吉，利有攸往，得臣无家。《象》曰：弗损益之，大得志也。	上九：得臣无家。
	归妹卦	初九：归妹以娣，跛能履，征吉。《象》曰：归妹以娣，以恒也。跛能履，吉相承也。九二：眇能视，利幽人之贞。《象》曰：利幽人之贞，未变常也。六三：归妹以须，反归以娣。《象》曰：归妹以须，未当也。九四：归妹愆期，迟归有时。《象》曰：愆期之志，有待而行也。六五：帝乙归妹，其君之袂，不如其娣之袂良；月几望，吉。《象》曰：帝乙归妹，不如其娣之袂良也，其位正中，以贵行也。上六：女承筐无实，士刲羊无血，无攸利。《象》曰：上六无实，承虚筐也。	六五：帝乙归妹，良月几望，吉。

资料来源：参见（明）胡广等编：《周易传义大全》卷首《朱子图说》，《钦定四库全书》乾隆四十二年（1777）影印本。同见《羲经大全》。

阮辉僅在纂要传注时，经常选择《周易大全》中的整篇注释或对其中一篇或多篇注释（大注或小注）含义的删减。识别该段落是整篇注释还是删减的标志是注解段的开头。“某曰”的段落（如程子曰、朱子曰、杨氏曰等）是为整篇，没有出处的段落为删减。例如，小畜卦的象传（“风行天上，小畜；君子以懿文德”）后有一段注释：“文德如盛仪文辞之类。君子所蕴畜者，大则道德经纶，小则文章材艺。故观小畜之象，以懿美其文德。”[①]这段内容是阮辉僅从程颐（字正叔，号伊川，1033—1107）的注解中节要出来的。[②] 同样，如前所

① 参见《羲经大全》。

② 参见《周易传义大全》卷四《小畜卦》。程颐注解云：“乾之刚健而为巽所畜，夫刚健之性，惟柔顺为能畜止之。虽可以畜止之，然非能固制其刚健也，但柔顺以扰系之耳，故为小畜也。君子观小畜之义，以懿美其文德。畜聚为蕴畜之义。君子所蕴畜者，大则道德经纶之业，小则文章才艺。君子观小畜之象，以懿美其文德。文德方之道义为小也。”

述，在困卦和旅卦的象传后有一个注释部分，通过比较，可以看出，困卦中的段落是从张清子（中溪张氏）小注纂要出来的①；旅卦是从丘富国（建安丘氏）和张清子小注纂要的。②值得注意的是，义理的注释出现得不少。从实用角度来看，它们被认为是学习者的重要参考资料；但就经学而言，它们是重要的贡献，表达了作者对纂要的观点和认知能力。换句话说，《羲经纂要》不仅仅是经典的机械缩写。

（二）易经节要

《易经节要》属《五经节要》，现存作新堂（明命三年，1823）、盛文堂（绍治二年，1842）、多文堂和东岗盛美堂（绍治六年，1846）、聚文堂（成泰八年，1897）等刻本。虽然现存的《五经》《四书》《性理》《少微节要》等版本仅记载根据“裴氏原本”或“裴氏本正”刻印，但大多数越南学者都认为这些是裴辉璧（字希章，号存庵、黯章，1744—1818）为教导家里的孩子而创作的作品，后来被行会印制、增删，广为流传，从而形成了许多副本。③ 虽然《五经节要》的印刷本没有总目录，但根据《书经节要》开头所印的《五经节要序》一文的详细内容④，我们可以推断，裴辉璧排名《书》为五经之首。这种安排显然与上一节所述的传统观点不同。

该书的基本布局沿用《周易大全》，作者仅省略了《朱子图说》中的《卦变图》，同时颠倒了《伏羲八卦小横图次序之图》（即《伏羲八卦次序》）在《河图洛书》之前。《易经节要》共四卷，卷一自乾卦至师卦，卷二自比卦至离卦，卷三自咸卦至未济卦，卷四包括《系辞上传》《系辞下传》《说卦传》《序卦传》《杂卦传》和《易经考异》。《易经考异》明确记载底本：“浚仪王应麟伯厚甫。”卷的划分方式与《周易大全》不同，我们知道《周易大全》共24卷。这种分法可能源自《周易程氏传》和《周易本义》书中对程颐和朱熹（字元晦，号晦庵，1130—1200）的划分，但实际上与程、朱不同。程颐分卷一自乾卦至大有卦，卷二自谦卦至离卦，卷三自咸卦至升卦，卷四自困卦至未济卦。而朱熹的分法是：卷一自乾卦至离卦，卷二自咸卦至未济卦，卷三包括《系辞上传》和《系辞下传》，卷四包括《说卦传》《序卦传》和《杂卦传》。

---

① 参见《周易传义大全》卷十七《困卦》。中溪张氏注曰：“泽所以潴水。今水在泽下，则泽涸而无水，所以为困。君子观困穷之象，但委命于天，而成吾之志而已。拘羑里以演《易》，厄陈、蔡而弦歌，此皆善处困者也。致命遂志，犹杀身以成仁也。致命有坎险之象，遂志有兑说之象。”

② 参见《周易传义大全》卷十九《旅卦》。建安丘氏注曰：“山者，火之所旅，久则延烧。狱者，囚徒之所旅，留则淹滞。旅有行而不处之象，故火不可使久处于山，囚徒不可使久留于狱也。明象火之烛物，慎象山之静重。中溪张氏注曰：明则无遁情，慎则无滥罚，明慎既尽，断决随之。圣人取象于旅正，恐其留狱也。”

③ Nguyễn Phúc Anh：“Phân nhóm các văn bản *Dịch kinh tiết yếu* và các biến thể của nó”, in trong *Thông báo Hán Nôm học* 2011 (Hà Nội：Nhà xuất bản Thế giới，2011)，tr. 458-469。近来，阮海英指出，潘叔直（字养浩，号锦亭，1808—1852）在《国史遗编》中明确提到《四书》《五经》《性理节要》均为裴辉璧的原作。与此同时，阮通（字希汾，号遁庵，1827—1884）也持类似看法。此外，我还在《登科录搜讲》（河内汉喃研究院藏，编号：A.221）中发现，裴辉璧曾“节要《五经》、《四书》、诸史”。基于这些证据，我认为裴辉璧是《易经节要》和《五经节要》的作者。

④ ［越］佚名：《书经节要》，河内国家大学下属人文与社会科学大学历史系资料室1898年版，编号：H.334，“五经节要序”，第1—3页。

为了了解这本书的编撰观点和性质，我们移录《五经节要》和《四书节要》的序言如下：

> 节要者，裴氏原本也。《五经》载道之文皆要也。科举之学，专于理会文字，往往节而约之，以便记诵、备决科。前辈诸家各有私本，就中训解详核，引用渊博，则未有如是本者。因锓之梓，颜以《节要》，亦曰举学之要云。①
>
> 节约也，要亦约也。何约乎？便于决科而已矣。夫科举之学与义理之学不同。义理之学，必自博而之约。科举之学，则主于约，故取经传之全而节之。就中裴氏私本较诸家为善。前即取其《五经》而梓之，今乃及于《四书》。其间训释援引，一依原本，而皆颜之曰《节要》云。②

这两篇序文都表明，直到19世纪初，越南曾经有很多节要经典，但裴氏的版本是最好的，因为这个版本"训解详核，引用渊博"。这间接反映了当时人对节要的看法和要求：节要要精简，但要透彻、通俗易懂、够广够深。更重要的是，这两篇序文还指出了"义理之学"和"科举之学"之间的区别。五经为载道之文，每句话、每一个字都有意义，所以不能节略。学习者若想深入了解经典的意义，必须广泛阅读传注，然后概括要点。这是追求义理的座右铭。同时，科举之学以读经、解经为主，力求简洁、易懂、易记，足以满足考试制度的要求。可以说，这是形成节要经典的原因，也是贯彻节要经典的方向。因此，从性质上看，《易经节要》仍然属于"务实之学"类型的书。

在编撰方法上，《易经节要》仍沿用《周易大全》的释义和讲章方法。这种方法可以帮助学习者掌握特定句子的含义，并理解整个章节和整篇的含义。释义是指对经文中出现的一些关键或难理解的字或词的含义进行解释，《易经节要》中常见的方式是在需要解释的词的正下方加脚注。例如：

> (1)六五：黄五裳六，元吉大善之吉。《象》曰"黄裳元吉"，文在中也在中而见于外也。③
>
> (2)大君有命爵命，开国承受家，小人勿用。《象》曰：大君有命，以正功也。小人勿用，必乱邦用之必乱邦也。④

上面两个例子中，小注里的字、词都是对爻辞和小象传(坤卦六五爻、师卦上六爻)中对应字词的释义。这个释义往往是根据程颐和朱熹在《周易大全》中的注解，具体来说，例(1)是朱熹的注解，例(2)中是程颐的注解。朱熹在解释坤卦六五爻辞写道："六五，以阴居尊，中顺之德，充诸内而见于外，故其象如此，而其占为大善之吉也。"朱熹注解该爻的小象指出："文在中而见于外也。"⑤程颐注解师卦上六爻辞云："上，师之终也，功之成

---

① [越]佚名：《书经节要》，"五经节要序"，第1—3页。

② [越]佚名：《大学节要》，河内国家大学下属人文与社会科学大学历史系资料室1897年版，编号：H.335，"四书节要序"，第1—4页。

③ [越]佚名：《易经节要》，河内国家大学下属人文与社会科学大学历史系资料室1898年版，编号：H.555。

④ [越]佚名：《易经节要》，河内国家大学下属人文与社会科学大学历史系资料室1898年版，编号：H.555。

⑤ 参见《周易传义大全》，《坤卦》。

也，大君以爵命，赏有功也。开国，封之为诸侯也；承家，以为卿大夫也。承，受也。"程颐注解该爻的小象又云："大君持恩赏之柄，以正军旅之功，师之终也。虽赏其功，小人则不可以有功而任用之，用之必乱邦。"①

作为义理的总结，讲章往往位于每节或每章的末尾。例如，裴辉壁在乾卦彖传的最后处，选择引用程颐、朱熹、杨万里（诚斋杨氏，1127—1206）、胡炳文（云峰胡氏，1250—1333）、丘富国在《周易大全》的一些大小注，以及《周易折中》一书中的康熙"御案"来解释了全篇的意思。正文如下：

> 《传》：四德之元，犹五常之仁，偏言则一事，专言则包四者。天为万物之祖，王为万邦之宗。乾道首出庶物而万汇亨，君道尊临天位而四海从。王者体天之道，则万国咸宁也。《御案》：元亨利贞，占辞只两意。但有大者在焉而后其亨乃大也，有宜者在焉而后可以固守也。故孔子以四德明之，实所以发文王之意，非异乎文王也。
>
> 《本义》：此专以天道明乾义，又析"元亨利贞"为四德以发明之其文义有非文王之旧。而此一节，首释元义也。乾元，天德之大始元。故万物之生，皆资取之以为始也。又为四德之首，而贯乎天德之始终，故曰统天。云行雨施即气之亨也，品物流形即形之亨也。此释乾之亨也。圣人大明乾道之终贞始元，则见卦之六位各以时成如潜见跃飞以时，而乘此六阳六龙是譬喻六爻之义以行天道，是乃圣人之元亨也。乾道变化，无所不利，而万物各得其性命以自全保合。物所受为性。天所赋为命。大和阴阳会合冲和之气。释利贞之义也。圣人在上，高出于物聪明睿智，高出庶物之上，犹乾道之变化也。万国各得其所而咸宁，犹万物之各正性命而保合大和也。此言圣人之利贞也。盖尝统而论之：元者物之始生，亨者物之畅茂，利则向于实也，贞则实之成也。实既成则可复种而生，此四德之所以循环而无端也。然而四者之间，生气元流行，初无间断，此元之所以包四德而统天也。朱子曰："元亨利贞，譬诸谷可见。谷之萌芽是元，苗是亨，穟是利，成实是贞。"又曰：梅蕊所生为元，开花为亨，结子为利，成熟为贞。其以圣人而言，则孔子之意，盖以此卦为圣人得天位乘六龙，行天道御天，而致太平万国咸宁之占也。胡氏曰：文王本卜筮上说，夫子则从义理上说。主义理亦曷尝不可推之卜筮哉。丘氏曰：元首者君之象。圣人出乎其类，足以有临于天下。然后万国咸厎辑宁也。朱子曰：圣人在下亦自有个元亨利贞，不必在上方如此。如孔子出类拔萃，便是首出庶物，著书立言，泽及后世，便是万国咸宁。②

上面的摘录中，大文字是从各家的注释中删减的，小文字是裴辉壁的释义。由此可见，讲章与释义总是结合在一起使用的，讲章中也有释义，这一点在整部《易经节要》中始终如一。就摘录内容而言，"传"部分省略了《程传》，并增加了"御案"，以明确表明程颐和朱熹对"元亨利贞"的两种解释是统一的，文王和孔子的本意没有什么不同。"本义"是比较复杂的部分，因为《本义》书中除了节要朱熹的大注外，作者还对整段内容进行了解释。这些含义有时取自朱熹的小注（例如："始/元""资/取""终/贞""始/元""如潜见跃飞以

① 参见《周易传义大全》，《师卦》。

② 参见《易经节要》卷一，第 46—47 页。

时”“六龙是譬喻六爻之义”“聪明睿智，高出庶物之上”等辞与句），有时取自杨万里的小注（例如“云行雨施即气之亨也，品物流形即形之亨也”）。值得注意的是，除了在《周易大全》中进行摘录和节略外，作者还在《周易折中》中添加了注解。这体现了裴辉壁在更新和统一宋、元、明、清两个注解体系所做的努力。因此，“节要”并不是简单地节略书中的传注，而是倾向于根据正统的注解体系，从多本书中查阅、综合、选取必要的注解，以阐明经文的基本含义。裴辉壁的这种节要方式完全符合 19 世纪越南经学的大势。根据《大南实录》，从明命四年（1823）起，阮朝正式对集善堂（阮朝皇子受学之所）的教科书进行了规范，其规范根据清朝政权的经筵系统。主要教材（“讲谕之书”）是“日讲”书系，参考教材（“参究之书”）是“御纂”和“钦定”书系。其中，《周易》就有《日讲易经解义》、《御纂周易折中》和《御纂周易述义》等材料。[①]

总体来看，《易经节要》主要删简传注和一些经文。通过与《河图洛书》部分的对比，我们发现《易经节要》仍然保留了《周易大全》原有容量的三分之一左右，特别是《河图洛书》部分原有 9294 字，《易经节要》缩短为 3371 字。而且，各部分、卦、篇节要程度也比较统一，这就是与《羲经大全》的区别。可以说，《易经节要》符合 1732 年郑杠的政令精神，也符合了 18、19 世纪越南经学的运动和发展趋势。郭秋贤曾评价道：“在学者们注重背诵小注、推崇删经（将经典中的每章删去，以服务于学者们背诵的目的的书）的背景下。节要、纂要两者都达到了目的：学习经典必须充分理解先儒的含义，掌握经典的全文，同时为使用者提供一套适当、简要、实务的小注系统。”[②]该观点对《易经节要》而言完全正确，但对《羲经纂要》而言并不完全准确。

三、节要文本的流传与其因果性

如前所分析，阮辉𠐓刻《五经》、《性理纂要》的目的是“用广其传”。从《皇越诗选》（1788 年《小引》）和《历朝宪章类志》（十年编撰，从 1809 年到 1819 年）记载中，我们认为在 1788 年至 1819 年间，《五经》《性理纂要》的刻本都广为流传。裴辉壁和潘辉注对阮辉𠐓的节要表达了不太赞同的观点。裴辉壁指出《五经》《性理纂要》的性质是“节略《五经》《性理》”“取便举业”。[③] 这是一个简短而精妙的判断，表明裴辉壁对纂要作品没有太多印象。之后，潘辉注（字霖卿，号梅峰，1782—1840）直接指出：“《性理纂要》二卷，《四书》、《五经纂要》十五卷，探花阮辉𠐓撰。辑摘诸名家读本，纂录要约，但就中刊削迁就颇多，

---

① 明命四年（1823）定集善堂诸皇子讲学之所规程，吴廷价等奏言：“今学堂讲帙，请以《日讲四书解义》《日讲书经解义》《日讲礼记解义》《日讲春秋解义》《日讲易经解义》《御纂诗义折中》《御定孝经》，集注《孝经》《御批历代通鉴辑览》定为讲谕之书，颁赐诸位阅习。其《御纂周易折中》《钦定诗书春秋传说汇纂》《钦定三礼义疏》《御批资治通鉴纲目》《御纂春秋直解》《御纂周易述义》等书，请藏之学堂，以备参究。至如民间常习各品《五经》《四书》及诸《纲鉴》《少微》之书均出一家私集，各别主意，请置之备考，不登讲帙。”（参见《大南实录・第二纪》卷二十一，第 5 集，第 1697—1699 页）。

② Quách Thị Thu Hiền：“Toản yếu，Tiết yếu kinh điển và đặc trưng thuyên thích học Nho gia Việt Nam trong giáo dục Tư học thế kỷ XVIII”，Tlđd，tr. 99-136.

③ [越]裴辉壁：《皇越诗选》卷五，河内越南国家图书馆藏 1788 年版，编号：R.969，第 55 页 b。

颇流穿凿。”[①]

潘辉注的评价不是没有道理的。如前所述，阮辉僜和裴辉壁都很清楚《纂要》或《节要》的功能和性质，主要是为“务实之学”服务，帮助学生通过“快捷方式”记住经传和决科。

虽然在“举要删烦”的编纂方针上统一，但阮辉僜和裴辉壁却有不同的做法。《纂要》简略太多，学这本书的人如果对经文有了基本的知识，就会有所得，从而知道要注重哪些部分去练习；另一方面，对于初学者来说，没有经典的基础是难以吸收本书的，或者说，努力记忆只是机械记忆。因此，这本书如果被视为与经文原著平行来使用还可以，而作为精实完整的一套著作独立使用则不行。此外，经典节要太多使经典有所改变，初学者没有基础，如果据此背诵并形成对经典的错误认识，会造成严重的后果。因此，在使用上，这本书有许多不合适的地方，这可能是这本书不再有刻印本的原因。

也许当裴辉壁读到这本书时，裴氏已经注意到了书中的不足之处，所以他主动编撰了《节要》书籍。[②] 裴辉壁的节要书籍将经文节略在一个适度的程度上，基本经典的整体保持不变，学习这本书的人可以相对完整地掌握正文以及经文、传注的基本含义。因此，节要书一问世，就很快取代了《纂要》，并得到了当代人的好评。根据《大南实录》的记载，我们认为这本书早在1823年之前就已经广为流传。此外，数百年来，在不同时间印刷的《节要》的存在表明了它们的普遍性。据《大南实录》记载，阮朝认为节要是民间的常规教科书。[③] 节要书流传多年，导致学习者只知道有节要而不知道有大全。[④] 认识到这一点，1871年，阮通（字希汾，号遯庵，1827—1884）向嗣德帝（1847—1883在位）提出建议，强烈责备节要一书：

> 奉我皇朝以《五经》《四书大全》《历代通鉴辑览正史》定为取士之则，道术昌明，文人蔚起。自裴氏《五经》《四书节要》《新刊通鉴节要》诸书盛行，学者奉为科途捷径，正学不明。迨至嗣德九年（1856），议定专经条例，经学反正。……第考其所著之书，大抵预为掇取科第捷套，贻误后生，令美才达士沦于曲学而不自知，则虽比于异端邪说、惑世诬民，亦不为过。[⑤]

---

① ［越］潘辉注：《历朝宪章类志》卷四十二《文籍志》，《东洋文库》，编号：Y-X-2-13。

② 关于《五经节要》的成书问题，郭秋贤推测这部书至少是基于两种文本形成的，一种是永庆时期的《五经大全》，另一种是阮辉僜的《五经纂要》。从上述分析来看，我们认为第二种可能性只能发生在《性理节要》的情况下，因为根据陈文玾的描述，我们实际上还有一本五卷的《性理节要》，刊刻于绍治四年（1844），上面写着“裴氏原本”，附注“附录阮探花正本”。然而，这个问题需要进一步研究。Trung tâm Khoa học Xã hội và Nhân văn Quốc gia: *Trần Văn Giáp-Tác phẩm được tặng Giải thưởng Hồ Chí Minh* (Hà Nội: Nhà xuất bản Khoa học xã hội, 2003), tr. 1189.

③ 明命四年（1823）定集善堂诸皇子讲学之所规程，吴廷价等奏言：今学堂讲帙，请以《日讲四书解义》《日讲书经解义》《日讲礼记解义》《日讲春秋解义》《日讲易经解义》《御纂诗义折中》《御定孝经》，集注《孝经》《御批历代通鉴辑览》定为讲谕之书，颁赐诸位阅习。其《御纂周易折中》《钦定诗书春秋传说汇纂》《钦定三礼义疏》《御批资治通鉴纲目》《御纂春秋直解》《御纂周易述义》等书，请藏之学堂，以备参究。至如民间常习各品《五经》《四书》及诸《纲鉴》《少微》之书均出一家私集，各别主意，请置之备考，不登讲帙。参见《大南实录·第二纪》卷二十一，第5集，第1697—1699页。

④ 许怡龄：《从东亚视野论〈性理大全〉的意义：以韩国与越南的流传比较为中心》，《中正汉学研究》2018年第二期，第35—64页。

⑤ ［越］阮通：《（嗣德壬申年新镌）淇川公牍文抄》卷二《请颁给书籍疏（嗣德二十四年正月初四日）》，河内汉喃研究院藏1872年版，编号：VHv.2073。

阮通的责备虽然尖锐，但指出了节要造成的后果（潜在后果），即学风退化，学习者接近经典只是出于实用目的，为了考试，经典的含义因此不清楚，经文因此模糊，《大全》正统的学习逐渐失去了作用，只是形式上的存在。现尚不清楚这篇文章对节要文献流传的具体影响，但在法国侵略的背景下，传统的科举逐渐走向终结，从科举制度中诞生的节要学派，至今几乎与科举一起消亡。如前所述，最后一本《五经节要》或《易经节要》是 1897 年聚文堂出版的。这是可以理解的，因为从 1906 年到 1919 年，法国政府实施了教育改革计划，正式将传统科举教育系统（培养官僚）转变为三个层次的普通教育系统（包括幼学、小学、中学）。《五经》被列为中学课程，并根据统使府修书委员会编撰的新教材《中学五经撮要》（1907 年编写）、《周易撮要》由杨琳（字秋元、梦石，号橘亭、橘叟，1851—1920）奉辑。因此，五经不再被认为是"圣经贤传"，而是属于"汉文五经"的主体学科，教导伦理、文学。[1] 在《易经》中，节要的标准是选择与当代科学技术起源相关的有用事物，同时提供将传统与现代相结合的指导性见解。

结　论

虽然只是研究《周易》的节要趋势，但文章中的一些观点也可以推广到越南的所有儒家节要经典。因此，节要作品是科举制度诞生的必然产物，但它真正得到强大而全面的发展（《五经》《四书》《性理大全》）是在 18 世纪——当儒学需要复兴成为一个紧迫的问题之时。作为一种大众自发的活动，节要是由具有学术声望和长期教育经验的大儒来进行的。他们的主要著作在儒家学者中流传，有的被印刷并广泛发行。

"节要"即是把书的原文删减，其对象具体是指在越南重刻的明代《大全》书籍。然而，通过对《羲经大全》和《易经节要》的考察，我们可以看到，节要并不是简单地机械删减，而是倾向于概括和综合，表现在节要者在总结各家意见时，形成带有个人印记的新评论，有时会选择、添加原书之外的注释。这表明虽然"务实"是节要的主要目的，节要者仍有意融合"务实之学"和"义理之学"。

《羲经纂要》和《易经节要》是越南两本典型的易经节要著作。虽然两者都是本着提倡简洁的精神编写的，符合当时科举制度的要求，但两部作品在观点和节要程度上也存在根本差异。《羲经纂要》大量节略经传，无形中歪曲了经典。《易经节要》则注重经传的完整性，除了适度的节略之外，节要者还添加了释义以方便阅读经文，同时补充了《周易折中》中的一些注解，从而创造出相对精要但完整的文本，适合广大学习者的需要，以及 18 至 19 世纪越南经学的运动趋势。总的来说，《易经节要》优于《羲经纂要》，因此这两部作品的影响力在现实中当然是不同的。

---

① Phạm Văn Khoái: *Hán văn trong chương trình cải lương giáo dục khoa cử* (1906—1919) (Hà Nội: Nhà xuất bản Đại học Quốc gia Hà Nội, 2016), tr. 7-14, 91-119.

朝鲜初世宗的《周易》经筵资料中出现的忧患意识和国家经营论

[韩]黄昞起*

经筵是国王和文臣们以经典为中心进行讲论，共同讨论经学和时事的场合，也被称为经幄或经帷。其目的是向国王教授经史，实现儒教的理想政治，但实际上同时履行了限制王权行使的重要功能。文臣们通过经筵引导国王走向正确的政治和教育方向，努力发展自己向往的学问。国王为了体现以德性为基础的王道政治的理想，将经筵中的讲读和讨论视为理所当然的任务，并积极利用这一点，努力使自己具备作为帝王的修己治人的才智和品德。因此，经筵资料是最能体现儒学本来实现“王道政治”的理想以及朝鲜王朝的政治志向及其特性的资料。

经筵起源于中国汉朝时期向皇帝讲授五经的惯例，此后经过多个朝代后被制度化，但初衷未能得到很好的发挥。唐朝在翰林院设侍讲学士和侍读学士，把御前讲义制度化了。宋朝时期，经筵官职更加整顿，讲义更加丰富，还确立了隔日制讲义日程，但元、明、清时期变质为形式上的仪式，其功能丧失了很多。

但韩国和中国不同。中国以儒教统合社会的国家理念为基础进行了经典教育，而高丽朝首次引入经筵制度是在当时佛教盛行、儒学萎缩的社会背景下，是意图通过学习儒教经典，实现儒学统治理想的政策性决断。虽然经筵制度在高丽朝睿宗(1105—1122年在位)时期并不活跃，紧接着被武臣政权(1170—1270)废除了。在元干涉期(1259—1356)降格为书筵，经历了只维持命脉的厄运，但到了朝鲜时代重新受到重视。

朝鲜时代从初期开始将经筵制度化，并取得了飞跃性的发展。太祖设立了经筵厅，第二代定宗和第三代太宗也实施了经筵。第4代世宗在位初期约20年间每天都参加经筵，整备集贤殿，强化经筵制度。第9代成宗在位25年间，每天参加三次经筵，讨论各种政治问题，经筵正式成为政治的心脏。经筵曾被第10代燕山君废除，但很快又复活，一直存续到第26代高宗。朝鲜将儒学，特别是性理学视为国家的统治理念，实现这一理念的重要方法是对包含儒学理念的经典进行深入的研究和讨论。在君主制下，为了使儒学的理念真正实现到现实政治中，国政最高负责人君王必须具有理解和实践其理念的强烈意志，因此，为了实现内圣外王的儒学本来精神，可以说最重要的是对君王的教育，教育途径就是经筵。

---

* 作者简介：黄昞起，韩国西京大学校东洋学科特任教授，大真大学人文学研究所学术研究教授。

一、经筵资料研究的意义

数量庞大的经筵资料是韩国的宝贵文化遗产，同时也具有在韩国乃至世界历史上前所未有的“世界记录遗产”的价值。虽然中国和日本也实施了帝王教育，但没有一个国家的经筵资料比朝鲜更充实、资料更丰富。经筵资料充分体现了朝鲜王朝的记录文化特点、学术深度以及国王和社会领导层对待国家蓝图和政治问题的眼光和智慧，是继承朝鲜王朝文化传统的韩国的骄傲。

再加上作为韩国精神文化内容的一个典范，经筵符合国王和臣僚一直梦想的先导讨论文化及其讨论内容的理念和理想，以及他们想要打造的“文治的理想”迫切需要。

经筵蕴藏着许多文化内容。它围绕人类和社会、个人和国家、历史和民族、战争与和平等，展开了诸多讨论。在韩国众多文化内容中，在经筵中讨论并实行的各种内容都充满了可以了解当代社会领导层真面目的珍贵内容。领导者们梦想通过经筵沟通理想和现实，跨越支配和被支配的界限，将经典和现实生活结合起来，建设文明社会，打造没有战争的和平国家，实现圆满完成的国家经营。

经筵资料基本上是由讲读和讨论儒教经典的内容组成的。朝鲜的经筵资料在内容上比任何经学相关资料都更具特征性和优秀价值。参与经筵的文官们是当代最优秀的学者，经筵是以君王为对象的讲课，所以讲课内容反映了当时的最高学术水平。君臣平时积累的有关经典的研究通过演讲和讨论得以体现。朝鲜的经筵资料就是超越思辨的经学的，包含了将经学的学习实际运用到现实政治中的国家经营学的具体内容。

经典的学习不是单纯的文字学习，而是当代知识分子通过最大限度的合作来创造道德价值和国家经营方法论的工具性手段。大韩民国从古代的建国神话上“弘益人间”的精神开始，就是怀着想要广泛造福于人类世界的经营理想的人们生活的地方。国家的稳定经营虽然得益于制度性装置和军事力量，但更重要的是文明的理想。对于长期秉持着“弘益人间”的文明理想的人来说，自上而下的道德修养和国家经营的“文治合作”或许是非常自然的现象。这就是经筵制度的开始在中国但开花结果的地方是韩国的原因。

在经筵上进行的国王和筵官们的经典学习是反复记住过去理想时代的伦理秩序和国家治理的方法论的过程，通过这一过程，起到从上到下保障决策正确的功能。从这一点看，在经筵上进行的学习和讨论是针对当今的人文学或人文社会学。在经筵中讨论的经典学习和对国家经营的讨论相当于当今的人文社会学，可以说是人文学与社会学传统方式的融合。

二、世宗的经筵参与和集贤殿整备

朝鲜初期的经筵制度的限制在世宗时代得到了完善和激活。当时还讨论了经筵讲官的专业化和全天教育方式等，作为激活经筵制度的对策。世宗的集贤殿的设立整顿了经筵制度运营上的不成熟和制度的不完整性，为朝鲜的经筵确立了新的文化传统。[①]

世宗忠实于有德的国王在大臣们的辅佐下建立百姓富裕社会的儒教理想。即位后便开始参与经筵，还专门设立了集贤殿作为主管经筵的部门。不仅如此，还改编了经筵官的职务制度，扩充了经筵厅，经筵不再是单纯学习学问的场所，而是国王和臣子开诚布公地见面，连接学术和政治进行讨论的重要国政执行空间。

世宗在经筵上以多种方式表达自己的想法，并与经筵讲官进行了讨论。有时他作为经筵讲官的老师，还会制定学习方法、讲读教材以及议题的优先顺序。世宗在位的前20年，从《朝鲜王朝实录》的记录来看，平均每月参加5次经筵。

世宗即位年(1418)阴历八月十一日编制经筵厅，于八月十二日增加“知经筵”“同知经筵”“侍讲官”各1名。自第一次经筵开始到2个月后的阴历十月七日为止，共出现了29次记录，平均每2—3天进行一次，兼职的经筵讲官没能跟上这个频率。为了解决这些问题，世宗将集贤殿学士和经筵讲官从“兼职制”改为“绿官制”，实现专业化。

世宗二年整顿的集贤殿的编制如下：

> 新置集贤殿领殿事二正一品，大提学二正二品，提学二从二品，以上兼官。副提学正三品，直提学从三品，直殿正四品，应教从四品，校理正五品，副校理从五品，修撰正六品，副修撰从六品，博士正七品，著作正八品，正字正九品，以上禄官，皆兼经筵官。[《世宗实录》卷七，世宗二年(1420)三月十六日]
>
> 以朴訔、李原领殿事，柳宽、卞季良为大提学，卓慎、李随提学，(申穡)〔申樯〕、金赭直提学，鱼变甲、金尚直应教，偰循、俞尚智校理，俞孝通、安止修撰，金墩、崔万理博士。[《世宗实录》卷七，世宗二年(1420)三月十六日]

世宗从位即初开始整顿集贤殿的运营和经筵的制度，将安排在集贤殿的堂下官以下经筵讲官选拔为绿官而不是兼职，让他们负责全天教育，其目的应该是在于建立经筵讲官的全职制度。

根据世宗的这些措施，继位三年后，集贤殿在学术的振奋、书籍的发行及校对、国王的教育等方面得到了肯定的评价。我们来看一下对世宗十七年记录的集贤殿的评价：

> 上即位之三年庚子，始置集贤殿于禁中。
>
> ……
>
> 姑以右文兴学一事言之。自即位以来，日御经筵，缉熙之学，终始不厌，深虑东方书籍鲜少，人不能学，乃出自宸衷，命有司新铸字之规，无书不印，无人不学。又虑遗文新集之未尽得也，因使介旁求于上国，遣文臣广购于国中，于是书典之至，日益月增，建藏书(阙)，籍而藏之，充溢栋宇。自东国以来，文籍之多，未有如今日之盛也。由是进讲之书，有所疑谬，则遍考诸书，皆得其真而正之，以至礼乐、钟律、天文、仪像、阴阳、历算、医药、卜筮之书，皆修而整之，印而颁之。今又撰修《训义》，便于考阅，极其精博。[《世宗实录》卷六十八，世宗十七年(1435)六月八日]

① 参考박상진(2023)3章。

集贤殿以经筵为中心，在世宗时代的学术振兴上取得了相当大的成果。在国王的极大关心下，集贤殿学士们进行了多种研究，这些成果不断印刷并传播到民间，使朝鲜的学术和文化发展成为可能。这一点不仅意味着集贤殿解决了此前谋求的国王教育制度的活性化问题，还意味着以高丽的古制为基础，制定了新的运营方式。①

三、世宗时期《周易》经筵现况和世宗的《周易》理解

世宗的经筵是主要讨论儒教经典和历史书的场合，动作方式是经筵官一个人先朗读教材的原文，翻译和说明后，国王提问，其他经筵官补充说明。

世宗朝的经筵有了飞跃性的发展。世宗的经筵举办日共有 1995 天，世宗的经筵参席日见表 1。② 可以看出，除了从世宗二年世宗的母亲元敬王后驾崩开始到世宗四年父王太宗驾崩为止的时期，以及为了修撰《通鉴训义》而中断的十七年和十八年之外，他一直在参与筵经。世宗二十一年开始举办经筵的次数减少是因为世宗视力急剧下降，从世宗丧失视力的二十二年开始未能再进行讲读。世宗的经筵每年讲读少则一个，多则五个教材。如果没有特殊情况，世宗每天都会参加进讲，也有一年举办天数超过 200 次的情况。

表 1　世宗的经筵参席日

年号纪年	公元纪年	参席日数	年号纪年	公元纪年	参席日数	年号纪年	公元纪年	参席日数
元年	1418 年	39 日	10 年	1429 年	158 日	20 年	1439 年	69 日
1 年	1419 年	105 日	11 年	1430 年	172 日	21 年	1440 年	26 日
2 年	1420 年	48 日	12 年	1431 年	164 日	22 年	1441 年	2 日
3 年	1421 年	6 日	13 年	1432 年	78 日	23 年	1442 年	6 日
4 年	1422 年	43 日	14 年	1433 年	126 日	24 年	1443 年	1 日
5 年	1423 年	208 日	15 年	1434 年	107 日	25 年	1444 年	1 日
6 年	1425 年	85 日	16 年	1435 年	107 日	26 年	1445 年	1 日
7 年	1426 年	111 日	17 年	1436 年	3 日	28 年	1447 年	5 日
8 年	1427 年	118 日	18 年	1437 年	2 日	29 年	1448 年	1 日
9 年	1428 年	149 日	19 年	1438 年	52 日	30 年，32 年	1449 年，1951 年	各 1 日

世宗朝的经筵进讲的经典有《大学衍义》等 23 种，如果将其分类的话，可以分为经书类、史书类以及其他著述类，世宗期的年度别经筵进讲教材见表 2。

① 参考박상진(2023)3 章。

② 박승애(2005)111 页。

表 2 世宗期的年度别经筵进讲教材

年号纪年	公元纪年	经筵教材	年号纪年	公元纪年	经筵教材
元年	1418	《大学衍义》《近思录》	10 年	1429	《通鉴纲目》《史记》
1 年	1419	《诗经》《大学衍义》《春秋胡氏传》《春秋》	11 年	1430	《尚书》《书经》《春秋左氏传》《诗经》
2 年	1420	《通鉴纲目》	12 年	1431	《六典》《资治通鉴续编》《律吕新书(性理大全)》
3 年	1421	《大学》《大学语录》	13 年	1432	《宋鉴》《六典》
4 年	1422	《中庸》《尚书》《通鉴纲目》	14 年	1433	《宋鉴》《性理大全》
5 年	1423	《通鉴纲目》	15 年	1434	《性理大全》《(新撰)六典》
6 年	1425	《大学》《论语》《中庸》《孟子》《诗传》《诗经》	16 年	1435	《性理大全》《宋朝名臣言录》《直解小学》《论语》
7 年	1426	《春秋左氏传》《春秋》《春秋胡氏传》《周易》	19 年	1438	《诗传》《诗经》《书经》《春秋》
8 年	1427	《周易》《大学衍义》《通鉴纲目》	20 年	1439	《春秋》《春秋左氏传》
9 年	1428	《通鉴纲目》	21 年	1440	《资治通鉴》

世宗基本上认为经筵是讨论国家经营即政策讨论的场合。国家经营中的各种问题被曝光,所以整个经筵中都存在着忧患意识。在与韩尚德的讨论中可以看出世宗的忧患意识。

> "予虽以利民之事行之于国,无乃亦有见讥于后世者乎?当今之时,虽曰平康,恃太平,乃所以衰乱之渐也。不可恃今日之安,而不虑后日之患也。穷经,所以致用也。方其穷览经史,历观治道,则其视为国犹反手,及其临事,不知所措者有之。予虽涉猎经史,犹且未能,其与此何异?"总制韩尚德曰:"殿下今日之言,实宗社生民之福也,亦人臣可言之秋也。若有可言之事,安敢含默?"上曰:"岂无可言之事?况台谏则以言责为任,事有可言,必尽言之。"又曰:"予既无良,昧于施措,必有不合天意者矣。勉思厥愆,以答天谴。"吏曹判书许稠曰:"天之谴告,实由人为。近来天气不调,臣恐祸乱之作已兆矣。但臣等罔知所措,惟日战(竞)。"上然之。[《世宗实录》卷三十,世宗七年(1425)12 月 8 日]

世宗对自己的后世评价心存恐惧,其评价标准是"国家是否正确实行有利于百姓的举措"。这种责任完全在于世宗本人。由此可见,经筵被用作有备无患的对策。他强调,虽然现在平安无事,但相信太平是衰退和混乱的征兆,不能因为今天的舒适而不考虑后来的患乱。换句话说,在经筵中钻研经书是为了实用。

世宗总是反省性地思考,因为自己不明智、办事不熟练,所以一定有不符合天意之处,所以想努力思考缺点,回应上天的责骂。也许这种对国家经营的负担感和责任感成为世宗更加积极、热情地参与经筵的原因。

四、世宗的忧患意识和国家经营论

事实上，忧患意识不是个人的事情，而是国家的事情或公共的事情。文王在《周易·系辞下》所拥有的忧患并不是单纯地以个人忧患结束。

世宗在位期间，《周易》从世宗七年(1426)十二月十二日开始至次年八月四日为止，约7个月期间被进讲并完读。其他经典讲读超过一年的情况很多，在不到7个月的时间里读完了《周易》，可以推测世宗的内功和实力。世宗甚至亲自教过太子文宗《周易》。[①]

世宗实录对于《周易》进讲的记载，在位七年十二月十二日只有“轮对、御经筵、始讲《周易》”的记事，并没有记录什么内容。此后大约7个月有关《周易》经筵的记录大部分是“御经筵”，完全没有提到具体内容。这与朝鲜中后期实录的经筵记录中对经文的讨论内容如实记载形成了鲜明的对比。可以看出，朝鲜初期实录的编纂比起学术更注重时事的记载。

《世宗实录》中提到《周易》这本书的地方共有19处，其中除了《周易》讲读期间的2处之外，还有17处出现了“周易”一词。(见表3)

表3　实录的世宗在位期《周易》有关的记事(19条)

卷次(世宗实录)	时期	《周易》引用句	出典
卷三	一年三月九日	《易》云：“古之葬者，衣之以薪，不封不树，丧期无数。后世圣人易之以棺椁，盖取诸大过。”	系辞下2
卷二三	六年三月十二日	《易》系之辞曰：“有天地，然后有万物，有万物，然后有男女，有男女，然后有夫妇，有夫妇，然后有君臣，有君臣，然后有上下，有上下，然后礼义有所措。”	序卦下
卷三十	七年十二月十二日	—	经筵
卷三十三	八年七月四日	—	经筵
卷三十四	八年十月十四日	开国承家，体羲《易》之有命	—
卷三十六	九年六月十四日	《易》曰：“乾道变化，各正性命。云行雨施，品物流形。”	乾卦彖传
卷四十七	十二年三月十八日	周易占	—
卷四十八	十二年四月五日	《周易》，无不精通，然后方许赴举	—
卷四十九	十二年八月二十二日	自今自大学斋至于周易斋而皆通者，直赴会试中场	—
卷五十八	十四年十月二十五日	近因问安，又受《易》于予	—

① 《世宗实录》卷三十七，世宗十四年十月二十五日。

续表

卷次(世宗实录)	时期	《周易》引用句	出典
卷六十一	十五年七月十五日	请讲《周易》,太宗从之	—
卷六十四	十六年四月十一日	今我主上殿下,法天行健,继离向明	—
卷八十三	二十年十一月二十三日	设险守国,大《易》明训	—
卷八十六	二十一年七月四日	《易》曰:“干父之蛊”	蛊卦初六
卷八十六	二十一年八月二十日	《易》曰:“作《易》者,其有忧患乎?”又曰:“乐天知命,故不忧。”	系辞下 7,系辞上 4
卷八十六	二十一年九月十五日	《易》曰:“勿用小人。”	既济九三
卷一百零二	二十五年十月二日	《易》云:“施命诰四方。”	姤卦初六
卷一百一十八	二十九年十一月十五日	孔子读《易》,至韦编三绝	—

经筵中讨论的《周易》经文的解释观点不是针对普通的士大夫知识分子,而是针对至尊,因此只能成为帝王学。所以无论是进讲的经筵讲官还是聆听的国王,自然而然地都形成有自上而下的思维。

经文主要引用对君臣关系有用的或有助于统治的东西。

例如,在世宗二十一年(1439)七月五日的记事中,世宗从蛊卦初六的爻辞中取“干父之蛊”这个词语,以应对反驳世子代理听政的意见。

> 议政府启:“臣等闻世子讲武之命,不胜惊骇。反复思之,古无此礼,不可行也。”上曰:“予谓卿等之言,甚为迂也。《春秋》曰:‘国君在外,世子在国。’《易》曰:‘干父之蛊。’世子将代予治国,分率军士,权行讲武,亦何害于义?唐太宗时,太子知左右屯营,大将以下,并受处分。至于大明太宗皇帝在北京,使太子镇南京,而况讲武之法,予亲承命于太宗乎?且我国,乃军国也,讲习武艺,尤不可缓也,岂可以吾身之疾而或废哉?”[《世宗实录》卷八十六,世宗二十一年(1439)七月五日]

世宗在位后期让世子代理听政,自己致力于《训民正音》的创制,对于世子代理听政,谏官们的反对非常强烈。这样的困难通过蛊卦初六爻辞解决了。当然,因为遭到大臣们的强烈反对,所以没能立即实行。

蛊卦初六爻辞:

> 干父之蛊,有子,考,无咎,厉,终吉。

也就是说,如果儿子能处理好父亲背负的事情,就不会有缺点,可能会有危险的事情,但最终还是吉利的。在《周易》的卦当中,蛊卦是代表性的凶卦,但其中初六的结果是吉利的。蛊卦是山下刮风,表现风化作用,侵蚀山之象。起初,山被逐渐侵蚀的情况虽然危险,但并不严重,只要好好应对,就会吉祥。因此,世宗引用这些爻辞说:“虽然现在世子代理听政看起来很危险,但是世宗自己年老体弱,年幼的文宗只是不擅长国政,如果世子能够很好地适应国政,最终国家会安定下来。”世宗就是这样利用《周易》经文渡过政治难关的。

议政府直接反对的是让世子执行讲武的命令，因为讲武是国王作为军队统帅的固有任务，也不能随意委托世子代行。这样的危险命令，大臣们的反对是理所当然的。但最终，随着现王的时代过去，世子的时代即将到来，世子讲武没有问题，而且世宗相信世子的明智，因此判断讲武一事世子会处理好。世宗根据自己的判断未终止世子的讲武活动。

同年八月二十日，世宗前往勤政殿，以策问举子，策问的题型如下：

> 御勤政殿，策试举子。谓读券官右议政申概曰："今观学生不究性理之书，徒务词章，予将问其理学。"乃出策题曰："尝观六籍之文，其义往往似有抵牾，予窃疑焉。《易》曰：'作《易》者，其有忧患乎？'又曰：'乐天知命，故不忧。'其言之相戾，何欤？《书》称文王曰：'不遑暇食，用咸和万民。'称武王曰：'垂拱而天下治。'其所以为治之不同，何也？《诗》曰：'昊天曰明，及尔出王。'则天非冥冥而难知也。又曰：'上天之载，无声无臭。'则天不可得而测也，亦将有说乎？子大夫讲之熟矣，其各详辨以对，予将亲览焉。"遂使诸生疎行列坐，人守之，毋得相通与语。又幸慕华馆，试武举骑射。［《世宗实录》卷八十六，世宗二十一年(1439)八月二十日］

世宗出题策问的核心是关于忧患意识。"作《易》者，其有忧患乎？"和"乐天知命，故不忧"就是系辞下第七章的话，是表达被困在羑里狱中的西伯姬昌（文王）为了保住生命、安全地活着而担心和忧虑的文字。

虽然世宗在试题中提出为什么在同样的文章里有一句"有忧患"，还有一句"乐天知命，故不忧"的疑问，但世宗的本意是现在的学生们为什么只顾着舒适，不能效仿先贤文王那样的人想着百姓而苦恼？所以下面引用了《书传》和《诗传》的句子，称赞了文王的德与功，他强调学生应该考虑国家和百姓。

由此可见，世宗不仅在政策决定、对学生的训诫、子女教育等方面运用了经典著作，还恰当灵活地运用了《周易》经文。

结　语

经筵能够观察儒教国家政治教育方面的帝王学乃至其过程中包含的多个方面，即政治理念成为现实的过程、问题被讨论并政策化的政治过程、君主和臣子的纵向关系等。作为不同意见的公论场，经筵是儒教的政治文化等的重要研究对象。

以国王为对象的授课中，四书五经等道德修养书、统监类等历史书及政治书占比较大。这为国王具备历史眼光和修己治人的圣君面貌，发挥了帝王学的功能。

朝鲜时代的经筵整体上结合了东亚悠久的身份秩序和国家经营体系，认为自上而下的道德性、知性的自我审查对基层人民都有影响，换句话说，经筵就是把国家视为家庭的延续、将国家和个人有机地联系在一起的国家统治中地位高则责任重这一观念在政治上得以实现的场所。

东亚人希望家长具有道德和智慧，帝王具有道德和智慧是人们委托帝王经营国家的前提，因此参加经筵的讲官的责任和作用非常重要。世宗基于对《周易》的深刻理解，在讨论政事时利用和引用经文，说明他具有国家经营所需的忧患意识。

茶山丁若镛的《周易》解释与安民论

[韩]金永友*

本文对茶山(丁若镛)所编撰的《周易四笺》中出现的茶山解释《周易》的特征进行阐释,茶山在《周易四笺》中把推移、爻变、互体和物象作为解释方法的核心,对《周易》的卦爻辞进行了新的解释。关于茶山易学的一系列研究多集中在关于茶山易学的理论解释上,这与此类研究多体现出系统化且十分具有独创性不无关系,但也造成了有关茶山的注释进行内容分析的研究并不多见。

茶山对《周易》的解释具独创性且与朝鲜时期分析《周易》的权威性著作《周易传义大全》有巨大的差异,其分析理论与分析的内容都与《周易传义大全》有巨大的差异。因此茶山编撰了《周易四笺》,旨在对《周易传义大全》的分析内容进行批判性的分析。茶山对涣卦中的上六爻辞具有如下的分析:

> 《周易》中的道从大的方面上讲,它包含了天地的理,从小的细微处讲,它包含了学习巫医之事。如果将达到450多个卦辞、爻辞视为伟大的义理,那么就不能说易道只是为了引导人民的日常生活而建立的。①

这段文字展现了茶山对《周易传义大全》诠释的问题意识。茶山认为《周易》的卦辞和爻辞不是为了讨论圣名义理,而是以人民的生活作为其创作目的。关于《周易》究竟是为了义理还是为了人民的生活而存在的这一问题一直都没有一个确定的答案,人们对于《周易》解释有不同观点。正如茶山所提到的,他强调朝鲜的性理学将经世学排除在外,只讨论性命和义理。他对此表示担忧,并表示学术不仅仅应当是关注以性命义理为核心的这些涉及个人修养的问题,也应当涉及为人民和国家即治人之道的问题。茶山的此种学术观在对《周易》的解释中也得以充分体现。

茶山认为《周易》的创作目的在于"为民"。如果伏羲创造八卦谋划出"易"只是为了消除人们对未来的好奇心的话,那么文王和周公则继承了伏羲的意志,同样以"为民"为目标,重新创作出了《周易》。茶山在《周易四笺》的很多地方通过种种证据阐明了自己的这种观点,并通过推移、爻变、互体等理论,以及对特定概念作出新解释的新型训诂方式,

---

* 作者简介:金永友,韩国仁济大学教授。

① 《周易四笺》,《定本与犹堂全书》(16),茶山文化财团2011年版,第180页。"易之为道,大可以弥纶天地,小可以学为巫医,必欲以四百五十之繇,悉归之于大义理,则不可以前民用也"。

揭示了《周易》中古代圣王"为民"思想的具体内容。本文旨在通过将茶山的分析内容与《周易传义大全》中的分析内容进行对比的方式，来揭示茶山分析《周易》的特点。尤其是，本文以特别体现了安民观点的观卦、震卦、益卦的爻辞为重点，来展示了茶山分析中的关注点和特色。

一、《周易》中与安民相关的分析事例

茶山在解释《周易》时经常使用"先王之法"。这意味着《周易》不仅仅是一本体现了君子道德修养的伦理方面的书籍，还是一本反映了先王的政治制度包含国家治理之道的治世之书。那么通过《周易》，茶山所发现的古代圣王的治国治世思想是什么呢？

茶山通过对《尚书》的分析来重新理解尧舜时期的政治实质，认为此时期的政治以"知人"与"安民"为核心，并以此构建了体系化的经世学。所谓的"知人"是公正选拔人才，而"安民"则是减轻赋税，予人民以恩泽。茶山认识到"知人"和"安民"问题关系到国家的存亡。那么，作为茶山经世学的核心观念——知人与安民，在文王和周公创作的《周易》中又是如何继承和体现的呢？

（一）观卦的爻辞："生"

在观卦的爻辞中，"生"字出现在六三、六五和上九这三个爻辞的位置上。

（1）六三：观我生，进退。象曰：观我生进退，未失道也。

（2）六五：观我生，君子，无咎。象曰：观我生，观民也。

（3）上九：观其生，君子，无咎。象曰：观其生，志未平也。

关于上述三个爻辞中出现的"生"，程颐和朱熹解释为"主体的行动或行为"。因此，"观我生"这句话被解释为"观察我所做的行动或行为"。所以，(1)被解释为"观察我所做的行动或行为，而后决定前进和还是撤后"，(2)和(3)被解释为"如果我所做的行动或行为像君子一样，那么就不会有过失"。程颐和朱熹从伦理角度对这三个爻辞进行了解释。

然而，这三个爻辞中"生"的意义茶山都解释为"百姓的生命"。对于每个爻辞，茶山的解释如下：

（1）阴从内向外流出（否卦 3 向 4 转化），阳则从外向内流入（否卦中 4 向 3 转化），这即为进退的法则。巽的命运是本来存在的（观卦的上卦为巽），这是进退的上卦（在说卦中出现）。使仁善正直的人前进，使邪恶之徒被驱逐，这可使百姓得以摆脱困境。[①]

（2）这是观卦变为剥卦的情况。剥卦的上卦为艮，为万物死去的地方（外物都是在艮处消亡的）。将剥卦颠倒便成为复卦（意为显示而出）。进即为生（回归到生）即

---

① 《周易四笺》，《定本与犹堂全书》(16)，第 120 页。"阴自内出，【三之四】阳自外入，【四之三】进退之卦也。本有巽命【观上本巽】进退之象也【见说卦】。进贤退邪【否之干君，与震贤相见】，民所生也。"

为关我生(卦德原本被称为关)“我”是指震。坤民的生命(上卦为原本的巽)因为艮卦而面临死亡,但却因得到正直君主的仁德救赎而得以保全,这就是所谓的“百姓非君不能活”。[①]

(3)当正直和仁德失去其正确的方向而成为否卦又成为观卦(艮的困惑)。现在震降至低位,使坤民苏醒,这就是所谓的君子无咎。[②]

虽然这三个爻辞的解释存在细微差异,但共同点是都包含君主挽救百姓生命的内容。(2)表明当百姓面临死亡时,君主的力量能让他们得以生存。(3)则指出,君主低位能拯救百姓。(1)揭示了拯救百姓的方法是让贤者前进,邪恶者后退。

与程颐和朱熹相比,茶山的这种解释特别强调君主应以安民为责任。茶山甚至在观卦上九的解释中强调,“君主的忧虑在百姓身上,君主为了百姓的福祉而努力,百姓将会过上幸福的生活,这也正是先王之道”[③]。

(二)震卦爻辞解释:“亿”

(1)六二,震来,厉,亿丧贝,跻于九陵,勿逐,七日得。

(2)六五,震往来,厉,亿无丧,有事。

在上述两个爻辞中,值得注意的字是“亿”字。程颐将其解释为计算之意,朱熹则因为无法确切理解其意,因此没有对其进行解释。[④] 然而,茶山将“亿”具体解释为“供亿”。“供亿”指的是将积攒的财富分给贫困者。[⑤] 在这两个爻辞中,特别是在六五爻辞中,反映了茶山的对此的解析。

“亿”意指“供亿”(分给贫困者的意思)。随卦来源于否卦(上卦从一离开),否卦上卦充实而下卦空虚(天地否),变为随卦后,填补了下卦的空虚(上卦从一离开),意味着“供亿”中有失去的意味。然而,说没有失去是因为原本随卦的器皿是空的,并没有失去什么(没有失去位置)。圣王的义在于让百姓富裕(坤是百姓)。从上面减少的话从下面怎么才能增加呢?(上卦从一离开),为百姓提供支持,上位者怎会有所失呢?(储存在百姓那里)因此“供亿”中没有失去。[⑥]

---

① 《周易四笺》(《定本与犹堂全书》(15),258)。“此观之剥也.剥之上艮,万物所死【万物终乎艮】,倒之为复【义见上】,震则为生【为反生】,观我生也【卦德本为观】我者震也。坤民之命【上本巽】,迫于艮死,而震主之仁,援之使生,此所谓民匪后罔生也。”

② 《周易四笺》(《定本与犹堂全书》(15),258)“震失其道,为否为观【艮之迷】,今震临下,以活坤民,君子无咎也。”

③ 《周易四笺》(《定本与犹堂全书》(15),258)“坎则为忧,忧在民也。君道忧勤,民之乐生,先王之义也”

④ 《周易传义大全》“亿,度也。……亿者,未详。”

⑤ 《周易四笺》(《定本与犹堂全书》(16),118)“亿者,供亿也。损此储蓄,供其匮乏,谓之亿也。【见左传隐十一年郑庄公语】”

⑥ 《周易四笺》(《定本与犹堂全书》(16),120)“亿者,供亿也。【见六二】随自否来,【上之一】否之时,上实下虚,【天地否】移之为随,则刚来益下,【上之一】亿有丧也。然而谓之无丧者,震器本虚,【上本震】今实其中,刚乃得位,【五今刚】无所失也。【不失位】先王之义,藏富于民也,【坤为民】损上益下,【上之一】以给坤民,【否下坤】何失于上?【藏于民】亿无丧也。”

对于这两个爻辞，程颐和朱熹解释为，担任高职的人在陷入危险时应保持中立，善于计算，从而不失去自己已有的事物。[①] 然而，茶山则将“亿”具体解释为“供亿”，理解为对百姓实行“惠民、安民”政策，将财富分给百姓。在这里，茶山强调了他的理念，即圣王的仁德是通过让百姓富裕来实现的。

（三）益卦爻辞解析：“固有之”

（1）六三，益之用凶事，无咎，有孚中行，告公用圭。象曰，益用凶事，固有之也。

茶山的惠民政策思想在益卦六三爻辞中表现得尤为直接。茶山对于益卦六三爻辞的解释中，与“小象传”中“固有之”的相关解释值得注意。程颐将“固有之”解释为“只专心致志于那个事情”；朱熹的解释是“坚守内心”。[②] 然而，茶山则将“固有之”解释为“从一开始就拥有的”，意味着君主从一开始就有财政储备，因此在荒年可以施予百姓福利。如果没有储备，即使有善意，也无法施行。[③] 茶山将这种政策称之为“王政”。茶山将与自己的这种解释有关的《周礼》作为支持文献进行了联系：

> 根据《周礼》中的“至官授道”部分，禹因为平时在宣平地储备了粮食，因此能够应对灾害或荒年。而根据“春官宗伯”部分，禹依据荒礼的原则，对抗饥荒和瘟疫。（当大饥荒来临并且瘟疫肆虐时，会下令在全国范围内发布诏令，使人民迁徙、畅通物资交流、解除禁令、减少徭役、降低税收并减轻刑罚）有益民众之事，没有比解救饥荒更伟大的了。因此，《易》词中也有类似的描述。[④]

在上述解释中，值得注意的是，茶山认为《周易传义大全》的爻辞反映了周朝的真实状况。茶山认为《周易》诠释大部分都以《周礼》为根据，因此他认为《周易》的爻辞反映了周朝的礼法。而周朝的礼法是什么？茶山认为礼法恰是在当前时代下为了国家革新所必须遵循的理想模式。

茶山对于《周易》的解释与当时其他的经学学者不同，他不仅注重为了君子修身而进行义礼方面意义的探寻，更注重以安抚民众为中心的治国（经世学）方面的解释。

---

① 《周易传义大全》“当君位，为动之主，随宜应变，在中而已，故当亿度，无丧失其所有之事而已。”

② 《周易传义大全》“六三益之独可用于凶事者，以其固有之也。谓专固自任其事也。”

③ 《周易四笺》（《定本与犹堂全书》（16），52）“固有之者，乾王之富【遯上乾】，所固有也。固有之故，能以惠民【四之一】，上无所蓄，则虽欲巽施【以益下】亦不能也。”

④ 《周易四笺》（《定本与犹堂全书》（16），52）“案，《地官》，以委积，待凶荒，《宗伯》，以荒礼，哀凶札。【大荒大札，则令邦国，移民通财，舍禁弛令，薄征缓刑】损上益下，莫大乎振荒，故《易》词如此。”

河洛、太极与理气之间：明代前中期图书易学之衍进

陈岘*

明代前中期的易学发展带有强烈的理学色彩，林忠军、张沛、张韶宇、胡士颖等学者已有较为清楚的论述。① 在这一大背景中，以河洛、先天、太极之学为主要内容的图书易学也自不例外。虽然此一时期的图书易学成就在易学史上引起的关注并不太多，但其价值却不容小觑。一方面，曹端、薛瑄、蔡清、王廷相等理学中人着力于通过气论的阐发，为图书易学理论注入新视角和新元素，再从更为宏观的视角融合河洛、先天、太极之学，从而实现图书易学系统的整体性调整；另一方面，以章潢《图书编》为代表，这一时期的学者系统总结了自宋元以来的《周易》图像体系及其发展历程，为后世保存了颇为重要的图书易学资料。

一、理学背景下的明初图书易学

随着朱子学在元代渐成显学，以《四书章句集注》为核心的朱子学经典文本便顺理成章地成为科举考试的范本，而到了明代之后，除《四书》完全以朱子之注释为钦定范本外，在五经注本的选择上也大多以朱子或朱子弟子的注本为准，如《明史·选举志》所载：

> 初设科举时，初场试经义二道，《四书》义一道；二场，论一道；三场，策一道。中式后十日，复以骑、射、书、算、律五事试之。后颁科举定式，初场试《四书》义三道，经义四道。《四书》主朱子《集注》，《易》主《程传》、朱子《本义》，《书》主蔡氏传及古注疏，《诗》主朱子《集传》，《春秋》主《左氏》《公羊》《穀梁》三传及胡安国、张洽传，《礼记》主古注疏。永乐间，颁四书五经《大全》，废注疏不用。其后，《春秋》亦不用张洽传，《礼记》止用陈澔《集说》。②

我们可以注意到，在明太祖时期，《周易》所选用的范本是程颐《周易程氏传》与朱熹

---

* 作者简介：陈岘，男，湖南大学岳麓书院副教授，主要从事易学、《春秋》学、中国哲学研究。

基金项目：本文系国家社科基金重大项目“周易图学史研究”(17ZDA010)阶段性成果。

① 参见林忠军、张沛、张韶宇：《明代易学史》，齐鲁书社 2016 年版；胡士颖：《易学简史》，生活·读书·新知三联书店 2018 年版。

② (清)张廷玉等：《明史》，中华书局 1974 年版，第 1694 页。

《周易本义》两种，《诗经》则独用朱子《诗集传》，而在《尚书》《春秋》二经的范本中，也均选取了朱子门人蔡沈与张洽的《书集传》和《春秋集注》。到明成祖时，五经范本的数量进行了一定程度的缩减，以更为简化的《性理大全》《四书大全》《五经大全》作为官方钦定考试范围。以《周易》一经为例，也编订了一部《周易传义大全》作为范本，但此书之编纂并没有让朱子学的权威受到任何挑战，因为朱子易说仍是其中的核心内容。如黄宗羲所言，在王阳明之前，明代的学者们不过是"习熟先儒之成说，未尝反身理会，推见至隐。所谓'此亦一述朱耳，彼亦一述朱耳'"[①]。毫无疑问，在明代初年之时，朱子易学是一家独大的，《周易本义》也自然是最为权威的《周易》注本。

在这种背景下，明代早期的图书易学具备比较突出的理学色彩也便是顺理成章之事，曹端、薛瑄、胡居仁、蔡清等皆为代表人物。我们知道，在宋代图书易学的兴起过程中，理学的思想虽然已经开始兴起，但尚未成为官方正统，甚至还一度被打上"伪学"之标签，因此在宋代至元代早期之时，易学家们的理学包袱并没有后世那么严重。相反，不但以邵雍为代表的一批学者将主要精力投入到了《周易》数理研究及其图象诠释上，而且即便是朱子学派范围内的蔡元定、蔡沈、胡方平等学者，也尤为推崇对象数的理解，试图将图书易学纳入象数易学的大范畴中进行统合。但到了明代，理学已成为钦定之学，易学中象数与义理的对立便开始逐步显现出来。因此，如何摆脱图书易学的象数意味，将《周易》图像的诠释拉到"义理优位"的方向，也成为明初理学家们所思考的重点问题。

面对这一问题，身为理学家的曹端所选择的突破口，是易学中的"太极"概念：

> 太极，理之别名耳。天道之立，实理所为。理学之源，实天所出。是故河出《图》，天之所以授羲也；洛出《书》，天之所以锡禹也。羲则《图》而作《易》，八卦画焉；禹则《书》而明《范》，九畴叙焉。圣心，一天理而已。圣作，一天为而已。且以羲易言之，八卦及六十四卦次序方位之图，曰先天者，以太极为本，而生出运用无穷，虽欲绍天明前民用，然实理学之一初焉。厥后，文王系卦辞，周公系爻辞，其义始明且备，命曰《周易》。及孔子《十翼》之作，发明羲画、周经之旨大明悉备，而理学之传有宗焉。[②]

在曹端所撰的这篇《太极图说述解序》的相关论述中，我们可以发现，无论是《河图》《洛书》与《周易》《洪范》的分别对应，还是对先天图基本内容的阐述，曹端都完全遵从朱子之论说，未加丝毫改变。但在曹端的论说中，最值得我们关注的一点是他把"太极"与"理"的等同处理。严格来说，这一处理并不违背朱子理学的基本原理，但在朱子图书易学中，由于周敦颐《太极图》与先天图在"太极—两仪—四象"和"太极—两仪—五行"这两重宇宙生成结构中的冲突，使得朱子最终做出了将《太极图》剥离于《周易》的处理。然而在曹端看来，既然"天道之立，实理所为"，那么无论是《河图》《洛书》还是先天图、《太极图》，所阐发的也无非都是天理，并无严格区分之必要。更何况在先天图中，"太极"也是逐爻渐生法的起点，在这一核心点上与周敦颐《太极图》也并不冲突：

---

① (清)黄宗羲：《明儒学案》，中华书局2008年版，第178页。

② (明)曹端：《曹端集》，中华书局2003年版，第1页。

> 若夫濂溪周子,二程师也,其于羲图,想亦偶未之见焉,然而心会太极体用之全,妙太极动静之机,虽不践羲迹,而直入羲室矣。于是手《太极图》而口其说,以示二程,则又为理学之一初焉。①

由此可见,曹端的目的非常明确,那就是将朱子一分为二的河洛、先天之学与《太极图》学在理学的总体框架内重新捏合成一个整体。如果说朱子切割《太极图》的考量之处在于维持《周易》经典诠释的独立性,那么在曹端看来,如果五经皆述天理,那么《周易》也断无任何独立于理学外的必要性。

与曹端持有同一想法的还有薛瑄,在他看来,不但可以把太极放在天理的同一维度上加以理解,甚至在周敦颐《太极图》中所描绘的宇宙生成之理与伏羲设卦卦象也别无二致:

> 观《太极图》,皆天理流行发见之实。圣人定之以中正仁义,而立人极。以至与天地、日月、四时、鬼神合德、合明、合序、合吉凶,皆妙道精义之着。②
>
> 伏羲观象以画卦,周子原理以作《图》,其义一也。③

在薛瑄看来,伏羲画卦与周敦颐作《太极图》,从天理流行的角度来说并无差别。伏羲本于数理而创作出了阴阳、四象、八卦,周敦颐则基于同样的起点,将生成之道落实到了以"中正仁义"为核心的人道视角。因此,薛瑄强调:"《太极图》见天人合一之妙。"④"《太极图》义理精而约,该而备。"⑤"《太极图》一以贯之。"⑥无论是在本体之"理"上,还是在实体之"气"上,宇宙生成的基本原理都可以适用,只不过表述的方式有所差别而已。

我们可以注意到,曹端与薛瑄作为理学家,无论在本体论还是工夫论诠释上,都不可能避开作为五经之首的《周易》以及易学中的"太极""阴阳"等核心概念。但他们基于理学视域的图书易学与理学整合思路也非常清楚:先将"理"与"太极"两个概念做出等同处理,再以之作为最高本体,从而将河洛、先天、太极三大门类的《周易》图像依次排列,便足以完成一个更为整齐的图书易学框架设计了。

虽然曹端与薛瑄均非典型的易学家,但他们对图书易学的总体理解以及对《周易》图像架构的优化,足以成为明初理学易的代表。在年代上较他们稍晚的胡居仁所撰《易像钞》,以及蔡清所撰《易经蒙引》《河洛私见》等易学专论中,也都展现出完全以朱子学为宗的主旨,并且在图书易学的讨论中,也体现出来河洛、先天、太极图学并重,而非将它们进行切割的态度。如胡居仁在论及"先天"与"太极"之关系时便说到:"乾知大始,故能先天而天弗违。《太极图》主静立极,《西铭》继志述事,存顺没宁,皆后天时奉之能事耳。"⑦蔡清更是认为,《太极图》的每一部分都是在阐述易卦之理:

---

① (明)曹端:《曹端集》,第2页。
② (明)曹端:《曹端集》,第888页。
③ (明)曹端:《曹端集》,第766页。
④ (明)曹端:《曹端集》,第869页。
⑤ (明)薛瑄:《薛瑄全集》,三晋出版社2013年版,第770页。
⑥ (明)薛瑄:《薛瑄全集》,第771页。
⑦ (明)胡居仁:《易像钞》卷五,文渊阁四库全书本。

六子之卦，实《太极图》之阳动阴静也。[①]

《太极图》所以明《易》也，故今学《易》者，须证之周子之图书。[②]

由此可见，胡居仁、蔡清不但把《太极图》之宗旨与《周易》之卦爻体系、《易传》之先天观念全都汇聚在了一起，更有效实现了易道与理学的合一。在理学地位得到官方确立的大背景下，这种图书易学架构的调整，应该说也是顺理成章的。

二、气论对图书易学发展的刺激

在明代前中期理学背景下易学的发展过程中，还有一个值得关注的理论发展之处，那就是儒家学者们对“气论”的重视。事实上，理与气的关系一直是理学中的重要问题，并不是到了明代才展开讨论的。但是，一方面在明代理学的发展中，气学的重要性得到了明显的提升，另一方面，学者们开始将气论运用到《周易》的诠释中。

以曹端为例，他在所撰《形化》与《死生》两首诗中，便阐述了其基于气论的易学宇宙论模型：

乾坤气化既成形，男女雌雄牝牡名。自是生生有形化，其中气化自流行。

阴阳二气聚时生，到底阴阳散时死。生死阴阳聚散为，古今造化止如此。[③]

我们需要注意的是，在曹端所描绘的易学宇宙论中，气之聚散是万物能够生生不息的内在规律，这与宋代以来以理气合一为主流的理学思想并没有本质性差别。但曹端气论中却存在一个值得讨论的地方，那就是他明确提出了“阴阳二气”的区分。我们知道，理气合一理论的一个重要立足之处，便在于气是充盈于宇宙万物之间的，只有不同的呈现形态，而不存在自身的分裂。但“阴阳二气”的表述却留下了一定的理论问题，那就是元气是否可以被切割为阴气与阳气二者？如果从理气相即的前提出发，二气的分割便是断然不可能的，即便是有阴阳二气的表述，也只能是两种不同的呈现状态。但事实上，如果过度强调元气的整全性，也势必会因为变化性不够，造成易学或理学宇宙生成论的弱化。因此，如何诠释气之聚散，以及是否可以用阴阳二气的方式表述宇宙生成，也成为了明代之后的易学中一直在争辩的理论问题。

在这一问题上，蔡清的观点也比较具有代表性，他认为，阴与阳在本体层面的区分是具有一定必要性的，如果没有先天易学中阴阳两仪的分类，那么既不足以谈论接下来的四象、八卦生成，也不足以凭借先天学解释宇宙世界与世间万物之生成：

有先天对待之体，方成后天流行之用。推类而言之，日属阳，月属阴，日月相对待者也，必有日有月，然后往来相推而明生。又如文属阳，武属阴，文武相对待者也，必有文有武，然后德威交济而治功成。夫属阳，妇属阴，夫妇相对待者也，必有夫有

① (明)蔡清：《易经蒙引》卷二上，文渊阁四库全书本。

② (明)蔡清：《易经蒙引》卷十上。

③ (明)曹端：《曹端集》，第293页。

妇，然后内外相得而家道成。推之万事，亦莫不先有对待之体，然后有流行之用也。《易》道固无所不该。[①]

蔡清的这一解释的一个重要理论贡献，是在理气关系视角重新建立了先天学的重要意义。在这一逻辑中，先天八卦与后天八卦的关系，便不再仅仅是时间意义上的先后关系，而成了一种本体论意义上的体用关系："伏羲八卦乃对待之体，而谓之先天；文王八卦乃流行之用，而谓之后天。二者之次序固为不同，而亦未尝不相须也。"[②]先后天之间的体用关系，实际上是宇宙生成论的一种展现模式，因此，无论日月、文武，还是夫妇，都是阴阳二气的一种呈现形式，这种典型的阴阳二元理论，也就经由先后天图和《太极图》的两种结构，发展成了立体的模型。蔡清的这种基于气论的易学宇宙论，对后来罗钦顺、崔铣、刘宗周等人的气学思想，也起到了极大的启发和推动作用。[③] 在图书易学与理学的交汇方面，蔡清的诠释也增加了另一维度的论证。

另一位在气学视角对图书易学诠释作出了重要理论贡献的学者，则是在年代上稍晚于曹端、蔡清等人的王廷相。王廷相充分吸收了明初学者等同"太极"与"理"、理与气合一等基本观念，并在对这些学说加以整合的基础上，着重强调了易道尤其是"太极"诠释中"元气"概念的重要性：

太极之说，始于"《易》有太极"之论。推极造化之源，不可名言，故曰太极。求其实，即天地未判之前，大始浑沌清虚之气是也。虚不离气，气不离虚，气载乎理，理出于气，一贯而不可离绝言之者也。故有元气，即有元道。[④]

在王廷相的理解中，万物之理都是从元气中产生的，并不存在所谓"理先气后"的逻辑先后问题："万理皆出于气，无悬空独立之理。造化自有入无，自无为有，此气常在，未尝澌灭。"[⑤]很明显，王廷相在元气整全性与万物化生的各阶段之变化性需要这两个问题的内在矛盾中，更加坚持"元气"本身作为"元道"的重要意义。既然连万物之理都是从气中产生的，那么元气一定是恒久、充盈、不会分割的。这样一来，无论是从先天到后天的变化，还是从太极到世间万物的生化，作为元道的元气，是始终充盈而不绝的。这也就意味着，阴阳二气的理论，是对元道的割裂，无法成立。

王廷相所指出的这一问题非常关键，既涉及理学本体论与气论中的核心概念，也牵涉到易学宇宙生成论的诠释方向。然而，如果阴阳二气的理论被否定，那么就会带来一个理论上的连锁反应。在先天学理论的构建中，从太极到两仪的分化是基于逐爻渐生法的八卦生成中最为关键的一个步骤，明初学者也是在此基础上，实现了先天与后天在体用论结构上的整合，从而最终把河洛、先天、后天、太极融合成了一个立体结构的整体。如果阴阳二气并存的可能性被取消，那么"太极—两仪—四象—八卦"的宇宙生成次序的

① （明）蔡清《易经蒙引》卷十二上。
② （明）蔡清《易经蒙引》卷十二上。
③ 参见林忠军、张沛、张韶宇：《明代易学史》，第 63 页。
④ （明）王廷相：《王廷相集》，中华书局 1989 年版，第 596 页。
⑤ （明）王廷相：《王廷相集》，第 596 页。

适用性就将大大缩减，蔡清的“先后天体用论”也就自然无法成立了。

王廷相也看到了这一问题，但他坚持认为，作为元道的元气是不被允许割裂的，不要说基于太极已成的宇宙生成次序，就算在宇宙世界生成之前，元气也是以太虚形态存在的：“所谓太极，不于天地未判之气主之而谁主之耶？故未判，则理存于太虚；既判，则理载于天地。”[①]这也就意味着，太极无论是在王廷相所理解的宇宙生成论还是本体论中，其主要作用都是承担作为元气之理的本体职能，而无需在具体的万物生化环节中作为一个细节的组成部分。但反过来说，在万物化生的生生系统中，也需要一种可以取代“太极—两仪—四象—八卦”的理论体系。在王廷相看来，五行便可以承担这一作用，为此，他特意撰写了《五行辩》一文，用以诠释五行之古义：

> 《禹贡》言六府，《洪范》言五行，其义一也。谓此五者流行于天地之中，切于民用，不可一日而缺。治天下国家，其政所宜先者，如沟隧灌溉，水政也；昆虫未蛰，不以火田，钻燧改火，火政也；井田疆理，土政也；鼓铸陶冶，金政也；仲冬斩阳木，仲夏斩阴木，木政也。水土平而后五行之政修，五行之政修而后庶政可举，是五行者王政之根本，不然则民用有缺，民用既缺则民生不遂，虽有庶政，安得顺而施之？古之圣人，其论五行之义，如此而已。[②]

在此文中，王廷相也表达了对周敦颐“五气顺布”说的不满。在他看来，这种将五气分化的做法，既是对“元气”整全性的破坏，也是对五行说的曲解。五行作为一种理论架构，也是具有整体性的，象数家以五行附会于四时、星象、人体等等的理论，皆为穿凿附会之说：

> 自夫圣王之政衰，而异端之术起，始有以五行分配十二支于四时者矣，始有以五行配五脏六腑者矣，始有以五行名星纬者矣，始有以五行论造化生人物者矣。斯皆假合傅会，迷乱至道，遂使后之儒者援纬附经，拟议造化，其随声附和者，浸淫为怪诞之谈而不知其非。[③]

在王廷相的理解中，周敦颐的“五气顺布”说，也是“惑于五行家之说而为言也”[④]。由此可见，五行也只是元气在民用中的五种呈现，而并不是隔离为五的五种气，这是王廷相与象数家的本质区别。同样的，王廷相对基于数理变化的《河图》《洛书》说也并不认可，在他看来，将以数理变化为核心的《河图》视为《周易》创作之源，存在两个问题：

其一，《河图》中以数为本的生成论与以“太极”为本体的生成论存在矛盾：“今曰因《河图》之数以作《易》，是不从太极以为《易》，缘图之对偶而然矣，岂不于仲尼‘易有太极’之论乖戾乎？”[⑤]

其二，“河图”“洛书”虽然在图书易学中被与《周易》和《洪范》捆绑，但事实上这两个

---

① （明）王廷相：《王廷相集》，第596页。

② （明）王廷相：《王廷相集》，第597—598页。

③ （明）王廷相：《王廷相集》，第598页。

④ （明）王廷相：《王廷相集》，第598页。

⑤ （明）王廷相：《王廷相集》，第601页。

概念并没有出现在《周易》和《洪范》的文本之中："《易》文本无'河图'之辞，而解者果于附入；《洪》模板无'洛书'之字，而传者强为援取，遂使圣经本旨尽晦，与夫五行、术数、谶纬之家同一流派，岂不为圣经之辱哉！"①

因此，王廷相认为，《河图》和《洛书》并不能起到任何辅助易学宇宙生成论或理学本体论的作用，而是与术数、谶纬类似的象数之学，对于《周易》和《洪范》的诠释非但无益，反而只能起到混淆视听的作用。这也就意味着，《河图》与《洛书》应当被清理出《周易》与《尚书》之外，不可以再作为图书易学的一个重要组成部分而存在。

王廷相这种将《河图》《洛书》与《周易》进行剥离的态度，与元明以来的主流观点形成了鲜明的对比。但如果我们沿着其气学理论进行追溯，便应该得出这样一个结论：虽然王廷相在《河图》《洛书》的批判上否定了图书易学的基本结构，但其出发点仍是在理学宇宙论和本体论的维护上，只是其"元气"说与此前的易学宇宙生成论学说存在冲突，才导致了这一观点。换言之，王廷相并不反对图书易学，而只是在气论视角中，对图书易学的理论与框架进行的修正，与明末清初时开始兴起的图学批判运动有着本质性差别。不过我们也可以看到，这一基于气论的质疑，也激发出了图书易学中新的问题意识，让图书易学的发展有了新的前进方向。

三、明代图书易学之小成：章潢与《图书编》

在明代的理学家对图书易学的推进中，还有一位学者的工作值得关注，那就是"江右四君子"之一的章潢(1527)。章潢曾主白鹿洞书院讲席，撰有《周易象义》《诗经原体》《数竞原始》《礼记札言》《春秋窃义》等著作，是明代江西地区颇具名望的理学家。② 而在章氏的著述中，又以皇皇一百二十七卷的大型类书《图书编》之影响最大，此书在《周易》图像资料的汇编方面，也有着重要的文献价值。

根据《四库全书总目》的记载，章潢所编此书原名《论世编》，后改名《图书编》。③ 那么，"图书编"之名称与"图书易学"之间有没有什么关系呢？答案是肯定的。章潢在《图书编》之自叙中提到，类书在古往今来的文献中有着重要的价值，"有裨国家实用，可备考索"④，像是杜佑的《通典》、马端临的《文献通考》，皆是如此。章潢编纂此书，也确实有此目的，因此，他将全书分为经义、天文、地理、人道等多个大类，为后世提供了内容详实、条例清晰的一部优质类书。他之所以最初将此书命名为"论世编"，也是彰显了这层意义。但是在章潢看来，一部类书如果仅仅做到这些的话，是远远不够的，还应具备突出的价值取向，那就是"祖述圣人之经典"和"追原天地之文章"：

> 六经、四书，虽以阐造化、淑人心，犹曰圣人之文。"河出图，洛出书，圣人则之"，

---

① （明）王廷相：《王廷相集》，第601页。

② 参见（清）张廷玉等：《明史》，第7293页。

③ （清）永瑢等：《四库全书总目》，中华书局1965年版，第1155—1156页。

④ （明）章潢：《图书编》卷首，明万历四十一年涂镜源刻本。

> 一皆则夫天地自然之文耳。然则谓《河图》《洛书》为天地之文章非欤?后儒学聚问辩未之潜神,间有留意探索者,又穿凿附会,莫知反诸身心以求合德于天地,此《图》《书》所以日益晦矣。是故《太极图》、两仪、四象、八卦、五行皆于此乎寓,《河图》五行象数皆顺而相生,《洛书》五行象数皆逆而相克。果真悟太极、河洛、浑沦、生克自然之妙,则《图》《书》即天地之《易》象,卦爻即天地之《图》《书》,阖辟盈虚变化不穷。凡上而天象,下而舆地,中而人物,孰非天地之文章?孰非太极之散见?亦孰非吾人参两天地之问学邪?[①]

章潢认为,对《河图》《洛书》的理解,既要回归到《系辞》之文本,也要站在天地自然之高度,对河洛的理解,虽然一方面需要将之放回到两幅黑白点图像以及由之延伸出的象数易学理论中,但也绝不能停留于此,而是应该返归到《周易》所论天、地、人三才之道中,从三才之道汇通的视角,体会河洛概念背后的天地、自然、人事相贯通之道理。

而且,章潢对以《河图》《洛书》为代表的《周易》图像的收集和诠释,并不仅是概念上祖述圣人经典、追原天地文章的象征意义。在《图书编》全书包含附录在内的一百二十七卷文本中,前九卷皆为包括诠释太极、河洛、先天、易卦、筮法在内的各类《周易》图像。作为一部类书,章潢收集易图及相关解释的范围非常广泛,他一方面非常重视引用《系辞》《彖传》《象传》等易传文本,另一方面也非常注意收集周敦颐、邵雍、朱熹、吴澄、张理等人的论说。值得注意的是,章潢并不拘泥于朱子或者某一家一派的图书易学结构,因此,我们在《图书编》中既可以看到周敦颐版本的《太极图》,以及朱子范式的《河图》《洛书》,也可以看到阴阳鱼图示的《古太极图》(见图 1)以及《古河图》(见图 2)和《古洛书》(见图 3)。

图 1 古太极图

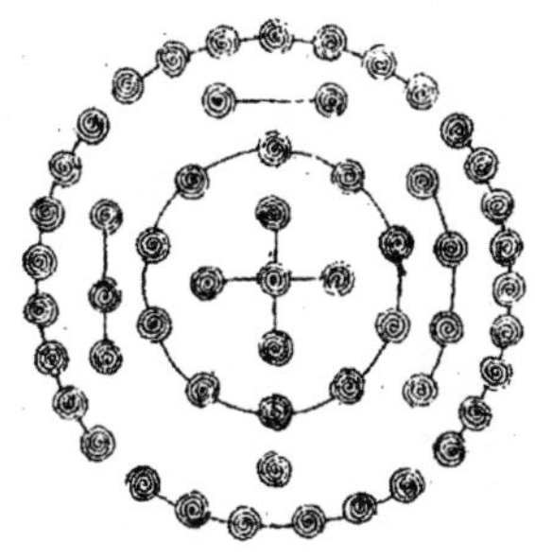

图 2 古河图

图 3 古洛书

值得注意的是,虽然章潢在《图书编》中所收易图范式并不单一,但绝非没有原则的资料汇编,而是以"太极"概念的诠释为中心,将《周易》图像的诠释落实到五经的儒学经典价值上面。具体来说,章潢以"太极"作为最高本体,并且强调三才之道是总括于"太极"之中的:

> 太极,万化之原委也。天道、地道、人道虽列而三,而函三为一者,太极也。《河

① (明)章潢:《图书编》卷首。

图》图此也,《洛书》书此也。伏羲观天察地、近身远物,通神明、类物情,而画之卦象,为文字之祖;仲尼祖述宪章,上律下袭,其敦化川流之蕴,垂之六经,炳如日星,此博约一贯之学所自来也。《易·系辞传》曰:“《易》有太极,是生两仪,两仪生四象,四象生八卦,八卦定吉凶,吉凶生大业。”《易》之所以开物成务、冒天下之道者,孰非太极之生生不测乎?[①]

在章潢的经典诠释思想中,把对“太极”的诠释放到了无可取代的最高地位:既是伏羲创作《周易》的原初理念,又是历代圣人与儒者诠释六经的核心概念,还是理学系统中的最高本体以及宇宙生成之基点。但既然章潢既在《自叙》中已经强调《河图》《洛书》是圣人之经典、天地之文章,又在《图书编原》中认为太极之生生不测才是《周易》开物成务的来源,那似乎在“河洛”和“太极”这两个概念之间会产生一定程度的冲突。更为具体地说,朱子在《周易本义》中首列《河图》《洛书》,而将《太极图》排除在易图九种之外,是旨在明确伏羲作《易》之源是《河图》而非《太极图》,《太极图》是在《周易》已成其书基础上的宇宙生成论诠释。但在章潢的理解中,这种逻辑是截然相反的,应当是《太极图》在前,《河图》《洛书》在后,因为无论《河图》还是《洛书》,所阐述的无非万化之原的太极而已。

但即便如明初学者所期望的那样,将周敦颐《太极图》列入易图之中,再如章潢之意,反置《河图》《洛书》与《太极图》之位置,仍不能完全解决此矛盾。因为周敦颐《太极图》中的自太极而两仪以降的生成逻辑,必然是晚于《周易》的。在这一情况下,章潢的最终处理方式有二:

其一,弱化“河洛”概念与“太极”概念之间究竟谁更优位的矛盾,而是将两者进行统合处理。章潢在《图书编》卷一中所撰的第一篇文章,就名为《太极河图洛书易卦象总叙》,将太极、河洛与易卦卦象并列为其易图诠释的三大重心。这样一来,既在逻辑上不违背“河洛”优位的朱子图书易学架构,又显著突出“太极”的重要性,与明初理学相契合。

其二,便是弱化周敦颐《太极图》的重要性,而以阴阳鱼太极图,也就是《古太极图》取而代之,作为《图书编》中的第一幅图像。阴阳鱼太极图虽然流传范围很广、对中国文化的影响非常深远,但从出现时代上来说,其实最早出现在明人赵㧑谦所撰《六书本义》中[②],其所产生的社会文化影响,也是在明代之后。从学理上说,阴阳鱼太极图实现了对周敦颐《太极图》的大幅度简化,并且规避了“四象”与“五行”的冲突问题,既能够突出基于阴阳二元论对“太极”意义的阐释,又能够为“太极”与河洛、先天以及易卦诠释间的路径留下空间,因此章潢选择以此图取代周敦颐《太极图》,是非常合理的做法。而从效果上说,章潢以阴阳鱼太极图放在《图书编》之首,也对此图的传播起到了重要的推动作用。

于是,章潢以“太极”概念的诠释为根本,以阴阳鱼太极图为首幅图像,次序太极、河洛、先天、易卦诸图,以共同的宗旨实现了各类易图的依次排列:

道一而已矣,一不可见也。凡天地间巨细隐显,犂然灿然,孰非此一之散殊乎?自羲、禹、文、周、孔作而君师乎天下,惧斯道终昧而人人日用,莫之觉也。故或为之

① (明)章潢:《图书编》卷首。

② (明)赵㧑谦:《六书本义》卷首,明正德刻本。

《图》，或为之《书》，或为之卦爻而系其辞。道本无象也，不得已示之以象；道本无言也，不得已示之以言。所以为斯人虑至深且远，而斯道传之万世，卒赖有此《图》《书》易卦可证也。奈何传久失真，诸儒又各以意见穿凿附会、牵扯补缀，一愈晦而愈裂矣！近乘学《易》之暇，爰缉先哲所遗而编次之，益信是一也浑沦于未画之前，阐明于有画之后，固不可沦之虚无，亦不可泥之象数也。噫！得意忘言，得心忘象。则是编也，得非求鱼兔者之筌蹄乎哉！[①]

由此可见，在章潢看来，各类易图的主题虽然各有不同，内容形态也是千差万别，但是归根结底，无非是天地自然之道，也就是宇宙太极之理。因此，章潢虽然对各类易图的收集很广，但从根本上讲，也没有完全脱离朱子学派的图书易学框架。以《河图》《洛书》为例，章潢除朱子范式的《河图》《洛书》外，还收纳了所谓《古河图》与《古洛书》，但这两幅图，实则是吴澄版本的《河图》《洛书》。[②] 我们在前章中提到，吴澄版《河图》《洛书》的呈现形态与朱子版的差别，然而，这种差别仅是对黑白点表现方式的修改，而在最为核心的数字排列组合与方位问题上，则与朱子一致。从另一个角度来说，与朱子范式完全相反的刘牧范式《河图》《洛书》，则并不在章潢的收纳范围之内。所以说，在章潢对于易图收集的考量中，还是明显地受到了朱子的影响。

不过，在章潢的易图体系中，对于朱子后学尤其是明代前中期图书易学的吸纳也为数不少。其中最具代表性的例子，就是前文所言的以阴阳鱼太极图取代周敦颐《太极图》："周子《太极图》圈象本空，下图阴阳互根、五行相生，又指其中空圈为太极。虽与此图互相发明，未若此图原画自古先圣帝更浑涵耳。"[③]

另外一个例子，就是在章潢的易图体系中，跟太极、河洛相比先天诸图的地位有所下降。在《图书编》中，第一卷所收之图文，皆为阐述太极或河洛而作，如《古太极图》《古河图》《古洛书》《河图八卦》或《古太极图叙》《河图洛书总叙》等，甚至还包括整合太极与河洛的《古太极河图洛书总说》《太极河图》(图 4)等。

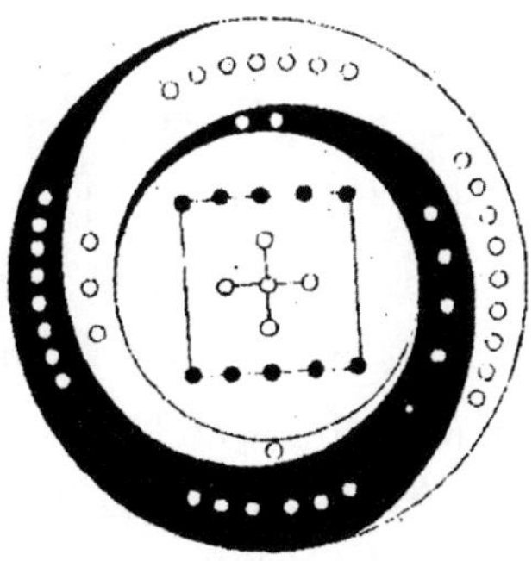

图 4　太极河图

① （明）章潢：《图书编》卷一。

② （明）章潢：《图书编》卷一。

③ （明）章潢：《图书编》卷一。

我们可以注意到,《图书编》卷一之所收,皆为章潢所论图书易学中最为核心的要素,除太极与河洛外,还包含对易卦卦象的阐述。虽然易卦诠释有关的各类易图,诸如阐发象数易理论的《易卦八宫阖辟往来图》《六十四卦反对图》《六阴六阳消长卦图》《十二月卦气图》等,解释筮法的《大衍图书》《龟长筮短之辩》《总论卜筮》《古占例图》等,以及解释易学史经典学说的《焦氏易卦图》《京房卦气直日图》《太玄准易卦名图》等,均出现在后续章节中,其重要性比照太极、河洛略低,但毕竟已经在开篇时被章潢所着意强调。但先天诸图,无论是经典的《先天八卦横图》《先天八卦方位图》《伏羲六十四卦次序横图》等朱子范式先天图,还是后天系列的《后天八卦方位图》《后天八卦次序图说》,还是在先后天诸图基础上加以进一步理论阐发的《先天八卦合河洛数图》《后天八卦合河图》《外先天内后天八卦图》诸图,均收录于第二卷中,且在第一卷诸图与诸文题目中均未曾涉及。

由此可见,先天与后天诸图虽然在《图书编》中仍然是一个《周易》图像中的重要组成部分,但一来其重要性比照太极、河洛诸图是更低的,二来在《图书编》中收录了大量的象数与易学史图像,河洛、先天、太极或河洛、先天、卦变的三分结构不复存在,事实上导致先天诸图的重要性明显下降。在笔者看来,这一情形并不是章潢一人之见的呈现,而是从元代到明代前中期图书易学发展的过程中,所逐渐演变出的结果。

综上所述,章潢一方面立足于朱子学派所创建的基本图书易学范式,却又不拘泥于此,最终完成了一个内容丰富,却又条例清晰,涵盖太极、河洛、先天、象数、卜筮、易学史等各个不同类型的《周易》图像体系。另一方面,章潢非常注意总结历史上各流派易学家的学说,并将其中可以图像化的代表性学说编入《图书编》中,其中既有阐述焦延寿《焦氏易林》、京房《京氏易传》、扬雄《太玄》、卫元嵩《易元包》等汉魏南北朝时期经典易学论著的图像,也有《论潜虚卦气图》《李挺之复姤临遁泰否六卦生六十四卦图》《邵子皇极经世衍易图》等阐述宋儒学说之图。再者,章潢对元明以来学者的新图像、新论点的吸收也非常充分,从刘牧《易数勾隐图》到吴澄《易纂言》、张理《大易象数钩深图》《易象图说》、赵扔谦《六书本义》等,《图书编》所吸收的各类易图如《古河图》《乾坤生六子图》《帝出震图》《乾坤大父母图》《复姤小父母图》等,达数百幅之多。总而言之,章潢的《图书编》堪称是一部非常条理清晰、内容丰富,并且系统总结、吸纳了自宋代至明代前中期图书易学成就的皇皇巨著,具有重要的文献及学理价值,堪称明代图书易学的小成之作。

总而言之,明代前中期图书易学的发展建立在朱子范式图书易学框架的基础上,但在不同方向上亦均有突破。曹端、薛瑄、胡居仁等致力于解决朱子范式中留下的理论问题,从而实现河洛、先天、太极之学在结构与义理上的双重统一。蔡清、王廷相等人则关注到了图书易学理论中所涉及的气论问题,尤其是王廷相基于"元气说"而提出的对《河图》《洛书》的反对之声,可谓揭开了反思、批判图书易学的序幕。章潢以祖述经典、追原天地为目的而编成的《图书编》,除保存了大量珍贵的图书易学史料之外,其以"太极"统摄河洛、先天乃至象数、卜筮之学的结构处理,也为易学史发展的扩充提供了具有重要意义的设计方案。

18 世纪韩儒李元龟之易学与实学思想

[韩]李善庆*

韩儒一叟李元龟(1758—1828)首次被引入学界是由朴钟鸿(1903—1976)①介绍的,他于 1967 年发表了一篇介绍李元龟思想的论文。李元龟是岭南的儒学家,他的思想核心在于强调"人伦与产业不可分离的关系",并且坚持不懈地探究了将"道学和实学在原理上相结合的理论"②,朴钟鸿赋予李元龟的思想重要意义③。此外,朴钟鸿还引入了探讨视为"老阳"的"乾"和视为"老阴"的"坤"之间关系的"九道六事论",并以此为理论加以介绍。朴钟鸿指点的这些内容可以说是为李元龟思想研究提供了重要的方向。

朴钟鸿把李元龟视为实学家,在学界对于李元龟的认知方面起到了典范的作用。朴钟鸿之所以将李元龟视为实学家,是因为李元龟在 18 世纪后半期至 19 世纪上半期将"产业"一词概念化,以及其构词的用语和理论体系的独特性等。一直以来,学界对实学进行了很多讨论。最近既有研究批评了将实学与朱子学对立地掌握的现有研究动向,也有研究试图在与朱子学的连续性中掌握实学的思想基础,进而产生从废弃实学概念本身的主张到缩小实学的概念和范围的主张等多种见解。学术界普遍认同的实学概念或定义仍然是需要讨论的对象。

从思想史的角度讨论实学时,最大的争议应该是如何去理解朱子学与实学的思想关系。首先,在主张朱子学派的思想连续性方面,通常强调以北学派④为中心来理解实学,将他们视为朱子学派的继承者,并在畿湖学派的洛论中找到思想基础,将实学视为传统

* 作者简介:李善庆,韩国朝鲜大学特邀客座教授。

① 朴钟鸿是韩国著名的哲学家,以"关于否定的研究"为主题获得博士学位,并广泛研究西方哲学和韩国哲学。他通过一般逻辑、认识逻辑和辩证法逻辑,试图建立"易之逻辑"和"创造逻辑"于一体的逻辑体系。

② 朴钟鸿:《人伦과 产业과의 不可离의 关系를 力说한 李元龟의 思想》(《强调人伦与产业的不可分离的关系是李元龟的思想》),《朴钟鸿全书》V,民音出版社 1983 年版。

③ 金炯孝认为李元龟和朴钟鸿的思维非常相似,因此将朴钟鸿比喻为 20 世纪的李元龟。也就是说,李元龟提出的道义伦理要与产业融为一体的核心思想,与朴钟鸿的"内在的良心"和"外在的经济科学"通向统一而不被二化的思想相似。据金炯孝指出,西方任何哲学思维都很难发现在一个思想中同时出现向内和向外两条路的情况。所以朴钟鸿自然把儒学之路作为综合性的替代方案去摸索。参见金炯孝:《20 世纪 韩国의 现实과 能为의 社会哲学적 思维》(《20 世纪韩国的现实和能为的社会哲学性的思维》),《朴钟鸿哲学的再审视》,天池出版社 2003 版,第 235—236 页。

④ 北学派,也被称为"利用厚生学派",是 18 世纪的重要实学派别。他们都出身老论家门。当时老论派坚决奉行朱子学,而对其他学派不宽容。

朱子学派的内在发展过程。[①] 相反，考虑到实学思想摆脱朱子学的倾向，我们可以在北学派中看到对传统阴阳五行的否定，他们也具有了人天之分的认识。此外，丁若镛（1762—1836）的情况更为明显，他的学术特点与朱子学派明显不同。从这个角度来看，实学不是朱子学派的内在发展，而可以看作是一种摆脱朱子学的思潮。[②]

对于什么是实学的问题，存在各种不同的观点，因此为了要说明李元龟的思想为实学，要先讨论其思想的实学性质是什么。从思想上看，如果我们以朱子学的思想连续性为中心，那么李元龟的情况包括连续性和不连续性两个方面。首先，就连续性方面来看，他的易学基于天人合一的理念，具有传统的阴阳五行观念。然而，也具有与朱子学派明显区别的特征。

最重要的是，朱子学派的人伦取向以及后期实学中强调的“利用厚生”方面的理论构想，使朱子学派与其他学派有着不同的性质。例如，在朱子学派中，将“乾”解释为“主义”，“坤”解释为“主利”，但在李元龟的观点中，他强调了坤的地位，并试图通过将乾内化到坤中，从而在理论上合理化对综合了义理的利的追求。并且可以看到他使用独特的术语和概念来重新构建了这一理论的核心，即乾坤论。李元龟与朱子学派不同之处在于他使用了“产业”这个术语，相对于人伦，强调了在他的易学体系中对阴阳的统一追求。他并没有提出具体的社会改革方案，但他在理论上提供了应对当时社会问题和思想挑战的方向。学者为了将实学确立为一种独立的思想流派，需要明确其与朱子学派有何不同的理论体系。在这方面，丁若镛和崔汉绮（1803—1877）也引起了人们的关注，因为他们的思想体系有助于区分实学和朱子学。

本文的主旨是探讨实学的理论基础，旨在揭示李元龟易学思想的特点。通过具体研究他所谓的“探索道学和实学的关系”的易学理论，探究李元龟的易学是如何演变成实学的，以及他提出的实学方向是什么。

一、朝鲜后期实学派中正德和利用厚生之间关系的建立

本节的主旨是阐明李元龟冥思苦想得出以当时思想史为背景的人伦和产业能够相互联系的理论。虽然使用的术语有所不同，但人伦意识和物质生活的安宁之间不能割裂

---

① 刘奉学的观点是批判将实学与朱子学视为对立的立场。特别是，他批判将朱子学视为统治阶层无能和僵化的意识形态，而将实学视为只存在于被边缘化的在野人士的梦想，这种通行的解释反而可能支持殖民史学的逻辑。因此，他认为应将实学视为传统朱子学的内在发展过程。实学不仅仅由边缘的知识分子所创立，而且应该被看作从肃宗时代一直到正祖时代由京华士族主导的18世纪的一种新的学风。也就是说，在18世纪的荡平政治时期，京乡地区出现了分歧，京华士族崭露头角，一些学者不仅对义理之学感兴趣，还将学术兴趣扩展到经济学和名物度数之学，以适应现实的变化，从而产生了实学的新意义。参见刘奉学：《조선후기 경화사족의 대두와 ‘实学’》（《朝鲜后期京华士族的抬头和“实学”》），《다시,실학이란 무엇인가》（《实学的新考》），图书出版社2007年版。

② 洪元植批判了在历史学界的一些观点，这些观点认为实学是在朱子学的基础上特别发展的经世学。然而，当仔细研究所谓的实学家们的思想时，会发现他们与朱子学之间存在相当大的差距。此外，由于朱子学本身拥有其独特的经世学，因此将朱子学视为伦理学而将朝鲜后期的实学视为经世学也会带来一些困难。因此，洪元植认为实学应该被视为韩国思想史上的一个独立领域。参见洪元植：《어떻게 실학사상을 자리매김 할 것인가?》（《如何定位实学思想?》），《실학사상과 근대성》（《实学思想和近代性》），1998年。

开来，这也是后期的实学家一贯的标准。

(一)朝鲜后期实学派中正德和利用厚生关系的认识

一般来说，当对比朱子学派和后期实学派的思想时，前者更加强调人伦，而后者更加强调利用厚生。因此，研究性理学的经世论或实学家对人伦的理解容易有疏忽。

后期的实学是因为朱子学派在人伦与经世之间失去平衡，走向僵化的方向，所以要反思并恢复儒学的根本精神。尽管在不同历史时期可能会有不同的强调点，但追求人伦与经世之间的平衡与和谐一直是自先秦时代以来明确的儒学传统。孔子主张先解决民生问题，然后再教导人们的道德(《论语·子路》:"冉有曰:既庶矣，又何加焉？曰:富之。曰:既富矣，又何加焉？曰:教之")，而孟子则将能够维持一定生活水平的物质条件视为打开人的道德心灵的前提(《孟子·梁惠王上》:"王曰:吾惛，不能进于是矣。愿夫子，辅乎志，明以教我，我虽不敏，请尝试之。曰:无恒产而有恒心者，惟士为能，若民则无恒产，因无恒心。苟无恒心，放辟邪侈，无不为已，及陷于罪然后，从而刑之，是罔民也，焉有仁人在位，罔民而可为也")。因此，孟子提出"维持人们的日常生活，使人们无悔地离世，是王道政治的起点"(《孟子·梁惠王上》:"不违农时，谷不可胜食也。数罟不入洿池，鱼鳖不可胜食也。斧斤以时入山林，材木不可胜用也。谷与鱼鳖不可胜食，材木不可胜用，是使民养生丧死无憾也。养生丧死无憾，王道之始也")。

另外，《书经·大禹谟》中早早就提出了"正德"和"利用厚生"(《书经·大禹谟》:"德惟善政，政在养民，水火金木土谷惟修，正德利用厚生惟和")的和谐是正确政治的标准。而《易经》中也强调了"崇德"和"广业"(《易经·系辞传上》:"子曰:易其至矣乎！夫易，圣人所以崇德而广业也。知崇礼卑，崇效天，卑法地。天地设位，而易行乎其中矣。成性存存，道义之门。")相互促进，这一点也得到了明确的阐述。因此，可以说南相洛对于实学的定义是合理的。他认为"实学思想根植于儒学的核心精神，将仁义作为基础，旨在为现实生活带来物质繁荣和社会稳定，从而实现真正的人道"①。

在朝鲜后期的实学传统中，也明确存在着强调正德与利用厚生之间平衡的倾向，绝非只偏向追求利用厚生而忽视正德。这种标准已经在对于后期实学的门户开放的具有象征意义的柳馨远的《磻溪随录》评价上，由吴光运的《磻溪随录序》中明确提出。吴光运提出"道德本乎天，政制本乎地，师天而不知地，师地而不知天，可乎？"(《药山漫稿》卷十五《磻溪随录序》)他强调了道德和法制应该一起追求，并将其解释为"道器论"。因此，他提出如下观点：

> 然则秦汉以来千数百年之间，大抵天地几乎息，而地制之坏为尤甚。夫以程朱之大贤，慨然有意于三代之治，而其所论著，详于道而阙于器何也。盖其时视孟子之时，又益降矣。道之丧也日远，故诸君子之心，汲汲皇皇于斯道，而于器则未遑焉。盖其意以为道明则器自复尔，观于横渠买田画井之说，而诸君子之心，可推以见也。然程朱以后，道不可谓不明，而器之荡然者自如，道何尝离器而独行哉。后之君子，

① 南相洛:《东西哲学与韩国实学思想的研究》，다운샘出版社 2000年版，第289页。

抱皇王之道器，补程朱之未遑者，宜其汲汲皇皇于斯器，亦何异于程朱之汲汲皇皇于斯道也。(《药山漫稿》卷十五《磻溪随录序》)

他将道德划分为天和道的领域，将法制划分为地和器的领域，并认为儒家的圣王之道是道器的统一。在这一目标下，他认为当时的时势表现为法制改革，体现在器的领域。

洪大容(1731—1783)、朴趾源(1737—1805)、朴齐家(1750—1805)等被称为利用厚生学派或北学派，他们的学术特点在于探索利用厚生的世界。然而，他们明确指出，物质生活的丰富必须建立在人伦道德的基础上。洪大容认为，"经济""义理"和"词章"之间不是相互排斥，而是互补的关系，并且他认为其中"义理"是最重要的。他说：

余曰：学有三等，有义理之学，有经济之学，有词章之学。且问足下所问者何学也？彭与吴相顾笑曰：他还分说如此，乃曰尽如尊言，三学各举一人。余亦笑曰：学分三等，世儒之陋见。舍义理则经济沦于功利，而词章淫于浮藻，何足以言学，且无经济则义理无所措，无词章则义理无所见，要之三者舍一，不足以言学而义理非其本乎。(《湛轩书》外集卷七《燕记・吴彭问答》)

而朴趾源的观点如下：

利用然后，可以厚生，厚生然后，正其德矣。不能利其用，而能厚其生，鲜矣。生既不足以自厚，则亦恶能正其德乎？(《燕岩集》卷十一《热河日记—渡江录》)

朴齐家提出："夫利用厚生，一有不修，则上侵于正德。"(《北学议・北学议序》)

通过 18 世纪代表性的实学家们的言论，我们可以看出他们在追求正德和利用厚生的和谐之际，也认为当时的时势应当是对利用厚生的改革。

丁若镛和金正喜(1786—1856)虽然没有像上述的北学派那样明确地阐述正德和利用厚生的关系，但他们都追求实现儒学的本旨，这是他们的共同目标。丁若镛撰写了大量有关经世的著作，并建立了支持这些著作的经学体系。而金正喜特别擅长易经和礼学，以礼道为易经的基础①，可以看出他追求将变化和常规融合以实现适中的思想方向。李元龟将当时的思想问题诊断为人伦和产业的分裂，并通过易学来统一这一理论体系，这背后有着韩国实学派一贯的思维。

(二)李元龟的人伦产业论和"产"的再认识

生活需要物质因素和道德达到平衡是实学家们的一般认识，但很难找到像李元龟这样明确将两者融合并将其作为自己的学术主题进行理论化的情况。李元龟诊断当时社会的问题是人伦和产业的分裂：

世或有举人伦而俗产业者，或有取产业而轻人伦者，可乎？如此不已则吾未知是道，至于何境也。伦、业一也，二之而相战惜哉？是如一身上左右肱之相斗也，其

① 金正喜在易经和礼学方面有特殊的才能，这些记录在闵奎镐的《阮堂金公小传》中。另外，金正喜认为圣人在易经中提出的道包括言(言语)、动(行动)、制器(制造器物)、卜筮(占卜)，这些都包括在饮食男女之中，因此易义涉及根据饮食男女的需要使财富适中的观念。

疾已痼，终亦两败而已矣。(《心性录》第一上部)

李元龟认为，当代社会不仅仅是人伦和产业分离的问题。从易学的阴阳相涵的观点来看，就像阳中有阴，阴中有阳一样，人伦中也包含着产业的因素，而产业中也包含着人伦的因素。但是，当时的现实情况是人伦再次分开，只关注其中的一部分，产业也再次分开，只关注其中的一部分，每个人都认为自己的部分足够了，不再关心对方(《心性录》第一上部，第18页："二之者已为甚焉而又有四之者何者，世之产业者自谓自能而礼威法则不与焉。人伦者自谓自能而师生宾主则余事焉，惜哉。")。根据李元龟的看法，这比杨朱和墨翟的弊端更严重，这是异端的一种，即将人伦和产业分开并只追求其中的一部分①。解决这种分裂问题的方法是将分裂的部分重新合并，然后将其统一为阴阳乾坤的相关论即仁情与仁术(《心性录》第一上部："吾未知是道至于何境也，然则何为而可也，二墨一之，二杨一之，又两一一之，配以仁情，用以仁术，格致而诚正焉则庶乎可也。")。对当时的现实情况的诊断以及关于如何解决它的探索在以下引文中也得以充分体现。

> 噫，非人伦，无以治产业，非产业，无以明人伦。人伦比之如天，产业比之如妻，单举人伦而不治产业者，鳏也，独取产业而不循人伦者，寡也，如知之，则孰欲鳏居，孰愿寡处。人伦效天效日，产业法地法月，天气下降，地气上升，然后四时行焉，万物生焉。(《心性录》第一上部："噫，非人伦，无以治产业，非产业，无以明人伦。人伦比之如天，产业比之如妻，单举人伦而不治产业者，鳏也，独取产业而不循人伦者，寡也，如知之，则孰欲鳏居，孰愿寡处。人伦效天效日，产业法地法月，天气下降，地气上升，然后四时行焉，万物生焉。")

李元龟基于人伦与产业的整合前提，分别阐述了它们的含义和作用。首先，他将人伦与产业分别解释为正德和利用厚生，并明确指出将人伦作为引导生活的伟大准则。

> 人禀六府三事之理气而生，故其德为九道而标之曰正德，其用为礼威法而题之曰利用，其生为眷教土而题之曰厚生。正德者，人伦九道之纲，一也；利用厚生者，产业六事之目，二也。(《心性录》，第一上部："人禀六府三事之理气而生，故其德为九道而标之曰正德，其用为礼威法而题之曰利用，其生为眷教土而题之曰厚生。正德者，人伦九道之纲，一也；利用厚生者，产业六事之目，二也。")

根据李元龟的观点，相当于人伦的九道应当被高度尊崇，而为了实现这一目标，产业的六事应当滋养和支持人伦的发展。然而，提升人伦的方法是需要更加重视产业，而产业的重要性也会随着人伦的提升而凸显。如果我们轻视产业，最终会影响到人伦；同样，

---

① 根据李元龟的观点，杨朱认为将自己放在第一位并追求个人利益是"义"，墨翟则将"兼爱"误认为"仁。然而，李元龟认为，杨朱的情况是将人伦和产业再次分开，墨翟也将人伦和产业再次分开，只关注其中的一部分。他认为，当时的现实状况是杨朱再次分开人伦和产业，墨翟也再次分开人伦和产业，只追求其中的一部分。在这里，杨朱虽然没有直接谈到物质生产，但从他发展关注个体身体健康的思想来看，这被解读为对产业的看法。李元龟的产业概念不仅包括物质生产，还包括以"卫生"为目的来培养和保护身体生活的意义。(《心性录》第一上部："杨朱之独取产业之义而礼威法之三分非不假焉，故为杨焉，墨翟之单举人伦之仁而师生宾主之心属非不借焉，故为墨焉。今二之者，已为杨墨之弊而今又四之，二其墨，二其杨而各主其一，吾未知是道至于何境也。")

如果我们忽视人伦，也会对产业产生负面影响。因此，我们需要像尊敬父亲一样看重人伦，同时像关爱母亲一样看重六事(《心性录》第一上部："六事者，保养此九道之物也。尊九道者，不可以不重六事也；重六事者，不可以不尊九道也。若夫尊九道而轻六事，则所轻之实，终归于九道也；重六事而卑九道，则所卑之实，终归于六事也。故君子，尊九如父，重六如母也。")。人伦应该被看作是产业的伦理规范，它应该像天道一样被高度重视。为了确立正确的人伦，产业是必不可少的。他说："民以食为天，天一崩，生气顿绝，义理无由以载。"(《心性录》第三下部："民以食为天，天一崩，生气顿绝，义理无由以载。")

李元龟被视为实学家的原因之一可能在于他对"产业"这个术语进行了概念化的使用。在儒家的经书《孟子》中有"制民产"等表述，《易经》中"崇德、广业"以及"贤人之德、贤人之业"等表述，这些例子表明"产"和"业"是分开使用的。尽管在历史文集中发现了"产业"这个术语，但仅仅指代经济活动，并没有更深层的涵义。[①] 当然，他的产业概念并不同于当今进行的机械大规模物质生产和分配的体制。在他看来，产业是"产"和"业"的结合，其中"产"涉及物质生产，"业"则包括生产计划和运营等企业相关的含义。

李元龟在著作《心性录》的序言《心性录辨疑》中认为，根据儒家的基本理念，重新认识"产"的价值是至关重要的。《在心性录辨疑》中，当有人指出"人伦则可，产业则俗"时，李元龟反驳道，"只讨论人伦而不考虑产业就像卖了珠宝来买那个装珠宝的盒子一样愚蠢"(《心性录·辨疑》："心性图成，或问，人伦可，产业俗，余曰，吁，子于人伦，卖买而还珠，今有父对子，则已是仁情，仁术教养，则已是产业，如或相对已而不为情事，则人伦安在。")。此外，在产和业的关系中，他认为"产"在确保事业方向不偏离上起到了关键的作用。因为物质生产是建立生活基础以维持生命的行为，他认为使生产做得像生产一样就是工作，把工作做得像工作一样就是"业"(《心性录·心性录辨疑》："立生曰产，产产曰事，事事曰业。")。因此，他认为为了达到儒家所追求的根本目的，必须充分重视"产业"这个概念(《心性录·辨疑》："经曰：事业事物，皆虚一产字说事业。物既失其柂，群枉竞出，故加一产字以达源。")。他认为"产"是事业的基础。

综上所述，在朝鲜后期的实学史上，吴光运明确指出儒家的根本原则在于整合"道"和"器"的实学中，并认为当时的"时宜"就是开拓"器"领域，李元龟延续了这种思想。接下来让我们来看看李元龟是如何在理论上系统化这些思想任务的。

---

① "产业"这个词的用法可以追溯到崔致远的《桂苑笔耕》，并且在《东国李相国集》、《高丽史节要》等文献中也有出现。此外，在朝鲜时代的文集中也出现了不少次，这表明这个词汇本身的历史悠久，不是李元龟的时代才新出现的词汇。然而，从这些例子中可以看出，"产业"这个词通常被用来指代经济活动、生产活动或生计的含义，相对来说用法较为简单。

二、乾坤的再解析和人伦产业的相互联系

(一)九道六事论:象数和义理的统合

李元龟的核心易学概念可以被称为"九道六事"。李元龟强调这一概念是他学术思想的要点,他教导他的晚辈们应该以"九道六事"为基准,鼓励他们在学术研究中努力。①

李元龟的易学以九道六事为核心概念,以变奏的方式逐步展开。这些变奏包括人伦与产业、仁情与仁术、自然与教养、生气与造化等概念。首先,让我们来探讨核心概念九道六事(见表 1)。

表 1 乾坤九六演变表

乾	坤
九	六
道	事
导生之道	卫生之事
仁情=人情	仁术
自然	教养
仁伦=人伦	产业
*九:老阳数—乾—道 *六:老阴数—坤—事 *仁:乾坤之交处、接点 *产业:生产+法制 *产:物质生产 *业:经济教育文化等社会制度	

九道六事可分为"九六"和"道事"两个部分。"九六"是关于天地乾坤的老阳数和老阴数的数理性接近,而"道事"则是指与人伦和产业相关的理性接近。关于"九六",李元龟认为:"九是老阳,代表乾道;六是老阴,代表坤道。"这表明"九六"反映了易学的乾坤哲学。此外,他认为,"九道是基于舜五典而展开的",这意味着"九道"的内容与《书经·尧典》中的人伦有关,而"六事"则被形容为"周朝六掌之根本",因此"六事"指的是周朝通过

① 如果查看由门下进士白珪镇编写的祭文,可以发现李元龟在他临终前向他的学生强调:"天地造化之下,九六皆人之形体也,九六即我之身,我之身即九六也。"他还说:"尽管我们可能理解这一点,但很容易忘记。因此,每当看到自己的身体时,要想起九六;每当想到九六时,要牢记自己的身体,使自己与九六合而为一,这才是九六的整体。"此外,他将《大学》的格物、《中庸》的至诚和《易经》的时中都总结为"九六",并将其留作遗训。(十六日甲寅,先生招小子及灏镇入寝室而教曰,今日余当传授于子等:天以九六全体生此人形九六即吾身,吾身即九六,子等知之否?谨对曰,大纲知之。先生曰,虽知之,每或忘之,必须视吾身则视以九六,视九六即是以吾身,吾身与九六为一无间是乃九六全身。大学之格物,知此九六也,中庸之至诚,守此九六也,易之时中,用此九六也。知守用之久,造化生焉,余言尽矣。)

六个官职掌管民生。也就是说，李元龟将“道”解释为《书经》中所提到的正德，将“事”解释为利用厚生，并在这里结合了易学的坤乾哲学，因此他使用了“九道六事”这个术语。因此，人伦产业的具体内容依据可以在《书经》中找到，而连接这两者的理论则源自易学。这种理论可以从数理和义理的两个方面来解释。

首先，从数理角度来看，它涉及阴阳的相互关系，通过“用九用六”的原则来描述。也就是说，这是一种关于阴阳相互关系的逻辑，总结为乾坤的对待和统一。这种对待逻辑在数理方面得以展开，形成了乾坤卦的“用九用六”的原则。用九用六的核心原则是“参天两地”，它成为了基本原则。九和六代表了参天和两地，意味着天地的确立，同时也蕴含了老阳和老阴的极数，表明了天地之间不断变化的可能性。李元龟的九道六事理论是基于这一阴阳逻辑的。九道六事理论实际上是对乾坤逻辑的重新解释，从这个角度来看，他认为代表乾坤的九六才是儒家经典的真正精髓。他指出，二帝三王的心法正是九六的核心，而包括《小学》《大学》《中庸》《论语》和《孟子》等所有儒家经典的核心都是九六(《心性录》第四右翼：“小学之六教，立此九六也，大学之明德，明此九六也，中庸之天命，命此九六也……孟子之仁义，发挥此九六也，论语之时习，时用此九六也。”)。

在易学的《系辞传》中，九六被称为“乾坤是易学的门户”，并且说“通过易简，可以获得天下事物的本质”，因此，作为儒家经典中核心位置的经书是《易经》，而《易经》的核心内容就是乾坤的九六，因此九六的本质被认为是儒家经典的真正精华。乾和坤彼此既对立又统一，九道和六事也是如此。九道是天根，六事是月窟，它们虽然是对立的，但又相互依赖。“九道不是六事就是空虚的容器，六事不是九道就是虚无的名义”(《心性录》第一上部，第 28 页，九道不以六事，则皆虚器也……六事不以九道，则皆虚名也。)。

在义理的角度看来，李元龟将乾坤视为仁义关系，他认为象征着“义”的坤通过“财成辅相”的作用来完成乾道。与乾坤对应的九道和六事分别代表了“人伦”和“产业”、“仁情”和“仁术”、“自然”和“教养”、“生气”和“造化”。通过这种结构，他主张产业应该成为体现人伦的产业。换句话说，乾道可以通过坤道的作用具体化其面貌。现在让我们具体了解一下这些内容。首先，李元龟将人伦和产业视为仁义关系：

> 仁是人伦，义是产业，人伦产业，与天地并立。(《心性录》第二中部)

在这种情况下，人伦和产业是由天道的阴阳，地道的刚柔以及人道的仁义所体现的。再次审视一下以下内容：

> 《系辞传曰》：天地之大德曰生，圣人之大宝曰位。何以守位曰仁，何以聚人曰财。理财正辞禁民为非曰义。聚人者眷也，理财者教土也，正辞者礼威也，禁民为非者法也。四节皆卫生之事，故六掌当产业六事。(《心性录》第一上部)

在这方面，李元龟根据仁义之间的关系来规定产业六事。然而，在仁义的关系中，义并不是与仁对立的独立根源，而具有“实现仁的方式”和“辅助仁的方式”的含义[①]。从易学的角度来看，仁和义并不是两个根本的东西，义具有对仁进行调整以实现的含义[②]。因此，产业既代表了义，也代表了宜，它在恰当地调整仁并实现中道方面发挥作用。这样，李元龟通过关于乾坤统一的九道六事理论来追求的目标是真正的仁的实现。现在让我们来探讨其变奏概念，包括仁情、仁术，自然、教养，生气和造化。

仁情和仁术仅仅是对仁实际作用的强调表达(《心性录》第一上部：“仁情者，仁之用也。仁术者，义之实也。”)。人伦被视为一种自然而然的情感，所以仁情就是它(《心性录》第一上部：“九道，天理之自然，而禁不得之性情，故曰仁情。”)。而产业是推动人伦的方法。如果仁情就是生气，那么仁术就是对其进行修饰和调控，就像造化一样(《心性录》第七本原：“仁情者，生气也。仁术者，造化也。”)。然而，情和术的核心都是仁。情和术不是分离的，而是作为“一阴一阳”的相互作用，共同构成了“道”，这是因为情和术都是仁的表现。这是李元龟对仁情和仁术的解释：

> 情阳而术阴则天下动作，孰不其然，奚独接人以情术哉，今有工匠于此，诚欲为某物者，仁情也，静思而顺序者仁术也，然则诚欲食阴而顺序者，诚欲行路而顺序者，诚欲渔樵而顺序者，诚欲农桑而顺序者，诚欲读书而顺序者，孰不然，诚欲者仁情而阳之为也，顺序者仁术而阴之为也，是所谓造化。仁情之九，仁术之六，奇乎妙哉。(《心性录》第四右翼)

仁情指导着仁术的方向，它是一项重要的准则。仁术并不与仁情相对立，而是在补充和完善仁情(《心性录》第一上部：“六事裁成及理，而辅相合理之术，故曰仁术也。”)。人的自然仁情应该借助坤道的仁术而变得人文化。

关于李元龟的九道六事理论，还需要提到他将人伦和产业视为“导生之大道”和“卫生之大事”[③]。因此，“仁情者，生己生人之情，仁术者，生己生人之术”(《心性录》第五左翼)。这表明李元龟通过他的九道六事理论追求实现“仁”的目标，是从经济和文化两个方面上“保护自己和他人”。在这一生命哲学中充分发挥了易学的意义。

(二)人伦九道中阴阳的相互倾向性

在这一章节主要讨论李元龟的人伦九道，并研究他如何展开了阴阳相关的思维。李

---

① 将义视为对仁的调节和完善的意义的例子不在少数。例如：朱震(1072—1138)：“天地之大德曰生者仁也，圣人成位乎两间者仁而已。不仁不足以参天地，义所以为仁非二本也，故曰，立人之道曰仁与义。”(《周易折中》卷 15)王宗传：王氏宗传曰：圣人所以配天地而正天下者，亦有仁义而已矣。仁，德之用也；义，所以辅仁也。(《周易折中》卷十五)

② 将义解释为“宜”这一观点可以在《中庸》和《易传》中找到依据。在《中庸》中，提到“义者宜也”，这意味着义的本质在于“宜”。在《易传》中，使用“宜”这个字，来描述《易经》所具有的中道特性。例如，“辅相天地之宜”(泰卦象)，“大君之宜”(临卦五象)，“象其物宜”(系辞上八)，以及“使民宜之”(系辞下二)，等等。

③ 李元龟所说的“卫生”是保护和维持生活的意思。

元龟将人伦称为“九道”，是因为他认为人伦的基础在于乾的天道。他在探讨人伦时也支持家庭秩序和社会秩序，这从某种程度上体现了阴阳的逻辑。然而，在这一过程中，可以看出他巧妙地整合了阴阳思维。首先，他将九道视为属于天道的一部分，与参天两地中的参天相对应，并根据这一关系认为人伦关系中也有“三元”存在。

正如天道中有参天相对应，人伦中也有三个主要的内涵，即血属、义属和心属。血属代表了家庭内部的伦理关系，包括父子、兄弟。义属代表了社会伦理关系，如君臣、夫妻。心属则作为调解和纠正双方的核心，代表了师生、宾主关系。血属、义属、心属的代表就是君、师、父，分别代表了每个属的元首(《心性录》第一上部：“父为血元，师为心元，君为义元，是谓三元也。夫妻皆君之臣，宾主皆师之生，兄弟生父之者，故参元举则九道率矣”)。君、师、父作为顶点，构建了相应的社会人际关系，并探讨了它们之间的人伦关系。

李元龟的理解是与人伦有关的，其中包括以乾道为中心的阳刚秩序和阴阳协调的逻辑。如同在《人伦九道之图》(见图 1)中所见，李元龟将血缘关系，如父、子、兄、弟，归为阳性，而将君、臣、夫、妻等义务关系归为阴性。然后，属于阳性的血缘关系和属于阴性的义务关系共同构成了代际关系，以互相补充对方并完善彼此。例如，如果血缘关系中的父子关系无法与君臣关系相辅相成，“只是爱和喜欢”的话，那么爱意可能会过于强烈，同样，如果君臣关系与血缘关系相排斥，那么对“恐惧”的强烈感受可能会导致敬畏过于强烈(《心性录》第一上部：“是故父子而不含君臣之道则陷于乐好之偏，亲爱之僻矣”)。

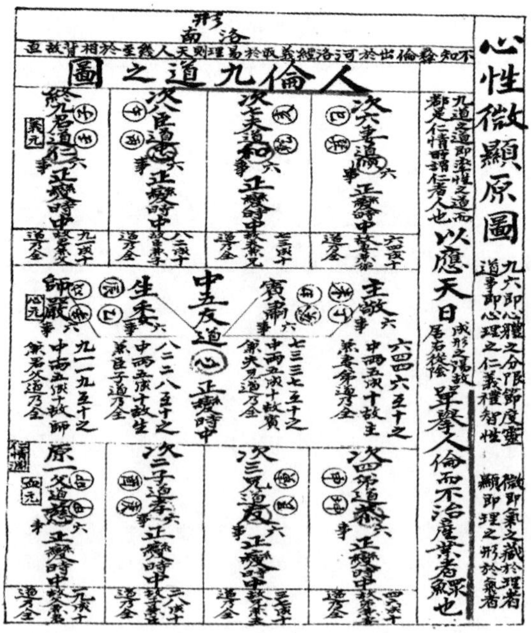

图 1 人伦九道之图

正如在《人伦九道之图》(见图1)中所见,李元龟为血缘关系和义务关系的每个部分分配了地位和数字,并使属于代际关系的每个部分的总和都等于10。换句话说,他创造了一种结构,如:父+君(1+9)、子+臣(2+8)、兄+夫(3+7)、弟+妇(4+6)。将义务关系和血缘关系结合到一起总和为10,表示了阴阳的协调,李元龟说:“必须了解九中有六,如果有阳必然有阴的增益。”(《心性录》第一上部:“九数之中,知有六数,则此有阳,必有阴之验也。”)九道被表现为阳性,但它内在包含了阳中带阴的协调逻辑[①]。

(三)产业六事和坤道的再认识:作为人伦产业的连接点“仁术源”等同“眷”

1.眷(仁)和礼的文质论

如果人伦九道是乾的天道,那么产业六事则属于坤的地道。尽管李元龟将产业六事视为阴性,但他同样设计了一个阴中有阳的协调结构。正如前面提到的,从李元龟的角度来看,产业包括与物质生产有关的“产”和与其规划和运营相关的“业”的组合。李元龟的产业概念涵盖了生产、教育以及法律和制度等问题,而这些具体的部分是六事。如果人伦九道对应于参天,那么产业六事对应于两地的“生、分”结构。与“生”相关的部分有三个,与“分”相关的部分也是三个,因此“三生”和“三分”的两组合并形成了产业六事,见《产业六事之图》(图2)。产业六事包括:眷,教,礼,威,法,土[②],在这些中,三生包括了眷,教,土三个要素,而三分包括了礼,威,法三个要素。眷、教、土构成了人类生活的基本物质基础,准备了“生活”的方法(《心性录》第二中部:“教土者,水火金木土谷飞走所产之母,而九道十二人之植生之术也。千货财万宝藏,皆由出焉。土器者,水火金木土谷飞走之参巧于人功者也,而九道十二人养生之术也。屋皿衣食城郭池台,体体工械,色色文物,总名谓器也。”)。李元龟将“眷”解释为“率生”,意味着它是关心、照顾和不遗忘民众事务的方法。“眷”源自《诗经》,当它表示“天眷下民”时,意味着不忘、关心和照顾。因此,眷的具体内容与孔子在《论语》中表达的愿景相关,他希望“老者安之,少者怀之,朋友信之”(《心性录》第二中部:“眷者,眷然不忘之义,而九道十二人,率生之术也。……故曰,老者安之,少者怀之,朋友信之。”)。因此,眷可以视为“仁”的具体表现,从而成为三生的关键。

---

① 这里只概略地叙述了李元龟的人伦九道论中关于阴阳相互指向性的讨论。关于九地道整体内容参考拙稿《李元龟人伦九道论的易学的省察》,《东洋哲学研究》2003年第32。

② 六事的每个项目的现代释义如下:眷:爱护和关怀他人,不忘记他们。教:自然的生产活动。土:人工的制造活动。礼:建立名份的法则。威:实践名份的法则。法:按照名份进行纪律制裁的法则。

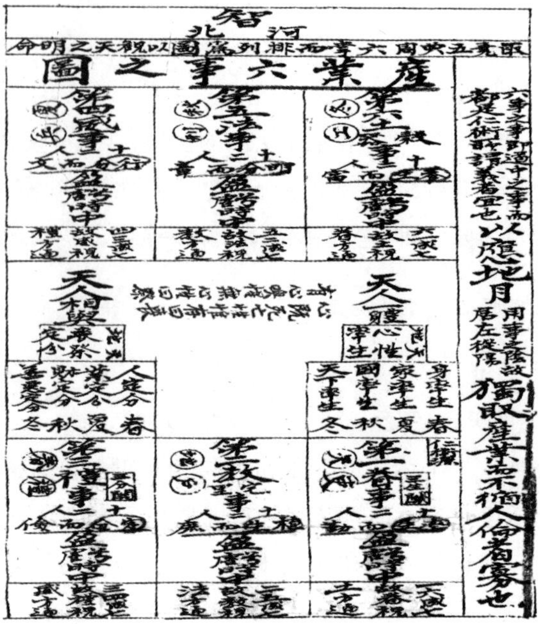

图 2　产业六事之图

三分包括礼、威、法，涉及自身地位的自我认知和维护，以及对分限的遵守，这是教育和惩罚的问题。在三分中，由于礼作为威和法的头头，产业六事因此具有了眷和礼的双重关系结构（《心性录》第一上部："眷为生关，礼为分关，是谓两关也。教土开属于眷，威法皆属于礼。故两关开则六事尽矣。"）。将眷解释为"仁"的具体表现，对于产业六事来说，眷和礼在相互证明的关系中共同存在。在产业六事中，眷，礼的互补结构被视为地道中"文"的成就，因为这一特性在地道中展开。李元龟将眷、教、和土的三生视为"质"，将礼、威、法的三分视为"文"的成就，将它们视为"文质"的关系：

> 眷教土，产业之质也。礼威法，产业之文也。天下岂有无质之文，无文之质者哉。此所以礼威法于产业上，似不相干，而眷教土之进取与守成，莫非礼威法之力也。故总此六者而命名，则一言蔽曰，产业也。（《心性录》第一上部）

根据易学的观点，从人文角度来看，"文"和"礼"被视为地道的一部分。如果将乾和坤视为气化和形化，那么无形的生命力在地道中以多样的方式具体化，塑造和展现个体生命和个性，因此，这是地道中的一项任务。因此，可以这样看待李元龟的产业六事论：他将儒家所追求的人文精神的实现任务交给了地道。

2.产业六事中"眷"的地位

上文中关于产业六事提到，将眷视为坤道的义。接下来，再次引用以下李元龟的言论：

> 《系辞传》曰：天地之大德曰生，圣人之大宝曰位。何以守位曰仁，何以聚人曰财。理财正辞禁民为非曰义。聚人者眷也，理财者教土也，正辞者礼威也，禁民为非

者法也。四节皆卫生之事，故六掌当产业六事。(《心性录》第一上部)

李元龟提道："团结人心是眷，管理财富是教、土，纠正言辞是礼、威，制止人民从事邪恶之事是法。"将六事与《系辞传》联系到一起。重新解释上述内容就是，李元龟将"理财"视为"养民"的问题，将"正辞"视为教育问题，而"禁民为非"则被视为法律和惩罚的问题。然而，笔者在这里强调，眷对应于"理财"的要点，是统领生产活动的三生关，并且起到率领生命的全面作用，占据了产业六事的首位。眷具体体现了"眷然不忘"的意义。怀有爱护和关怀百姓之心的政治领袖，应该首先考虑的最重要任务是建立经济基础。拯救生命的第一步将在生产和分配的稳定中实现。正如李元龟所指出的，人们通常认为皇帝的政治至关重要，但却忽略了皇帝的产业同样至关重要(《心性录》第一上部："人知帝王之有政，而不复知有蔀屋之政，人知蔀屋之有产，而不知有帝王之产，故目之以产业而启风。")。在这个意义上，李元龟将眷称为仁术源(《心性录》第一上部："父为仁情渊，眷为仁术源则父眷是九六渊源。")，并指出人伦九道根植于六事中的眷(《心性录》上部："九道根在于六事之第一眷，阳根阴之妙也，六事根在于九道之中五友，阴根阳之验也。")。

笔者从易学的角度认为，眷的实质与坤元相同。坤元与乾元一样，都是一个元，而元的内涵就是"仁"。就像我们将人伦称为"仁情"，将产业称为"仁术"，这两者通过仁作为媒介进行沟通，而眷作为仁术源成为它们的交汇点，使得仁的精神在产业六事的各个方面得以流动。因此，仁不再是一个抽象概念，而是通过具体生活得以体现。李元龟的九道六事论非常具体地将人伦和产业融合在一起，重新确立了产业和坤的地位。

结　语

在本文中，我们认为朝鲜后期实学者关于正德与厚生关系的讨论反映了一种共同的思想趋势，李元龟的《人伦九道・产业六事论》提出了这种问题，力图寻找解决这个问题的理论体系。在这个过程中，他以易学的阴阳对待、相涵论为基础，从数理和义理两个方面综合地进行了研究。用九用六理论以数理为基础，强调了乾和坤具有明显的特性，但又相互依存。仁情仁术理论将乾坤的关系解释为仁义的关系，通过坤道，乾道得以具体实现。特别是他在将"眷"作为仁的具体表现，认为人伦九道植根于仁术源的理念中，使产业不仅仅停留在物质生产层面，而是成为充满人道关怀的产业六事的代表。

李元龟深刻担忧的人伦和产业的分裂状况在200多年后变得更加严重。用他的论述来描述当今的实际情况，就是将人伦分为两部分，只选择其中一部分，将产业分割为两部分，并专注其中一部分，这恐怕还不足以描述当今的情况。

《论语》中有一句话："富而好礼。"孔子认为这不仅是富有而不傲慢的态度，而且是一种更为崇高的心态(《论语・学而》："子贡曰，贫而无谄，富而无骄，何如？子曰，可也，未若贫而乐，富而好礼者也")。李元龟解读坤道为文质彬彬，他的思考旨在通过坤道来追求真正的儒家人文精神的实现，这标志着对坤的地位认知产生了重大的转变。

《大衍历》融通易学的文化阐释

黄黎星*

《大衍历》是唐代僧一行主持编撰的历法。天文学史专家陈遵妫先生评价说:"元代以前制定的历法,差不多有八九十种,其中属于创作的有十几种;而最著名的只有三种,即太初历、大衍历和授时历。太初历假托于黄钟,大衍历则附会于易象,唯有授时历,根据晷影,全凭实测,打破古来治历的习惯,开后世新法之源。"[①]他将《太初历》《大衍历》与《授时历》并列为最著名的历法。陈遵妫先生又评价说,"大衍历被称为唐历之冠,列为好历""不愧为我国古代名历之一"。[②] 陈遵妫先生是站在较为纯粹的天文历法学立场上进行评价的。就最著名的三种历法来说,元代郭守敬主持编制的《授时历》不涉及易、律、历的纠缠,而《太初历》则依律起历(假托于黄钟之数),《汉书·律历志》记载的是刘歆对《三统历》(其天文历法数值即是《太初历》)的乐律学、易学的"融通"解说,笔者曾对比进行探讨、评析。[③] 《大衍历》依据《周易》"大衍之数"立法,且将汉代易学卦气说模式引入历法体系,"附会于易象",这方面众议纷纭,褒贬不一,信疑各异。

作为天文历法融通易学的又一个典型,《大衍历》所进行的历法建构、所蕴涵的思想观念,所体现的文化特色,都值得深入辨析探究,同时,对《大衍历》的研究分析,也有助于对易学与天文学交融的特殊领域进行历史考察,并展开立足于当代的反思与辨析。

一、《大衍历》的编撰及其特色

唐玄宗开元九年(721),当时行用的李淳风所创《麟德历》因署日食比不效,诏僧一行作新历。一行"推大衍数立术以应之,较经史所书气朔、日名、宿度可考者皆合"。"自《太初》至《麟德》,历有二十三家,与天虽近而未密也。至一行,密矣,其倚数立法固无以易也。"[④]此历法依《周易》"大衍之数"立法,因此名为《大衍历》。

《大衍历》经十五年创制而草成,僧一行卒。其后,唐玄宗诏令张说、陈玄景编订一行

---

* 作者简介:黄黎星,福建师范大学文学院教授。主要研究方向为易学与中国古代思想文化。

① 陈遵妫:《中国天文学史》,上海人民出版社 2016 年版,第 1061 页。

② 陈遵妫:《中国天文学史》,第 1050—1051 页。

③ 参见黄黎星:《汉书律历志对易律历的融通与牵合》(上、下),《周易研究》2020 年第 2、3 期。

④ (宋)欧阳修、宋祁:《新唐书·历志三·上》,中华书局 1975 年版,第 587 页。

遗稿，开元十七年(729)颁付有司，实行至宝应元年(762)。《大衍历》内容，记载于《旧唐书》卷三十四《历志三》；于《新唐书》卷二十七《历志三》，卷二十八《历志四》记载更详。《新唐书》所记载的《大衍历》内容有：《历本议》《中气议》《合朔议》《没灭略例》《卦候议》《卦议》《日度议》《日躔盈缩略例》《九道议》《晷漏中星略例》《日蚀议》《五星议》，以及步中朔术，发敛术，步日躔术，步月离术，步轨漏术，步交会术，阴阳历，步五星术，五星爻象历。与此相关，《新唐书》卷三十一《天文志一》还记载了一行关于天文的测算与解释等内容。

作为中国古代天文历法学史上的名历，古今学者对《大衍历》给予充分的关注，研究成果不少。[①]《大衍历》受到肯定，其成就与特色有以下几个方面：

其一，制历准备充分，注重实测与验证。[②]

僧一行受诏制定新历，“与星官梁令瓒先造《黄道游仪图》，考校七曜(日月与五大行星)行度”[③]。《新唐书·天文志一》记载，唐玄宗开元九年(721)，一行改治新历，欲知黄道进退，而太史无黄道仪，梁令瓒以木为游仪，受到一行肯定，奏曰：“黄道游仪，古有其术而无其器，昔人潜思，皆未能得。今令瓒所为，日道月交，皆自然契合，于推步尤要，请更铸以铜铁。”十一年仪成，其改进的内容，一行描述说：“臣更造游仪，使黄道运行，以追列舍之变，因二分之中，以立黄道，交于奎、轸之间，二至陟降，各二十四度。黄道内施白道月环，用究阴阳朓朒，动合天运。”[④]黄道游仪的形态与尺寸，《新唐书·天文志》有详细的记载。黄道游仪吸收了“岁差”的天文发现[⑤]，让黄道赤道斜交于春秋二分处，可以随岁差变化在赤道上西移，每一度一格，可以“游”动。黄道游仪在黄道环上附加白道环，改李淳风原来的黄道249孔，为黄道每度一孔。一行与梁令瓒等还铸造了浑天铜仪等其他天文仪器。使用黄道游仪等仪器，一行与天文官员进行了实际天象观测，观测项目主要有：

(1)二十八宿及其他恒星方位观测。分布于天幕黄道圆周(或言赤道)附近的二十八宿，是观测日躔月离等天文轨迹的重要标志点，因此，尽可能精确地测定二十八宿方位，意义重大。二十八宿名目，于《史记·天官书》中有系统记载，《汉书·律历志》记载了二十八宿的赤道宿度，《淮南子·天文训》所记也基本一致，《后汉书·律历志》则记载了二十八宿的黄道宿度。史志所载，从汉到唐初，二十八宿度未曾更改。一行主持制历时，太史监人员对二十八宿进行实测，发现宿度的变化，《旧唐书·天文志》具体记载了“太史所

---

① 据笔者所见，关于僧一行及《大衍历》，清代阮元编撰《畴人传》，以三卷(全书最大篇幅)移录《新唐书》中《历志三》《历志四》《天文志一》的相关内容，介绍一行的《大衍历》及天文学观测，并作简要评论。近现代学者的相关研究(主要集中在天文学、科技史学界.)，有总体解说、评析的，如陈遵妫著《中国天文学史》论析了《大衍历》，张培瑜等著《中国古代历法》(中国科学技术出版社2008版)有《大衍历》专章介绍，陈久金主编《中国古代天文学家》(中国科学技术出版社2013版)有一行专节介绍，有对僧一行及《大衍历》的天文地理测量、日躔月离表及其计算、交食计算、定朔法、插值法、九道术等具体问题的研究。针对《大衍历》与易学进行阐释研究的，有卢央著《易学与天文学》(中国书店2003版)第三章第六节。

② 本小节参考了陈久金主编《中国古代天文学家》(中国科学技术出版社2013版)第四章第四节《一行》(撰稿人：陈久金)的相关论述(第227—229页)。

③ (后晋)刘昫等：《旧唐书·历志一》，中华书局1975年版，第1152页。

④ (宋)欧阳修、宋祁：《新唐书·历志三上》，中华书局1975年版，第806—807页。

⑤ 晋成帝时期虞喜首先发现岁差。参见陈遵妫：《中国天文学史》第593页。

测二十八宿等与《经》同异状”[①]。一行大胆地在大衍历中使用新的观测数据，其入宿度有毕、觜、参、鬼四宿均产生了1度变化，而二十八宿去极度的变化更加明显。一行和太史监官员对二十八宿以外的130余颗恒星方位进行观测，发现“二十八宿及中外官与古经不同者，凡数十条”[②]。

(2)月行观测。一行和太史监官员利用黄道游仪，较方便地测出月亮的黄经和黄纬。利用黄经的观测值，可以较准确地研究月行迟疾变化；利用黄纬，可以研究交点月的运动状态。这是准确地预报交食的关键。

(3)五星行度观测。五星的运行轨道近于黄道，用黄道游仪观测颇为便利。《大衍历议・五星议》载有开元十二年岁星轨迹记录，[③]可见是利用黄道游仪进行过观测。《大衍历》中，还借用《周易》阴阳爻的名称，记载有行星进入黄道南北的推算法，这是根据实际的行星观测所取得的新成就。(解说详见后文，第二节。)

(4)发起天文大地测量。为制定精密历法，一行提出要遍测各地北极高度(纬度)、四季日晷影和昼夜漏刻。唐玄宗同意并支持。《唐会要》卷四十二说：“开元十二年四月二十三日，命太史监南宫说及太史官大相元太等，驰往安南、郎、蔡、蔚等州，测候日影，回日奏闻。数年伺候，及还京师，与一行师一时校之。”据《唐会要》和《新唐书・天文志》记载，当时北至蔚州、铁勒，南至安南、林邑，合计设立了13个观测站。主要天文官员南宫说在河南主持观测，历官大相元太则在安南。他们测日影用八尺圭表，测北极高度用复矩仪，测昼夜时刻则用漏壶。测量推算的平均结果是：“大率三百五十一里八十步，而极差一度”[④]。《新唐书・天文志》所载安南、铁勒等地距阳城的里数，是用平均结果推算的，并非实测。僧一行还发起了子午线的实测。[⑤]

其二，旁征博引典籍，进行辩证与精算。

一行奉诏制历，得到唐玄宗的大力支持，又有众多太史监官员的协助，取得了重大的成果。《新唐书・历志》载录了《大衍历议》十二则，极具学术文化价值。朱文鑫《历法通志》评价说：“一行遍测九服日晷，以定各地见食之多少，及北极出地之高下，老人星下，列星灿然，证南极明星之多；夕胐羊髀，才熟而曙，证北地夜短之实。皆足为后世法。二十八星宿距度，始觉毕觜参鬼，与古测不同，足证岁差之有据，与祖暅测极星距极之法，先后媲美。且其历议援据经传，旁征博引，论古历之得失，证新历之合度。文长二万余字，上足以承四分历《序》、冲之《历辨》之详，下足以启周琮《历论》《授时历议》之端。世称大衍历为名历，非无故也。”[⑥]陈遵妫《中国天文学史》评价说：“大衍历……首先值得注意的是对于日行盈缩，有了正确的理解；张子信发现日行盈缩，而正确理解的则是一行。一行在计算法方面的业绩，还有象九道术或交食推算法，也是值得注意的。”“大衍历所造的日躔

① (后晋)刘昫等：《旧唐书・历志一》，第1298—1302页。
② (后晋)刘昫等：《旧唐书・历志一》，第1295页。
③ (宋)欧阳修、宋祁撰：《新唐书・历志三・下》，第628—629页。
④ (宋)欧阳修、宋祁撰：《新唐书・天文一》，第813页。
⑤ 梁宗巨：《僧一行发起的子午线实测》，《科学史集刊》1959年第2期。
⑥ 朱文鑫：《历法通志》，商务印书馆1934年版，第151页。

表列有气名、盈缩分、先后数、损益率和朓朒积五项。”“大衍历有比较合理的推算定气法。”[①]陈久金《中国古代天文学家》评价说：“《大衍历议》是一份十分珍贵的文献，它旁征博引，荟集了历史上十分丰富的天象记录和历法史料，用以说明新历立法的根据。就这点而言，它的价值就不比大衍历经本身的价值低。”“其中最有价值的是中气议、合朔议、日度议、日躔盈缩略例、日食议、五星议六则。中气议、合朔议主要依据历史上实测的冬夏至记录和合朔记录，去伪存真，详加分析，再对比当时的实测记录，求出精密的回归年和朔望月值。”[②]以上三位天文历法学界专家的评价，具有代表性，观点也大致相同。

附带提及“大衍写九执其术未尽”之公案。《新唐书·历志三》记载：“时善算瞿坛撰者，怨不得预改历事，(开元)二十一年(733)，与玄景奏：‘大衍写九执历，其术未尽。’太子右司御率南宫说亦非之。诏侍御史李麟、太史令桓执圭较灵台候簿，《大衍》十得七、八，《麟德》才三、四，《九执》一、二焉。乃罪说等，而是否决。”[③]《新唐书·历志四》又载：“《九执历》者，出于西域。开元六年，诏太史监瞿坛悉达译之。断取近距，以开元二年二月朔为历首。度法六十。月有二十九日，余七百三分日之三百七十三。历首有朔虚分百二十六。周天三百六十度，无余分。日去没分九百分度之十三。二月为时，六时为岁。三十度为相，十二相而周天。望前曰白博义；望后曰黑博义。其算皆以字书，不用筹策。其术繁碎，或幸而中，不可以为法。名数诡异，初莫之辩也。陈玄景等持以惑当时，谓一行写其术未尽，妄矣。”[④]《九执历》由西域(印度)传入，瞿坛悉达加以翻译。其朔望月日数为29又373/703日，即29.530583日，比较精密；周天设为360度，太阳每日分为13/900度，日行887/900度，这数值接近360度与365.25度的换算率(0.985555≈0.985626)。“其算皆以字书，不用筹策”，一般认为指的是用阿拉伯数字计算。陈久金认为，一行的《大衍历》确实吸取了《九执历》的科学成就，证据是《大衍历》的《日食议·略例》记《九执历》概要，《日食议·略例》中颇多辞句，在《九执历》推日食中能找到对应的文句；《大衍历》的“九服食差”受到《九执历》的启发；《大衍历》以月黄纬推算交食的方法，可能与《九执历》有关；《大衍历》中《日食议·略例》论述用日、月、地影径求日月食分的方法，与《九执历》相对应。[⑤]

其三，援引《周易》经典，依“大衍之数”立法。

这大概是《大衍历》最引发争议的特色。据《旧唐书》记载：“僧一行，姓张氏，先名遂，魏州昌乐人，襄州都督、郯国公公谨之孙也。父擅，武功令。一行少聪敏，博览经史，尤精历象、阴阳、五行之学。时道士尹崇博学先达，素多坟籍。一行诣崇，借扬雄《太玄经》，将归读之。数日，复诣崇，还其书。崇曰：‘此书意指稍深，吾寻之积年，尚不能晓，吾子试更研求，何遽见还也？’一行曰：‘究其义矣。’因出所撰《大衍玄图》及《义决》一卷以示崇。崇大惊，因与一行谈其奥赜，甚嗟伏之。谓人曰：‘此后生颜子也。’一行由是大知名。”“一行

① 陈遵妫：《中国天文学史》，第1051页。

② 陈久金主编：《中国古代天文学家》，中国科学技术出版社2013年版，第230页。

③ (宋)欧阳修、宋祁：《新唐书·历志三》，第587页。

④ (宋)欧阳修、宋祁：《新唐书·历志四》，第691—692页。

⑤ 陈久金主编：《中国古代天文学家》，第234—235页。

尤明著述,撰《大衍论》三卷,《摄调伏藏》十卷,《天一太一经》及《太一局遁甲经》《释氏系录》各一卷。"[①]可见一行(俗名张遂)年少时就精研易学。西汉扬雄的《太玄经》是拟易之作,一行研读之后,很快有了深切领悟,撰著了《大衍玄图》与《义决》,令人惊服,其易学造诣也知名于世。出家为僧之后,仍继续研探易学并有撰述。这是一行以《周易》"大衍之数"融通历法的学识素养基础。

清阮元撰《畴人传》,评论一行《大衍历》说:"推步之法,至《大衍》备矣。历议略例,援据经传,旁采诸家,以证为术之善。其学博,其词辨,后来算造者未能及也。然推本易象,终为傅合,昔人谓一行窜入于易以眩众,是乃千古定论也。"[②]朱文鑫肯定《大衍历》之说已见前文,但他也批评说:"观大衍所测转终(近点月)、交终(交点月)及金星一终之数,皆不如麟德、神龙之密(大衍历各节秒法,小数各异,运算亦嫌其不齐),盖一行必欲依附易蓍,牵合爻象,以眩其立数之神奇,而不究其步算之疏略,致有误差,深为可惜。"[③]陈遵妫评价说:"一行在天文学上有很大成就。惜他依附易蓍,牵合爻象,故弄玄虚,使天文学神秘化起来;这当然有其历史根源和时代背景。……盖《汉书·律历志》已经以易数说历数,《大衍历》只反映了时代的潮流而充分的体现出来而已。《新唐志》称:'盖历起于数,数者自然之用也。其用无穷,而无所不通;以之于律于易,皆可以合也。'这说明历数和律或易的必然联系。"[④]

《大衍历》援引《周易》,依"大衍之数"立法的特色,正是本文所瞩目并进行分析、研究、阐释的核心所在。

二、《大衍历》对易学的依傍与援引

本节将集中剖析、解说《大衍历》对易学依傍与援引的具体情形,这是对《大衍历》融通易学的文化阐释的基础。

首先,我们看到"大衍"一词,出自《周易》,意为"广为演绎"及"广为推衍"。郑玄曰:衍,演也。崔憬曰:《说卦》"幽赞于神明而生筮,参天两地而倚数",既言蓍数,则是说大衍之数也,明倚数之法当参天两地。朱熹《周易本义》曰:大衍之数五十,盖以河图中宫天五乘地十而得之。刘沅《周易恒解》曰:衍,推衍也。推广天地之数以统万物,故曰大衍。[⑤]"大衍之数"章,即《系辞上传》第九章,文曰:

> 大衍之数五十,其用四十有九。分而为二以象两,挂一以象三,揲之以四以象四时,归奇于扐以象闰,五岁再闰,故再扐而后挂。天数五,地数五,五位相得而各有合。天数二十有五,地数三十,凡天地之数五十有五。此所以成变化而行鬼神也。乾之策二百一十有六,坤之策百四十有四,凡三百有六十,当期之日。二篇之策,万

---

① (后晋)刘昫等:《旧唐书·僧一行传》,第5112页。

② (清)阮元等撰,冯立昇等校注:《畴人传合编校注》,中州古籍出版社2012年版,第162页。

③ 朱文鑫:《历法通志》,商务印书馆1934年版,第151页。

④ 陈遵妫:《中国天文学史》,第1051—1052页。

⑤ 马振彪遗稿,张善文整理:《周易学说》,花城出版社2002年版,第651页。

有一千五百二十，当万物之数也。是故四营而成易，十有八变而成卦，八卦而小成。引而伸之，触类而长之，天下之能事毕矣。显道神德行，是故可与酬酢，可与祐神矣。子曰：知变化之道者，其知神之所为乎？

这是一行特别重视的经典文本，不仅是《大衍历》命名的缘由，还是其历法基础数值的依据。对于“大衍之数”具体数值及其含义，一行有独特的解说，《历本议》曰：

> 自五以降，为五行生数；自六以往，为五材成数。错而乘之，以生数衍成位。一、六而退极，五、十而增极；一、六为爻位之统，五、十为大衍之母。成数乘生数，其算六百，为天中之积。生数乘成数，其算亦六百，为地中之积。合千有二百，以五十约之，则四象周六爻也；二十四约之，则太极包四十九用也。综成数，约中积，皆十五。综生数，约中积，皆四十。兼而为天地之数，以五位取之，复得二中之合矣。蓍数之变，九、六各一，乾坤之象也；七、八各三，六子之象也。故爻数通乎六十，策数行乎二百四十。是以大衍为天地之枢，如环之无端，盖律历之大纪也。①

一到五为五行生数，五到十为五行成数。生数最小者为一，成数最小者为六，所以说一、六为退极，退极之生数成数相乘得六，即卦的爻位数；生数最大者为五，成数最大者为十，所以称五、十为增极，增极之生数成数相乘得五十，即大衍的母数。1 至 5 相加为生数之和 15，6 至 10 加为成数之和 40，成数 40 乘生数 15 得 600，称为“天中之积”；生数 15 乘成数 40，也得 600，称为“地中之积”。天地中积之和为 1200，以五十约之即 $1200\div50=24$，四象周六爻即 4×6。以二十四约之，$1200\div24=50$，太极包四十九用即 $1+49$。综成数，约中积，皆十五($600\div40=15$)；综生数，约中积，皆四十($600\div15=40$)。兼而为天地之数($40+15=55$)，以五位取之($55\div5=11$)，复得二中之合矣($5+6$)。蓍数之变，九、六各一，乾坤之象，即 $9+6=15$。七、八各三，六子之象，即$(7+8)\times3=45$。爻数通乎六十，即 $15+45=60$。策数行乎二百四十，即 $60\times4=240$。这些数值，被运用于历法中，并且说：“是以大衍为天地之枢，如环之无端，盖律历之大纪也。”

《历本议》又说：“夫数象微于三、四，而章于七、八。卦有三微，策有四象，故二微之合，在始中之际焉。蓍以七备，卦以八周，故二章之合，而在中终之际焉。中极居五六间，由辟阖之交，而在章微之际者，人神之极也。”②结合前文可知，一行将天地之数进行分类：一、二是天地数之始；三、四是天地数之微；五、六则是天地之中数；七、八是天地之章数；九、十是天地之终数；最后，再择立出一个居于中数五、六之间的中极。于是，“成变化而行鬼神”天地十数，排列为始、微、中、极、章、终的“六虚”，《大衍历》的基本数据，都在这“六虚”中周流。

《大衍历》的天文历法数据，在《旧唐书·历志三》《新唐书·历志四》中有详细记载。其中，最重要的数值是“通法：三千四十”，“策实：百一十一万三百四十三”，“揲法：八万九千七百七十三”。通法即日法，数值为 3040；策实即岁分，为 1110340，以通法除之，得岁

① （宋）欧阳修、宋祁：《新唐书·历志三》，第 588 页。

② （宋）欧阳修、宋祁：《新唐书·历志三》，第 588—589 页。

实，即 1110340÷3040＝365.243421；揲法即朔实，为 89773，以通法除之，得朔策，即 89773÷3040＝29.5305921。这就不难看出通法(3040)的重要性。据《历本议》的解说，这一数值，也来自对“大衍之数”的分解组合：

> 天地中积，千有二百，揲之以四，为爻率三百；以十位乘之，而二章之积三千；以五材乘八象，为二微之积四十。兼章微之积，则气朔之分母也。[①]

“二章之积三千”即(1200÷4)×10＝3000；“二微之积四十”即 5×8＝40。“章微之积”即 3000＋40＝3040，就是“气朔之分母”，以此作为各种天文数据奇零部分的共同分母通法(即日法)。《历本议》还由通法推衍出其它数值，如：“以三极参之，倍六位除之，凡七百六十(3040÷4＝760)，是谓辰法，而齐于代轨。”“以十位乘之，倍大衍除之，凡三百四(3040÷10＝304)，是谓刻法，而齐于德运。”“半气朔之母，千五百二十，得天地出符之数(3040÷2＝1520)，因而三之，凡四千五百六十(1520×3＝4560)，当七精返初之会也。”对此的解释，用的仍然是易学的阴阳、刚柔、四象、三才之说，曰：“《易》始于三微而生一象，四象成而后八卦章。三变皆刚，太阳之象。三变皆柔，太阴之象。一刚二柔，少阳之象。一柔二刚，少阴之象。少阳之刚，有始、有壮、有究。少阴之柔，有始、有壮、有究。兼三才而两之，神明动乎其中。故四十九象，而大业之用周矣。数之德圆，故纪之以三而变于七。象之德方，故纪之以四而变于八。”[②]

对“通法三千四十”，朱文鑫、陈久金、卢央都指出：“大衍以三千四十为通法，暗藏十九旧章。”“大衍历暗用章法：3040 是 19 的 160 倍。”[③](章法，即春秋时期开始已逐步确立的“十九年七闰”法。)对此，后文将加以讨论。

一行还将诸多易学名词运用于《大衍历》中。《历本议》提到：“朔实曰揲法”“岁分曰策实”“周天曰乾实”“气策曰三元”“月策曰四象”“候策曰天中”“卦策曰地中”“半卦曰贞悔”。还有以“挂限”指闰限，以“爻数”指干支六十甲子数，以“象统”指二十四气。其步交会术(阴阳历表)、步五星术(五星爻象历)使用“少阳”“老阳”“少阴”“老阴”表述；其求星行黄道南北，记载行星入黄道南北的推算方法，使用阴阳爻的表述，“各视其星变行入阴阳爻而定之。其前变入阳爻为黄道北，入阴爻为黄道南；后变入阳爻为黄道南，入阴爻为黄道北。”[④]指的是行星从黄道北纬度最高处下行至降交点称为阳爻，由降交点行至黄道南纬度最高时为阴爻；另一半时则相反。至于借用或化用《周易》经传词语如“损益”“屈伸”“消息”“尊卑”等来描述或解说天文历法，《大衍历》中也颇有所见。

《大衍历》融通易学的另一主要内容，就是引入易学“卦气说”体系来解说天象、历法、节气与物候。

一行《卦候议》曰：“七十二候，原于周公时训。《月令》虽颇有增益，然先后之次则同。

① (宋)欧阳修、宋祁：《新唐书・历志三》，第 589 页。

② (宋)欧阳修、宋祁：《新唐书・历志三》，第 589 页。

③ 朱文鑫：《历法通志》，第 151 页；陈久金主编：《中国古代天文学家》，第 233 页；卢央：《易学与天文学》，中国书店 2003 年版，第 182 页。

④ (后晋)刘昫等：《旧唐书・历志三》，第 1282 页。

自后魏始载于历，乃依《易轨》所传，不合经义。今改从古。”接下来的《卦议》说：“十二月卦出于《孟氏章句》，其说易本于气，而后以人事明之。京氏又以卦爻配期之日，坎、离、震、兑，其用事自分、至之首，皆得八十分日之七十三。颐、晋、井、大畜，皆五日十四分，余皆六日七分，止于占灾眚与吉凶善败之事。”自北魏《正光历》将卦气说引入历法，成为历法的一个项目，北魏《正光历》、北齐《天保历》等，都依据纬书《易通统轨图》，对孟喜之说做调整改动，“其说不经”，不可取。一行认为：

> 当据孟氏，自冬至初，中孚用事，一月之策，九六、七八，是为三十，而卦以地六，候以天五，五六相乘，消息一变，十有二变而岁复初。坎、震、离、兑，二十四气，次主一爻，其初则二至二分也。坎以阴包阳，故自北正，微阳动于下，升而未达，极于二月，凝固之气消，坎运终焉。春分出于震，始据万物之元，为主于内，则群阴化而从之，极于南正，而丰大之变穷，震功究焉。离以阳包阴，故自南正，微阴生于地下，积而未章，至于八月，文明之质衰，离运终焉。仲秋阴形于兑，始循万物之末，为主于内，群阳降而承之，极于北正，而天泽之施穷，兑功究焉。故阳七之静始于坎，阳九之动始于震，阴八之静始于离，阴六之动始于兑。故四象之变，皆兼六爻，而中节之应备矣。《易》爻当日，十有二中，直全卦之初；十有二节，直全卦之中。[①]

《卦议》否定正光历、天保历等的变动安排，完全恢复西汉时代孟喜卦气说体系，即：从冬至起，卦气起中孚，中孚卦初爻当冬至日。坎离震兑四正卦主二十四气，每爻一气，其初爻主二分二至，即坎初爻主冬至、震初爻主春分、离初爻主夏至、兑初爻主秋分，但不具体直日，其余六十卦均直日。

《日度议》中，一行引《周易》卦象解说天象，如：“武王十年，夏正十月戊子，周师始起。于岁差日在箕十度，则析木津也。晨初，月在房四度。于《易》，雷乘乾曰《大壮》，房、心象焉。心为乾精，而房，升阳之驷也。房与岁星实相经纬，以属灵威仰之神，后稷感之以生。故《国语》曰：‘月之所在，辰马农祥，我祖后稷之所经纬也。’”[②]又引《周易》卦象解说节令，如：“《国语》曰：‘农祥晨正，日月底于天庙，土乃脉发。先时九日，太史告稷曰，自今至于初吉，阳气俱蒸，土膏其动。弗震不渝，脉其满眚，谷乃不殖。’周初，先立春九日，日至营室。古历距中九十一度，是日晨初，大火正中，故曰‘农祥晨正，日月底于天庙’也。于《易》象，《升》气究而《临》受之，自冬至后七日，乾精始复。及大寒，地统之中，阳洽于万物根柢，而与萌芽俱升，木在地中之象，《升》气已达，则当推而大之，故受之以《临》。……又先立春三日，而《小过》用事，阳好节止于内，动作于外，矫而过正，然后返求中焉。”[③]这里用《升》《临》《小过》三卦解说《国语》，使用的正是孟喜“推卦用事日”易例。[④]

《大衍历》还有一项特别的安排——发敛术。发敛，指阳气的发生与收敛。发敛术包

① （宋）欧阳修、宋祁：《新唐书·历志三》，第599页。

② （宋）欧阳修、宋祁：《新唐书·历志三》，第604页。

③ （宋）欧阳修、宋祁：《新唐书·历志三》，第606页。

④ （清）惠栋：《易汉学·孟长卿易下》，（清）惠栋撰，郑万耕点校：《周易述·附易汉学、易例》，中华书局2007年版，第533—540页。

括二十四节气、七十二候、六十四卦及五行用事时间的推算。《旧唐书·历志三》《新唐书·历志四》都记载了发敛术。《历本议》说:"五行用事,曰发敛。候策曰天中,卦策曰地中,半卦曰贞悔。旬周曰爻数,小分母曰象统。"具体数值及解说是:

> 天中之策五,余二百二十一,秒三十一,秒法七十二。
>
> 地中之策六,余二百六十五,秒八十六,秒法百二十。
>
> 贞悔之策三,余百三十二,秒百三。
>
> 辰法七百六十。刻法三百四。
>
> 各因中节命之,得初候,加天中之策,得次候,又加,得末候。因中气命之,得公卦用事。以地中之策累加之,得次卦。若以贞悔之策加侯卦,得十有二节之初外卦用事。因四立命之,得春木、夏火、秋金、冬水用事。以贞悔之策减季月中气,得土王用事。(凡相加减而秒母不齐,当令母互乘子,乃加减之;母相乘为法。)①

天中之策是说七十二候,每候五日有余;地中之策是说卦气,即六日七分;"若以贞悔之策加侯卦,得十有二节之初外卦用事",侯卦内卦为贞、外卦为悔,以贞策加辟卦后,得下月节用事之爻即侯卦四爻。四立为节气,立春为《小过》外卦用事,立夏为《旅》卦外卦用事,立秋为《恒》卦外卦用事,立冬为《艮》卦外卦用事,按五行配季节:春木、夏火、秋金、冬水,所以春木从《小过》外卦用事日开始,夏火从《旅》卦外卦始,秋金从《恒》卦外卦始,冬水是《艮》卦外卦始。以贞悔之策(地中之策之半)减季月中气,得土王用事,季月是辰、未、戌、丑之月,即夏正的三、六、九、十二月,该月中气(谷雨、大暑、霜降、大寒)前三日余为土王用事,历此三日及该中气结束为土王用事日。《旧唐书·历志三》《新唐书·历志四》均载有《卦候表》,清惠栋《易汉学·孟长卿易下》也载录"唐一行开元大衍历经"。发敛术推算,使用卦气说,自然与吉凶占验有密切关联。

自《大衍历》后,推步发敛术成为历法的定式,特别五行用事日(如土王用事),各历都予以重视。直到元代郭守敬主持制定《授时历》,才将此项内容删去,但仍有后世历本还以历注形式保留卦气说的内容。原本属于易学衍生体系的卦气说,因《大衍历》而进入历志,可谓奇妙。

三、《大衍历》融通易学的哲思蕴涵及价值

中国古代天文学,滥觞自远古,建树非凡,遗泽绵长。古代先贤仰观浩瀚苍穹,俯察方位分野,记录天象变化,确定星宿排列,测算日躔月离,创制演进,从观象授时到制定历法,"制历定朔""敬授民时""探赜索隐""以前民用",发展出包罗众多形态、记录丰富数据、具有精妙特色的以历法制定为核心的天文学,是中华文明的重要载体和章彩显现。冠居于群经之首的《周易》,在儒家经典中具有特殊的尊崇的地位;作为经学中的一个分支,易学经历了两千多年的发展历程,不断地汇入历代学者的丰富多彩的思想智慧,从而

① (宋)欧阳修、宋祁:《新唐书·历志四》,第639—640页。

对中国古代思想文化的诸多领域产生了广泛而深刻的影响。易学与天文历法也曾产生了紧密的交融关联，首先是《周易》经传中本就含有天文历法的相关内容，其次是古代天文历法曾以易学作为经典依傍，再者是易学的发展、易学体系的建构，也曾援引天文历法的内容，因此，易与历的交融，呈现出极具特色的建构形态，又含藏着丰富的思想意蕴，直至当代，仍具有独特的文化价值和深刻的启发意义。《大衍历》是援引易学作为经典依傍、进行天文历法创制的最具代表性的例子。前文着重梳理阐析《大衍历》融通易学的具体内容、形态，而其中所具有的文化蕴涵，阐释评析如下：

首先，《大衍历》是"易历融通"观念持续演进的结果。前文已经略引述阮元、朱文鑫、陈遵妫、卢央、陈久金等学者从天文历法学角度作出的相关评判。从更为宏观的思想文化史的视野上看，易历融通（其实还包括律，即易律历融通，为主题明晰起见，本文暂不涉及律的方面）的观念，有一个滥觞于先秦、勃兴于两汉、扬波于魏晋南北朝及隋唐的演进理路。

《新唐书・历志三》篇首载一行《历本议》，在引《系辞下传》辞句后说："天数始于一，地数始于二，合二始以位刚柔。天数终于九，地数终于十，合二终以纪闰余（案，指 19 年七闰）。天数中于五，地数中于六，合二中以通律历：天有五音，所以司日也。地有六律，所以司辰也。参伍相周，究于六十（案，指干支 60 甲子数），圣人以此见天地之心也。"[①]显然，在一行的观念中，《周易》所言天地之数，与律历同源而融通。此观念渊源甚古。先秦典籍中将天文、地理、历数、律吕进行配值与融通的文献资料颇多，属于观念起源时期的认知与表述，至汉代，随着《周易》经典地位的提升，易学文化解释功能的扩张与强化[②]，同时也伴随、呼应着天文历法学的发展，易学的象、数、理与天文历法的联系发展为颇具规模的体系，《汉书・律历志》是其代表。《汉书・律历志》篇首说："自伏羲画八卦，由数起，至黄帝、尧、舜而大备。三代稽古，法度章焉。""数者，一、十、百、千、万也，所以算数事物，顺性命之理也。……其数以《易》大衍之数五十，其用四十九，成阳六爻，得周流六虚之象也。夫推历生律制器，规圆矩方，权重衡平，准绳嘉量，探赜索隐，钩深致远，莫不用焉。"[③]《后汉书・律历志》说："昔者圣人之作历也，观璇玑之运，三光之行，道之发敛，景之长短，斗纲所建，青龙所躔，参伍以变，错综其数，而制术焉。"[④]其篇末又说："《易》有太极，是生两仪。两仪之分尚矣，乃有皇牺。皇牺之有天下也，未有书计。历载弥久，暨于黄帝，班示文章，重黎记注，象应著名，始终相验，准度追元，乃立历数。"[⑤]此类论述，在唐以前的正史《历志》里多有所见，《魏书》《晋书》《隋书》，其《天文志》《律历志》引述《周易》经传辞句作为经典依据者甚多，如《魏书・律历志》曰："大圣通天地之至理，极生民之能事，体妙系于神机，作范留于器象。然则制物成法，故冥赜可寻；推变有因，而化生以验。……三古所共行，百王不能易。"《晋书・律历志》曰："昔者圣人拟宸极以运璇玑，揆天行而序景曜，

---

① (宋)欧阳修、宋祁：《新唐书・历志三》，第 588 页。

② 参见黄黎星：《论汉代易学文化解释功能的扩张》，《周易研究》2010 年第 4 期。

③ (汉)班固：《汉书・律历志上》，中华书局 1962 年版，第 955—956 页。

④ (南朝宋)范晔：《后汉书・律历志》，中华书局 1965 年版，第 3055 页。

⑤ (南朝宋)范晔：《后汉书・律历志》，第 3067 页。

分辰野，辨躔历，敬农时，兴物利，皆以系顺两仪，纪纲万物者也。然则观象设卦，扐闰成爻，历数之原，存乎此也。”《隋书·律历志》曰：“夫历者，纪阴阳之通变，极往数以知来，可以迎日授时，先天成务者也。然则悬象著明，莫大于二曜，气序环复，无信于四时。日月相推而明生矣，寒暑迭进而岁成焉，遂能成天地之文，极乾坤之变。天数五，地数五，五位相乘而各有合。天数二十有五，地数三十，凡天地之数五十有五，所以成变化而行鬼神也。乾之策二百一十有六，坤之策一百四十有四，凡三百六十，以当期之日也。至乃阴阳迭用。刚柔相摩，四象既陈，八卦成列，此乃造文之元始，创历之厥初者欤？”……此类论说，可谓踵事增华，变本加厉，权威性与影响力不断增强，其影响流贯至一行，确属思想文化史演进之趋势所及。

其次，《大衍历》援易制历的实现途径的方法，值得考辨探析。《大衍历》在易历融通的理论与实践发展过程中，最具特色的，是前文曾作具体解读的内容——通过对《周易》“大衍之数”的阐释，其具体数值被运用于历法体系中，“是以大衍为天地之枢，如环之无端，盖律历之大纪也”，“成变化而行鬼神”的天地十数，排列为始、微、中、极、章、终的“六虚”，《大衍历》的基本数据，都在这“六虚”中周流。这与《太初历》（第一部完整保存系统详细数值的历法）被刘歆解读（称《三统历》）以使之合于易学象数的情况有所不同。如果说，刘歆的解读有“逆推”求合（对已有的天文历法数值，作出合于易学义理、象数的匹配）的意味，那么，一行制定《大衍历》，呈现的是倚靠“大衍之数”为基础建构历法体系。从《太初历》到《大衍历》，其间正史所记载的二十几种历法，在论述中引述《周易》经传辞句等形式，固然都体现了易历融通的观念，但并没有在具体数值上使用易学的象、数模式，比较之下，也能凸显《大衍历》的特色。

天文历法的较真与精细，是需要面临严格考验的，此即《汉书·律历志》所说的“历本之验在于天”[①]。毫无疑问，《大衍历》作为天文历法史上的名历、佳历，在历法的专业性上是站得住的（当然也不是毫无瑕疵），前文曾引《新唐书》评价：“较经史所书气朔、日名、宿度可考者皆合”，“自《太初》至《麟德》，历有二十三家，与天虽近而未密也。至一行，密矣，其倚数立法固无以易也”。[②] 那么，《大衍历》这种融通易历的成果如何实现？笔者试释之。

大约成书于公元前一世纪的《周髀算经》，是现存最古老的天文学和数学著作，其开篇即言：“请问古者包牺立周天历度。夫天不可阶而升，地不可得尺寸而度，请问数安从出？”[③]此说含有默认始制《易》书的伏羲已经具体测算出“周天历度”的意思。实际上，即使《尚书·尧典》记载的天文历法内容，也只是“期三百有六旬有六日，以闰月定四时，成岁”，处于“观象授时”阶段，大略而定，精确性不足，何况更远古的伏羲时代，对周天历度的精确测算，恐非实情。《世本》一书，提到黄帝时期制定历法，是由“羲和占日，常仪占月，臾区占星气，伶伦造律吕”“大桡作甲子”“隶首作数”“容成作历”[④]综合而成。考诸其

① （汉）班固：《汉书·律历志上》，第978页。

② （宋）欧阳修、宋祁撰：《新唐书·历志三上》，第587页。

③ （汉）赵君卿注，（北周）甄鸾重述，（唐）李淳风等注释：《周髀算经》，北京图书馆出版社2004年版，第1页。

④ （汉）宋衷注，秦嘉谟等辑：《世本八种》，中华书局2008年版，第36页。

他传世典籍及考古发现资料，此非天文历法发展之事实，但也反映出历法制定所需要具备的各方面综合因素。实际上，各因素的发展是非同步、不平衡的。若就关键因素论，进入历法制定时代，需要天文观测核心数据的积累。只有在持续观测而得出365.25（近似值）的黄道日行周期，才可能制定较为精确的历法，天文历法学史研究认为，这是在春秋中期实现的。其后，历家建立在对天体、日月星辰实际观测基础上的数值的记录与推算，越来越趋向于可"验之于天"的精密，这是历法学术内在的"刚性要求"。一行倚"大衍之数"制历，实现融通易历，实际上离不开天文历法发展的历史性积累。从前文第一节根据史书记载所作的分析，可以看出，一行《大衍历》经十五年创制而草成，其间的准备工作，是大量阅读前代的天文历法著作，广泛吸收天文历法发展的成果，比如对"岁差"的认识和采用，再如"通法三千四十"对"十九年七闰"这个"章"法数值的"暗用"，同时，一行又主持进行了诸多项目的实际观测，对天文数据进行对比、校正，甚至对由西域传入的《九执历》的某些内容、数值、也进行吸收、化用（对此，前文已论析）。

笔者的推论、评判是：一行服膺、推崇《周易》经典，认同已具有权威性的易历融通观念，具有深厚的易学文化的修养，又站在当时时代的高度，承接吸纳天文历法发展的丰富成果，同时还具备、运用了高超的数学计算能力，依靠（或者说是"借助"）《周易》"大衍之数"的基础数值，精心构思，建构了既具有易学象数形态，又与天象实际相合的数值，并推衍成包含全部要素的完整历法体系。需要特别强调的是：一行对"大衍之数"中基础数值的各种阐释和化用，并非易学本身所呈现的，而是他在易历融通观念下，创造性地建构出来的。这一点，笔者认为，与明代学者朱载堉依傍"河图洛书"之说，建构十二平均律的乐律体现，颇有相似之处。①

最后，《大衍历》易历融通具有独特的文化蕴涵，值得重视。综观易学与天文历法学在思想、文化、学术史上的形成关联的状况，呈现出颇为繁杂的现象，大体上可以区分出三个类别，其一是《周易》经传文本中包含了天文历法内容，其二是易学体系对天文历法的援引，其三是天文历法对易学的经典依傍。显然，《大衍历》的易历融通属于第三类，这个类别的"主体"立场，是天文历法之学与术。

在《大衍历议》中，一行旁征博引，荟集众多天象记录和历法史料，又结合诸多项目的天文实测，进行甄别、分析、评判，可以说是对此前天文历法学成果的全面审视与检验。在《大衍历经》中，一行依据（借助）《周易》"大衍之数"确立了"通法""策实""揲法"等核心数值，呈现了《大衍历》的推算方式与各类数值。但是，与数百年后元代天文学家郭守敬的路径取向不同②，一行延续了易历融通的传统理路。可以说，在《大衍历》中，既有传统的形而上的易学思想理论，又有形而下的历法建构模式，一行通过变通其法，实现数值匹配，体现出他苦心孤诣的实践性探索与整合。观念上，《周易》既是圣人"仰以观于天文，俯以察于地理，是故知幽明之故"而创制经典，成为一行建构天文历数的经典依傍，可谓事有必至，理所当然。一行所论，如："天数中于五，地数中于六，合二中以通律历。""天有

---

① 参见黄黎星：《河图洛书：朱载堉十二平均律的理论原点》，《周易研究》2016年第5期。

② 陈遵妫先生说："太初历假托于黄钟，大衍历则附会于易象，唯有授时历，根据晷影，全凭实测，打破古来治历的习惯，开后世新法之源。"（陈遵妫：《中国天文学史》，第1061页）

五音，所以司日也。地有六律，所以司辰也。”“参伍相周，究于六十，圣人以此见天地之心也。”“蓍数之变，九、六各一，乾坤之象也。”“七、八各三，六子之象也。”“是以大衍为天地之枢，如环之无端，盖律历之大纪也。”“中极居五六间，由辟阖之交，而在章微之际者，人神之极也。”“兼三才而两之，神明动乎其中。”①都是其观念的体现。

中国古代天文历法学中十二星次、二十八宿的坐标方位，日月运行的周期度数、寒暑更替的节律，大地分野的区域，物候变化的特征，与易学的阴阳消息、刚柔相推，卦爻的周流六虚、往而有复的原理，以及各种卦爻之象、数（阴阳老少之数，天地奇偶之数，五行生数成数，揲蓍演卦之数，等等），形成了包涵形而上之道与形而下之器的不同层面的解说体系。这既是“天人合一”思想观念的产物，又是“天人孚应”具体形态的呈现。这就形成和突显了中国古代天文学的最重要的文化特色，即笼罩大地的苍穹上，日月叠璧，星汉璀璨，这个天，不仅仅是自然的客体的天，还是关联着广袤大地、以及大地上的人类社会的有感应的、有伦理的天，天文历法学也因之具有天、地、人、神相孚相应的宏大文化视野与思想境界。从这个意义上说，易历融通的特色是鲜明的，其影响是广泛而深刻的。《大衍历》明显体现了这种文化蕴涵。

当然，《大衍历》作为历法，具备并体现这种文化蕴涵的意义，与其他类型不同（如前文所言《周易》经传文本中包含天文历法内容，和易学体系对天文历法的援引）。易与历，毕竟处于不同的领域，其学科属性不同，所处理的对象、所面对的问题都不同，要使之形成相互协同的学说体系，需要有相应逻辑性、自洽性的建构模式。《大衍历》依据（借助）《周易》“大衍之数”，巧妙地建立易历融通的联接点——就是“数”的形态，并且这些“数”的形态经过了易学观念的原理阐释，呈现出具有逻辑自洽形态的解说体系，从而沟通了天地自然与人文创制，融合了各自独立的领域，扩大了关怀的视野，形成了解释宇宙自然、社会人事的整个世界的模式，增强了易历融通这一文化传统的说服力。

在当今易学、天文学的学科畛域已经明晰区分的情况下，我们仍需重视、认识、理清、把握包括《大衍历》在内的相关学说，这些易、历融通的学说体系，包括具体的建构形态与蕴涵的思想观念，都是历史地存在着、并曾经产生重大影响的独特而丰厚的成果。我们既应该做好“返本”的认识，把握传统文化的文化史、学术史的整理工作，又能够在新时代、新条件下，从古代的思想智慧中吸取精华，实现“开新”的创造性转化和创新性发展。

① （宋）欧阳修、宋祁撰：《新唐书·历志三》，第588—589页。

陆德明《易》学蠡测

谷继明*

一、陆德明的易学师承

陆德明以《经典释文》享誉千载，于《易》学亦颇精通。《旧唐书·徐文远传》谓：

> 大业初，礼部侍郎许善心举文远与包恺、褚徽、陆德明、鲁达为学官，遂擢授文远国子博士，恺等并为太学博士。时人称文远之《左氏》、褚徽之《礼》、鲁达之《诗》、陆德明之《易》，皆为一时之最。①

《旧唐书》陆德明本传谓其"初受学于周弘正，善言玄理"②。陆德明师从周弘正，又喜谈三教及玄学之理，可知其《易》学传承亦本于"江南义疏"。吴承仕谓："寻弘正之卒在太建六年(574)，德明受业，疑在太建之初；弱冠应征，或当太建六七年间。"③其说可从，今更作补充说明。天嘉元年(560)至三年(562)，周弘正出使北周，此时陆德明最多六七岁，不可能从学周氏。太建元年(569)陆德明已十五，适逢入国学的年龄。④ 且此时陈宣帝即位，周弘正领国子祭酒，其从学周弘正或在此时。《陈书·张讥传》又载："吴郡陆元朗、朱孟博、一乘寺沙门法才、法云寺沙门慧休、至真观道士姚绥，皆传其业。"⑤陆德明亦从学于张讥。

今《经典释文》的《周易》部分，仍可见其师承之痕迹。马国翰发现《释文》引"师说"数条：

> 陆德明《释文》每称师读、师说。朱太史彝尊《经义考》谓当即九师。今考《释文》于《易》称师，似可附会九师；而于他经亦引师说，当作何解？其误显然。臧氏镛谓"陆氏之师也"，然亦未尝明言何人，考《本传》云"讥性恬静……吴郡陆元朗、朱孟博

---

* 作者简介：谷继明，同济大学哲学系教授，博士生导师。研究方向为易学哲学、宋明理学、经学史。

① 《旧唐书》卷一八九上《儒学传上》，中华书局1975年版，第4943页。

② 《旧唐书》卷一八九上《儒学传上》，第4944页。

③ 吴承仕：《经典释文序录疏证》，中华书局1984年版，第2页。

④ 据《南齐书·礼制》，建元四年立国学，入学范围为"年十五以上，二十以还"。梁、陈所立国学入学年龄亦当如此。

⑤ 《陈书》卷三三《儒林》，中华书局1972年版，第445页。

……皆传其业。”元朗，德明本名，以字行。然则陆氏之师即讥也。[①]

马国翰的结论正确，推论却少了重要一环。因为如前所述，陆德明先从周弘正学，后从张讥。王利器即曾怀疑：“《释文》中往往称引师说。如《易》‘王弼注’，《释文》云：‘今本或无注字。师说无者非。’《需》‘有孚光亨贞吉’，《释文》于光字下曰：‘师读绝句。’诸如此类，所称师说，为周为张，今莫能质定矣。”[②]今更进一步考察。其实《释文》所引师说，皆在《周易》一经，《书》《诗》《礼》等皆无。然则所谓师说，非周弘正即张讥之《易疏》。我们排比其说，可考订为张讥疏。其中两条是：

> 井卦：井，精领反。《杂卦》云：“通也。”《彖》云：“养而不穷。”……《广雅》云：“井，深也。”郑云：“井，法也。”《字林》作丼，子挺反。周云：“井以不变更为义。”师说：“井以清絜为义。”震宫五世卦。
>
> “彖辞”，吐贯反。马云：“彖辞，卦辞也。”郑云：“爻辞也。”周同王肃，云“彖，举象之要也。”师说：“通谓爻卦之辞也。一云即夫子彖辞。”[③]

上引两条先称“周云”，后列“师说”。所谓“周”，《释文序录》所列《周易》撰述人无他，唯有周弘正。[④] 周弘正之言既独立于“师说”，则“师说”必指张讥。

另一个旁证在于，张讥为周弘正之后最有名的《周易》义疏家，善三玄，有《周易义》三十卷，《老子义》十一卷，《庄子内篇义》十二卷，《外篇义》二十卷。陆德明从学于张讥，其《注解撰述人》于《周易》曰：“右《易》，近代梁褚仲都、陈周弘正，并作《易义》，此其知名者。”[⑤]于《老子》曰：“右《老子》，近代有梁武帝父子及周弘正《讲疏》，北学有杜弼注，世颇行之。”[⑥]根本不及张氏义疏。推其原因，盖陆氏撰写《释文》时，张氏义疏尚未写定通行。张讥本传谓“后主尝敕人就其家写入秘阁”[⑦]，当在卒后就家写书。陆德明当时虽传张讥之学，其《义疏》尚未写定，故陆氏作《释文》无法举其成书，但标“师读”，《周易释文》中所引“张氏”，则非张讥，而是《注解撰述人》之张璠。

综言之，陆德明未弱冠时从学周弘正，或听讲而已；至于张讥，陆德明盖已登堂入室，得其学为多。《经典释文》收入《老》《庄》，王利器以为陆氏此法本之沈文阿《经典玄儒大义》，且曰：“称《老》《庄》为经典者，盖玄儒之徒之说也。”[⑧]南朝时《易》《老》《庄》号三玄，陆德明自受此风影响，王利器之说是也。又其本传载：“高祖亲临释奠，时徐文远讲《孝经》，沙门惠乘讲《波若经》，道士刘进喜讲《老子》，德明难此三人，各因宗指，随端立义，众皆为之屈。”[⑨]可见陆德明之学不仅通讲三玄，且欲会通三教，此皆南朝之风，周、张之绪。

---

① （清）马国翰：《玉函山房辑佚书·周易张氏讲疏》，光绪琅嬛仙馆本，第2页，

② 王利器：《经典释文考》，《晓传书斋集》，华东师范大学出版社1997年版，第10页。

③ （唐）陆德明：《经典释文·周易音义》，影印宋元明递修本，上海古籍出版社1985年版，第107、131页。

④ 黄奭《汉学堂经解》之《周氏易注》已取此两条。只是其题当名“周氏《周易义疏》”。

⑤ （唐）陆德明：《经典释文·周易音义》，第24页。

⑥ （唐）陆德明：《经典释文·周易音义》，第65页。

⑦ 《陈书》卷三三《儒林传》，第445页。

⑧ 王利器：《经典释文考》，《晓传书斋集》，第27页。

⑨ 《旧唐书》卷一八九上《儒学传上》，第4945页。

二、陆德明《易》学著述

《隋书·经籍志》著录陆德明著作有"《周易并注音》七卷，秘书学士陆德明撰"，以及"《周易大义》二卷，陆德明撰"。[①]《旧唐书·经籍志》则载其有《周易文句义疏》二十四卷、《周易文外大义》二卷。这倒不是因为《隋志》失载。盖因《隋志》据《大业正御书目录》，彼时陆德明入都为国子助教，《周易文句义疏》尚未撰成，故不载。陆德明在唐贞观初即卒，则其《文句义疏》当为隋国子助教时所撰。

《周易文外大义》既见于《隋书·经籍志》，知是陈朝旧着，故得加载《大业正御书目录》。又马楠分析《隋书·经籍志》撰人衔名时指出："衔名为终官、赠官或征召官与解题叙录型目录关系更为密切，更初始的来源则为史书传记；衔名为著书时官与官修简目关系更为密切，基本源自从写本过录结衔。"[②]陆氏本传谓"隋炀帝嗣位，以为秘书学士"。[③]秘书学士并非陆德明终官，然则《周易注音》《周易大义》为陆德明任"秘书学士"时撰写？恐怕亦不可如此说。《大业正御书目录》编订于大业中，陆德明在大业初为秘书博士，后为国子助教。然则"秘书学士陆德明"的衔名，或为其进献该书时的衔名，抑或《正御书目录》编订时依据陆德明当时官衔所题。要之《周易大义》不必为隋炀帝时作，观其文体，当为南朝旧作。

有学者指出："参与承先殿学术会议的陆德明此时为弱冠，以太建六年(574)算，陆德明当生于公元554年左右。"[④]此说可从。《经典释文序》谓："粤以癸卯之岁，承乏上庠，循省旧音，苦其大简。……遂因暇景，救其不逮……"[⑤]癸卯为陈后主至德元年(583)，时陆德明二十九岁。本传载其"解褐始兴王国左常侍，迁国子助教"，则所谓"承乏上庠"即迁南陈国子助教之事。陆德明任国子助教时开始写作《经典释文》，最先完成的即《周易注音》，同时完成了《周易文外大义》，故《大业正御书目录》有著录。《隋志》载"《周易并注音》七卷"，可知其最初的音注是"具载本文"的。陆德明在南陈时完成《周易》音注，在隋唐间继续撰写时，因经典众多、卷帙浩繁，乃屏弃本文，用出文的方式进行音注。[⑥]

据此而推，陆德明《周易注音》与《周易大义》先成于南朝，而后有《周易文句义疏》之作。接下来的问题是，《旧唐书》所谓"《周易文外大义》"是否就是《隋书》所载《周易大义》？

"文外义"亦义疏学体裁之一种。所谓"文外"，字面意思即"经文文本之外"。但这里不是说寻文摘句所解者浅，必须寻找"言外之意"；而是说除了随文解释，还有些关键问题需要另作解答。陆德明后来有《周易文句义疏》。"文句义"是随文解释的讲疏，与周弘

---

① 《隋书》卷三二《经籍志一》，中华书局2018年版，第1031页。

② 马楠：《唐宋官私目录研究》，中西书局2020年版，第11页。

③ 《旧唐书》卷一八九上《儒学传上》，第4945页。

④ 吴萍：《旧唐书陆德明传再注》，《玉溪师范学院学报》2014年第3期。

⑤ (唐)陆德明：《经典释文》序，第2页。

⑥ 《经典释文·条例》谓："旧音皆录经文全句，徒烦翰墨。今则各标篇章于上，摘字为音。虑有相乱，方复具录。唯《孝经》童蒙始学，《老子》众本多乖，是以二书特纪全句。"

正、褚仲都、张讥等疏略同。但“文外义”则不以经文结构来组织讲疏，乃是罗列关键词或问题来组织讲疏。

对此我们有佛教经疏的证据。上海博物馆藏有敦煌写本《法华经文外义》一卷。本书卷尾题记曰：“《法华经文外义》一卷，一校竟，大统十一年岁次乙丑九月二十一日，比丘惠袭于法海寺写讫，流通末代不绝也。”[①]大统十一年(545)为西魏文帝时。本疏是对《法华经》的解释，却不逐句解说。它有三个主要特点：一者标引问题关键词为纲，二者以问答来行文，三者每次问难皆提出多重解答。

该疏有残缺，见存标引的主题有：料简文经理经、二智、次明因缘、烧舍宅者、净土者、五百由旬险难道者、次明二依、十地者。[②] 这些既非随顺经文的解说，也不是系统的义理纲要，更像是对重点难点特别摘出进行的讨论。盖随文解释，以通顺经文为目的，无法对一些疑难问题展开详细的讨论，故经师但以别纸疏释，在经疏文本之外，因名曰“文外义”。

樊波成将中古义疏分为两种：“一为魏晋宋齐时代‘分疏义条’的‘纲要型义疏’，也被称为‘论’‘讲义’‘释义’‘要记’‘要略’‘略注’‘略说’‘义略’等，对应忘文全质、标释条理的纲略要旨之学；一为始于五世纪末的‘章句学义疏’，也被称为‘述议’‘疏义’‘义赞’，由‘讲疏’‘述’‘赞’与‘纲要型义疏’结合而成，故呈现为‘疏—论复合结构’。”[③]樊波成所称的第一种，亦可成为“大义”，其特征是摘出问题加以证明或辩难，则亦与“文外义”类似。至于佛教诠释体裁对中古义疏学的影响，可参见李四龙[④]、圣凯[⑤]的研究。佛教的义论疏体裁较复杂，但亦可与樊波成所作的两种划分相对应。

文外义既为疑难讲解，则多以问答体来引起。这一点从《讲周易疏论家义记》亦可得证明。《义记》数次出现“文外”之词：

> 案此用九即有二义，第一境，第二智。境智之义，如文外释；而略明境体，尝通其义……
>
> 第二答正释几：“知至至之，可以与几也。”(释)几之大体，已出文外；此有开句，但可略言也。……
>
> 第一答释感应：“子曰同声者相应同气者相求。”感应之体，已出文[外]。此中略明难易之例也。[⑥]

以上第一处解释乾卦用九到底是据境(道理)还是智(体道者)而言，但境、智本身的义理结构需要进一步说明，不方便随文解答，故在“文外”另说。第二处解释《文言》九三

---

① 李际宁、张晓娟整理：《法华经文外义》，方广锠主编：《藏外佛教文献》第二辑，宗教文化出版社 1996 年版，第354 页。

② 李际宁、张晓娟整理：《法华经文外义》，第 293 页。

③ 樊波成：《讲义与讲疏——中古义疏的名实与源流》，《“中央研究院”历史语言研究所集刊》第九十一本第四分，2020 年，第 707 页。

④ 李四龙：《“义论疏”与中古佛教解经文献类型》，《北京大学学报》2022 年第 3 期。

⑤ 圣凯：《北朝佛教地论学派“变疏为论”现象探析》，《中国哲学史》2015 年第 3 期。

⑥ 谷继明：《周易正义读》，上海人民出版社 2017 年版，第 237、256、259 页。

的“知至至之，可与几也”，“几”是《周易》核心概念，值得详细分析，但也不便在此讨论，故于“文外”另说。

综上可断定，《旧唐书》所载陆德明之《周易文外义》，即《隋书》之《周易大义》。以其摘录问题，在经文之外另为论述，故称“文外义”；以其属通论之作，故称“大义”。

三、《周易发题》：基于《释文》的推测

《经典释文·注解撰述人》“十翼”下小注谓：“先儒说重卦及爻辞、为十翼不同，解见余所撰□□。”[①]最后两字，宋元明递修本及《通志堂》本皆为墨条。但《释文》“乾传”下注曰：“以传述为义，谓夫子十翼也。解见《发题》。”[②]据此则彼处墨丁亦当作“发题”。此所谓“发题”，或许是说陆德明另撰有《周易开题义》，今《隋志》及《旧唐志》既无此著录，则所谓“发题”，必当在《周易文句义疏》卷首。

陆德明谓“先儒说重卦及爻辞、为十翼不同，解见余所撰《发题》”，则知其开题义讨论了谁人重卦、爻辞谁作、十翼目次等问题。孔颖达纂修《周易正义》，其卷首“八论”，亦其比也。其目曰：

> 自此下分为八段：第一论易之三名，第二论重卦之人，第三论三代易名，第四论卦辞爻辞谁作，第五论分上下二篇，第六论夫子十翼，第七论传易之人，第八论谁加经字。[③]

“自此下分为八段”显然是科段的标志。《周易正义》的“八论”即是南北朝义疏学“开题义”之流裔。陆德明讨论的问题，在上面的八论中为第二、四、六论。可知这些问题之讨论在当时为固定体式。

陆德明的“发题”虽已亡佚，但其意见亦可考察。《经典释文·注解撰述人》曰：

> 宓犧氏之王天下，仰则观于天文，俯则察于地理。观鸟兽之文，与地之宜，近取诸身，远取诸物，始画八卦。（或云：因《河图》而画八卦。）因而重之，为六十四。文王拘于羑里，作卦辞。周公作爻辞。孔子作《彖辞》《象辞》《文言》《系辞》《说卦》《序卦》《杂卦》，是为十翼。班固曰：“孔子晚而好《易》，读之韦编三绝而为之传。”传即十翼也。[④]

以上论说虽然精简，但包含数个重要论题。

首先是伏羲画卦的依据。陆德明先举《系辞传》的“仰则观于天文，俯则察于地理……近取诸身，远取诸物”，却又举出一说：“或云因《河图》而画八卦。”“或云”的依据是《系辞》“河出《图》，洛出《书》，圣人则之。”《汉书》又引刘歆说：“伏羲氏继天而王，受《河

---

① （唐）陆德明：《经典释文·周易音义》，第 16 页。

② （唐）陆德明：《经典释文·周易音义》，第 73 页。

③ （唐）孔颖达：《周易正义》，影印宋刻单疏本，浙江古籍出版社 2017 年版，第 168 页。

④ （唐）陆德明：《经典释文·周易音义》，第 15—16 页。

图》，则而画之，八卦是也。”据《周易正义·八论》“论重卦之人”所载，孔安国、马融、王肃、姚信皆用此说。《正义》为之调停曰：“伏羲虽得《河图》，复须仰观俯察，以相参正，然后画卦。”[①]陆德明则主近取远取说。

其次关于重卦之人，陆德明主张伏羲重卦说。参考《正义》可知，当时主重卦有四说：“王辅嗣等以为伏羲重卦，郑玄之徒以为神农重卦，孙盛以为夏禹重卦，史迁等以为文王重卦。”[②]《正义》驳斥了其余三说，亦主伏羲重卦。《正义》的列举诸说及辩难，并非完全独创，而是在南朝义疏中有传承；陆德明之开题亦着重讨论此问题，其内容可据《正义》而推知。

再次，关于爻辞的作者，陆德明认为是周公。郑玄学派以为文王作卦辞、爻辞。《周易正义》同陆德明，并指出：“验爻辞多是文王后事。……验此诸说，以为卦辞文王，爻辞周公。马融、陆绩等并同此说，今依而用之。所以只言三圣，不数周公者，以父统子业故也。”[③]陆德明之辩驳亦或与此接近。

最后，关于十翼目次，陆氏与《正义》偶有不同。《八论》之第六“论夫子十翼”曰：

> 数《十翼》亦有多家。既文王《易经》本分为上下二篇，则区域各别，《彖》《象》释卦，亦当随《经》而分。故一家数《十翼》云：《上彖》一，《下彖》二，《上象》三，《下象》四，《上系》五，《下系》六，《文言》七，《说卦》八，《序卦》九，《杂卦》十。郑学之徒，并同此说，故今亦依之。[④]

《说卦传》下的正义略与此同。此说后来为吕祖谦、朱熹等采取，影响很大。但《正义》亦指出，这个顺序仅仅是“一说”，本来有“多家”。陆德明提供的恰恰是不同的另一说：“孔子作《彖辞》《象辞》《文言》《系辞》《说卦》《序卦》《杂卦》，是为十翼。”[⑤]陆氏亦将《彖》《象》各分为上下。关键的不同在于《文言》的位置。这并非陆德明的笔误，而是来自南朝义疏的义理传承。《讲周易疏论家义记》可为旁证：“若至《系辞》，总释大意，《彖》《象》《文言》三辞在前，《说》《序》《杂卦》三辞在后，自居其中，通摄七词，广演大道，故言‘系词’也。”[⑥]据此知“十翼”有其固定的义理结构。《彖》《象》《文言》逐句解释经文，在前；《说》《序》《杂卦》讨论一些具体的易学问题，居后。《系辞传》为《周易》义理之钤键、解说之总纲，故居于中，所谓“通摄七词，广演大道”。若置《文言》于《系辞》后，此科判结构便不能成立，是故陆德明必如此来数说十翼，而与从郑学的《正义》不同。考《讲周易疏论家义记》多引周弘正等说，与江南义疏关系密切，则陆德明“十翼”之目次，亦承周、张师法也。

---

① (唐)孔颖达：《周易正义》，第11页。
② (唐)孔颖达：《周易正义》，第11页。
③ (唐)孔颖达：《周易正义》，第14—15页。
④ (唐)孔颖达：《周易正义》，第16页。
⑤ (唐)陆德明：《经典释文·周易音义》，第16页。
⑥ 谷继明：《周易正义读》，第247页。

四、据《周易释文》推测陆氏之易学思想

《周易释文》主于给经、注之字作音，兼及字义，且多承旧音。[①] 虽然其多数不能代表陆德明自己的训释，但里面也有少量他自己的裁断和训解，这些裁断与其《周易文外大义》《周易文句义疏》一致。今略举数条关键信息，以推陆氏之易学思想，作为上一段的补充。

(1)《周易》之"周"字，《释文》曰："周，代名也。周，至也，遍也，备也。今名书，义取周普。"[②]这里其实是兼取两说：一者以周为周代，一者以周为周普。《周易正义·八论》第三论三代易名曰：

> 连山、归藏并是代号，则《周易》称周，取岐阳地名。又文王作《易》之时正在羑里，周德未兴，犹是殷世也，故题周别于殷，以此文王所演，故谓之《周易》。其犹《周书》《周礼》，题"周"以别余代。故《易纬》云"因代以题周"是也。先儒又兼取郑说云："既指周代之名，亦是普遍之义。"虽欲无所遐弃，亦恐未可尽通。其《易》题周，因代以称周，是先儒更不别解。[③]

孔颖达必取一义，即以"周"为周代。他反驳了"先儒"兼取的说法，评价曰"虽欲无所遐弃，亦恐未可尽通"。今观陆德明之解释，正是"无所遐弃"，盖传自周弘正、张讥等"先儒"。由是可推，陆德明之开题义，必引郑玄说："连山者象山之出云连连不绝，归藏者万物莫不归藏于其中，周易者言易道周普无所不备。"考陆德明之意，周代之取名，亦得用周普之义，故《周易》题"周"，虽因朝代之名，亦得兼取"周普"之义。此亦可见南朝义疏学与唐人《正义》之学的差别：南朝义疏喜融通异说，以义理安排的方式(所谓"判摄")将之统合起来。

(2)《周易释文》在每卦之下皆标出其八宫属性。如乾下曰"八纯卦"，坤下曰"八纯卦"，屯下曰"坎宫二世卦"，蒙下曰"离宫四世卦"等等。王弼易学正欲将之破除，故《周易正义》毫不言其宫卦。《释文》专门标出，可知六朝义疏虽用王弼注，却不完全株守；亦可见京房之易学体系在当时有极大影响。其实郭璞、梁武帝、梁元帝、周弘正皆善筮，其筮法自是可溯自京房的纳甲法。南人崇尚辨博，既讲《易》，若八宫亦不知，如何应敌？今可推陆氏《周易文句义疏》亦必标出宫卦属性。《周易集解》亦皆标分宫次序，如宋刻本咸卦下标"兑宫、正月、三世"[④]等。考李鼎祚《周易集解序》谓"少慕玄风，游心坟籍……各列名义，共契玄宗"[⑤]，他因不满于《周易正义》而别为《集解》，所得者于六朝之学为多。是故

① 王利器指出《经典释文序录》多承先儒："陆氏实有所本，而坐收取精用宏之功耳。"(《晓传书斋集》，第41页)至于具体的《音义》，以前的著作也有多种，陆氏也是参考搜罗之后而作裁断，读其《释文序》及《条例》自可知其对于旧音的批评与吸收。

② (唐)陆德明：《经典释文·周易音义》，第73页。

③ (唐)孔颖达：《周易正义》，第13页。

④ (唐)李鼎祚：《周易集解》卷五，柏林图书馆藏南宋嘉定大字本，第1页。

⑤ (唐)李鼎祚撰，王丰先点校：《周易集解》，中华书局2016年版，第8页。

《周易集解》每卦下列分宫,亦可远溯自南朝之学。

(3)《周易释文》于出文"韩伯注"下曰:"本亦作'韩康伯注'。案王辅嗣止注大经,讲者相承,用韩注《系辞》以下续之。"于出文《周易略例》下曰:"此是辅嗣所作,既释经文,故相承讲之。今亦随世音焉。"[①]由"讲者相承""相承讲之"可见,《周易释文》所赓续的正是南朝讲疏之学。推其语气亦可知陆德明在隋时犹用南朝讲经之形式,《周易文句义疏》即其总结。

(4)《释文》于《文言》"几"字注曰:"理初始微名几。"[②]此本于《系辞》"几者动之微,吉之先见者也"。韩注曰:"几者去无入有,理而未形,不可以名寻,不可以形睹者也。"孔疏谓:"初动之时,其理未着,唯纤微而已。若其已着之后,则心事显露,不得为几。若未动之前,又寂然顿无,兼亦不得称几也。几是离无入有,在有无之际,故云动之微也。"[③]此说亦承自旧儒,可与陆德明之说相互发明。又《讲周易疏论家义记》释此《文言》九三"可与几也"曰:"《系辞》云:'几者动之微,吉之先见。'故论曰:'动者之微',则异不动之无;'吉者之先',则同善家之理。可谓自虚而行有,居寂而之动者也。"[④]意亦与此接近。

5.《释文》于出文"龙"字下注曰:"喻阳气及圣人。"[⑤]按照《音义》的习惯,此处应该给"龙"注引并简单解释一下"龙"为何物。陆德明却仅仅有"喻阳气及圣人"六字。这是在发凡起例,告诉人如何理解《周易》卦爻辞的取象,狭义来说就是如何理解乾卦诸爻辞的"龙"。《周易正义》亦作阳气及圣人理解:"阳气潜在地下,故言'初九潜龙'也,此自然之象。圣人作法,言于此潜龙之时,小人道盛,圣人虽有龙德,于此时唯宜潜藏,勿可施用,故言'勿用'。"其下又引"诸儒皆以为舜始渔于雷泽"。[⑥] 然则周、张等皆以潜龙象圣人潜藏之时。陆德明亦用此义。

所谓的玄儒之学,在南朝有两方面的表现。以内容而言,是佛教中观学、道教重视玄学与玄学的合流;以形式而言,义疏易学即玄儒之学的一部分。由以上考察可见,陆德明《经典释文》虽为《音义》之书,仍在开题、科段和很多话题上承接了梁、陈义疏学的问题。

余　论

全祖望尝作《唐孔陆两经师优劣论》曰:

> 杭君堇浦问于予曰:"有唐一代绝少经师,求其博通诸经不为专门之学者,只惟孔、陆二家。然《正义》《释文》并传于今,而华川王氏议学宫之祀只及孔,岂以《释文》不过小学,而《正义》能见其大欤?"予曰:"仲达亦安敢望德明? ……《正义》之书依违旧注,不能有所发明。汉、晋经师异同之说,芟弃十九,令后世无所参考。愚尝谓《正

---

① (唐)陆德明:《经典释文·周易音义》,第121、136页。

② (唐)陆德明:《经典释文·周易音义》,第73页。

③ (唐)孔颖达:《周易正义》,第414页。

④ 谷继明:《周易正义读》,第256页。

⑤ (唐)陆德明:《经典释文·周易音义》,第73页。

⑥ (唐)孔颖达:《周易正义》,第21页。

义》出而经学之隘自此始。且当时讨论之人甚多，仲达不过为书局之长官，故以其名属之，其后为马嘉运辈所驳正者，又不知几何，非出其一人之手。德明《释文》，力存古儒笺，故未可忽也。予故谓如德明者，可以从祀。①

全祖望在明清之际，特注重出处大节，以之衡陆德明、孔颖达优劣，固有其成心。但此处也指出了二人在学术上的问题：《释文》有功于存古，《正义》则主于裁断。我们亦可据以观察陆氏《周易》二疏与孔颖达《正义》之区别。陆德明《周易文外大义》《周易文句义疏》承南朝讲疏之风，有科段、论难，其义理主张会通三玄、融释三教，对于旧注择善而从，备载兼通。是故南朝虽用王弼注，亦不以之为全是，亦常用马、郑等义。《周易正义》则立"疏不破注"宗旨，既取王弼，则必遵王氏；他家与王弼相违则取王，不与王弼违背则可以他家补充。② 于是正义出而旧疏多亡。此亦不能将咎责全归于《周易正义》，盖《正义》本在唐朝一统之后，取士必须定标准，与陆德明之背景全然不同。

焦桂美于《南北朝经学史》中认为："陆德明多取两汉古注的同时，也将汉人以象数解《易》及以纬书解经的特点一并吸纳，而这两点本是北学的突出特点。从这一角度讲，陆氏《释文》在一定程度上具有兼容南北、趋向合流之势。"③并认为陆氏之经学"与魏晋以来以阐释义理为主的玄学化经学极为不同"④。然而如本文所论述，陆德明之学仍属广义的王利器先生所谓"玄儒之学"的范围。其援引汉儒旧说及《纬书》，在南朝义疏之学中自有其脉络。故皮锡瑞谓："前乎唐人义疏，经学家所宝贵者，有陆德明《经典释文》。《经典释文》，亦是南学。"⑤

前引《徐文远传》谓大业时"文远之《左氏》、褚徽之《礼》、鲁达之《诗》、陆德明之《易》，皆为一时之最"，是隋代《周易》义疏学首推陆德明。惜其《周易文句义疏》成后，隋即灭亡；唐朝兴起不久，《周易正义》即开始编纂。⑥ 其书反不如更早之刘瓛、周弘正、张讥义疏，得有片羽传于后世。陆德明《周易文句义疏》师承周弘正、张讥，讲玄儒之学，可谓南朝《周易》义疏之集成；孔颖达《周易正义》斥江南义疏"率多虚玄，义多浮诞"，更加删裁，为南朝《周易》义疏之否定式终结。故今论六朝义疏《易》学，以陆德明为殿军焉。

---

① （清）全祖望撰，朱铸禹校注：《全祖望集汇校集注》，上海古籍出版社2000年版，第1532—1533页。

② 谷继明：《周易正义读》，第33页。

③ 焦桂美：《南北朝经学史》，上海古籍出版社2009年版，第441页。

④ 焦桂美：《南北朝经学史》，第441页。

⑤ 皮锡瑞：《经学历史》，中华书局2004年版，第146页。

⑥ 据《唐会要》，《五经正义》纂修始于贞观十二年（638），其初名《五经义赞》。其纂修之经过，参见张宝三：《五经正义研究》，华东师范大学出版社2010年版，第17—25页。

雷思齐与元代易学

李秋丽*

雷思齐(约1230—1301),字齐贤,号空山,宋江西临川人(今抚州市),生于南宋理宗绍定四年,卒于元代元成宗大德五年,年七十二。其著作《易图通变》五卷,《易筮通变》三卷皆是在其晚年成书。他经历了宋元易代之变以及仕途坎坷,其学问方向从儒家转而投向道教,也正是在儒道兼通的学问背景下,雷思齐撰写的易著颇具新意,不仅深化了宋代图书之学,还为易学注入了道教思想内涵。

一、河图洛书的易学史辨证

自王弼扫象以来,两汉繁盛的象数易学暗而不彰,宋初一些易学家通过将河图洛书、太极图等引入易学,并以图式的方式解读《周易》,后世所谓的图书之学得以产生,从而在新形式下复兴了象数易学。于图书之学而言,河图洛书问题是其核心内容,自刘牧首揭河图洛书的易学内涵以来,后世李觏(1009—1059)、程大昌(1123—1195)、朱熹等许多易学家皆对河图洛书问题有所研究。然而对于河图洛书中的不少问题,自刘牧始便没有统一的看法,甚至关于何为河图,何为洛书,都存在诸多争议。尽管朱熹采纳了蔡元定的河十洛九之说,其学在元代被尊为官学,对朱熹图书象数学产生较大影响,但并非不刊之论。正是在此背景之下,雷思齐试图全面审视河图洛书问题的历史发展脉络,力图正本清源,驳斥以往图书之学的错误与偏见,探寻河图洛书之正,进而正确地揭示易道内涵。

(一)析河图洛书之源

雷思齐认为河图洛书真的存在。他说:

> 古圣人之王天下,创始公至理以惠启千万世者,岂易易然率己见以自擅制作哉?此有天授断可识矣。故河之出图,伏羲因之以则而画八卦;洛之出书,大禹因之以则而叙九畴。孔子于《大传》叙“天生神物,圣人则之”而兼及《图》《书》,而谓其兼则之也。[①]

---

* 作者简介:李秋丽,山东大学易学与中国古代哲学研究中心教授。

① (元)雷思齐:《易图通变》卷五,《景印文渊阁四库全书》第21册,台湾商务印书馆1986年版,第815页。

他承认圣人根据河图、洛书创制八卦的观念。并强调圣人制《易》不可能是轻易随便地自创，而应当是授受于天。由此他认为，伏羲因河图以画八卦，大禹因洛书以作《洪范九畴》。在其看来，这是孔子于《易传》中所说的“天生神物”的内涵。

但另一方面，雷思齐认为，尽管河图、洛书的确存在，并且对圣人创制经典起到重要的作用，但是他并不认同以往将河图、洛书混为一体，共同作为圣人作《易》根据的观点。雷思齐认为在《尚书·顾命》中只提到了河图，并未涉及洛书。因此后世将两者掺杂在一起描述《周易》的创制过程恐怕是武断的。不仅如此，雷思齐还指出，不仅仅《尚书》中提到的是关于河图的论述，在《论语·子罕》篇与《易传·系辞上传》中同样也是只关于河图的论述。因此，雷思齐认为，至少在汉代以前，并没有任何文献材料能够证明河图与洛书是联系在一起的。在其看来，河图、洛书本身在以往本来是两个毫不相涉的系统。无论是在时间先后，还是具体内涵上都无共通之处。

然而在后世的发展中，河图与洛书被逐步注入新的内涵，并且开始有了合流的迹象。对此，雷思齐指出，最迟在汉代儒家学者孔安国所注的《尚书》中，关于河图、洛书的看法就有了新的发展。后来，经过孔颖达的阐发，河图与八卦之间的关系被进一步通过龙马的设定建构起来，从而在后世产生深远影响。而洛书与洪范九畴则通过神龟的连接同样被注入全新内涵，为后世诠释两者之间的关系提供了新的可能。

在此基础上，雷思齐进一步指出，河图洛书问题经过汉代经学家的重新诠释理解，其内涵不断被改易丰富，到了东汉经学大家郑玄那里，原本并不相涉的河图与洛书之间，才正式有了直接的关联。经过郑玄的表述，河图、洛书共同与《周易》之间建立起了关系，进而《洪范九畴》也被纳入到易学视域下进行理解。其后，“惟孔颖达《易疏》虽全篇写郑注，亦谓辅嗣之义未知何风，是必未以郑注为然也。”①雷思齐认为郑玄的做法并不符合河图、洛书乃至《周易》的原义。在他看来，正是由于郑玄对河图、洛书的界定，导致了后世诸多错误思想的出现。

于雷思齐而言，肯认河图、洛书的存在及其价值，并不意味着接受汉代以来形成的对河图、洛书的基本看法。与之相反，在其看来，恰是由于汉代以来对河图、洛书问题的混同、异见导致河图、洛书的真实内涵遭到了遮蔽。而这一问题也进而影响到了宋代出现的图书之学，使其自一开始就误入歧途。

（二）批驳宋元以来图书之学

针对宋代的图书之学，雷思齐从易学发展史的角度出发，指出：

> 由汉而唐，《易经》行世，凡经、传、疏释之外，未有及于图书之文刊列经首者。②

他认为在宋代以前，易学中从未有过将河图洛书置于《周易》经文之首的做法。他的这一看法无疑是理性客观的。只是对雷思齐而言，反省图书之学演变历程的目的并不仅仅在于客观地揭示图书之学的易学史演变，更为重要的是为其自身的图书思想张本。正

① （元）雷思齐：《易图通变》卷五，《景印文渊阁四库全书》第21册，第815页。

② （元）雷思齐：《易图通变》卷五，《景印文渊阁四库全书》第21册，第816页。

是在此背景下，雷思齐详细考察了宋代以来图书之学的代表人物及其思想。具体而言，雷思齐首先将目光聚焦到北宋图书易学的著名代表人物陈抟身上。据雷思齐所言，他全面阅读过今已失传的陈抟《易龙图》。他说："幸及其全书，观其离合出入，具以制数之说。"[①]在其看来：

> 全用《大传》天一地二至天五地十五十有五之数，杂以纳甲，贯穿易理，内一图谓形九宫，附一图谓形洛书者……及终其书，再出两图，其一形九宫者，元无改异，标为河图，其一不过尽置列大传五十有五之数，于四方及中而自标异谓为洛书。[②]

他认为陈抟的图书之学开始以不同的数字与河图、洛书相对应，开启了之后的图书之学。在陈抟那里，河图被认为是九宫图，而洛书则是内涵天一、地二、天三、地四、天五、地六、天七、地八、天九、地十天地十数图。且河图中还被陈抟注入汉代以来的纳甲之说以成其内在之理。对于陈抟的这一做法，雷思齐并不认同。在其看来，原本并不相属的河图与洛书，正是在陈抟这里被通过数字真正地联系在了一起。他认为之所以陈抟会将河图与洛书进行如此安排，是因为陈抟认为《洪范》中五行与数字的关系是"初一之五行，其二曰火，四曰金"。[③] 这一做法与《太玄》将二火配于南，四金配于西的做法一致。然而这一五行数字排列方式则与九宫图中的二、四位置不符。陈抟为了弥合两者之间的矛盾，只好"别以其五十五数析为洛书"[④]。雷思齐认为陈抟正是借助这种排列方式来化解以上出现的矛盾。因此，在雷思齐看来，宋代以后图数化的洛书，仅仅是陈抟补漏而作，而并非古籍中记载的洛书的真实模样。

雷思齐又进一步指出：

> 考图南之为龙图，虽自谓得于孔子三陈九卦之旨而作，然其《序》曰：龙图者，天散而示之，羲合而用之，孔默而形之。且明称始图之未合，惟五十五数，则是谓《大传》天数二十有五，地数三十，合而言之，不知何以于其末改标之以为洛书，殆其始误也。[⑤]

他认为陈抟一方面自称所创的河图是在孔子的"三陈九卦"基础上建构的，并且也提到河图"惟五十五数"，然而却在之后将五十五数定位成了洛书，前后自相矛盾，导致陈抟图书之学自基础开始就出现了错误。

在雷思齐看来，洛书的确也是古已有之，然而其内涵与由数字构成的河图完全不同，《尚书》洪范九畴中数字从一到九的排列原本只是具体事件的序列号而已，后人却非要将其与天地之数相合相应，这种做法显然是虚妄，并且毫无意义的。

在批评了陈抟的图书之学后，雷思齐进一步对陈抟之后宋代图书之学的代表人物之一范谔昌的《大易源流》进行了探讨。针对范谔昌的图书之学，雷思齐说：

---

① (元)雷思齐:《易图通变》卷四,《景印文渊阁四库全书》第 21 册,第 815 页。

② (元)雷思齐:《易图通变》卷五,《景印文渊阁四库全书》第 21 册,第 816 页。

③ (元)雷思齐:《易图通变》卷四,《景印文渊阁四库全书》第 21 册,第 812 页。

④ (元)雷思齐:《易图通变》卷四,《景印文渊阁四库全书》第 21 册,第 812 页。

⑤ (元)雷思齐:《易图通变》卷五,《景印文渊阁四库全书》第 21 册,第 818 页。

如范谔昌所著《大易源流》，其称龙马负图出河，羲皇穷天人之际，重定五行生成之数，定地上八卦之体，故老子自西周传授孔子造《易》之原，天一正北，地二正南，天三正东，地四正西，天五正中，地六配子，天七配午，地八配卯，天九配酉，地十配中，寄于末，乃天地之数五十有五矣。①

他认为范谔昌犯了同陈抟同样的错误，即为了将河图之数与五行之数相匹配，随意地改变了原本的图书排列方式。在此基础上，雷思齐又说：

又因谔昌坎离震兑四正之外，而以四成数同于四方，谓坎六退本卦三数以余三数，三画为乾，离七退本卦三数以余四数，四画为巽，震八数，退本卦三数，以余五数，五画为艮，兑九数，退本卦三数以余六数，六画为坤，皆以数为画，标为河图，是不揣本而齐末。②

他认为范谔昌在应用图书之学解释《周易》中的八卦生成问题时，为了合理解读"四象生八卦"问题，以数为画，牵强地将图书之数与卦画符号相比附，显得不伦不类。反倒是破坏了图书之学的内在合理性。

进而，雷思齐评价了刘牧的《易数钩隐图》。他首先肯定刘牧图书之学的历史贡献。认为陈抟以来的图书之学，传至刘牧方始光大，不仅在内容上，刘牧大幅度地扩充了易图，《易数钩隐图》中易图多达五十五组；而且在现实影响力上，自刘牧以后图书之学也与以往不可同日而语，影响力明显提升。在此基础上，雷思齐又对刘牧图书之学的内容本身提出批评。他说：

河之出图，羲前既得以则而画卦，因及于洛之出书，禹后复得以则而叙畴尔，又岂害于比类而互言之哉？岂尝直欲以图书之数之义之条贯比而同之哉？岂尝直谓图书并出于一时哉？③

他认为刘牧机械地理解古人关于河图、洛书的说法，仅仅因为看到河图、洛书似乎都内涵数字，因此想当然地将河图、洛书看作是内涵相同的整体。在其看来，刘牧所犯的根本性错误是因为认可陈抟为化解矛盾而编造的洛书，这是"承误而增益其误"，而且还增扩到五十五图之多，错误岂不是更多，难怪遭到后世李觏等人的强烈不满。

最后，雷思齐总结批判了在当时极具现实影响力的朱熹图书之学的基本论断。我们知道，朱熹以"七前六后，八左九右"为河图；以"九前一后，三左七右，四前左，二前右，八后左，六后右"为洛书，这与刘牧、李觏、程大昌等以往宋代易学家的看法不同。雷思齐尽管不同意刘牧等人关于河图、洛书的看法，但对于朱熹的这一论断，同样不赞成。他说：

朱、蔡之指斥又如此，而直以图南始标误之洛书为河图，而以其初正指河图反以为洛书，则朱、蔡实自误而反罪长民之先误，专己自是，张其辩说，不克自反，一至

① (元)雷思齐:《易图通变》卷五,《景印文渊阁四库全书》第 21 册,第 818 页。
② (元)雷思齐:《易图通变》卷五,《景印文渊阁四库全书》第 21 册,第 819 页。
③ (元)雷思齐:《易图通变》卷五,《景印文渊阁四库全书》第 21 册,第 817 页。

于此。[①]

不知图本非书，书本非图。其至甚者，以五十五数之图，乃妄谓之河图，而以图南所传之河图反为洛书，颠倒迷缪，靡所底止。[②]

即是说，无论是所谓“河九洛十”，还是所谓“河十洛九”都不是正解，也不是应该着力讨论的重点。陈抟“用十之一语，立一图之误”的错误认识，是导致之后河图洛书问题的直接原因。

当然，雷思齐之所以会不厌其烦地对历史上以来的河图、洛书之说一一予以说明、驳斥，其根本目的在于论证自己的观点。这也就是其所谓的“推原致误之由，疏列群疑之妄，直以河图本数讨正之”[③]。他认为以往河洛之学都存在这样或那样的问题，只有在剥离河图与洛书两者的基础上，才可能进而探究图书之学的真内涵。因此他讲：

今以余自本观之，直谓不必它求，特以《说卦》帝出乎震一章，环中往复参究之，以天一至地四，地六至天九求其实体，天五与地十明其虚用，则参伍以变，参天两地，错综倚数，莫不左右逢原，一皆吻合乎孔子系《易》之初旨。是之谓众言淆乱，折诸圣则明河之出图，通古不妄，足以见《易》矣。因洞悉洛之出书，九畴之外，岂复有图有数之妄作者，诚古今之一大快事也。[④]

凡余所以专守河图者，非敢自谓亲见羲、文所以本之而作《易》者，而其五且十之数，横、斜、旁、正相生相成之进、退、赢、缩，一阴一阳之奇、耦、分、合，八体二用之虚、实、变、通，殆有造化神明莫穷之蕴，非人之所能为，而殆乎天地之自然者，宜其为羲、文所以作《易》之本原也。[⑤]

大体而言，雷思齐依托对历史上河图、洛书文献记载的梳理，以及对前人图书之学的批判反省，实现了对图书问题的辨析和整理。进而又在此一基础上提出了自己的河图学说，并认为自己的理论真的契合“羲、文所以作《易》之本原”。至于其所理解的河图内涵，也是下面我们将要探讨的具体内容。

二、河图四十：图书之学的新发展

宋代象数易学以图书之学的形式得到了新的发展，不仅为自魏晋以来饱受批判的象数易学注入了生机与活力，更为易学在新的时代背景下发展提供了广阔的诠释空间。关于图书的内涵，朱熹专门指出：

看《易》须是看他卦爻未画以前是怎模样，却就这上见得他许多卦爻象数，是自

① (元)雷思齐：《易图通变》卷五，《景印文渊阁四库全书》第21册，第819—820页。
② (元)雷思齐：《易图通变》卷四，《景印文渊阁四库全书》第21册，第812页。
③ (元)雷思齐：《易图通变》卷五，《景印文渊阁四库全书》第21册，第820页。
④ (元)雷思齐：《易图通变》卷五，《景印文渊阁四库全书》第21册，第820页。
⑤ (元)雷思齐：《易图通变》卷四，《景印文渊阁四库全书》第21册，第814页。

然如此，不是杜撰。[①]

不推本伏羲作《易》画卦之所由，则学者必将误认文王所演之易便为伏羲始画之《易》。只从中半说起，不识向上根原矣。[②]

与汉代象数易学关注卦爻辞文字与象数原则之间的严格对应关系不同，图书之学关注的是《周易》符号系统产生的依据及其过程。图书之学从产生之初就被定位成易学的基础性、根源性问题。

雷思齐在考察、反思以往关于河图、洛书问题的基础上，提出了自己关于图书问题的思考，他指出：

河图，八卦是也。图之出，圣人则之。庖牺氏仰观象，俯观法，近取身，远取物，以通神明之德，类万物之情，始因之画八卦以作《易》者也。孔子谓其则之，岂欺我哉？图之数以八卦成列，相荡相错，参天两地，参伍以变，皆自然而然。后世不本其数，实惟四十，而以其十五会通于中，乃妄计天地之数五十有五，以意增制于四十之外，以求其合幸其中，故愈说愈迷，纷纷迄今。余因潜心有年，备讨众说，独识先圣之指归，遂作《通变》，传以与四方千载学《易》者，同究于真是焉。[③]

在他看来，河图与洛书应当彻底分开审视。与圣人创制《周易》相关的只有河图，而《周易》与洛书并不相关。并且河图之实数只有四十，而并非五十五或者五十。后世易学家由于执着于将之与《系辞》中的天地之数五十有五、大衍之数五十相比附，才导致了之后的一系列问题。因此，雷思齐不无自信地提出其“河图四十”之说，认为这才是先圣作《易》之旨。

雷思齐之所以选择“数”作为其思想方式，是因为他认为数中囊括了天地之理。“天地之理，未始不有数行乎其中，然或有余于数、不足于数，唯其余、不足而为之中制，故虽阴阳奇耦之数，有分有合，有虚有实，有进有退，有自然互相生成之中道焉。”[④]数字之间的关系与变化，呈现了天地之理，亦彰显出自然相互生成之中道。这就是他的“河图四十”学说的致思理路。

（一）“河图四十”内涵

1.河图四十的根据

雷思齐的“河图四十”之说，从本质上来看，实际上是在吸收和借鉴以往图书易学家研究的基础上完成的。这一特点，直接表现在他所作的《河图四十征误之图》（图 1）当中，在他看来：

---

① （宋）黎靖德编：《朱子语类》卷六十七，中华书局 1986 年版，第 1660 页。

② （宋）朱熹：《答袁机仲》，《晦庵先生朱文公文集》卷三十八，《朱子全书》第 21 册，上海古籍出版社、安徽教育出版社 2002 年版，第 1665 页。

③ （元）雷思齐：《易图通变・自序》，《景印文渊阁四库全书》第 21 册，第 791—792 页。

④ （元）雷思齐：《易图通变》卷二，《景印文渊阁四库全书》第 21 册，第 800 页。

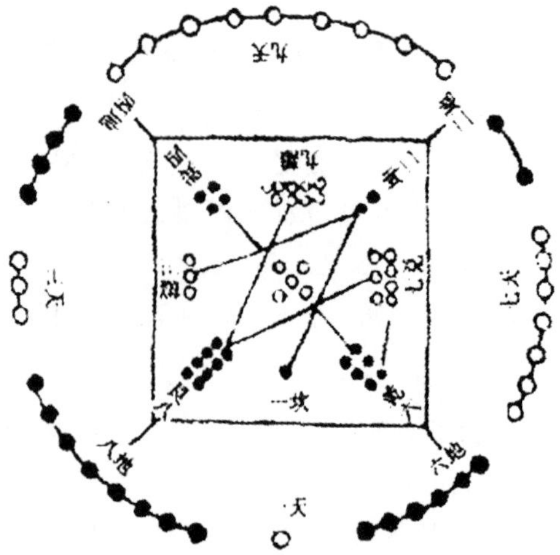

图 1　河图四十征误之图

> 河图本数兼四方四维，共四十。员布为体，以天五地十虚用，以行其四十，故合天地之数五十有五。[①]

雷思齐强调河图之数为四十，并且通过吸收前人圆方之数的方式，将河图以方圆图的形式表现出来。河图具体的构造方式，从外在形式上其实借鉴了刘牧的河图九数图，只是在其看来，河图之本数仅仅是指九宫图的四正四维八数。因此表现为圆图即是除去圆心五数的环形数字圈。同时，雷思齐认为，其所谓的河图四十之数同时容纳天地之数五十五。因为尽管河图实数是四十，然而其背后同时内涵着作为序数的天五、天十之数。这一虚实相资的做法无疑是继承了王弼以来用道家思想解《易》的理路。而这一发展也很好地融通了河图之数与天地之数、大衍之数之间的关系问题，为进一步诠释易学问题提供了基础。具体而言，雷思齐以《易传》"太极生两仪，两仪生四象，四象生八卦"为其理论的依据。他训"极"为"中"，认为河图四十之数的内在根据就体现为太极、两仪、四象、八卦的具体衍生过程。太极居中为一，分而为二为两仪，两仪化生四象即数字 1、2、3、4，四象生八卦则是由数字 1、2、3、4，衍生出 6、7、8、9。于此八个数以奇偶分居四正四维的方式构成了圣人作八卦的直接基础。

> 一与三为奇，为阳之生数，而必待于六与八之阴数以为成。二与四为耦，为阴之生数，亦必赖于七与九之阳数以为成也。[②]
>
> 自北而东，一而三，乃阳生之进数。而其自八而六，东而北，阴成之退数者，固已寓乎其中矣。自西而南，二而四，乃阴生之进数。而其自九而七，南而西，阳成之退数者，亦兼具乎其中矣。[③]

---

① (元)雷思齐:《易图通变》卷一,《景印文渊阁四库全书》第 21 册,第 792 页。

② (元)雷思齐:《易图通变》卷一,《景印文渊阁四库全书》第 21 册,第 794—795 页。

③ (元)雷思齐:《易图通变》卷一,《景印文渊阁四库全书》第 21 册,第 795 页。

析而言之，河图的八个数字之间，存在着密切关系。作为阳数的一、三，必待与之差五的成数六、八之偶数相合才能发挥作用。同样作为阴数的二、四，也必待与之差五的成数七、九相合才能发挥作用。另外，于河图之中，阳数自一而三，自北而东，数字的增长代表着阳气的息长；阴数则由八而六，自东而北，数字的减少则表征阴气的减退。雷思齐认为，此阴阳二气的一进一退之间，恰恰体现了阴阳和合之中道。因此他说：

> 见于参天两地倚数之一以为十，则所谓中也。中也者，合数之所不得其中者，而使之交合于中，所以中其不中者也。由坎北之一始制于中，二效之而分兑西之七以为中，八效之而分震东之三以为中，四效之而分离南之九以为中，凡中皆立于十，皆以数合于十而中分之者，盖以寄其一云尔。①

他将河图数之间的关系创造性地转化为阴阳之间的平衡关系。

2.河图虚五、虚十之用的内涵

雷思齐之所以不同意以往易学家关于定河图为五十五或是四十五的看法，一方面是在于，他认为以河图为四十能够更直接地体现河图八数与八卦之间的对应关系，以此彰显圣人据河图以作《易》的观点。另一方面，这一论断更是为了凸显其"四象无五，八卦无十"理论的重要性。在其看来：

> 一二三四而五同为生数，一至四其实体，五其虚用也；六七八九而十同为成数，六至九其实体，十其虚用也。四象无五，八卦无十，坦然明白矣。②

太极、两仪、四象、八卦的演化过程，由数字的产生变化过程来符示。四象之数为一二三四，八卦之数则为一二三四，六七八九。雷思齐将其与天地之十数相对应，认为之所以天地之生数一二三四五，五位之数，只有一二三四四象表现出来，是因为，天数五为虚数，一二三四为其实象。同样地，作为成数的六七八九十，五位之数，只有六七八九表现出来，也是天数十为虚数，六七八九则为其实象。雷思齐的这一观念，无疑在很大程度上吸收了邵雍的体用思想，并进行了创造性改构。

雷思齐之所以将五与十定位为虚数，是因为"《易》之所以范围不过，曲成不遗者，正由假此天五地十之虚数，以行其实用于四象八卦而成河图者"③。正是在天五、地十作为天地虚数的基础上河图八卦的作用才得以彰显。具体而言：

雷思齐强调虚之天五与地十本身具有十分重要的作用。其中天五，在沟通天地之生数、成数发挥着关键性的作用。借助于五与其他数字的关联，可以来解释八卦之间的关系。他说：

> 坎以一始于正北，而一五为乾六于西北；坤以二分于西南，而二五为兑七于西；震以三出于东，而三五为艮八于东北；巽以四附于东南，而四五为离九于正南。故阳得五而阴，耦得五而奇，阴得五而阳，奇得五而耦，是生数之所以成，成数之所以生者

---

① (元)雷思齐:《易图通变》卷二,《景印文渊阁四库全书》第21册,第805页。

② (元)雷思齐:《易图通变》卷一,《景印文渊阁四库全书》第21册,第799页。

③ (元)雷思齐:《易图通变》卷一,《景印文渊阁四库全书》第21册,第795页。

> 也。生数少于五，无所待以制中也，故阳数之一与三，自为中于乾六艮八成数之阴之外。阴众而阳孤，坎故谓陷也。成数多于五，不能自适于中也，故阴数之二与四，取五于离九兑七成数之阳之内。阳正而阴偏，离故谓丽也。陷必止而求动，故帝出乎震。动所以取合，由分而合也。丽必顺而相说，故说言乎兑。说所以致，由合而分也。[①]

河图八数当中一二三四为生数，六七八九为成数。其中生数与成数之间的关系为加五而成。传统的看法往往认为是"万物得土以成"，强调五数代表的土之五行的关键作用。但是，雷思齐则将五看作虚数，而虚数之五恰恰是生数得以化生，成数得以化成背后的根据。这里显然是从体用的角度论说了成数与生数之间的关系。更进一步而言，正是在虚数天五的作用下，生数与成数之间的阴阳关系得到了平衡，生数若为阳得五则成阴，生数若为阴得五则为阳。于此，借助五，可以分析八卦的卦德。他将生成之数与后天八卦方位联系在一起，就可以解释坎陷、离丽等卦德是因何而来，从而证明八卦之间是因五而有了某种关联。这种由数来解卦的理路在元代图书易学中是有代表性的。

关于虚十之用，雷思齐首先强调的是河图之中方位相对的两数之间存在相加之和为十的关系。他说：

> 坎一离九而十，坤二艮八而十，震三兑七而十，巽四乾六而十，皆一生一成也，一必九，三必七者，四方四奇之十阳十也，二必八，四必六者，四偶四维之十，阴十也，是四五本二十，今则四十。[②]

就河图而言，处在四正四维上的八个数，两两相对，且两数相加之和皆为十，比如处在正北之数为一，与处在正南之数九，两者之和为十；处在东南之数为四，其与相对的处于西北的数六，两者之和也为十。雷思齐认为这一特征彰显的是，地数十的"虚"之作用。即尽管在河图当中，并不存在独立存在的数字十。但是虚十却呈现于河图的内在机理当中，即求和即十。其实这一特征也即是传统的九宫图中，横竖斜数字之和皆为十五规律的化用。这也即是雷思齐所说的，"参伍错综，其数纵横斜正，倒之颠之，无不十五者也"[③]。

更进一步而言，雷思齐认为虚五、虚十的作用还直接呈现在河图之数的运行当中，"数始于一，中于五，终于十，复归于一"，数字的变化运行象征着阴阳二气的消长变化。他指出：

> 伍之而十，均十也。一与九之十，维坎维离。坎一居阴北，阳之始生，阴中之阳，阴极而生阳也。阳之一初而独立于中。离九居阳南，阳之终极，阳中之阳，阳极生阴，丽于巽四、坤二生数之阴，阴不专立，而当九阳之盛际，阳群合而制中者也。
>
> 二与八之十，维坤维艮。三与七之十，维震维兑。阳自下而升，由北东而极于

---

① (元)雷思齐:《易图通变》卷一,《景印文渊阁四库全书》第21册,第795页。

② (元)雷思齐:《易图通变》卷一,《景印文渊阁四库全书》第21册,第796页。

③ (元)雷思齐:《易图通变》卷一,《景印文渊阁四库全书》第21册,第796页。

南。阴自上而降，由南、西而极于北。

至于四与六之十，维巽维乾，此又阴阳之始终。终始，天地之穷变，变通莫不由此。[①]

雷思齐详细地分析了处在相对位置上和数为十的河图之数的具体内涵，他将数字的奇偶、大小及所在的位置联系起来，认为数字的变化过程恰恰表征了阴阳二气流变的过程。阳气息长的同时阴气消退，反之亦然。而在这一过程中阴阳总数总是维持十数不变。比如坎离两卦之数分别为1和9，代表的是阳气初生之数与至极之数。阳气自北方阴极之处产生，而最终发展到了南方极阳之地。而在阳极之九位之旁附丽着代表阴之生数的2与4，进而维持着阴阳之间的平衡流转。这也正是其所说的：

以数言，则天一、地二，天地设位。以气言，则分阴分阳，阴阳相薄。而《易》所以行乎其中者，始由于是，则阳生之进数所以为阴成之退数，阴生之进数所以为阳成之退数，乃互进互退，迭生迭成，此其生生之易，一阴一阳之道，无所终穷也。岂不至精至变而至神者与？[②]

3.河图、天地之数、大衍之数的会通

借助于对河图四十之数以及虚用之五、十两数的诠释和阐发，雷思齐得以将图书之数、天地之数及大衍之数重新连接为一体。他认为：

五其五，而二十有五，亦天数也。六其五，五其六，三其十，十其三，而三十，亦地数也。一且九，二且八，三且七，而四且六之各十，与本数虚用之十，以之伍其什，什其五，斯则大衍之数五十矣。[③]

天地之数的五十五，本身就是河图四十之数与虚而不用的五与十数之和。此外，雷思齐还强调，天地十数"五其五"的二十五之天数，与"六其五"的三十之地数之间也能够得到合理的连接。对于大衍之数五十，雷思齐则认为，其数与河图虚十之间的关系密切。即河图当中，外在呈现的一九、二八、三七、四六，四个虚十。加上内在蕴含的作为本数的虚十，便得到大衍的五十之数了。

总体而言，雷思齐通过界定"河图四十"之说，使天地之数与大衍之数在新的形势下得以汇通。并且通过虚五、虚十之数的巧妙应用，为图书之学注入了道家、道教思想内涵。从而为图书之学在全新的思想背景下得以开展，提供了理论的支撑。雷思齐对"虚五""虚十"的重视，正体现了其道家易学的特质。章伟文先生指出："雷思齐的河图及大衍筮法，区分数的虚与实，这个思想源出于老子《道德经》。""雷思齐的河图及筮法，一方面继承了《道德经》'道生万物'的思想，另一方面，又将'道生万物'的具体演进设计为一个程序。"[④]是的，雷思齐治学先儒后道，他融通儒道，力图说明道家思想实是《周易》的源

---

① (元)雷思齐：《易图通变》卷一，《景印文渊阁四库全书》第21册，第796—797页。

② (元)雷思齐：《易图通变》卷一，《景印文渊阁四库全书》第21册，第798页。

③ (元)雷思齐：《易图通变》卷一，《景印文渊阁四库全书》第21册，第799页。

④ 章伟文：《试论雷思齐的道教易思想》，《中国道教》1999年第3期。

头。尽管雷思齐图书之学的具体论断未必符合历史本身，然而，他借由梳理图书发展历程，重新诠释图书之学，这种返本开新的诠释方式无疑是雷思齐的重要贡献。

（二）“参天两地”说

雷思齐认为：“唯其余、不足而为之中制，故虽阴阳奇耦之数，有分有合，有虚有实，有进有退，有自然互相生成之中道焉。”[①]透过河图四十的设定，雷思齐基本确立了关于易道阴阳、奇偶、虚实、进退之道的初步阐释。为了进一步深化这一思想，雷思齐则进一步透过对《易传》中“参天两地”与“参伍错综”等与数相关的一系列经典话语系统的再诠释，为其图书之学注入新内容。针对“参天两地”“参伍以变”说，雷思齐指出：

> 夫奇数皆天，耦数皆地，生以天者成以地，生以地者成以天，其为天若地，特阴阳之进退、出入，奇耦之体用，分合而已。《说卦》曰：参天两地而倚数，观变于阴阳而立卦，发挥于刚柔而生爻。《大传》曰：参伍以变，错综其数；通其变，遂成天地之文；极其数，遂定天下之象。非天下之至变，孰能与于此？其曲尽乎至妙之用者，河图法也。[②]

他认为《易传》中关于“参两”“参伍”的种种提法，皆是针对河图之数妙用的具体展现。具体而言：

1.“参”“两”之内涵

雷思齐首先对《易传》中“参”“两”的基本内涵进行了全新的定位。在其看来：

> 参也者，一二之所以变也。由一自分其一以为二，起自为之对则见其二，而不见其一矣。其一又自参出于二之中，故三也。于参之法是即为一小成。是三画之立，见人参于天地之中以生也。积三小成，参其三而合于乾元用九，是参之始制，即阳奇之所谓天者所由然也。
>
> 两也者，由一生二，起而对，并以立，既以象两仪，因之两其二以象四象。夫一本自一而二，而参其一以为三，况二本一之对，岂不得三其二而反对之乎，故从而三其二以成六，即合于坤元用六，是又两之始制兼三才而两之故六，因之六画成卦，六位成章，即阴偶之谓，地者亦由以然也。[③]

这里的“参”“两”被雷思齐放置在阴阳、奇偶对待的前提下加以理解。“参”之所以为“参”，在于偶二之阴与奇一之阳的统合。有阳则必有阴，有一则必有二。“两”即是阴阳之对。二出现，一则消失不见，内蕴其中。“参”则表现为“一又自参出于二之中”，全面地彰显阴阳、奇偶之和合，同时也彰显出人禀天地阴阳而生，并立于天地之中而与天地参的内涵，因此在其看来“参之法是即一小成”。参其三则得九，此即为乾元之用九，也彰显了奇数为阳之大用；两其二则为四，体现了四象本身，参其两则为六，象征着坤元用六，偶数

---

① （元）雷思齐：《易图通变》卷二，《景印文渊阁四库全书》第 21 册，第 800 页。

② （元）雷思齐：《易图通变》卷二，《景印文渊阁四库全书》第 21 册，第 801 页。

③ （元）雷思齐：《易图通变》卷二，《景印文渊阁四库全书》第 21 册，第 802 页。

之为阴之大用得以彰显。同时也体现出了《周易》三画之卦变为六画之卦,“兼三才而两之”“六位而成章”的深刻内涵。

2.参天两地倚数说

雷思齐在明确了“参”“两”内涵的基础上,依托“河图四十”图,进一步创制《参天两地倚数之图》(见图2),并以此为基础,详细阐发了《说卦传》中“参天两地而倚数”说的内涵。

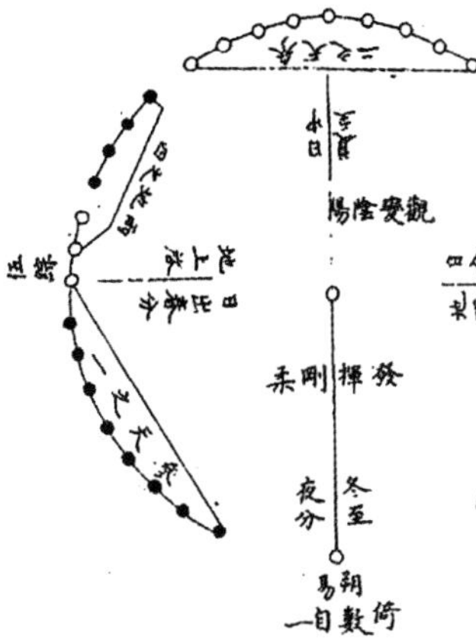

图2　参天两地倚数之图

他说:

> 必参其三三,两其三二,是参两之小成矣。故必又参其三三而参之为参天,两其三二而两之为两地。是天地之数无从而合且分矣。乃以其初不入于用之一数,奇于十以行其中而为之分且合,以成其中制者,是一也。而求于图之数,如环无端,其一莫见何在,而所见维十尔。夫参其三三与两其三二,合而为大参两,斯有以见天地浑成一始终者所以然矣。①

前文已述,雷思齐通过“参”“两”内涵的界说,分析了“参其三”“参其二”的内涵,并认为它们彰显的只是数之小成。进一步地,他又通过扩展这一体系诠释“参天两地”之说,在其看来,所谓的“参天两地”,并非前人所理解的以一三五三数为参天,以二、四两数为两地。所谓参天是指“参其三三而参之”,为3×3×3之数,即27;而“两地”则是“两其三二而两之”,为2×3×2,即12。这样一来,所谓的“参天两地”之数即为27+12=39。雷思齐认为,这里的39之数与河图四十之数恰好相互对应。其缺少的1,彰显的即是不用之虚。因此他认为“参天两地”之数所展现的正是天地浑然一体之象。

更进一步而言,雷思齐认为“参天两地”本身就蕴含在了“河图四十”当中。他说:

> 是故伍坎一以为乾六于北,伍坤二以为兑七于西,伍震三以为艮八于东,伍巽四以为离九于南,则见制数之元自参伍矣。于是又损震后之一以退,益艮之全八而九,三而三之,始参之制也。析震中前之二以合巽之全,四分而六,则两之继始也。惟离

① (元)雷思齐:《易图通变》卷二,《景印文渊阁四库全书》第21册,第802—803页。

之全数自得于九，且当始终之中，三而三之，中参之制也。兼坤之全二，以贯兑中前之四合而六，则两之代终也。绝兑后之三，以补乾之全六，三而三之，终参之制也。是则参天两地之纲领，于此亦可见。①

关于上文涉及的“参伍”之说，我们下面会具体讨论。针对“参天两地”，雷思齐认为，通过变换视角重新审视“河图四十”之图，于其中能够直接看到上文所指出的“参天”与“两地”。自北方坎位1数代表的冬至开始。取“坎一不入于数”，之所以如此，是因为雷思齐认为：“四方之数各十，合参其九而二十有七，两其六而十有二，总之则三十有九，而特遗其一，则其一将何所用乎？故以其一存诸十，则四十矣。故坎之立极于一，敛其十以自归，以建大中，以生生数之始，以成成数之终。”②这也即是前文所论述的虚一不用的内涵。接着，自东北艮八之位开始，艮数为8与震3分出之1相合而为9，此为“参天”之一；而震3分余之2与东南之巽4相合而为6，此为“两地”之一；居于正南的离之9数全，此为“参天”之二；而西南坤2与西之兑7分出之4相合亦为9，此为“两地”之二；最后西方兑7所余之3与西北乾6相合亦为9，此为“参天”之三。这也即是其所谓的“地之体全用乎天……天之用全体乎地”③之内涵。

经过此一系列的图形数字的变换调和，雷思齐曲折地沟通了“参天两地”与河图四十之间的内在关系，同时也为其虚一之说的道教思想提供了文本注脚。尽管这一构造方式不乏武断、牵强，但不得不承认雷思齐图书之学的构造方式是充满巧思的。

（三）“参伍以变”说

雷思齐在论证了“参天两地”与河图之数关系的基础上，又进一步对《系辞传》所言的“参伍以变，错综其数”中提出的“参伍”“错综”问题进行了阐发。

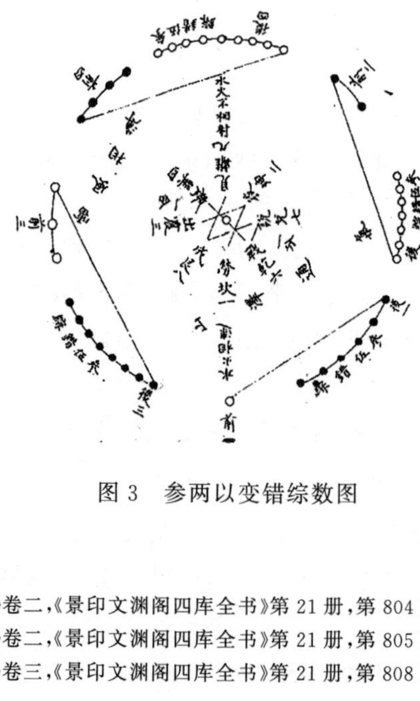

图3　参两以变错综数图

---

① （元）雷思齐：《易图通变》卷二，《景印文渊阁四库全书》第21册，第804页。
② （元）雷思齐：《易图通变》卷二，《景印文渊阁四库全书》第21册，第805页。
③ （元）雷思齐：《易图通变》卷三，《景印文渊阁四库全书》第21册，第808页。

雷思齐绘制了《参伍以变错综数图》(图 3),他解释说:

> 其谓之参伍错综者,五以前之数少于五,无所用伍;五以后之数多于五,故参以五。伍于其中,错且综之,而行其制中之法也。[①]
>
> 天一起于坎,地六附于坤(乾),是一六之合,综之则七也,参以天五,错伍于中,并列而求之,其首尾各一也。故坎之一数为阳,立极于北方之始,而乾之六数为阴,附于西北之维也,天三出于震,地八附于艮,是三八之合,综之则十有一也。参以天五,错伍于中,并列而求之,其首尾各三也。故震之三数为阳,立于东方之正,而艮之八数为阴而附于东北之维也。[②]

雷思齐认为"参伍"之三并不是指的是数字之"三",而是指示天地之生数与成数之间的相互关系。即所谓,生数参以五则得到了成数,比如生数之天一之坎参以五,则得到地六之乾。而"错综"之宗则指加合之意,比如天一,参伍而得地六,宗之则为七;地二,参伍而得天七,宗之则为九。应当指出,雷思齐之所以要重新界定"参伍""错综"内涵的原因是他希望借此以探讨"河图四十"之间的内在关联,更深入地探索《周易》数与卦之间的必然关系。具体而言,雷思齐将河图八数重新划分为四组:艮八震三、巽四离九、坤二兑七、乾六坎一。

在其看来,之所以河图四十能够彰显八卦内涵,以及八卦之数之所以在河图中有如此排列方式,都是符合"参伍""错综"原则的。他说:

> 参伍以变,参乾坎,参艮震,自北而东,参兑坤,参离巽,自西而南。参而分伍而合,是谓参伍以变。错而分之见其参,综而合之见其伍,是谓错综其数,而错综者即参伍也。散而错之如一二三四之重分,敛而综之乃六七八九之复合也,是谓五位相得而各有合。[③]

艮八与震三之间为"参伍"关系,两者"宗"之为 11,对 11 之数错其中五则剩余之数前后皆为 3。同样,巽四离九之间,也是"参伍"关系,两者"宗"之则为 13,对 13 之数错其中五,则剩余之 8 前后皆为 4;坤二兑七之间为"参伍"关系,两者宗之则为 9,错其中五则余 4,前后分之则前后皆 2;乾六坎一为"参伍"关系,两者相宗则为 7,错其中五,余数为 2,其首位皆为 1。透过河图四十之图,雷思齐又重新赋予"参伍以变,错综其数"以文本新内涵。这即是其所说的:"其曰参曰两曰参伍者,通其数之所变以用也。"[④]而雷思齐之所以殚精竭虑地进行如此繁琐的数字、图形关系连接工作,其根本目的就在于论证"河图之数纵横顺逆,莫非自然而然,不待人为牵合傅会以使然也"[⑤],为其自身的图书之学建构坚实的逻辑与文本基础。

---

① (元)雷思齐:《易图通变》卷二,《景印文渊阁四库全书》第 21 册,第 803 页。

② (元)雷思齐:《易图通变》卷二,《景印文渊阁四库全书》第 21 册,第 803 页。

③ (元)雷思齐:《易图通变》卷二,《景印文渊阁四库全书》第 21 册,第 804 页。

④ (元)雷思齐:《易图通变》卷二,《景印文渊阁四库全书》第 21 册,第 802 页。

⑤ (元)雷思齐:《易图通变》卷二,《景印文渊阁四库全书》第 21 册,第 804 页。

(四)“参两错综会变”说

雷思齐确立了河图四十说，并且通过对《易传》中“参天两地”“参伍”“错综”等文本内涵的解读，论证其图书之学的合法性。最后，雷思齐为了进一步贯通其思想体系之间的内在关联，进而创制了《参两错综会变总图》(图 4)，认为尽管“参伍”和“参两”各自的内涵并不相同，然而从根本上来说，二者是融通的。他指出：

> 是则参天两地之纲领于此亦可见。或错而分，综而合，参之两之，参两之制亦必伍也。是则参伍之大通变，太极数也。[①]
>
> 斯所以参伍也，参伍所以参两也，故河图之数止实四十，而以天五地十之虚数通用之以计，凡天地之数五十有五者也。[②]

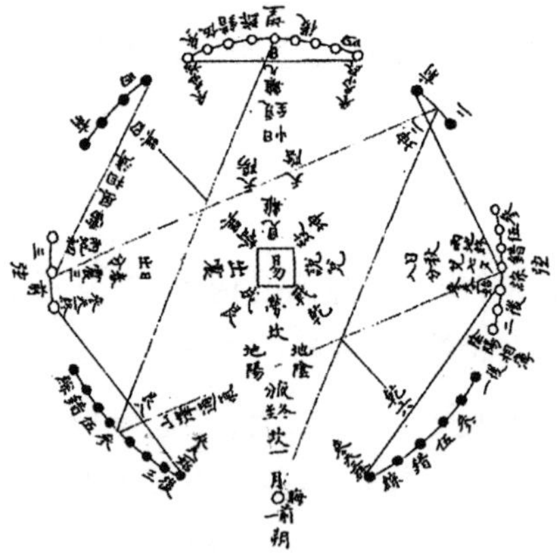

图 4　参两错综会变总图

在雷思齐看来，“参两”之法与“参伍”之法两者之间互相涵摄，互为基础。“参天两地”中揭示的八卦之数之间的相互关系——前文所指出的通过将一卦之数拆合相加而构成九、六之数，其背后所蕴含的即是“错综”原则。而“参伍”之法本身所要建立的两卦之间相互内涵相互连接的关系，从本质上来说也与“参两”之说一致。从这个意义上来说，“参伍”与“参两”本身是内在联系为一体的。

总而言之，从以上关于雷思齐图书之学的基本考察可以看到，正如前人所言其图书之学的基本特征为“数为基础，以数驭图，以图释易，以易演道”。以宋代以来兴起的图书之学为基础，雷思齐一方面批判性地反思了前人关于图书问题的错误认识，另一方面则在前人的基础上重新发挥图书之学。建立了与前人相较，更为完备，更为周密的图书系统。正如雷思齐所认为的“孔子著《大传》不存河图而特存天地之数者，示其有得于数则图在其中矣”[③]。对其而言，最为重要的是透过图书之学，透过图形、数字所呈现的规律，

① (元)雷思齐：《易图通变》卷二，《景印文渊阁四库全书》第 21 册，第 804 页。

② (元)雷思齐：《易图通变》卷二，《景印文渊阁四库全书》第 21 册，第 805 页。

③ (元)雷思齐：《易图通变》卷二，《景印文渊阁四库全书》第 21 册，第 801 页。

来揭示其内蕴的圣人之道。当然，这一圣人之道显然被雷思齐灌注了全新的道教思想内涵。

三、易筮通变：筮数问题的新探索

《周易》作为一部卜筮之书，经由《易传》的创造性转化，被注入了涵纳天人的义理内涵。经王弼扫象以来，更加凸显了《周易》义理的一面，宋代以来程颐所作的《程氏易传》更是为其注入理学精神，使得《周易》成为宋代理学倚重的核心经典。直到朱熹再次提出"《易》为卜筮之书"，试图还原《周易》原本的面貌，并借此彰显其三圣之《易》的易学观。自此而后，《易》作为卜筮之书的一面开始受到越来越多易学家的重视。特别是，宋代以来图书之学的兴起，对易数本身的重视，也为更进一步展开对《周易》卜筮中筮数的研究提供了新的可能。雷思齐十分重视筮数，并专门作《易筮通变》三卷对其加以论述，深化了《周易》占筮的内涵。

卜筮是在先民理性未开，神学色彩浓重的时代背景下产生的，以信仰、感应为前提，试图借助一定的器物、方法，沟通神明、天帝，从而预测现实行为的吉凶祸福的重要手段。古代中国最为主要的预测方式有龟卜与筮占两种。雷思齐认为应当区分卜与筮。他详细梳理《左传》《国语》中记载的占卜体例，以此说明卜与筮之间的差异。对雷思齐而言，作为筮数研究最为核心的大衍之数问题，只有放置在蓍筮视域下才得以被准确地把握。

传统历史上对于大衍之数问题的讨论并不少见。特别是宋代以来随着图书之学的兴起，对数的重视程度得到了更进一步的加强。刘牧、程大昌等图书易学家都对大衍之数问题做出过不同的理解。特别是朱熹更是在《易》乃卜筮之书的视野下对这一问题进行了详细的考察。雷思齐亦围绕"大衍之数"问题，进行了详细的讨论。

（一）大衍之数之内涵

雷思齐认为大衍之数来源于天地之数。他论述了大衍之数五十与天地之数五十有五之间的内在关联，指出：

> 天地之数五十有五，以天数之一三五七九而二十有五，地数之二四六八十而三十，宜乎断断乎不得有所损益，而大衍之数遽损其五而特谓之五十。①

即是说天地之数五十有五，"损其五"为五十，即大衍之数。"五"即前文所言的虚五。"由是而观，则易之有太极也者，特浑沦之寄称也。浑沦而上，既有谓易、谓初、谓始、谓素，凡四其称，而至于浑沦而五，故以浑沦为太极，是之谓五太也，是则太极也者，既先含其五于中矣。故天地之数五十有五，而大衍之数乃五十者，既虚其太极已上之五，而取用于五十之妙也。"②

在建构了天地之数与大衍之数关联的基础上，雷思齐进一步阐释了大衍之数的整体

---

① (元)雷思齐:《易筮通变》卷下,《景印文渊阁四库全书》第21册,第834页。

② (元)雷思齐:《易筮通变》卷下,《景印文渊阁四库全书》第21册,第834页。

内涵。通过对大衍筮法的过程的具体性论述，雷思齐将其与图书之学相结合，阐述了关于宇宙生成以及对河图之数的认识。他说：

> 易变而为一，一者形变之始也。易由太极以标其一，所以为成象之谓乾，即所谓形变之始，而乃所以为一也。由乾分其一，—以为二，--而始谓之坤，是大衍五十不用之一象之为“易有太极”之--。而--之分为--，所以象两。夫两不谓二，而谓之象两，正以--之分也。故大衍之五十，先尊其太极不用之一，以为生生之本。而谓其用四十有九者，盖由—之二，其一以生两仪--，是分而为二以象两，--又参其一以为三才之道☰，是挂一以象三，—复三其一为四象，则北、南、东、西之判，冬、夏、春、秋之序，水、火、木、金之位，莫不由是以著，则所以揲之以四以象四时者也。而河图之数所以四十者也。[①]

雷思齐以《易传》中对大衍筮法的哲学性阐释为基础，进一步解读其图书之数字内涵。在其看来，大衍筮法中的具体操作过程一方面体现出了由太极化生万物的宇宙演变进程，符示了《道德经》所说的“道生一，一生二，二生三，三生万物”的过程。其根据是作为内在规律性的数的衍生、变化。

析而言之，在雷思齐看来，所谓“易者，盖阴阳之总，而太极者特阴阳变化之宗会焉尔”[②]。太极、阴阳与易之间的关系被理解为，易为阴阳变化的整体过程，太极则是阴阳变化的综合与汇聚所在。雷思齐认为，大衍筮法大衍之数五十中取一而不用的“一”，就是“易有太极”之太极，于《周易》而言其所对应之象即为乾，象征着天，代表着“形变之始”。接着所谓的“分二以象两”，也即是“太极生两仪”，就数而言，表现为又一分化出与其相对之二。就《周易》而言所对应之象即为与乾天相对的坤地。“挂一以象三”则一方面指与天地并立的人之三才的确立，另一方面就数而言，则是指在一以及与其相对的二确立之后，二中不见一，参一以入则得三，象征了阴阳二数之间的对立统一，相互包含之内涵。“揲之以四”，就宇宙变化而言即是象征四时之更替，就数字而言则是“一复二二其一为四”，一方面表现出宇宙四时更替流转，另一方面则表现为数有生数之一二三四，乃至成数六七八九，生数成数之间的对待。因此，雷思齐强调大衍筮法本身也昭示出河图之数为四十的内涵，即大衍之数操作演算过程中的一二三四、六七八九本身构成的即为河图四十之数。

显然，雷思齐的这一系列解读，就宇宙生成论层面而言，并没有超越前人的认识。但值得注意的是，他试图将大衍筮法、太极两仪生化、河图四十之数，乃至《周易》之卦象统合为一的做法，是具有其鲜明的个人特色的。

但是，要解决大衍筮法与河图之数二者的关联问题，同样还有不能回避的问题即是关于数“五”，或者说“五岁再闰”的诠释沟通问题。对此，雷思齐指出：

> 天五既无位于四象，地十又无位于八卦，何其不合若是之甚也？天五之有数而

---

① (元)雷思齐：《易筮通变》卷下，《景印文渊阁四库全书》第21册，第834页。

② (元)雷思齐：《易筮通变》卷下，《景印文渊阁四库全书》第21册，第835页。

无位者，五之文，古之体为×，象一三交互以为五，今之体为区，见阴阳之三交变于二之中以为五，而十之体亦兆见于此。五固为土，而土之文为×为十为一，其始于一，而中于五，而终于十，而复归于一乎？土亦无正位，故四象无五，八卦无十也。[①]

即是说五与十本身不在四象、八卦之中，然而其作用却始终呈现在四象、八卦之中。就如同五之古体字×所呈现的内涵一样，其本身象征着阴阳之交，其本身就由数字一、二等交错构成，也就意味着尽管五数不在四象之数中直接呈现，但其作用却通过四象阴阳之数表现出来。就好比土字就字形而言，即由十与一组成，而土在四象之中也无定位。而且，五、十之数本身与大衍筮法之"揲四"有关，经五、十与四生数、四成数配合，可以形成老阴老阳少阴少阳的策数。"故衍之于揲必以四以象四时，五、十之用正在于是，其揲之以四者盖由五其一二三四于上，而十其六七八九于下，足以明之。五与天一合而成六，则四其六而二十有四为老阴坤之策。五与地二合而成七，则四其七而二十有八为少阳震坎艮之策。五与天三合而成八，则四其八而三十有二，为少阴巽离兑之策。五与地四合而成九，则四其九而三十有六，为老阳乾之策。"[②]进而，归奇于扐之数也可由此而得，正印证了"河图四十而成八卦"[③]的理论。

（二）揲蓍法之问题

上文所讨论的主要是雷思齐围绕着大衍筮法的宇宙论内涵，以及与河图四十之数的内在关联性问题所做的说明。同时，雷思齐对大衍筮法的蓍数问题也有自己的独特看法。

就大衍筮法的具体操作方法而言，传统做法往往是将之区分为"挂扐法"与"过揲法"两种。事实上，这只不过是具体操作过程当中的一体之两面，前者注重蓍法演算完成之后的结果，以扐于指间的蓍草余数来判定阴阳老少之爻；后者则重视蓍法演算过程，以过揲余数的多少来确立爻之阴阳老少，两者从结果上而言并不存在根本性的差异。易学家或重挂扐法，或重过揲法，究其原因是对其背后可能呈现的义理内涵的认识不同。雷思齐看重挂扐法，他对奇四与偶八的重视也符合其以数解《易》的思路。

总体而言，雷思齐在大衍筮法的"挂扐法"与"过揲法"问题上并没有太大的研究兴趣，存在明显的调和色彩。与此相对，他更为关注的则是蓍法操作过程中涉及的"挂一"问题。具体而言：

大衍之数之用，虽各见于分两挂之始，而未大成也，且太极不用之一，象两之二，挂一之三，虽等列而三位，而其正用之蓍特不用一与挂一之一，其实数特二耳，且以五十而始用其二，则未用之蓍正存四十有八。[④]

雷思齐认为，正如河图中从未出现过实体的数字五与十一样，大衍之数也从未有过

---

① (元)雷思齐：《易筮通变》卷下，《景印文渊阁四库全书》第21册，第835页。

② (元)雷思齐：《易筮通变》卷下，《景印文渊阁四库全书》第21册，第835—836页。

③ (元)雷思齐：《易筮通变》卷下，《景印文渊阁四库全书》第21册，第836页。

④ (元)雷思齐：《易筮通变》卷下，《景印文渊阁四库全书》第21册，第838页。

数字五与九的相关论述。然而三变中第一变其过揲所得余数“非五即九”。而其余二揲、三揲的结果则是“非四即八”。在雷思齐看来，这种不协调的结果是不符合大衍筮法原义的，乃是后人误读的结果。而之所以会造成这一误读，就在于在错误地将第一变将“挂一”数统计在其中，造成了“五”“九”之数的出现。在其看来，大衍之数五十不用之数一，以及所挂之一，皆非实数。雷思齐认为，在此占卜过程中，从取一不动象太极，到分二象两，乃至挂一象三，都是虚数的象征。而大衍之数五十当中，正因为此不用之数为二，而使得所用之数四十八得显明其用。

综上所述，雷思齐的易图学融通儒道，构思巧妙，颇具特色。林忠军先生评价其“作为一家之说，开拓了图书学的思路”[①]。的确，雷思齐的易图学具有深刻的道家思想内涵，其中蕴含的宇宙运行的规律与法则，不仅丰富了易图学的内涵，还推动了道教易学的发展，是元代道教易学的重要组成部分。

① 林忠军：《象数易学发展史》第二卷，齐鲁书社1998年版，第471页。